Ma vie
sans postiche

À mes amis aujourd'hui disparus

André Bellaïche

Ma vie sans postiche

ISBN : 978-2-7540-0480-0
Dépot légal : 3ème trimestre 2007
Imprimé en France
Edition : Anne-France Hubau
Mise en page : Agnès Bouche
Conception couverture : BleuT

Editions First
2 ter, rue des Chantiers
75005 Paris - France
Tél : 01 45 49 60 00
Fax : 01 45 49 60 01
Email : firstinfo@efirst.com

Je ne suis pas né à New York, je ne suis même pas né à Paris. Je suis né à Tunis, dans un quartier pittoresque, le quartier juif.

Là-bas, André était un petit caïd qui s'est livré, un jour, sous la fenêtre de ma mère, à une bagarre mémorable. Elle était enceinte, il a mis le type K.-O., elle m'a donné son prénom.

De la Tunisie je ne garde aucun souvenir. Je suis né là en 1950, troisième d'une famille de bientôt sept enfants, dans une rue grouillante de monde. Mes parents étaient pauvres. Mon père aurait voulu faire des études. Il a eu ses deux bacs, mais pas assez d'argent pour continuer. Il a fait peintre en bâtiment. J'ai toujours pensé que ce non-événement explique certains aspects de sa personnalité. Un rapport très absent au monde – et à nous, sa famille, en particulier. Il était très beau. Non violent, hâbleur, incorrigiblement dragueur, il avait la culture, il avait l'élégance. C'était le type Mastroianni, mais sans l'argent pour aller avec. Il n'a jamais aimé sa vie. Il l'a écrite comme une fuite en avant, semant des mioches à tout vent, l'arrivée de chacun faisant descendre les autres d'un cran de plus sur l'échelle de la misère.

Ma mère aussi a grandi dans la pauvreté. Elle a été élevée avec cinq sœurs et un frère par ma grand-mère, une sorte de mère Fouettard. Son père était juge de paix, un notable en somme, très respecté. Il est mort quand elle avait cinq ans. Sa réputation, toutefois, lui a survécu et a préservé sa famille du dénuement absolu.

Mes parents lèvent le camp quand j'ai tout juste un an, direction Israël, et ne nous parleront plus jamais de leur terre natale. Pour tout dire, on ne leur posera pas non plus la question. La curiosité et le dialogue ne seront jamais le genre de la maison. La vie, on se la prend comme elle vient, au jour le jour. Le passé se conjugue au présent, le futur est incertain. C'est comme ça.

La Tunisie, c'est le pays du soleil. Pas celui des cartes postales, de la fleur d'oranger ou des thalassothérapies, cependant, l'ambiance y est plutôt heureuse. En 1951, le pays n'est plus le cauchemar qu'il a été pour les Juifs sous Vichy. Il n'est pas encore celui qu'il redeviendra après l'indépendance. Mais depuis qu'une famille les a cachées, elle et ses sœurs, lors d'une rafle de l'armée allemande, ma mère voue une reconnaissance indéfectible aux Tunisiens. Elle leur doit la vie.

Pourtant on a entendu parler des camps. En Israël, on est sûr d'avoir un pays. À l'époque, pour les Juifs, partir là-bas est dans l'ordre des choses. Le moyen d'aller vers son destin.

*

Quelle drôle d'idée… Quitter un pays arabe en paix pour se retrouver dans un pays juif en guerre. Mon père a vocation à tout compliquer.

Cette terre qu'on disait « promise » ne va pas nous offrir grand-chose. Mon père, qui a été momentanément idéaliste, va vite comprendre qu'avec sa belle gueule et ses trois enfants il n'est pas fait pour cet endroit. Mais je veux bien croire que, si j'avais eu vingt ans alors, j'aurais fait la même chose. Quelle connerie, pourtant !

À notre arrivée dans le port de Haïfa, nous sommes pris en charge par l'agence juive. On nous affecte dans une colonie de peuplement au sud du Golan. Le dernier lieu de la planète où le Club Méditerranée construirait un hôtel. À peine mieux qu'un bidonville. Des baraques en bois recouvertes de goudron nous servent de maison. Les hommes font ce qu'on leur demande : peintre un jour, cueilleur de fruits le lendemain, soldat le jour d'après… Ce n'est pas encore un pays, c'est du tous pour un… On sort de la guerre, les mecs viennent de découvrir les camps, on est là pour peupler le pays. Pas pour faire fortune mais pour construire une vie meilleure aux générations futures. Les gens sont en majorité des paysans. Il y a très peu de magasins. Des artisans ambulants passent régulièrement pour aiguiser les couteaux, ressemeler les chaussures, distribuer le pain noir… Une horreur, ce pain noir ! On vit toute la semaine dans l'attente du shabbat, le seul jour où le pain est blanc. Il n'y a pas grand-chose à manger, pas de route goudronnée… C'est la même chose partout. Ce pays naissant manque de tout. Et s'il y a une chose au monde qui se partage bien, c'est la misère. On donnerait même sa part. On est entre pauvres, dans un pays pauvre.

*

Dans la journée, parfois, il nous arrive de voir passer des brancards. On devine ce qui se cache sous la couverture. Alors que les adultes détournent les yeux, les gosses, eux, regardent avidement. Dans ce pays censé être en paix, la mort fait partie du quotidien. Cachée, mais prête à surgir. Il vaut mieux ne pas se trouver au mauvais endroit.

Mais on est des enfants. On ne connaît rien d'autre. On n'aurait pas l'idée de se plaindre. On vit dehors, comme des chiots. Une nichée. La porte s'ouvre le matin, on sort, il n'y a pas de gardiennage. On joue à s'accrocher à l'arrière des voitures. Elles sont tellement rares qu'elles nous mettent dans des états d'excitation terribles. À part mon père, aucun de nous n'est reluisant, mais comme la misère va toujours descendant, et que je suis le plus petit, je suis le plus pouilleux de tous. Jamais plus d'un bouton à mes vestes, des manches qui m'arrivent aux coudes, les genoux râpés… Un jour, il y a un mariage. Il faut s'habiller, et mon frère et moi n'avons qu'une paire de chaussures pour deux. Il est le plus grand, fatalement c'est lui qui va au mariage. Moi, je reste dans mon trou, avec mes savates.

*

Au pied du Golan, on parle toutes les langues. Les gens viennent de partout, ils sont violents. Ils baragouinent l'hébreu comme ils peuvent, mais au fond, il n'y a guère que les enfants, qui l'apprennent à l'école, pour le parler correctement.

Un jour, une bagarre éclate à la synagogue. Je me souviens encore de mon père, prenant les Tables de la Loi et les serrant contre lui, pour les protéger. Toute ma vie, cet acte, que j'ai pensé très courageux sur le moment, est resté gravé dans ma mémoire. Mais avec le recul, je me demande s'il n'a pas fait cela pour se protéger lui-même… En tout état de cause, l'événement est emblématique des rapports ambigus que mon père entretiendra toute sa vie avec la loi.

Le souvenir le plus fort que je garde de cette époque, c'est le revolver de mon père. Les hommes sont régulièrement appelés à servir l'armée. Ils sont obligés d'avoir une arme. Je sais où il cache la sienne et je vais régulièrement la sortir, pour la regarder, la toucher. Une attirance naturelle. Jusqu'au jour où je me fais surprendre par ma mère, et je me prends une raclée mémorable. « Tu finiras mal, André », me dit-elle ce jour-là. J'avais quatre ans.

Autre étoile dans le brouillard de ma mémoire, une virée à Haïfa. La ville paraît gigantesque, magique. C'est la première fois que je vois autre chose que la montagne, les terrains, les cris, le bordel. La première fois surtout qu'on perçoit qu'il y a des gens qui mènent une autre vie que la nôtre. Une vie qui fait envie. Il y a même une fête foraine, qui m'émerveille tellement qu'elle scintille encore dans mes souvenirs aujourd'hui.

*

Je n'ai jamais recherché la tendresse de mes parents. J'ai toujours détesté ce genre de rapports affectifs. Avec mon père, c'est simple : notre relation se résumait à se croiser dans la maison. Ma mère, c'est différent : je l'ai toujours adorée, mais de loin. Je ne supporterai pas qu'elle m'embrasse. J'ai toujours eu horreur qu'on me touche. Dès le début, on est disloqué. Dans cette famille, chacun donne l'impression d'être à la recherche de quelque chose.

Mon père sait se défendre. Mais il déteste la violence. Un jour, il revient de l'armée en boitant. Il a été blessé. Il aurait pu mourir, ce qui très clairement n'était pas le but du voyage. Je crois que sa décision de venir en France date de ce moment-là.

Ma mère l'y pousse certainement. Avec cinq enfants en bas âge et la guerre à sa porte, elle doit avoir peur du matin au soir. Elle ne devait pas imaginer en venant qu'un enfer pareil pouvait exister. Et puis surtout, à Paris, il y a ses sœurs et sa mère, qui ont quitté la Tunisie à peu près en même temps que nous. Elles étaient très proches. À l'époque, on ne voyage pas comme aujourd'hui, et, pauvres comme on est tous, cette séparation familiale, si elle se prolonge, a toutes les chances d'être définitive. Culturellement, de toute façon, la France est notre pays. Je m'appelle André, ma mère Marcelle, mon père Lucien, mon frère Joseph, mes sœurs Myriam, Viviane et Marlène. On ne fait pas plus français.

*

Administrativement, ça ne doit pas être simple de quitter le pays. Pour Israël, à l'époque, une famille de cinq enfants, c'est de l'or. Mon père part en éclaireur. Il atterrit à Paris, à Belleville, où est déjà installée la famille de ma mère. Ils vivent tous là, très modestement, les uns sur les autres, comme tous les nouveaux immigrants, dans le même pâté de maisons. Les cinq sœurs, toutes mariées et avec enfants, et le frère, qui vit encore avec ma grand-mère, une matriarche qui veille sur sa famille. En cas de conflit, quand il y a une décision à prendre, c'est toujours elle qui tranche.

Mon père est hébergé chez un de mes oncles. Le but de l'opération est qu'il travaille afin de nous envoyer de l'argent, pour vivre dans un premier temps, puis pour faire le voyage. Mais mon père trouve Paris vraiment à son goût, et ça va prendre plus longtemps que prévu. Il redécouvre les joies du célibat. En falsifiant ses fiches de paye, il réussit à tromper la vigilance familiale et détourne une partie de son salaire. Du même coup, il passe pour une sorte de héros aux yeux de mes oncles et tantes, qui le plaignent et l'admirent de travailler si dur pour si peu d'argent, sans protester, de surcroît. Et il en profite pour prendre le large le samedi, arguant qu'il fait des heures sup.

Tout cela s'arrête net le jour où, voyant que cette situation s'éternise, un de mes oncles va voir le patron de mon père pour se plaindre du piètre salaire qu'il reçoit. Il rentre avec la vraie fiche de paye, et la vérité éclate. Dans la famille, ça fait un véritable scandale, mais mon père n'en est pas vraiment ému. Il est prédisposé à ce genre de scènes. C'est un truc à l'italienne, glauque mais sympathique. Résultat des courses, les sœurs de ma mère collectent de l'argent et on se retrouve, six mois plus tard, sur un bateau. Entre-temps, ma mère a trimé comme une folle. Pour nous permettre de vivre, elle a fait des ménages pour les familles ashkénazes du quartier.

*

Il règne sur ce bateau une atmosphère de vaincus. Tous ceux qui font la route dans l'autre sens, qui quittent Israël, ont le sentiment de laisser derrière eux un ami, un proche, un avenir possible. Nous, on laisse la sœur de mon père et sa mère. On laisse le semblant de vie qu'on s'est fabriqué, et, forcément, même si cela ne sera jamais formulé, c'est une retraite plutôt qu'une conquête. Ce départ a un goût de lâcheté.

Pour moi, le voyage est plutôt une grosse fête au goût bizarre. J'explore le bateau dans tous les sens. Je ne sais pas pourquoi, il y a du chocolat en quantités folles. Les marins ont cela dans leurs bagages, mais ils n'ont pas de pain. On finit écœurés du chocolat.

À notre arrivée à Marseille, c'est un monde de lumière, de cris de joie qui s'ouvre. C'est tumultueux, c'est presque une fête. Les gens sont massés sur le pont supérieur du bateau. Les familles les attendent à quai, leur font signe. Dans la foule, c'est mon oncle Joseph qu'on découvre. Pourquoi mon père n'est pas venu ? Mystère. Pour des gens qui immigrent d'un autre pays, nos bagages sont minces. Deux, trois valises, tout au plus. On monte dans un train, direct, direction Belleville.

*

Belleville, ma ville. Immédiatement nous sommes hébergés chez Chouchou, l'oncle Joseph, celui qui est venu nous chercher à Marseille. C'est un homme à poigne. En Tunisie, il a milité pour le PC, il a fait de la prison pour ça. Autant le préciser tout de suite, chez lui, c'est pas le Hilton. Il y a déjà quatre, cinq enfants là-dedans, et nous, on arrive à cinq, pour se compresser dans deux pièces. Hallucinant. Et la gentillesse de ces gens !

Évidemment, mon père met cent ans à trouver un appartement. Il fait croire à tous les voisins que c'est lui qui donne l'hospitalité à tout ce petit monde. Il est hâbleur. Même avec trois bouts de chiffons sur le dos, il a toujours l'air distingué. Cette histoire dure des semaines, et manque de se finir au couteau. Dix enfants, ça met un sacré boxon. Les voisins viennent voir mon oncle, qui, lui, ne se cache pas d'être ouvrier. Gentiment, ils lui expliquent qu'on ne peut pas vivre à autant dans un truc comme ça, qu'il faut trouver une solution. Jusqu'au jour où une dispute éclate. À cause du bruit, j'imagine. « Ça suffit maintenant, ça fait plus d'un mois qu'on vous héberge bien gentiment, maintenant vous allez décamper, et fissa ! » Fatalement, ça provoque une bagarre pas possible entre les deux beaux-frères, tout le monde s'y met, les femmes, les enfants… À partir de ce jour, les choses se décantent rapidement.

Mon père trouve une cave rue de l'Atlas, en bas des Buttes-Chaumont. Plus exactement, un débarras situé dans une sorte d'entresol, avec une fenêtre en hauteur qui donne sur la cour. L'immeuble est miséreux, infesté de rats. Pour l'eau, les chiottes, il faut aller dans le couloir. C'est Les Misérables. Je ne vois rien de semblable aujourd'hui. Mon père remet le truc à neuf. Ça, il sait faire, c'est sa force. Il repeint tout nickel, rend l'endroit tellement beau qu'après quelques mois il réussit à le repasser au voisin du haut en échange de son petit appart du rez-de-chaussée. On se retrouve du coup dans vingt-cinq mètres carrés que mon père réaménage en deux-pièces, avec une petite cuisine.

*

L'absence d'espace ouvre des pans de liberté infinis. Le quartier semble taillé sur mesure pour moi. Je suis en harmonie avec la rue. Il se passe toujours quelque chose, ne serait-ce que devant notre immeuble. Une bagarre, une engueulade, un vol, un crêpage de chignon… Les flics débarquent tellement souvent que le quartier devient une sorte d'annexe du commissariat.

Ouvriers français, Juifs tunisiens, Arabes, tout ce monde se mélange dans un joyeux bordel. Ça parle français, ça parle arabe… Le marchand de charbon, le marchand de vin, le marchand de pains de glace font leurs tournées en charrettes ambulantes. C'est une société de traditions, où chacun tient son rôle. À la plus vieille famille du quartier, la famille Godard, celle qui a le plus de fils aussi, il revient de maintenir l'ordre. Ils sont la mémoire de Belleville, en même temps que les maires respectés du village. Les fils Godard gèrent la bonne marche des établissements. Ils provoquent régulièrement des bagarres, mais ne font rien de véritablement répréhensible.

On vit dans la rue, sur les chaises qu'on installe devant les immeubles, dans les cafés. Il y en a des dizaines, tout au long du boulevard de Belleville. Les vieilles Tunisiennes ont élu domicile à La Vielleuse, au coin de la rue de Belleville. Juste en face, les gens viennent jouer au flipper au Point du jour. Les casse-croûtes tunisiens recréent sur le boulevard une parcelle de leur Tunisie perdue, comme le feront plus tard les Noirs, qui s'implanteront aussi avec leurs coutumes, s'asseyant dehors, avec leurs boubous colorés, pour plumer les poulets.

L'été, le canal Saint-Martin se transforme en piscine géante pour les gamins du quartier. Les commerçants font crédit, ils sont les cartes bleues à débit différé de l'époque. Les gens sont payés à la semaine, et la paye du vendredi soir, c'est quelque chose de sérieux. Le samedi, ils vont au cinéma, au bal musette, ils partent en virée dans les guinguettes. Le dimanche matin, on joue au tiercé, et on se fait beau pour le déjeuner dominical.

On ne se lave pas beaucoup. Se laver, c'est une vraie punition : il faut se rendre aux bains municipaux, avenue Simon-Bolivar, en famille, faire la queue. Et une fois là-dedans, on se fait savonner par ma mère, chacun son tour. L'horreur absolue. Pour y arriver, il faut déjà nous attraper tous ensemble, et après, surtout ne pas me lâcher la main. En guise de douche, je m'asperge plutôt le visage d'un coup d'eau le matin. Je dors régulièrement tout habillé. Au réveil, je saute dans mes chaussures, et voilà. Les brosses à dents, à Belleville, on ne sait pas ce que c'est.

*

Peu de temps après mon arrivée, j'entre à l'école maternelle de la rue Simon-Bolivar. Deuxième réadaptation en quatre ans de vie. J'arrive là comme un sauvage, au milieu d'une marmaille de bébés de cinq ans. J'ai dix ans de peurs d'avance sur tout le monde. D'où je viens, on entendait parler les morts. Je suis un bagarreur. Mon premier chewing-gum, je le ramasse par terre. Je fais tout de suite le caïd.

L'école est le lieu d'intégration idéal. Fatalement, les deux Arabes et les trois Juifs de service se regroupent pour se tenir chaud. Mais dans cette école où quatre-vingt-dix pour cent des enfants sont français, je deviens français en quinze jours, au même titre que tous mes frères et sœurs. Ma mère est la seule à résister. Toute sa vie elle parlera comme en Tunisie, moitié arabe moitié français, ce qui nous rendra complètement fous. On passe notre temps à l'engueuler pour qu'elle parle comme tout le monde. Mon père, c'est le contraire : il n'a jamais supporté de parler arabe.

*

Je repère tout de suite le fils de la gardienne, Michel. Son statut lui donne un certain pouvoir, et mon premier objectif est de m'en faire un allié. Lui aussi, c'est un bagarreur, un vrai petit diable. La graine de voyou, ça ne s'invente pas. On l'a dès la naissance, ou pas du tout. On devient amis à la vie à la mort, c'est le premier frère que je me sois choisi, le premier maillon de la chaîne. Michel est beau comme un sou neuf, et à nous deux, on dragouille déjà pas mal en maternelle, et pour de vrai.

Comme on est voisins, on se voit après l'école. Sa mère, c'est un pilier de bar, le genre vachement dangereuse, à qui il faut pas casser les couilles. Mais je suis tout le temps fourré chez eux, parce qu'il y a plus de place que dans notre taudis. À force, je deviens presque son fils adoptif. En plus, ils ont quelque chose de magique à mes yeux : un berger allemand. Qui mord, de surcroît.

*

De l'insouciance de la maternelle on passe à la dureté de l'école primaire. Là, les gosses ont tous entre six et quatorze ans. Et encore, quatorze ans, pour le certificat d'études, c'est l'âge des surdoués. Chez nous, il y a pas mal d'attardés… Avec Michel, on atterrit dans la même classe, dans l'école de la rue du Général-Lassalle. Je sais pas pourquoi, je prends très au sérieux la première année de primaire. Je suis premier de ma classe, ce qui déroute Michel qui restera, lui, indéfectiblement dernier, du début à la fin de sa carrière.

Dès l'année suivante, je suis déconcentré. Je ne foutrai plus jamais rien de ma scolarité entière. Il n'y a rien de plus ennuyeux qu'un livre d'école pour un gamin. Les seules choses que je lirai dans ces bouquins, c'est l'histoire de Napoléon, parce qu'il faisait plein de batailles, et qu'il les gagnait.

L'école forme des énarques. Elle forme aussi de futurs gangsters. Je choisis ma voie tout de suite. Les grands frères, celui de Michel notamment, font partie de la bande du passage du Puits, passage qui ne tarde pas à devenir notre siège social. On a six ans, ces mecs vont nous servir de modèles.

Quand on a faim, on sait une chose : mieux vaut mal manger que pas manger du tout. L'école est dure à vivre, mais la gamelle y est sûre. La cantine est gratuite pour les pauvres. En cela, la société française est bien organisée.

*

Belleville rayonne sur plusieurs quartiers. Ça va du assez bourge au pauvre de pauvres, ce qui donne, à l'école, un mélange des genres assez surprenant. Les plus pauvres d'entre nous n'ont pas de goûter. Les bandes vont se former comme ça. Avec Michel, on guette les maillons faibles pour leur piquer leurs gamelles. Mais la concurrence est rude. Alors on s'évite, on s'en tient à son territoire. Il faut faire attention aux grands, surtout. Pour se défendre, tous les voleurs de goûters doivent faire preuve de solidarité et s'unir. Ainsi nait le noyau dur de la future bande de Belleville, dans la cour de cette école.

Abdellah est le plus malin. Il a tout juste un an de plus que nous, mais c'est déjà un titi parisien, avec le langage, la culture, tout. Il a l'intelligence de ceux qui grandissent dans la rue, vicieux, toujours à la recherche d'une combine pour trouver de l'oseille.

Son père a deux femmes, mais Abdellah ne nous le dit pas, il nous embrouille. Un jour, il nous présente sa mère, le lendemain, la mère de son frère. On ne comprend rien. C'est un Français de chez Français, et il veut surtout pas qu'on se foute de sa gueule. Son père est un marchand de sommeil, il tient un hôtel rue de Belleville. Mais il est très respecté : c'est lui qui a créé la première mosquée du quartier. Quand tu rentres dans son hôtel, tu te demandes si tu vas pas sortir avec la peste et le choléra. Les chiottes sont tout le temps bouchées, ça sent la merde là-dedans ! C'est un peu le lot du quartier, de toute façon. En règle générale, les immeubles sentent pas mal la merde. La merde et la mauvaise bouffe.

Autre membre fondateur : Titi Quoi. À l'école, c'est toujours le même gag :

– Vous vous appelez comment ?

– Quoi ?

– Comment vous appelez-vous, je vous demande !

– Quoi ?, etc.

Un dialogue qui se termine généralement dans le bureau du directeur… Le frère de Titi Quoi fait partie de la bande des anciens, comme le frère d'Abdellah et celui de Michel. Les plus jeunes des frères Godard en sont aussi. Ce sont tous des blousons noirs, les stars du quartier. On a pour eux un respect énorme. Jusqu'au jour où ils partent au service, et on n'entend plus jamais parler d'eux. À leur retour, ils se rangent, avec femme et enfants. Tous.

La sœur de Titi Quoi a quatorze ans. On lui donne des cigarettes pour voir ses nichons. Sa mère est concierge, passage du Puits. Une femme toute maigre, on l'appelle Tartine. C'est la plus grande ivrogne de Paris et de la région parisienne réunis. Redoutable et redoutée. Elle se balade avec son cageot en fer où elle range ses six litrons. Quand on la croise dans la rue et qu'on lui demande « Comment ça va, m'dame Quoi ? », elle nous fait chaque fois le même geste hallucinant : elle tape d'une main sur sa cuisse et d'un geste extrêmement rapide désigne son sexe en disant « Tiens, v'là ta part ! »

Pour l'amadouer, la famille Cohen, qui vient de débarquer à Paris, lui fait de temps en temps un plat de couscous. Elle les remercie d'une voix aigrelette et mielleuse à la Louis de Funès « Mais qu'est-ce qu'ils sont gentils, ces Cohen ! », et dès qu'ils ont tourné la tête « Saloperie de Juifs ! »

Les frères Cohen, c'est une tribu. Eux aussi, ils vivent à sept ou huit dans un deux-pièces en ruines. Le père étant décédé, la mère règne en maître chez elle, à coups de bâton. Elle nous terrorise tous. Ses fils vivent sous la menace de se faire couper les cheveux à ras s'ils font une connerie. En pleine époque rock'n roll, c'est la pire des punitions. Ils y auront droit à plusieurs reprises.

Dans la bande, il y a Henri aussi, notre petit blond de service. Le seul d'entre nous qui arrivera jusqu'au certif, avec les honneurs en prime, et qui a pour lui un atout majeur : il porte propre et il porte français. Chaque fois qu'on va chez l'épicier, il demande la bouteille placée sur l'étagère la plus haute, pour détourner l'attention. Nous, pendant ce temps, on pique tout ce qui nous fait envie.

Toute ma vie, Henri me sera fidèle, comme une ombre. Il y aura toujours des engueulades, mais quand j'aurai besoin de lui, il prendra le premier avion pour me rejoindre. Où que je sois.

Sa mère vend l'Huma au coin de la rue Rebeval et de la rue de Belleville. Ses parents ont été suffisamment intelligents pour ne faire que deux enfants, et du coup, ils ont de l'argent. Tous les week-ends, ils ont du rosbif au menu. Le père d'Henri est un grand alcoolo. Le soir, en sortant du boulot, il s'achète quatre, cinq litres de vin dégueulasse, et part dans des délires fous, allongé sur son lit au deuxième étage. Quand on passe sous sa fenêtre et qu'on appelle « Riton ! », c'est généralement lui qui répond, totalement bourré, en gueulant « Riton, y t'encule ! » Complètement bourré !

Et il y a Patrick. Patrick est très beau. Claude François tout craché. C'est un garçon petit, plutôt calme et effacé. Lui aussi habite passage du Puits.

Et Jean-Claude, un bagarreur, particulièrement violent. Comme nous tous, en un sens : la bagarre est notre activité majeure. Mais Jean-Claude est sans doute le plus acharné du groupe. Son père aussi est alcoolique, mais ça se voit pas, parce qu'il est Feuj. Il boit chez lui, en cachette. Il est un peu demeuré aussi. On occupe notre temps à passer des commandes par téléphone pour faire livrer aux gens des trucs qu'ils n'avaient pas du tout demandés :

– Est-ce que vous pouvez livrer deux tonnes de charbon à Mme Cohen ? Vous les mettez dans la cour, s'il vous plaît.

On fait ça toutes les semaines ! Des meubles, Interflora, tout ce qui nous passe par la tête. Pour le père de Jean-Claude, on est allé voir un tailleur :

– Il y a mon père qui peut pas trop bouger. Est-ce que vous pourriez aller chez lui pour lui faire un costume sur mesure ?

On lui a même laissé un acompte. Le tailleur se pointe chez le père de Jean-Claude, il prend ses mesures. Son fils débarque au cours du deuxième essayage et il le remercie pour sa gentille attention. Jean-Claude nous raconte l'histoire :

– Il est devenu fou ! On n'a pas une thune à la maison, on est sept gosses dans une pièce, et il se fait faire des costumes sur mesure…

Toute sa vie, il croira que son père a vraiment pété une durite ce jour-là.

*

Passage du Puits, personne ne veut payer le loyer. Ils inventent tous quelque chose. Les Cohen font un trou dans le plafond, qu'ils colmatent chaque fois que le proprio quitte les lieux. C'est le même mec qui détient tous ces taudis, mais il n'est pas riche, et il n'a surtout aucune intention de payer la toiture. Du coup, il leur fait cadeau du loyer.

Dans le même immeuble, il y a un voyou qui se fait arrêter tous les quinze jours, Bledenauer. Lui non plus ne paye pas. C'est un endroit de sauvages, bourré d'alcooliques. Mais dans mon souvenir, le proprio ne le prend pas mal. Tout ce bordel, tous ces gens qui le choient pour ne pas lui régler le loyer, ça le rend plutôt heureux.

*

On vit avec ce que la rue nous donne, au rythme des saisons. J'ai sept, huit, neuf ans, personne ne s'inquiète de savoir où je vais. On ne peut pas enchaîner les gens. On sait que je suis dans le quartier, ça suffit.

Au printemps, on se rend au bois de Chaville. Les aînés nous ont montré un coin où il y a des jonquilles. On fait des bouquets, pour les vendre. On répète l'opération avec le muguet. On vole les bouteilles vides aussi, pour les déconsigner.

On vole aussi sur les marchés. Mon père n'est jamais là, mes frères et sœurs sont des enfants sages. Mais il faut bien qu'on mange. D'autant que mes parents n'ont pas traîné. À peine arrivés en France, ils ont fait trois gosses de plus : Josyane, Joël, Vincent. Le plus compliqué, c'est la viande. On mange casher, et on peut pas voler un boucher casher : les boutiques ne désemplissent jamais. Du coup, je trouve autre chose : je demande au boucher s'il peut me donner des feuilles d'emballage, et je m'en sers pour emballer la viande volée sur les marchés. Je rapporte ça à la maison en disant que je me suis planté devant chez le boucher et qu'un riche m'a donné la viande. C'est une tradition chez les Juifs, notamment pendant les fêtes : les riches donnent aux pauvres. Je déteste ça. C'est sans doute pour ça d'ailleurs que je n'aimerai jamais la religion et préfèrerai voler.

On trouve une activité très lucrative : la collecte pour la polio ou la lèpre. Un truc hérité des aînés qui grappillaient des pièces en renversant les tirelires. Mais Abdellah améliore la combine. Il trouve une technique pour retirer le fil de fer qui les verrouille de l'intérieur. Avec ce truc, on touche le jackpot. On rend les timbales avec un centime dedans.

On réussit à voler quelques tirelires et, périodiquement, on invente une journée de la Croix-Rouge. On devient en quelque sorte des intermittents de la Croix-Rouge, crédibles parce que nombreux. Le jour où on apprend que si on se fait prendre, ce sont nos parents qui risquent la prison, on décide toutefois de calmer le jeu et de s'en tenir aux périodes de collecte.

Noël, on se le fabrique. On trouve quelqu'un qui nous prête un petit local, on vole tout ce qu'il faut voler, la nourriture, les boissons… Une année, je vole une dinde. C'est le coup le plus audacieux de ma courte vie. Une dinde, ça pèse très lourd. Dans la boucherie, elles sont pendues par la tête. L'un de nous se glisse en dessous, tire dessus, la fait tomber. On la traîne un peu, puis on se met à courir dans les rues de Belleville, en la portant à deux ou trois.

Bien sûr, on est tous joueurs. On joue au « plus près du mur », en jetant des pièces qu'il faut faire atterrir le plus près possible du mur, et au « petit paquet », une sorte de black jack à une carte. On entube déjà le quartier avec ça.

*

Pour nos parents, ce quotidien s'apparente à de la survie. Mais pour nous, c'est la vie. Entre les alcooliques, ceux qui ne sont jamais là, et ceux qui ont définitivement disparu, les pères ne sont pas d'un grand secours. Le mien disparaît régulièrement, pendant des semaines. Un jour, ma mère est tellement excédée qu'elle lui tend un guet-apens. Elle l'attend dans le couloir avec cinq cageots de bouteilles vides. Mon père se démerde bien, il n'en reçoit pas une seule.

À part Henri, on est tous plus ou moins devenus des pères de famille. Notre seul et vrai problème, c'est d'aider nos mères. Avec leurs salaires de misère, les gens sont enferrés dans une putain de pauvreté inextricable. Faire des gosses pour toucher les allocs n'a jamais été un bon calcul. Nous, on vit quasiment que de ça. C'est des sommes assez considérables, des mille balles de l'époque, mais qui ne suffisent pas du tout à nourrir sept ou huit gosses. Cette marmaille, c'est un poids tellement lourd à porter !

On déteste les mômes, et très longtemps on considérera tous que c'est que des emmerdes. Surtout pas du bonheur, en tout cas. D'ailleurs, c'est simple, Abdellah n'aura jamais d'enfants. Les Cohen en auront un chacun, Henri deux, mais le second vraiment sur le tard. Et moi un, mais plutôt sans le vouloir...

*

Avec pas une thune, mon père achète un magasin, rue Vincent. Je ne sais pas comment il a fait. Il faut dire qu'il n'est pas bavard. Pour lui, on n'existe pas, ce qui ne nous pose d'ailleurs pas vraiment de problème : on ne recherche pas le dialogue avec les parents. Dialoguer, c'est expliquer, autrement dit, la dernière chose dont on a envie.

Du coup, il devient marchand de couleurs, notable pratiquement. Et nous, il nous installe dans l'arrière-boutique. Il découvre comme ça les joies du crédit et du chéquier. C'est là que ça commence à merder pour de vrai. Il dépense tout ce qu'il gagne, ne paye jamais personne. Ça se termine en faillite.

*

Petit à petit, on étend notre territoire. On ne peut pas toujours voler les mêmes épiciers. Du XIXe arrondissement, côté Buttes-Chaumont, on s'aventure de l'autre côté de la rue de Belleville, dans le XXe, chez les « casse-croûte tunisiens ». Chaque quartier appartient à une bande. Pour y régner, il faut le conquérir. C'est la théorie du louveteau : tu vas, tu renifles, tu fais dix pas en avant et hop ! tu reviens à la base. On explore, on revient, on rencontre d'autres personnes... On fréquente les bars, on joue au flipper. De connaissance en connaissance, on développe nos connaissances.

Une fois de plus, Abdellah nous offre la cerise sur le gâteau. En levant la tête au ciel, il avise un panneau géant, une affiche montrant des enfants tout sourire et faisant l'inventaire de toutes les activités de loisir possibles. « BIENVENUE AU SALON DE L'ENFANCE ».

– C'est là qu'il faut aller ! dit-il, une lueur dans le regard qui en dit long sur les activités qui nous attendent là-bas. On va se gaver...

Ça tombe sous le sens. Les enfants qui fréquentent ce genre d'endroit sont de petits anges, qui viennent accompagnés par leurs parents de surcroît. Autant dire qu'en ces lieux la confiance règne. Les organisateurs du salon n'ont pas imaginé qu'à Belleville, c'est-à-dire à l'autre bout du monde, un Abdellah de neuf ans va donner à ce salon une dimension plus sociale.

Le salon se tient porte de Versailles. Pour s'y rendre, il faut traverser tout Paris, soit une vingtaine de stations de métro, et on n'a pas un sou. On resquille à Belleville, une formalité. On a l'impression de partir en expédition à l'étranger. Trois quarts d'heure plus tard, on débarque porte de Versailles, fous de joie.

Une dizaine de files d'attente formées de familles bien soudées nous barrent l'entrée du salon. On n'avait pas prévu le coup, on est dans la merde. On ne connaît pas les lieux, et les guichets semblent infranchissables. On essaye les sorties de secours comme pour les cinémas. Rien à faire.

Sans billet, on ne rentre pas. Ça va être du chacun pour soi.

– Des billets, il y en a plein par terre, lance Henri. Les gens qui sortent les foutent en l'air. Je vais vous montrer comment on rentre à l'œil, et honnêtement.

Dans ces coups-là, il faut choisir une femme suffisamment âgée pour avoir un enfant de notre âge. Il ramasse un billet et cible son guichet.

– Madame, voilà mon billet, je suis sorti sans le faire exprès, je ne sais plus comment re-rentrer.

Il a une gueule d'ange et une voix larmoyante. Il l'attendrit sans problème.

– Entre, mon bonhomme, entre.

Une fois à l'intérieur, il se retourne vers nous, un sourire moqueur et vainqueur qui lui mange le visage. Abdellah se jette sur un billet à son tour, sélectionne son guichet et imite Henri, sûr de son fait.

– Madame, regardez, j'ai mon billet, je suis sorti par erreur, mon frère m'attend à l'intérieur.

Un instant de silence.

– Tu me prends pour une imbécile ? Fous-moi le camp, petit salopard !

Ça ne fonctionne pas à tous les coups. Abdellah bat piteusement en retraite. Il faut dire, pour sa défense, qu'il n'a pas la même gueule qu'Henri.

Chacun finit par trouver sa combine. Henri en fait entrer quelques-uns par la porte de secours la moins exposée, et on se retrouve à l'intérieur. On n'a jamais vu autant de belles choses réunies. Abdellah décrète qu'il faut pas rester groupés parce qu'il n'y a pas de bandes dans le salon. On se divise en équipes de deux. On vole tout ce qu'on peut, mais vite, et sans s'encombrer de choses inutiles. On ne vole pas de jouets, à part des revolvers. Si on se fait choper, il faut raconter que notre pauvre mère a un cancer, qu'elle est en train de mourir à l'hôpital. On le fait avec une putain de sincérité ! Au lieu de nous punir, ils nous donnent un truc en plus, en général. Le Cohen c'est le pire, le plus hâbleur de tous. Lui, il pleure pour de vrai !

Le stand Coca-Cola est occupé par un immense bateau pirate, recouvert de cordages devant lequel les gamins se présentent alignés par cinq. Le premier en haut gagne une bouteille de Coca. Évidemment, nous, la grimpe, c'est notre truc. En deux tirades, on est sur le bateau. On ramasse la mise à tous les coups. Abdellah a une nouvelle idée de génie. En se baladant entre les stands, il voit que des bouteilles de Coca traînent partout par terre. Il va voir le patron du stand, un type important dans le salon :

Je vous ramène cette bouteille. Il y a un gosse qui a failli la lancer sur la tête d'un autre.

– Oui je sais bien, c'est un vrai problème, ces bouteilles en verre.

– Si vous voulez, nous, on peut les ramasser. Vous nous donnez des cageots, une petite pièce, on vous fait ça sans problème…

Avec le coup des cageots, on peut rentrer à l'intérieur des stands, dans les réserves, partout. On prend tout ce qui nous fait envie. On n'est pas encore assez téméraires pour voler de l'argent ou des portefeuilles. Mais on pique utile : des crayons, des stylos, de la parfumerie, de la bouffe, des bonbons… tout en faisant en sorte que ça ne se voie pas. Le soir, quand on a fait nos petites emplettes, on partage tout entre nous. Le salon est ouvert pendant la durée des vacances scolaires, et on va y venir tous les jours. Ce qu'on ne garde pas pour nous, on le donne à nos familles. Comme on vient du Salon de l'enfance, on est insoupçonnable : on n'a rien volé, tout gagné. Nos parents sont très heureux qu'on aille là-bas. Au moins, on est quelque part ; au moins, on ne fout pas la merde.

*

La vie avance à ce rythme. Vers onze ans, douze ans, on devient très rock'n roll. On vénère les groupes de l'époque : Les Pirates, Les Vautours, Les Chats Sauvages, Les Chaussettes Noires, Johnny Hallyday, ainsi qu'une multitude de petits groupes qui font un 45 tours et disparaissent aussi sec.

Tous se produisent à la Loco, qui devient notre QG du jeudi après-midi, le jour où on ne va pas à l'école. De Belleville, la ligne « Nation-Porte Dauphine » nous y conduit directement. Sur place, on rend des services aux musiciens, on fait de petites courses pour eux, en échange de quoi ils nous laissent assister aux répétitions. On veut leur ressembler.

On décide de monter notre propre groupe. Le problème, c'est qu'on ne sait pas jouer. Abdellah et Jean-Claude se disputent la place de chanteur, c'est-à-dire de chef du groupe. Énorme sujet de conflit. C'est sûr qu'Abdellah ne chante pas bien. À cause de cette histoire, ils ne vont pas se parler pendant des mois. À ce jeu-là, Jean-Claude est un grand professionnel. Il tient le coup jusqu'au moment où il trouve une nouvelle personne à qui ne pas parler. Au final, c'est lui qui chante. Moi, je fais de la basse, c'est le plus facile : il suffit de faire doum-doum-doum-doum.

Pendant un moment, on ne fait que ça. On joue chez Michel qui ne vit qu'avec sa mère. On appelle ça répéter. C'est clair, à part Pierrot Cohen qui se découvre un don (il deviendra, plus tard, le batteur de Claude François), on ne sait pas jouer. On sait rien foutre de toute façon. On ne fera même pas un concert. Un jour, on a l'idée d'aller répéter dans la mosquée, pour se servir du haut-parleur, et en faire profiter tout le quartier. Jean-Claude commence à chanter Bee-Bop-A-Lula, le père d'Abdellah rapplique dans les trois minutes et nous vire à coups de pied au cul.

C'est l'époque de la manche. « M'dame, j'ai perdu mon ticket de métro pour rentrer. Vous avez pas un ticket ou cinquante-cinq francs ? » (cinquante-cinq centimes). Si elle nous donne un ticket, on reste à la station et on le revend au premier type qui fait mine de se diriger vers le guichet. En se plantant devant la bouche de métro, on arrive à cueillir des mille francs (dix balles) par jour. On met tout dans une cagnotte. Cet argent, accumulé pendant des semaines, nous sert à acheter nos guitares, et la batterie de Pierrot Cohen.

On découvre que les groupes de rock se produisent au Théâtre de l'Empire. Il faut qu'on y aille. C'est un peu plus costaud qu'à la Loco. On voit défiler Johnny, Eddie Mitchell… Les gens aiment bien les gosses, ils nous repèrent vite et nous laissent eux aussi assister aux répétitions. Pour les concerts, c'est autre chose. Il faut rentrer par la porte de sortie. On est déjà les rois de la nuit. On prend une dérouillée à l'arrivée, mais rien à foutre.

Juste à côté du théâtre de l'Empire, il y a le premier self-service de France. L'assiette de frites coûte un franc. Abdellah et le Cohen, ils peuvent pas vivre sans manger. On se met devant la bouche de métro, et dès qu'on a un franc, on s'assoit au self et on prend une assiette de frites. Abdellah est petit et pas très bien fringué. Il s'installe à côté d'un couple, mange sa frite. Et puis il les regarde et leur dit :

– Elle doit être bonne, votre viande…

– Oui, elle est bonne. Pourquoi t'en manges pas ?

– Mes parents ont pas assez d'argent.

De temps en temps, ça marche, il se fait payer une viande comme ça. Chacun de nous choisit sa cible. Avec moi, les vieilles, ça marche à tous les coups.

Le soir du concert de Gene Vincent, tous mes potes arrivent à rentrer et moi, je ne sais plus pourquoi, je me fais repérer, je reste dehors. Ça me rend fou. Je tente un truc : je me poste devant la sortie de secours en espérant entrer avec le groupe quand ils arriveront. Ça marche, mais au bout de quelques mètres, un videur me chope. Je me mets à le bourrer de coups, et à ce moment-là, Gene Vincent nous entend, se retourne au milieu de la nuée de journalistes massés dans le couloir, et dit :

– Quoi ? Tu veux pas le laisser entrer ?

Il me prend avec lui, m'emmène dans sa loge, me signe l'exemplaire de *Salut les copains* dont il fait la couverture et qui n'est pas encore sorti, et m'installe au premier rang. Je me retourne vers les potes et je leur fais un grand bras d'honneur. Je revends le magazine immédiatement : dix francs.

*

La guerre d'Algérie gagne Belleville. En 1961, la mode passe au bleu. La rue de Belleville est saturée de cars de CRS, en permanence. Ça met une certaine ambiance.

Les Arabes et la police se vouent une haine réciproque, parfois féroce. Notre voisin, un épicier qui parle tout juste français, le pauvre, qui a toujours été d'une grande générosité avec nous, voit sa boutique complètement saccagée. Les CRS entrent et détruisent tout. Ils ont ordre de casser l'économie du FLN. Chaque Arabe, à leurs yeux, en est un membre en puissance. Patrons de bars, épiciers, ils sont tous soupçonnés de soutenir financièrement le mouvement. De fait, beaucoup n'ont pas le choix. Ils se retrouvent pris entre le marteau et l'enclume. C'est l'époque où les Arabes commencent à peupler la Santé.

Arrive le tour du père d'Abdellah. Ils entrent dans son hôtel, l'embarquent, et le gardent quelques jours, pour le relâcher dans un état un peu moins bon que quand il est parti. Fatalement, il doit se passer pas mal de choses souterraines dans son hôtel, mais nous, on ne comprend rien à tout ça. On constate simplement qu'un homme de foi, respecté dans le quartier, est revenu de chez les flics plein de bleus sur le visage. La haine du flic se diffuse dans les foyers – et dans notre petite bande, elle prend des proportions inédites.

Personne ne se déclare ouvertement pour l'indépendance de l'Algérie. C'est trop dangereux, ça vous mène directement en prison. Chez les Français, et les Juifs tunisiens, l'opinion est plutôt pro-Algérie française. Mais aucun Juif de Belleville ne balancerait un Arabe. Ces descentes de CRS, ça rappelle trop de mauvais souvenirs. L'ambiance est à la solidarité.

Dans la bande des grands, la guerre fait des ravages pas possibles. Ils sont tous appelés. On comprend que le service est obligatoire. Tous ceux qui ont vingt et un ans partent pour trente-six mois. Trois ans d'une vie ! Ceux qui refusent sont des déserteurs, et risquent deux, trois, quatre ans de prison. Et à la sortie, il faut quand même qu'ils la fassent, la putain d'armée ! Plus tard, à Fresnes, je croiserai des mecs qui ont fait plus de cinq ans, pour récidive…

Le cas le plus tragique, c'est le frère de Titi Quoi. Pas un surdoué, mais garçon de belle stature, un blouson noir comme Paris en est peuplé à l'époque. Il compte sur le service pour devenir un homme, comme on dit. À peine a-t-il fêté ses vingt et un ans qu'il se retrouve en Algérie. Quand il vient nous dire au revoir, on est réellement impressionné : en un claquement de doigts, il est passé de la banane et du blouson noir à l'uniforme rutilant et à la respectabilité qui va avec. Un an plus tard, lors de sa première permission, c'est un homme hébété qui nous revient. Il nous raconte des trucs qu'on ne comprend pas : des morts partout, des embuscades… À l'idée d'y retourner, il est mort de peur. À la fin de la guerre, il est détruit, comme beaucoup d'autres. Un mort vivant. Il sombre dans l'alcool.

*

Belleville va être détruit. La rumeur court depuis des années. Ça ne se fait pas d'un coup, mais ça se fait. Appartement par appartement, immeuble par immeuble. Et puis un beau jour, tout un pâté de maisons se retrouve muré. Ça s'étale sur des années. On ne verra pas le coup venir. Du jour au lendemain, on envoie les gens dans des logements sociaux, à Sarcelles, à Garges-lès-Gonesse, à Villiers-le-Bel… La plupart ne sont jamais allés plus loin que le métro Stalingrad. Leur frontière, c'est la rue Saint-Maur, celle où il y a toutes les usines.

Dans les immeubles, il y a toujours un ou deux résistants. La mère d'Henri, par exemple, qui est communiste. Elle ne veut pas entendre parler de Sarcelles.

Elle restera accrochée à son appartement jusqu'à la fin, quand il ne restera plus qu'un bout de son immeuble. Fatalement, elle finira par céder, elle aussi.

À Sarcelles, on les a parqués comme les Indiens d'Amérique. C'est vrai que les logements sociaux sont plus grands. C'est vrai qu'ils ont une baignoire. Mais c'est vrai que les gens se font chier. Ils sont devenus très malheureux. Tous morts !

Plus aucune école ne veut de moi. On arrête tous entre douze et quatorze ans, avec le certificat d'études pour Henri – et Cohen aussi, mais au bout de la neuvième fois ! Sans rien pour les autres. On se retrouve à l'usine, dans une fabrique de papier en ce qui me concerne, en apprentissage. On travaille comme les adultes, la même durée. L'école à côté, c'était la fête. Et pour un salaire ridicule. Je n'ai pas aimé. Pas du tout. De toute évidence, ce n'est pas pour moi. Comment peut-on prendre des enfants pour les faire travailler comme ça ? C'est tout simplement le meilleur moyen pour vous dégoûter du travail à vie.

*

Alors que Belleville est en train de se vider, mon père va se faire coffrer. C'est simple à dire, moins facile à vivre. Je suis en train de perdre au « plus près du mur », quand Henri arrive en courant :

– Il y a les flics chez toi !

Spontanément, je pense qu'il vient me sortir du jeu, pour m'éviter de payer. Mais il me dit :

– C'est pas des conneries, ils sont vraiment chez toi.

Ça ne peut être que pour mon père.

Devant ma porte, un attroupement s'est formé autour du car de police. Après la faillite, mon père avait fermé le magasin, peint les vitres en blanc et posé une enseigne « réouverture en novembre 62 ». On est en 1963, la pancarte n'a pas bougé. Mon père est arrêté pour chèques sans provisions. En ce temps-là, on ne plaisante pas avec ça. Je le vois passer devant moi, menottes aux poignets, tiré par deux flics.

Curieusement, je ne suis pas ému. Pas du tout. Je n'éprouve pas de haine contre la police. Toute ma haine, je la projette sur lui. Sur lui qui, pour satisfaire son bien-être personnel, est en train de nous rendre plus misérables qu'on ne l'a jamais été. J'ai envie de crier « Tu sais dans quelle merde tu vas nous mettre ! » En montant dans le car, il me regarde dans les yeux. Je pense qu'il comprend que ce coup-là, il n'aurait jamais dû nous le faire.

Je rentre chez moi, dans l'arrière-boutique. La maison est retournée. Ils ont dû faire une perquisition. Ma mère pleure comme on pleure en Tunisie, en se donnant des claques. Je lui dis :

– Pourquoi tu pleures ? Il n'était jamais là.

Tout le monde est groggy.

Les sœurs de ma mère rappliquent, la solidarité familiale intervient, une fois de plus. Et comme solution, elles ne trouvent rien de mieux que de placer la moitié des enfants de la famille en pension.

On m'inscrit dans un établissement réservé aux orphelins juifs, à Rueil-Malmaison. Un cauchemar, dès le départ. On entre dans cet orphelinat comme on entre en prison : ça commence par la douche. On vous lave, on vous désigne l'endroit où vous allez dormir, on vous fait visiter les lieux, les lavabos, on vous explique qu'il faut se laver les mains avant de manger… Deux de mes sœurs sont avec moi, ce qui ne me réconforte en rien. Mes frères et sœurs, pour moi, ça ne signifie pas grand chose. Ma famille, je l'ai choisie, elle se compose d'Abdellah, de Michel, d'Henri, de Patrick…

On m'emmène dans le bureau du directeur qui me fait le show habituel. Ses premiers mots me glacent le sang :

– C'est une chance pour toi d'être ici, c'est nettement mieux que la DDASS.

J'ai douze ans, je suis un chien fou, du genre méchant. Blouson de cuir, banane, je le regarde par en dessous :

– C'est peut-être mieux que la DDASS, mais je crois pas que je vais rester.

Je les déteste tous, immédiatement. Les premières nuits, j'ai peur de ne pas me réveiller le lendemain. Je ne ferme pas l'œil. Je n'ai jamais dormi avec deux draps, je ne suis pas habitué. On veut nous faire vivre une vie normale, nous formater. On me coupe les cheveux, on me file des chaussures. La seule chose que je réussisse à sauvegarder c'est mon pattes d'éléphant.

Dans une pension, il faut être ami avec le chien du directeur. De toute façon, au début, je me méfie de tout le monde. Eux se connaissent tous, toi tu ne connais personne. Et tu es triste, terriblement triste. Ce n'est vraiment pas loin de la prison, en presque moins marrant. Presque…

Un orphelin, c'est quelqu'un qui est amputé de quelque chose d'invisible, c'est très palpable. Un orphelin dans un orphelinat, c'est un enfant qui n'est jamais entré dans une boulangerie, jamais entré dans une librairie, qui n'a aucun rapport avec la société. Je ne veux pas fraterniser. Je ne les comprends pas, ils m'angoissent. Je suis face à des zombies.

Je pense que j'ai plus souffert dans cette pension que mon père à Fresnes. J'avais pris peut-être sept douches dans ma vie, là, il faut se doucher tous les soirs, cirer ses chaussures tous les matins. Pire que tout : il faut se laver les dents ! Une aberration. À Belleville, on ne mangeait jamais avant vingt et une heures, personne ne pouvait dormir avant minuit. Là, le repas est servi à dix-huit heures, et à vingt et une heures, tout le monde est couché. Le vendredi soir, c'est shabbat, il faut s'habiller comme pour le dimanche. On chante des prières, je ne comprends rien à leur truc. Ce sont mes ennemis. Je me bats contre eux tout le temps.

Ma mère a beau être la plus mauvaise cuisinière du monde, quand on est enfant, on préfère toujours son manger à celui du voisin. Et pour moi, leur bouffe à la française, c'est une vraie punition. Il faut tout manger, même le fromage, et le fromage, pour un Tunisien, c'est comme une crotte de chien. Le goût me fait vomir immédiatement. L'éducateur me garde jusqu'à minuit pour que je finisse ce qu'il y a dans mon assiette. J'invente une combine, je prends le morceau et je l'avale avec de l'eau. Jusqu'au jour où je lui dis :

– Mais va te faire enculer, toi et ton fromage !

Pourquoi n'ai-je pas réagi plus tôt ? Sans doute la peur de la DDASS, cette menace permanente qui plane au-dessus de nos têtes. On raconte qu'on bat les enfants tout le temps là-bas, que c'est pire que l'enfer.

On m'inscrit à l'école de Rueil. On s'y rend en groupe, tous les matins, bien visibles dans cette ville de bourges. Les gens qu'on croise nous montrent du doigt. Alors qu'on nous a mis là pour nous sortir du caniveau, on ne trouve rien de plus intelligent que de nous infliger cette honte abominable.

À l'école, je comprends tout de suite comment faire pour être le dernier. Je dois avoir trois ans de retard bien tassés.

Dans cette ville, il n'y a que de beaux magasins. Je repère une librairie de luxe, qui a toutes les fournitures scolaires nécessaires à ma réussite, et quelques camarades de pension, naïfs comme personne, qui vont m'aider à me les procurer. On y va tous les jours, on tape tout ce qui nous fait envie. Des stylos plumes, des cahiers… Tout le monde sait que l'orphelinat est respectable, qu'il ne s'y passe jamais rien, donc personne ne se méfie de nous. Au bout de quelques jours, je les emmène au Monoprix. Forcément, à la pension, ça finit par se voir : on a tout. Et ça arrive aux oreilles de la direction. Mes petits associés savent à peine ce que voler signifie. Ils me balancent direct. On est obligé de tout restituer aux commerçants. Ils m'ont gâché mon plaisir principal.

Je ne me ferai jamais à cet endroit. Il y a des situations auxquelles on s'habitue avec le temps, mais cette pension, pour moi, est contre nature. On me force à apprendre des choses dont je n'ai rien à foutre. Je n'ai pas été élevé pour ça. J'ai toujours ressenti l'éducation comme une forme de maltraitance. D'un autre côté, malgré moi, j'apprends chez eux des choses fondamentales. Je n'en ai pas conscience, je suis complètement à l'ouest. Mais si je n'étais pas passé par là, j'aurais eu beaucoup plus de mal encore dans ma vie. Ils m'apprennent les gestes pour vivre en société. Ils m'apprennent à me servir d'un couteau, d'une fourchette, d'une cuillère. Ils m'apprennent à jouer aux échecs aussi. Je deviens vite très bon, ce qui les étonne pas mal, vu mes résultats scolaires. Ils nous font voir le journal télévisé, dans une salle commune. C'est presque une punition que d'être dans cette putain de salle, mais mine de rien, ça élargit mes perspectives. J'apprends à comprendre dans quel monde je vis, à dépasser, pour la première fois, l'horizon de Belleville.

C'est là aussi que j'apprends à aimer Jacques Brel, grâce à un éducateur très habile qui nous demande un jour :

– Vous aimez Johnny Hallyday ?

Il nous passe alors un disque de Johnny, son tube de l'époque, Da doo ron ron ron : « Quand l'amour s'en va et que tout est fin », etc.

– Vous avez aimé ? Bon, maintenant, je vais vous faire écouter un truc que vous ne connaissez pas. Écoutez bien.

Et il nous sort La Fanette : « On ne nous apprend pas à se méfier de tout. ». C'est dit de manière très naïve, sur un ton las, qui résonne fort en moi à ce moment précis.

– Vous venez d'entendre deux textes de chansons d'amour. Johnny Hallyday, c'est très bien. Vous n'êtes pas obligés de détester. Mais apprenez à faire la différence, à reconnaître la vraie poésie.

Il me fait comprendre le fait que les nuances, c'est fondamental. À douze ans et demi.

Belleville me manque terriblement. Au bout de quelques semaines, j'ai le droit de rentrer chez moi le week-end. Je prends le train direction gare Saint-Lazare, de là je fonce passage du Puits, sans même m'arrêter chez moi. À peu de choses près, mes amis me font le même accueil qu'ils me feront plus tard, quand je sortirai de prison. Ils commencent par m'informer de tout ce qui s'est passé pendant mon absence, de tout ce qui se passe au moment où j'arrive. Je suis tout de suite dans le bain, comme si je n'en étais jamais parti. Je leur raconte un peu ce que je vis de mon côté. L'un d'eux me répond :

– Une douche tous les jours, c'est pas vrai ! Mais c'est carrément atroce, ton truc !

L'état de ma scolarité se dégrade de plus en plus. Je n'arrive pas à passer dans la section supérieure. On me sort de l'école pour me mettre dans une classe pour attardés, à l'intérieur de la pension, avec des gosses qui savent ni lire ni écrire. On fait de la poterie. Tout le monde est content : au moins comme ça, je ne fous plus la merde.

Je deviens copain des gens les plus normaux de l'endroit, les seuls qui parlent comme moi, le gardien et sa femme. Le mari s'occupe de l'entretien de la pension, j'aime bien aller dans son atelier. Ils jouent au tiercé tous les deux, la femme me demande de lui donner des numéros. Un jour, je lui donne les bons, elle se met à me vénérer. Ils me laissent sortir par la porte de secours, je reviens avec des carambars. Les gens ne comprennent pas comment je fais pour en avoir toujours plein les poches.

*

Mon père est toujours en prison. Il nous écrit beaucoup, pratiquement une lettre par jour. Ses lettres sont dispersées dans le salon, comme des papiers insignifiants. Ça m'afflige, ça me rend mon propre père pitoyable, à treize ans. Quand je serai moi-même en taule, je me souviendrai de ces lettres. En prison, quand on a le cafard, le premier réflexe c'est d'écrire. C'est tellement important pour celui qui les envoie, tellement peu pour celui qui les reçoit... Je m'interdirai toujours d'en envoyer.

La seule chose que j'aime dans cette pension, c'est les vacances. L'été, on part deux mois dans des colonies mixtes, à Cabourg, dans un camp que loue le centre, et où viennent des enfants d'autres pensions. C'est vraiment sympa là-dedans. J'y vis mes premières histoires d'amour. C'est la première fois que je vois la mer – du moins comme lieu de loisir. C'est agréable, il y a plein de gens nouveaux, c'est l'occasion de faire le petit caïd, le séducteur... Les autres groupes viennent pour un mois. Juste le temps de repérer celle qui sera ta petite copine, de la rencontrer, de passer de beaux moments, de beaucoup pleurer quand elle part. Et de recommencer dès le lendemain, avec le nouvel arrivage.

Depuis Cabourg, j'apprends qu'on a déménagé à Saint-Ouen. Un trois-pièces, avec des toilettes. Terrible nouvelle. Au même moment, mon père est libéré de prison. Les vacances se terminent, je quitte la pension, je découvre le nouvel appartement familial et je retrouve mon père.

Deux années ont passé depuis son départ. J'ai grandi. Je ne reconnais plus son autorité. Mon père découvre que ses enfants ne sont plus des enfants. Nous sommes indifférents l'un à l'autre. Cyniquement, je lui lance :

– Ça a été dur ?

Ça le chauffe vraiment.

– Respecte les gens qui t'emmerdent, me dit-il.

C'est la seule phrase de lui dont je me souvienne.

J'ai quatorze ans. Je suis oisif. Je ne trouve pas de travail. Je n'en cherche pas, d'ailleurs. C'est un moment creux de mon existence. Belleville se dépeuple. Les copains bossent. Je commence vraiment à me faire chier.

On se met à voler de l'argent. On retourne au Salon de l'enfance. Le bateau est toujours là, on continue à ramasser les bouteilles. Mais on vole aussi des portefeuilles. On se fait pas mal d'oseille. On se sert directement dans les vestes posées sur les chaises. Au retour, on en a chacun deux, trois dans les poches.

Un soir, je reviens du Salon de l'enfance, je distribue les produits qu'on avait tirouillé comme ça, pour montrer qu'on y était. Dans mon dos, mon père fouille dans mes poches et trouve cinquante francs, pratiquement la paye d'un ouvrier.

– C'est à qui c't'argent ?

– Qu'est-ce que ça peut te foutre ?

– Ça peut me foutre que je suis ton père !

– Et alors ? Tu t'es demandé, toi, si c'était bien ou mal que les flics t'embarquent devant moi ?

– Tu ne me parles pas comme ça !

– T'as aucun droit sur moi !

Il me met une gifle, je lui mets un coup de pompes dans les couilles. On se bagarre pour de vrai. Je me rends compte à ce moment-là qu'il est vraiment balaise. Il me prend la tête dans ses mains et je crois un instant qu'il va me l'éclater contre le carrelage.

Je comprends que ce n'était pas par faiblesse, mais par gentillesse qu'il ne nous frappait pas. D'une façon tordue, cette histoire nous a rapprochés, quelque chose s'est déclenché. Je pense qu'il est content d'avoir un fils qui est un homme à quatorze ans. Il est content que je n'aie pas eu peur, que je me sois battu, que je n'aie pas pleuré quand il avait le dessus. Avec le recul, je pense qu'on s'est aimés à notre manière lui et moi, comme des sauvages. C'est curieux à dire, pratiquement impossible à décrire, mais dans ses coups, j'ai l'impression que c'est de l'affection en boîte qu'il me filait. Ces coups sont pour moi toute l'affection qu'il m'a jamais donnée. C'est ce jour-là qu'il est devenu vraiment mon père.

J'ai quatorze ans. Je m'étonne de voir mon géniteur débarquer chaque soir à onze heures, et se casser à six du mat'. D'un côté, je suis content, ça me laisse le loisir de regarder la télé jusqu'à minuit. Quand il arrive, ma mère dort, et je prends donc l'habitude de lui servir à manger. On ne se parle pas parce qu'il n'est pas bavard de nature.

Un jour, après quelques banales réflexions échangées sur la journée, il m'annonce :

– Je crois que j'ai encore fait une connerie. J'ai refait quelques chèques en bois. J'avais besoin d'argent, j'ai pas pu me retenir. C'est pour ça que je me barre tous les matins aux aurores. Il faut que tu saches, je sais que toi tu peux le comprendre, j'ai un sale truc. Une maladie. Le jeu. Et contre ça, il n'y a pas grand-chose à faire. Tu te retiens, et ça revient périodiquement.

– Tu vas encore te faire arrêter ?

– Fatalement…

Je sens à travers ce qu'il me dit – parce qu'on n'a jamais autant parlé, et ces révélations, on ne les fait pas à un gosse de mon âge – qu'il me demande de l'excuser par avance. Il sait que son emprisonnement risque de déclencher le mien. C'est pathétique. Je crois que, ce jour-là, il aurait préféré ne pas être mon père, et moi pas son fils.

Évidemment, il avait raison. Le jour J arrive. Cette nuit-là, il s'est endormi sur sa chaise. Les flics ont pratiquement enfoncé la porte. Mon père s'était réfugié dans la chambre du fond avec l'espoir ultime que, voyant une famille de dix gosses entassés les uns sur les autres, ils battraient en retraite. Mais la police ne recule que devant la richesse. La pauvreté, c'est leur métier. C'est là où ils développent l'essentiel de leur talent : la répression. Et ça crie, et ça hurle, et les gosses qui se réveillent effarés, dans ce climat cauchemardesque. On marche presque sur les dormants, on agrippe mon père, on le force à sortir. La scène est pitoyable. Il a la peur dans les yeux. C'est quelque chose qu'un enfant ne devrait jamais voir, parce que cela renverse l'ordre des choses. Quand l'homme supposé te protéger a peur, c'est que plus rien ne peut te protéger. J'ai envie de sauter sur les flics. Cette fois, je regarde mon père avec beaucoup de chaleur. Ça doit le réconforter. Et je lui lance un :

– Ça va aller p'pa, ça va aller.

Quand ils sont dans la cage d'escalier, je traite les flics d'enculés, je descends derrière eux, ils l'embarquent dans un car. Je cours quelques mètres derrière. C'est la dernière fois que je croise le regard de mon père.

*

Le jour ne s'est pas levé que déjà la nuit tombe sur nos existences. Ma vie commence et je vais en bousiller les racines : travail, maison, famille, tout. À quatorze ans, je suis mort pour la première fois.

Lentement mais sûrement, notre petite bande glisse vers la délinquance. Mon père étant absent, il n'y a plus aucune autorité chez moi. Je pars le matin vers Belleville, je reviens vers minuit à Saint-Ouen. Nous avons tous des activités différentes, certains travaillent, d'autres sont encore à l'école, chacun cherche sa voie, la bande n'est plus aussi soudée. La période est terne. Seuls les plus virulents continuent de former un groupe. C'est-à-dire Henri, Abdellah, Michel, Patrick et moi. Les autres, Claude et Pierrot Cohen, Jean-Claude, Titi Quoi, eux, ne sont pas très voleurs.

Ma mère élève seule ses dix enfants. Elle mène une vie pitoyable, si tant est qu'on puisse appeler ça une vie… Placé dans une autre pension, mon frère Joseph a préféré ne pas rentrer. Quand on a dormi dans un lit tout seul, on ne se voit pas recommencer à en partager un pour quatre. Si bien qu'à la maison je règne en maître. J'empêche les autres de faire des conneries. Je leur donne un peu d'argent, je pique des gueulantes, je fais en sorte qu'ils aillent à l'école.

Cette situation va durer une année au cours de laquelle on se constitue en vraie bande de petits gangsters. On affine nos techniques, on va s'initier au cambriolage, avec des grands. Ils nous emmènent, on apprend avec eux. C'est ça, le banditisme, c'est un milieu. Et comme pour tous les milieux, on n'accède pas au centre sans être passé par la périphérie. Dans le cinéma, on commence garçon de bureau pour finir mogul ; dans le banditisme, c'est pareil. On donne d'abord des coups de main aux grands, on apprend, puis on se fait des relations, et si on survit, on grandit à son tour.

Tous les samedis soir, on se retrouve pour aller au cinéma. Ceux qui ont du fric payent pour les autres, et empêchent ceux qu'ils croient fragiles de faire des conneries.

Le samedi soir, ça se prépare, dans la France entière. Les gens s'habillent, c'est le point culminant de la semaine. La sortie des Dix Commandements à l'époque, c'est un événement mondial. On va voir les Delon, les Ventura, les films américains, Ben Hur… Avec les filles, on tente notre chance tant qu'on peut, dans la rue, dans le métro, mais celles qui sortent seules sont beaucoup plus âgées que nous. Dans le métro, j'ai ma technique : j'en choisis une, je me mets à côté d'elle et je lui fais du pied. Après, c'est simple : soit elle refuse, et alors elle enlève son pied, et moi je me fends d'un « Oh pardon, excusez-moi », soit elle laisse son pied, et c'est qu'elle est d'accord. Un soir, ça fonctionne au-delà de toutes mes espérances. En rentrant chez moi, je me retrouve à côté d'une femme de vingt-cinq ans. Je pense faire de la provoc, mais elle se met à me faire du pied en retour. C'est à mon tour d'être troublé. On sort à la même station, chacun une sortie, et elle me lance :

– Je vais par là, moi, jeune homme.

Je la suis. C'est elle qui mène la danse. En chemin, elle me dit :

– Vous avez vu l'âge que j'ai ? Vous êtes à moitié fou, non ?

Je lui donne le change comme je peux, et, sans comprendre ce qui m'arrive, je me retrouve dans un couloir d'immeuble, initié aux joies de la sexualité.

*

Je me fringue de mieux en mieux, Westons aux pieds, j'ai tout ce que je désire. Ma famille, je n'y appartiens plus. Je rentre à Saint-Ouen pour dormir, c'est tout. L'absence de mon père m'a ouvert un boulevard pour imposer ma loi. De plus en plus inquiète sur mon sort, ma mère prend les devants. Elle contacte la pension de mon frère, le château de la Versine, un établissement créé grâce à une donation de la famille Rothschild. Pour lui éviter toute dépense, la direction lui conseille une belle saloperie : me placer sous la tutelle d'un juge pour enfants, qui va me rediriger vers eux, aux frais de l'État. Du coup, j'ai pratiquement droit à une arrestation. J'arrive sur place au bras d'une assistante sociale.

Conséquence de cette histoire de placement judiciaire, je suis interdit de visite et privé de permission – du moins dans un premier temps. Le cauchemar recommence. Situé quelque part entre Chantilly et Creil, au milieu d'un parc splendide, l'endroit est magnifique, un vrai château. Une moitié réservée aux enfants juifs du pensionnat, l'autre a été cédée à l'État qui y a ouvert un lycée d'enseignement technique.

La directrice est une ancienne résistante, une femme forte, bien plantée sur ses pieds, d'origine roumaine. Elle s'appelle Madame Simon, mais son nom de résistante lui est resté. On l'appelle Chata. Elle n'a peur de rien. Elle traite ces gosses très durs dont elle a la charge avec une réelle brutalité, ce qui lui vaut d'être respectée par tout le monde.

Le parquet de son bureau est ciré comme c'est pas permis, et je me souviens encore des deux bassets à ses pieds qui n'arrêtaient pas d'aboyer. Elle me cadre direct, en quelques échanges de regards. Elle lit tout sur mon visage, mon passé, mon présent, mon avenir. D'entrée de jeu, elle me dit :

– Mon petit, ici, il n'y a qu'un seul patron, c'est moi. Si ça te va pas, je te casse ton gueule.

On m'installe avec les plus jeunes, au premier étage. Mon frère, qui doit avoir dix-sept ans, est à l'étage du dessus, avec des mecs qui sont là depuis plus de dix ans, pour certains. On ne s'est pas vus depuis Mathusalem, et il m'accueille avec une indifférence royale. Ça le fait presque chier que je sois là. Tout le jeu des apparences qu'on se construit soigneusement peut s'effondrer quand on découvre tes alliances parentales. Dans cette pension, ça se joue au plus snob, donc moi avec ma vulgarité, mes « va te faire enculer », je ne suis pas vraiment dans le ton.

À la Versine, on a plus de liberté que dans la pension précédente. Le nombre de surveillants est réduit, et la loi du plus fort prévaut. Les anciens font figure d'autorité, mais ils ont tous très peur de la directrice qui peut leur foutre un coup de marteau. Tout dans cet endroit est un combat. Il faut se bagarrer pour être le chef de chambrée. Au poing. Il faut se bagarrer pour être le chef de table, et il vaut mieux gagner, parce que c'est le chef de table qui mange le mieux. Mon frère, qui est balaise, fait partie du peloton des cinq ou six mecs les plus respectés. Il joue de la guitare, c'est une petite star. Ils ont l'esprit très kibboutz là-dedans. Ça me le rend ringard à l'extrême.

On me met dans une classe de rattrapage. On est entre mongols, à recevoir une scolarité dont on n'a rien à foutre. Mes vieux réflexes me reviennent. Je me constitue une petite bande ; trois, quatre crétins que j'entraîne dans de petits larcins.

Premier objectif : l'économat. C'est le coffre-fort de la pension, l'endroit où l'on entrepose tous les fruits confits, les barres de chocolat... Je trouve le moyen de démonter le carreau du plafond, et j'embrouille un mec tout fin pour qu'il passe par là, se glisse à l'intérieur et nous ouvre la porte. On va se gaver comme ça pendant des mois. On pique des poules dans le poulailler. Le week-end, on entre dans le lycée technique en passant par les toits, on tape dans les locaux de la direction. Je mets à profit mes talents déjà honorables d'as du cadenas pour faire les vestiaires...

Je me fais scout. C'est un moyen de partir en virée. À l'occasion d'un grand rassemblement de tous les scouts de France, on se retrouve en Auvergne. Je monte une expédition pour piller la ville voisine. Je suis intenable, Chata n'en peut plus. Au moment des vacances, elle ne me laisse pas partir avec ceux qui, comme moi, sont en placement, et repartent en Auvergne tous ensemble. À la place, elle m'emmène avec elle.

On prend le train avec sa nièce, en première classe, direction Bordeaux. Ma vie va basculer. Je suis en extase devant la première classe. Je suis en extase devant le wagon-restaurant. Je suis en extase devant cette façon qu'a Madame Simon de s'adresser au garçon, sans même regarder la carte, et de lui demander simplement « Qu'est-ce que vous avez à me proposer ? » Je suis en extase devant le Dr Hirsch, l'homme qui va nous héberger. Pendant la guerre, il a vécu caché par des gens du village, et leur a fait la promesse, à la Libération, qu'il reviendrait là un mois par an, pour soigner les gens gratuitement.

Je reste un mois chez lui. Dans la journée, j'accompagne le docteur pendant sa tournée dans sa vieille traction avant. Il me raconte sa cavale, cette période de vie clandestine. Le soir, on boit tranquillement un verre dans son énorme salon. Le petit déjeuner, c'est un bonheur.

Des bols en faïence, de la confiture, de grosses tranches de pain de campagne... Je n'ai jamais rien connu de semblable. Je suis heureux. Cet homme et sa fille, qui doit avoir vingt-cinq ans, une plante d'enfer d'ailleurs, m'inspirent un respect fou. Dans cette famille, l'amour se voit, il ne se disperse pas dans la multitude. J'aurais tant aimé que ce soit la mienne.

Je crois que Chata m'aimait vraiment, que c'est pour ça qu'elle m'a emmené. Elle voulait me montrer qu'il existait autre chose. Mais les meilleures intentions ont parfois des conséquences désastreuses. Et ce putain de voyage va définitivement consolider ma vocation de délinquant. J'ai vu ce monde qu'on cache aux pauvres. J'ai vu comment ils s'habillent, comment ils bougent, comment ils parlent. J'ai eu une révélation : la vie, c'est ça ou rien.

De retour à la Versine, je prends des bouquins. Histoire, géographie... « Je vais étudier, je deviendrai comme le Dr Hirsch. » Mais je n'ai jamais été fait pour les études. Il n'y a pas de raison que cela change. Pour y arriver, je vais devoir trouver d'autres solutions.

En attendant, la rentrée arrive, et avec elle, un nouveau prof, Daninos, un étudiant en psycho, la même gueule que Leonard Cohen mais pas de fric pour se payer ses études. Il nous parle de l'extrême droite, nous met en garde contre les dangers de l'antisémitisme, il nous dit que ce n'est pas éteint, qu'il faudra toujours se méfier. C'est le premier à m'avoir vraiment parlé des camps, il vivait cela dans sa chair, comme une cicatrice impossible à refermer. À Belleville, on occultait ça. Il nous montre des photos. Quelle ordure de vie ! Il fait venir d'anciens déportés, avec leurs tatouages, qui te racontent des trucs à frémir. Fatalement, même si tu le veux pas, tu comprends qu'être juif c'est être différent. Mais pour moi, ça ne va pas plus loin. Tout en étant profondément juif, je n'ai jamais complètement intégré cette histoire. Ça s'est passé, mais dans le passé. Je n'ai jamais demandé qu'on m'afflige d'une mémoire dont je ne voulais pas, qu'on me fasse porter ce poids immense, ce deuil de tous ces morts dont j'ignore jusqu'à l'existence. Ce que je ne sais pas, à l'époque, c'est qu'il est impossible d'y échapper.

Avec ce type, l'école devient de la musique. Grâce à lui, vingt-cinq surdoués de l'analphabétisme réussissent tous leurs examens pour entrer au collège d'enseignement technique. Ils veulent que je sois électricien, mais je demande à être peintre, comme mon père.

On finit par m'accorder des permissions. Belleville a changé. La bande s'est dissoute, c'est un moment gris. Moi-même, je suis assagi, j'ai une autre vision des choses, influencée par mon séjour chez ce Dr Hirsch. Un samedi, en arrivant à Saint-Ouen, je trouve ma grand-mère à la maison. Elle m'annonce que ma mère vient de partir à l'hôpital, sans donner d'explications, avec sa petite valise, et que mes frères et sœurs ont été placés à la DDASS.

J'ai toujours eu peur pour ma mère. Peur qu'il lui arrive quelque chose, que mes frères et sœurs se retrouvent sans personne pour s'occuper d'eux. J'ai un mauvais pressentiment. Je cours à l'hôpital. Ma mère est dans la salle d'opération. Je trouve un médecin :

– Qu'est-ce qu'elle a ? C'est grave ?

– Plutôt très grave, oui. Vous êtes seul ? Il n'y a aucun autre représentant de la famille ?

J'ai seize ans. Il m'annonce que ma mère vient de subir une ablation du sein. Elle le savait en quittant la maison, elle n'a rien dit à personne.

– Votre mère va se réveiller demain. Elle risque de subir un contrecoup terrible. Certaines femmes se laissent mourir après une telle mutilation.

Il me donne le temps d'encaisser, et ajoute :

– Il faut que vous sachiez qu'après ce type d'opération les chances de survie ne sont pas faibles, mais elles ne sont pas fortes non plus. Ça se passe comme ça : il y a les sept premiers jours, les sept premiers mois, et les sept premières années. Si on arrive jusque-là, alors ça va.

Ton père est en prison, tes frères et sœurs sont à la DDASS, on t'annonce que ta mère va mourir... C'est plus que lourd. Je suis accablé, enragé. Cette image de ma mère, de cette bonne femme qui s'en va toute seule, avec sa petite valise sans rien dire à personne, ne me quitte pas. Une tristesse absolue. C'est la chanson de Brassens : « Il est parti tout seul creuser son trou pour ne pas emmerder les gens. »

Je ressens le poids de mes responsabilités comme jamais auparavant. Le sort de ma mère repose entre mes mains. Je rentre à la maison, j'en parle à ma grand-mère. Les oncles et tantes arrivent, prennent la situation en main et me rétablissent, enfin, dans mon âge.

Il faut que je cherche du travail. Je démarche les entreprises à pied, je me propose comme coursier. Je trouve une imprimerie à Belleville, rue Le Thal, qui édite aussi un petit journal de province. Je tombe sur la femme du patron, je lui vomis tout ce que j'ai vécu, ma mère à l'hôpital, la survie de ma famille suspendue au fait que je trouve un travail. C'est beaucoup moins facile à dire quand c'est la vérité. Mais je réussis à l'émouvoir, et elle convainc son mari de me prendre comme manutentionnaire. Ils me payent au minimum syndical. Neuf cents francs par mois, c'est considérable, un salaire d'adulte. J'apporte cette bonne nouvelle à ma mère sur son lit d'hôpital et je décide que c'en est fini des conneries. Je suis définitivement en charge de ma famille.

Pour me libérer de la pension, mon oncle Joseph, qui commence à avoir une vie sociale plus intéressante, se porte caution pour moi. Il m'héberge chez lui, à Belleville. Il gère ses sept ou huit gosses d'une main de fer ; j'ai des horaires à tenir. Mais c'est Belleville, et après le boulot, je retrouve tout le monde. Un soir, je rentre en retard et je le trouve devant la porte. Je me fais déchirer.

C'est ça, la vie : se faire déchirer parce qu'on arrive en retard.

Je donne à ma mère la totalité de ma paye, dont elle me rétrocède une partie pour mes sorties – dix francs par semaine environ. Ça me dérange pas, c'est pour la bonne cause. Je me fais de l'argent de poche dans le métro : je glisse un ticket dans les appareils à bonbons, qui empêche la pièce de tomber, et tous les soirs je relève les compteurs. Rendement moyen : cinq francs.

À cette époque, on est tous plus ou moins décidés à arrêter les conneries. On a du travail, on sort le samedi soir, et le dimanche après-midi on fréquente une boîte pour les jeunes, rue du Faubourg-du-Temple. C'est le début de la période rhythm'n blues. On a quitté nos blousons et nos jeans pour s'habiller avec assez bon goût. Malgré notre toute fraîche honnêteté, vu le prix des fringues, on continue quand même d'en voler quelques-unes. Nos pas nous conduisent jusqu'au Golf Drouot, cet endroit fabuleux, sur les Grands Boulevards, où se produisent tous les nouveaux groupes de l'époque. La clientèle n'a rien à voir avec Belleville. Ce sont des petits bourges. On se met à leur ressembler, on est morts de faim. Qu'est-ce qu'on se lève comme nanas ! Des nanas propres, qui sentent bon…

Quoi qu'on fasse, le destin nous rattrape toujours. Malgré la femme du patron que j'aime vraiment bien, le boulot est atroce, pénible, pas gratifiant. Je porte des sacs de plomb de vingt kilos, sur des trajets ultra-longs, les horaires sont infernaux, il faut être sur place à sept heures du matin, on tape du dix heures par jour. Je travaille le samedi matin, pour des heures sup, toute la journée parfois. Et même le dimanche, de temps en temps, parce que c'est payé le double, pour diffuser leur petit journal de banlieue. C'est pas du Zola, c'est Papillon. Le bagne. Je pourrais apprendre un métier, mais le patron ne m'aime pas, il fait obstruction. Je fais ça contre mon gré, prisonnier de ma parole, du juge, de la maladie de ma mère. Je sais que je trouverai le moyen de m'évader de cette usine, de ce monde qui ne me ressemble pas.

Un dimanche après-midi, je suis dans un bar, pour le boulot. J'attends un type qui doit me livrer des journaux. Dans le bar, comme ça, je tombe sur une fille superbe. On parle un peu et, en quelques minutes, elle me tombe dans les bras. C'est la première fois de ma vie que je suis tiraillé entre le sexe et le devoir. Je tire le sexe jusqu'à la dernière limite pour finalement opter pour le devoir. Je ressens une amertume terrible. Lâcher une fille comme ça, à dix-sept ans, pour distribuer des journaux de merde à des cyclistes... Je commence à me sentir esclave.

C'est une histoire de fille, également, qui accélère mon retour chez ma mère, à Saint-Ouen. Ma cousine, la fille de mon oncle Joseph, est une sorte de Fanny Ardant en petite. On est tombés un peu amoureux l'un de l'autre, et un jour où toute la famille est là, on se sent magnétiquement attirés l'un par l'autre. Nos bouches s'approchent jusqu'à se frôler, presque malgré nous. Mon oncle ne tergiverse pas une minute :

– André, il faut que tu quittes la maison.

Chez ma mère, je retrouve ma liberté. Petit à petit, je reprends mes habitudes d'antan... Je m'attarde un peu plus le soir. Souvent, je ne rentre pas. Et puis l'été arrive. Évidemment, je n'ai droit qu'à un mois de vacances. Mais avec un petit groupe, on décide de passer l'été sur la Côte. Rien ne pourrait m'arrêter, pas même la Wehrmacht. Je quitte la boîte en juillet, je fais mes adieux à la patronne, je n'y remettrai plus jamais les pieds.

*

On prend tous le train, direction Juan-les-Pins. Les Cohen et Jean-Claude partent avec leurs parents, des Juifs tunisiens qui passent tous leurs étés là-bas. Juan-les-Pins en cette période de l'année, c'est plus Juan-les-Pins, c'est la Goulette. À la base, c'était une station plutôt huppée, mais l'été, elle était envahie par une classe sociale pas du tout adaptée. On y retrouvait toutes les figures de Belleville. Quand on reproche à tous ces Tounch d'envahir la station balnéaire, ils répondent par une blague « Rendez-nous la Goulette, on vous rend Juan-les-Pins. » Ils font exactement pareil qu'à La Vielleuse où les vieilles s'assoient à la terrasse, prennent un café, et ne décollent pas de tout l'après-midi. Ils font la même chose avec les appartements. Ils en louent un et s'entassent à dix dedans.

On a pratiquement tous démissionné. On débarque là avec notre solde de tout compte. On a de quoi tenir une semaine. Les visages de l'endroit nous sont familiers, et l'adaptation se fait très rapidement. Par principe, on commence par visiter toute la ville de fond en comble. Histoire de quadriller le territoire.

Tous les hôtels sont pleins, les locations aussi, mais on a du bol. On retrouve une connaissance de Belleville, un type qui a loué une chambre d'un hôtel très modeste, donc très peu surveillé, avec deux copains. Abdellah le baratine avec un truc du genre « Tu m'invites et je paye la chambre. » Au bout de trois jours, les mecs dorment dans la salle de bains. On a tous débarqué, et on s'est retrouvés à huit. Ils ont bien tenté de défendre les lieux mais, face au nombre, c'était cause perdue.

La Côte d'Azur nous émerveille. Les bars, les plages, les pins... Le soir, on sort en boîte. C'est beaucoup plus facile que Paris, où notre âge nous cause toujours des problèmes. Un matin, au sortir d'une boîte, alors que le jour commence à pointer, que les derniers bars de nuit sont en train de fermer, on va prendre l'air sur la jetée. Au milieu des pêcheurs, on repère une espèce de rombière emmitouflée dans un manteau de fourrure. Complètement hors contexte.

– Trois mille balles (trente francs) pour celui qui la met à l'eau !

On se lance des défis en permanence, comme des gamins. Miro, un mec de la bande qui ne fait jamais rien d'habitude, se porte volontaire. D'un coup de pied dans le derrière, il l'envoie, canne à pêche en avant, dans l'eau. Pendant qu'on est occupés à se fendre la gueule, Abdellah s'aperçoit qu'elle ne remonte pas à la surface. Son manteau la tire vers le bas. Henri et Cohen se jettent à l'eau pour la secourir. Les autres suivent. La femme se débat tellement et son manteau est tellement lourd, qu'elle entraîne Abdellah avec elle en s'agrippant à ses cheveux. Pris de panique, Miro et Pierrot décrochent une barque et essayent de sortir tout le monde de l'eau. Mais sous le poids de la bonne femme et de son manteau la barque se retourne, tout ça sous le regard impassible des pêcheurs. Après quelques fous rires, l'histoire se finira bien, heureusement…

Cependant, nos moyens s'épuisent. Le Cohen pense un instant à se reconvertir dans la pêche, mais ce n'est pas son destin. Il sympathise avec un pêcheur, passe la matinée sur son bateau, et reçoit en échange sa part : un carton rempli de petits poissons pour friture. Toute sa journée, il essayera ensuite de refourguer ses poissons à des restaurateurs. Personne n'en veut, bien entendu. Ça se met à puer, on finit par les jeter.

Le commerce ne nous ayant pas réussi, nous revenons aux usages d'antan. Les tiroirs-caisses sont blindés, et dans les magasins, personne ne se méfie. Le vol n'existe pas à l'époque, sous cette forme du moins. On choisit des boutiques bondées, on entre à deux ou trois. C'est des coups assez faciles. L'un de nous se met devant la caisse, couvre le geste de l'autre. On ne prend pas tout, pour éviter qu'une vendeuse s'en aperçoive au prochain encaissement et nous poursuive dans la rue en criant « Au voleur ! »

Le jour, on chasse le fric, la nuit, on fait notre apprentissage de la vie. Les gens de la nuit nous fascinent. Le soir, tous les chats deviennent gris, les frontières se brouillent, les catégories se mélangent dans une nébuleuse enivrante où se côtoient malfrats, bourges qui veulent s'encanailler, patrons d'établissements, artistes… Ce qui était inimaginable quelques heures auparavant devient possible, toutes les rencontres peuvent avoir lieu. On se sent maître du monde.

Les gens du jour paraissent fragilisés. On n'appartient plus à leur monde. Du coup, on n'a plus la même retenue, on vole plus facilement, les scrupules s'envolent. On découvre les joies du rat d'hôtel. Un nouveau sport, qui consiste à pénétrer dans les chambres pendant que les gens ne sont pas là, ou qu'ils dorment. On prend les bijoux, les pièces qui traînent sur la table, le sac à main, etc. Évidemment, si quelqu'un se réveille, on est cuits. Abdellah se lance le premier. Et c'est exactement ce qui se passe. Heureusement pour lui, il a une repartie exceptionnelle :

– Je vous signale que vous avez laissé votre clé sur la porte. Je vous la rapporte. Méfiez-vous, il pourrait y avoir des voleurs…

Le mec n'a pas le temps de réagir qu'on a déjà tous détalé. Une fois dans la rue, Abdellah reconnaît qu'il a merdé, mais on est tous d'accord, c'est un très bon plan. C'est l'été, il fait chaud, on dort la fenêtre ouverte. C'est par là qu'on va passer. Avec l'expérience, on comprendra le truc : pour pas réveiller les gens, il faut y aller à quatre pattes. Debout dans une chambre, une présence étrangère se sent, elle remue des ondes. Alors qu'en évoluant sous la hauteur du lit elle est indétectable. On peut même faire du bruit. Si les dormeurs se réveillent, ce n'est pas grave parce qu'ils ne voient rien. Ils se rendorment aussitôt.

Les villas, c'est comme les hôtels, mais en mieux. Les sommes sont plus importantes. Il n'y a pas encore de cartes bleues, l'argent liquide coule à flots. On cible généralement l'heure du déjeuner. Dans le sud de la France, c'est l'heure où tout va très lentement : les repas s'éternisent, les gens s'éloignent peu de la table. En groupe, les gens se sentent invincibles. Ils ne peuvent pas imaginer qu'ils sont en train de se faire cambrioler. Il faut faire attention à ce qu'il n'y ait pas d'enfants, pour éviter les rencontres inopportunes, mais en dehors de cela, c'est plutôt facile.

Un jour, toutefois, les choses manquent de mal tourner. Avec Henri, on choisit une villa où il n'y a que des couples à table, âgés de trente à quarante ans. Pas d'enfants. Il doit être deux heures de l'après-midi, c'est la fin d'un repas bien arrosé, tout le monde est au bord de la sieste. Sans faire de bruit, on pénètre à l'intérieur. On monte à l'étage. En cas de pépin, on peut très facilement fuir par les fenêtres. Henri fait le guet et moi les chambres, les unes après les autres. On risque de tomber sur quelqu'un qui sieste. En cela, c'est plus stressant que les hôtels. Dans une des chambres, je constate que les armoires et les placards sont fermés à clé. Dans le tiroir d'une table de chevet, je trouve une arme automatique de calibre 7.65, l'arme des policiers de l'époque. Le lieu n'est pas sans danger, on est vraisemblablement dans un repaire de voyous de haut vol. Sous le lit, de gros sacs attirent mon attention. J'appelle Henri :

– Regarde ce que j'ai trouvé dans le tiroir…

– C'est chaud, putain, on se casse !

Je le retiens, je lui montre les sacs. On en ouvre un et on tombe sur une cargaison de fusils-mitrailleurs. On est incapables de les identifier mais ce sont très clairement des armes de guerre. Le danger est réel. Si les mecs nous mettent la main dessus, ils sont capables de nous abattre. Henri me dit de laisser l'arme. Je lui réponds :

– Mes couilles ! Je vais pas me faire allumer sans me défendre.

Je range l'arme dans ma ceinture. La peur au ventre, on fait la route dans l'autre sens. Si par malheur l'un d'eux nous voit, il faudra vraiment leur tirer dessus. On garde suffisamment de sang-froid pour s'extirper sans heurt de la villa. Et une fois à l'extérieur, on se met à courir comme jamais, pour évacuer toute cette angoisse. Mais on l'a vraiment échappé belle, on le sait. Dans notre course, Henri me dit :

– C'est pas un métier sans risque.

On change de méthode. Désormais, on ne fera plus que les villas avec des gosses !

*

On a un potentiel argent hallucinant. Je gagne en un jour ce que je gagnais en un mois à l'usine. On passe des vacances de rêve, on est les princes de la Côte. De la baise, de la bouffe, du champagne, du whisky, et tout ce qui va avec. On se fringue, on va au restaurant, je mets en application tout ce que les pensions m'ont appris : le savoir-parler, le savoir-manger, etc. Et je le transmets aux autres. On ne sauce pas le reste du manger avec le pain, le couteau pour le poisson sert à couper le poisson, on mange la bouche fermée, on ne traite pas tout le monde d'enculé au restaurant… Henri est le seul à avoir ça dans les gênes. C'est le seul qui ne soit pas un fils d'immigrés.

*

Déscspérément, on voit arriver la fin des vacances. On n'a jamais été aussi heureux de notre vie. J'ai trouvé ma voie, je le sais. Je ferai ça avec science et méthode. Je ne reviendrai jamais en arrière.

Paris n'est pas la Côte d'Azur. C'est une ville fliquée. Se fondre dans la foule est une autre paire de manches. À Belleville, on devient de vrais voyous. On nous connaît, et on nous respecte. Mais on reste des gens de quartier. À l'extérieur, on détonne encore. Non qu'on s'habille mal, mais des détails nous trahissent, en permanence. Les chaussures, notamment. L'habit fait vraiment le moine, on commence à le comprendre. Avant d'investir les quartiers cossus, il va nous falloir acquérir un certain nombre de codes vestimentaires.

En attendant, on vole dans les salles de cinéma. On repère les gens susceptibles de nous intéresser. On s'assoit derrière eux dans la salle, on fait glisser leur sac vers nous, on se sert, et on le remet à sa place. On rentre dans les immeubles de bureaux, au flan, se faisant passer pour des livreurs, et on ramasse les portefeuilles dans les vestes qui traînent. Là, on prend l'argent liquide, les chéquiers, mais aussi les papiers qui ont une valeur marchande auprès des receleurs. On vit avec un sentiment d'impunité totale, convaincus que notre âge nous met à l'abri. La majorité est à vingt et un ans à l'époque. Nous en sommes très loin. La délinquance n'existe pratiquement pas. Aucun des grands frères n'est jamais allé en prison. Dans le quartier, il n'y a que Bledenauer pour y avoir séjourné, mais tout le monde le prend pour un dingue. Nous, on passe notre vie au poste, mais c'est comme une seconde famille, on ressort tout de suite.

Petit à petit, le besoin de receleurs nous conduit vers les bars de voyous. On atterrit chez Youssef, un bar cosmopolite de la rue Ramponeau où se retrouve toute la délinquance internationale, des Yougoslaves, des Français des Arabes… C'est le moment où la délinquance des beurs prend son essor. Il n'y a pas encore de Blacks à l'époque. Chez Youssef, on croise des femmes aussi, des femmes de presque mauvaise vie, pas des putes mais des femmes qui fréquentent les voyous. C'est un véritable tripot. Ça fume, ça joue aux cartes, ça vend de la came, de l'or… On voit des armes circuler, pour la première fois. Les relations entre les gens sont d'une extrême violence. C'est une poudrière. Entre Arabes et Yougoslaves, la rivalité est féroce. Ils jouent de très grosses parties, le plus souvent avec des calibres sur eux. Ça peut dégénérer n'importe quand. Instinctivement, le bar devient notre QG. Mine de rien, c'est une des meilleures affaires de Belleville, puisque, par nature, le voyou a besoin de flamber, de montrer qu'il dépense son argent. On adore cet endroit. On se met à jouer, nous aussi. On découvre la passe anglaise, un jeu de dés plutôt facile, qui nous accroche tout de suite. On vient tous ensemble, mais les Cohen, Miro et Jean-Claude sont rentrés tous les soirs à huit heures. Henri, Patrick, Michel et Abdellah, eux, sont toujours avec moi. On n'a jamais de déconvenue parce qu'on est soudés, ça nous rend dangereux aux yeux des autres. Les gens ont toujours peur des jeunes, qui sont irresponsables.

À peine délinquants, nous sommes déjà aux portes du banditisme. On devient des professionnels du monte-en-l'air. On continue les sacs à mains dans les cinémas, les tiroirs-caisses... Notre vie se structure. On quitte nos familles. On s'installe à l'hôtel, toujours à Belleville. C'est la belle vie.

Un jour, dans un bar du côté de Saint-Ouen, je tombe sur un de mes copains de la Versine, Maurice. On prend un verre, il est fauché, ça va pas très fort, me dit-il. Il me demande de mes nouvelles.

– Pour moi, tout va vachement bien, au contraire. Je suis l'animateur d'un groupe de G.O. sympas, on a des activités sportives qui nous rapportent beaucoup d'argent.

Moitié pour l'aider, moitié pour fanfaronner, je l'embarque dans une virée, dans un magasin de jouets. Je le charge de détourner l'attention de la caissière, pendant que je vais taper la caisse. Je passe ma main dans le tiroir, je tire, et je suis interrompu par le déclenchement d'un mini signal d'alarme. C'est la première fois que je tombe sur un truc comme ça. Comme quoi ce mec porte vraiment la scoumoune. La caissière se dirige vers moi, je la pousse violemment, j'attrape mon pote, on se casse en courant, mais la malchance s'acharne : juste à la sortie, une voiture de flics passe devant le magasin. J'arrive à me sauver mais Maurice se fait cueillir.

Je sais qu'il va se mettre à table, c'est évident, et que les flics vont débarquer chez ma mère. Perspective dramatique. Ma mère croit encore que je travaille. Je lui donne ma paye tous les mois, tout baigne. Malade comme elle est, ça peut lui causer un arrêt cardiaque.

Je décide de rentrer chez moi et d'attendre les flics. J'explique les choses à ma mère en dédramatisant :

– On a fait une petite connerie, attends-toi à ce qu'on ait de la visite. Surtout, ne t'affole pas, il n'y a rien de grave.

Le lendemain, les flics sont à la porte :

– Vous êtes André Bellaïche ?

– C'est moi.

– Vous savez de quoi il s'agit, je suppose ?

– Non…

– Suivez-nous.

Je ne mesure pas tout de suite la gravité de la situation. Au commissariat, je prends les trois claques habituelles, mais rien de violent. J'imagine qu'on va me relâcher dans les deux jours. Mais c'est de bien autre chose qu'il s'agit.

Qu'on soit mineur ou mafieux, le cheminement classique du prévenu est invariablement le même. La seule différence, c'est que les mineurs ne sont pas menottés. Ça m'a tout de suite énervé, je n'arrive pas à penser à autre chose. Je me sens dévalorisé par rapport aux adultes. Du commissariat, on se retrouve au dépôt, où l'on est fouillé une première fois. De là, on nous conduit au Palais de justice. Les grilles s'ouvrent, le camion entre dans la cour, on est débarqués, pris en charge par des hommes en blouse bleue, et placés derrière des grilles, dans « la souricière ». La prison commence à cet endroit.

On te fouille, tu te fous à poil, tu te rhabilles. On prend tes empreintes, tes photos, on te fiche. On te met dans une salle commune avec des chiottes à la turque, un lavabo, point barre. Pas de lit, pas de chaise, et tu dois y passer la nuit, à même le sol. Pour tout dire, c'est assez pénible. En découvrant ça, je me demande si je n'ai pas fait une grosse connerie.

Le lendemain je suis convoqué par le juge Marzloff, le juge le plus répressif de toute l'histoire du Palais de justice. La légende veut qu'il n'ait jamais relâché personne. Il a trois cent cinquante mandats de dépôt sous le coude. C'est un véritable concours dans sa tête. Il se sent investi de je ne sais quelle mission, peut-être protéger une société contre l'autre.

Lorsque le gendarme qui m'escorte m'introduit dans son cabinet, je découvre un petit homme entre deux âges, caché derrière ses lunettes et un bureau trop vaste.

– Asseyez-vous, dit-il, me désignant une chaise en face de lui.

Sans être vraiment décontracté, je ne suis pas assez tendu. Je ne mesure pas l'enjeu, la situation m'échappe. Le juge, lui, me jauge, il mesure chacun de mes gestes.

Assise à côté de son bureau, les deux mains sur sa machine à écrire, la greffière attend le top départ. En silence, le juge feuillette le dossier. Et puis il lève les yeux vers moi.

– Je ne suis pas sûr que vous soyez conscient de la gravité de votre situation, commence-t-il, la voix presque douce.

– Je sais que j'ai fait une grosse bêtise, bien sûr...

– Il ne s'agit pas d'une bêtise, jeune homme, mais d'un délit. Ça n'a rien à voir. Je suis ici pour vous enseigner le sens de cette différence. Vous avez un avocat ?

– Non.

– Vous allez en avoir besoin.

– Pour quoi faire ?

– Vous n'y êtes pas. Qui dit délit dit jugement, et qui dit jugement dit avocat. Ça l'excite de jouer le pédagogue à deux francs cinquante devant un gamin de dix-sept ans.

Les choses ne se passent pas du tout comme prévu. Je tente le coup de la situation familiale désespérée, de la mère très malade, etc.

– Je suis le seul soutien de ma famille, je ne sais pas comment ma mère va s'en sortir s'il m'arrive quelque chose.

Il ne m'écoute pas. Il connaît déjà sa réponse. D'une voix très dure, il m'assène :

– La seule chose dont je suis sûr c'est que, pour l'instant, vous êtes le seul vrai problème de votre famille et que la meilleure chose à faire, c'est de la mettre à l'abri de vous.

Il n'y a pas de dialogue possible ; je décroche. Mais je comprends une chose : l'ennemi numéro un n'est pas la police, comme on le croit tous ; c'est le juge et sa toute-puissance.

Marzloff dit des choses à sa greffière, qui les tape, et que je signe.

*

J'ai pas bien compris sur le coup. Quand il me parle de Fresnes, je ressens une forme de fierté, comme tous les mômes la première fois qu'on leur annonce qu'ils vont en prison. Je me sens grandir.

Dans le grand car qui emmène tous les détenus, je retrouve Maurice, mon complice qui m'a balancé. Il s'est cassé une jambe en courant. Je ne lui parle pas, mais je suis content qu'il soit là quand même. Je ne lui en veux pas de toute façon. Je sais qu'il n'est pas responsable. Le camion entre dans la courette de la prison, les portes se referment, les prisonniers descendent et pénètrent à l'intérieur. Comme tous les couillons de mon âge, je ressens une sorte de volupté en entrant là. Je suis en train d'obtenir mon diplôme, comme qui dirait. On est d'abord fouillés, conduits au greffe, pour déposer nos biens, puis placés dans une cellule d'attente, avant d'être dirigés, chacun selon son statut, vers un des bâtiments.

La prison est structurée autour d'un immense couloir, qui coupe en leur milieu trois bâtiments identiques, alignés les uns derrière les autres. Devant ce couloir, son parquet luisant, ciré tous les jours par des détenus, je commence à flipper. Le premier bâtiment, c'est la première division, celle des mineurs. C'est là qu'on nous dirige, avec les deux, trois gamins qui font partie de mon lot d'arrivage. L'angoisse monte à mesure qu'on avance. Je suis saisi d'un sentiment d'oppression très fort, que contrebalance encore ce sentiment de fierté absurde mais grisant. De toute la bande, je suis le premier à aller au placard. En sortant, j'aurai des choses à leur raconter.

*

On s'arrête devant une porte en bois avec un œilleton, un homme en civil nous ouvre la porte. C'est un éducateur. Les mineurs n'ont pas affaire aux matons. Alignés contre le mur, on reçoit nos paquetages, enroulés dans une couverture : une paire de draps, une autre couverture, le pyjama, la tenue qui va être la nôtre, c'est-à-dire un bleu de travail, le nécessaire de toilette, des sous-vêtements, le bol, les cuillers, tout ce qui va nous suivre durant la détention. Ils nous donnent aussi un bout de pain et un bout de fromage. À poil à nouveau. Tout ce qui nous appartient est mis dans un carton qui nous sera restitué tel quel à notre libération. On enfile leur caleçon. En trente secondes, on n'est plus des êtres humains. On est devenus des bagnards.

Il fait nuit, tout le monde dort dans la prison. On nous installe par deux, dans les cellules d'arrivants, des chambres avec deux lits, chacun ses placards, c'est pas trop dégueu. Évidemment, ils ne me mettent pas avec Maurice mais avec un type que je ne connais pas. La porte se referme. Je fanfaronne un peu :

– S'ils croient qu'ils me font peur, ces enculés...

L'autre en rajoute une louche.

Mais le fait d'être dans cette cellule, avec un mec que t'as jamais vu de ta vie, des barreaux aux fenêtres, ça fait monter la peur d'un cran. Quand même. Les lieux ont ce pouvoir.

On est morts de faim. On mange ce qu'ils nous ont donné, et on s'endort immédiatement, comme des souches. La première nuit de prison est pleine de songes très bizarres, des éparpillements de bouts de vie qui t'éloignent complètement de l'endroit où tu te trouves. La radio nous réveille, en musique. Ce premier réveil constitue la première sentence. C'est comme une double incarcération, la nuit ayant fait oublier l'endroit où l'on s'est endormi. Pendant une fraction de seconde, tu ne comprends pas que tu es là. Mais tu te lèves, tu te diriges vers la porte, et tu t'aperçois qu'il n'y a pas de poignée. La prison, c'est ça : un monde où il n'y a pas de poignée.

Un éducateur nous apporte les petits déjeuners. De l'orge grillée avec du lait, qui n'est évidemment pas du lait. C'est dégueulasse de chez dégueulasse. Ça, ça fait vraiment peur. Je rejette mon lait, l'autre mec fait pareil. Je vais pourtant finir par m'y faire. Le palais s'habitue.

On a droit à tous les tests : check-up physique, check-up psychologique, contrôle des connaissances, qu'est-ce qu'on veut apprendre, test de QI... Les premiers jours sont ponctués par ça. Jusqu'au jour de l'humiliation suprême. La porte s'ouvre :

– Bellaïche : coiffeur !

Tout le monde a les cheveux longs à l'époque. La chevelure pour un mec, c'est capital. Le coiffeur est un détenu adulte. Je lui dis bon, tu me coupes comme ci, comme ça, c'est à peine si je ne lui demande pas de me faire les pointes.

– T'inquiète pas, me répond-il.

Il prend sa tondeuse et coupe tout à ras. Il paraît que ça fait plus propre. J'ai envie de lui mettre une droite dans la gueule, mais je sais que c'est une mauvaise idée. Ce mec-là, c'est le seul majeur avec qui on est en contact. Et puis un majeur, c'est quelqu'un qui doit avoir fait quelque chose de grave. La situation me force à une forme de respect.

Histoire de m'identifier à ses yeux, de marquer ma différence vis-à-vis des autres, je lui demande s'il ne connaît pas un mec qui s'appelle Lucien Bellaïche. Il ne voit pas qui c'est, mais comme il est coiffeur, il peut être amené à le rencontrer. Je lui dis de l'avertir que son fils est là.

De retour en cellule, je me regarde dans la glace. Cette coiffure est une aberration.

À Fresnes-mineurs, les choses sont bien structurées. Il y a des ateliers : peinture, menuiserie, électricité... Je retrouve la Versine, en quelque sorte ; je ne suis pas dépaysé. Maurice s'adapte vite, lui aussi. J'ai déjà oublié qu'il m'a balancé, je m'en fous de toute façon. On n'est pas encore des voyous avec nos règles. Sa présence me rend l'incarcération plus facile.

*

Les premiers jours, tout est nouveau. On est tellement pris en main qu'on ne se sent pas vraiment en prison. On ne perçoit pas la dureté des choses. Ça va venir avec le temps. La prison n'est rien d'autre qu'une énorme cellule d'attente, où l'on attend quelque chose qui n'arrive pas.

Ça commence par le parloir. Le premier samedi, à travers l'œilleton de la cellule, on aperçoit les tables en alignement au milieu du grand couloir. Quasiment tous les parents rendent visite aux détenus, sauf les nôtres. Désespoir énorme. Pourquoi ma mère n'est pas là ? Les mots du toubib résonnent en boucle dans ma tête : sept mois, sept ans… Je suis encore un enfant. Et avec la détention, je le redeviens d'autant plus. C'est ce que fait la prison. En vous retirant tout, en vous privant de liberté, en vous rendant dépendant de tout, elle nie votre identité, elle vous fait totalement régresser. Bien entendu, personne n'a pris le soin de nous expliquer que c'est simplement le tarif pour les nouveaux arrivants.

Les parloirs, donc, c'est le samedi. Le dimanche est la journée la plus triste du monde. L'activité du matin, c'est la messe. C'est ça ou rester en cellule. Indépendamment de la religion des uns et des autres, tous les détenus se retrouvent à l'église. C'est pareil dans toutes les prisons. L'église, c'est le lieu où l'on cause, où l'on voit les gens qu'on ne peut pas voir autrement. Personne ne peut t'empêcher d'aller au culte. C'est souvent là que les coups se montent. L'après-midi, on fait une promenade sur le terrain de handball. Le reste du temps se passe en cellule, avec la radio, toujours la même, à se faire chier.

La semaine est moins pénible. L'ennui nous fait aimer le travail. On va aux ateliers l'après-midi, à l'école le matin.

Le juge tient parole. Il m'envoie un avocat commis d'office. La dernière personne en qui je peux avoir confiance a priori, sauf que, je ne sais par quelle magie, l'avocat s'appelle Cahen, un nom juif, et nous nous entendons immédiatement. Je ne comprends strictement rien au droit. Parmi les mineurs de la prison, l'information circule très peu. Ils ont peu d'expérience, peu de connaissances, et surtout, ils restent peu de temps en détention. Rarement plus de quatre mois, sauf s'ils sont là pour meurtre. L'avocat m'explique la situation : le juge Marzloff ne sait pas ce que veut dire « liberté provisoire ». Malgré la faiblesse de mon délit, je dois pas m'attendre à sortir avant le jugement. Ça risque d'être beaucoup plus long que prévu. Marzloff a tellement de dossiers que ses instructions prennent un temps ahurissant.

Je passe cinq mois et vingt jours à attendre ce procès, et pendant ce temps, je ne vois le juge que deux fois, dix minutes à chaque coup, pour des questions qui à mon sens relèvent moins de l'instruction que de la formalité.

Ma mère me rend visite chaque semaine. Elle se plaint pas, elle rend tout plus rose que ça doit l'être vraiment, je le sens bien, c'est son rôle. Et curieusement, ça lui donne un second souffle, une mission. Elle a quelque chose qui l'occupe, qui la détourne de ses propres problèmes. Finalement, je me demande si elle n'est pas rassurée que je sois là, si, au fond, cette situation ne la tranquillise pas.

*

Un jour, le coiffeur me fait passer un mot de mon père. Avant que j'aie le temps de le lire, un éducateur nous surprend et se dirige vers moi. Pour ne pas mettre mon père dans la merde, ni le coiffeur, j'avale le bout de papier, et je saute à la gueule du mec. Je suis immédiatement convoqué chez le directeur, je dédouane le coiffeur « Il m'a rien donné du tout ! », j'implique l'éducateur « C'est son accusation qui m'a rendu furieux ! »

Je suis bon pour le mitard. Huit jours. On me sort de Fresnes-mineurs et on m'emmène en troisième division, dans le bâtiment des J3, c'est-à-dire des jeunes de dix-huit à vingt et un ans. J3, ça veut dire majeur pénal. C'est là que se forme la future génération des grands bandits, les mecs à la Mesrine. Un lieu qui fait assez peur. Si tu es faible, tu te fais bouffer aux petits oignons. Il n'y a plus d'éducateur ; on est accueilli par le surveillant-chef et un groupe de matons. Ils me tombent dessus à cinq, six et me déchirent de coups. Je comprends que l'éducateur avec lequel je me suis bastonné n'est autre que le fils du surveillant-chef, ce qui me vaut une ration supplémentaire de jetons. Un accueil inoubliable.

Le mitard, c'est l'horreur absolue. Une cellule vide, sans lit, sans matelas, sans rien. On reste enfermé dans un bloc de ciment pendant huit jours. En prison, on a beaucoup le cafard, mais au mitard, c'est en continu. On se sent nu. Les vrais repas, c'est un jour sur deux. Le lendemain, c'est un bout de pain et de la soupe. Autant dire, rien. On n'a pas de bouquin, hormis une Bible. Je tombe tellement bas que mes exigences s'adaptent : j'ai une telle faim que je serais prêt à manger des os de poulet. C'est tout simplement impossible à expliquer.

Cette expérience m'apprend une chose : il faut faire preuve d'une certaine prudence vis-à-vis de l'administration. Ils peuvent faire de toi un objet, et un potentiel suicidé. Je ne suis pas traumatisé. De toutes les expériences que je vivrai, aucune ne me marquera jamais au fer rouge, aucune ne me poursuivra jamais la nuit. L'absence de traumatisme, j'en suis sûr, c'est ce qui fait la race des grands bandits, des grands voyous, des grands dictateurs.

*

Le jugement arrive. L'administration pénitentiaire, qui fait bien les choses, nous fournit un costume d'apparat. Pantalon en flanelle grise et veste en velours marron. Ils nous transforment en petits bourges ! Je le saurai par la suite, le circuit est le même pour tout le monde. Tout se passe dans le sous-sol du Palais de justice. Les détenus en attente de jugement sont placés dans une cellule située juste au-dessous de la cour où ils doivent comparaître. Une fois là-dedans, on guette les bruits de la salle. Mon tour arrive. Je suis très impressionné. Je découvre une salle d'audience dans la position de l'accusé, celle d'où l'on admire les nuques des avocats, pas leurs visages.

Je suis dans le box, avec mon petit complice. On plaide l'absence de préméditation. De l'inconscience… On joue les petites victimes malheureuses, on psalmodie des « Je recommencerai plus, m'sieur. » Ma mère joue parfaitement son rôle, elle s'effondre trois fois dans la salle, pleure toutes les larmes de son corps. Tant et si bien que je prends six mois de sursis. Quand tu viens de faire l'équivalent derrière les murs, tu ne sors pas apaisé. Tout ce que je veux à ce moment-là, c'est foutre le feu à la France.

S'il m'avait laissé sortir au bout de quinze jours, après m'avoir bien fait peur, le juge aurait peut-être pu me guérir de la délinquance pour toujours. Au lieu de cela, il m'a suradapté à la prison.

Après le temps très lent, très laborieux, de l'incarcération, la libération est une jouissance. Une sensation intense, et très rapide. En l'espace de quatre heures, on passe de l'enfermement et de ses incertitudes sur le futur à la liberté immédiate. En réalité, c'est une horreur. On devrait garder les gens un ou deux jours de plus, pour les habituer à l'idée. Dans le fantasme du prisonnier, la liberté c'est le paradis. Mais quand elle arrive effectivement, c'est sous la forme d'un champ de ruines, les ruines de la situation qu'on a laissée en plan, et que l'incarcération a contribué à dégrader. C'est pour cela que les gens récidivent.

*

Ils me remettent à ma mère, en pensant qu'ils m'ont soigné, qu'ils m'ont guéri, que je vais dorénavant emprunter un autre chemin. Je retourne à Saint-Ouen, je retrouve la pauvreté collée aux murs, la médiocrité, l'éternelle absence de solutions. Je tiens deux jours. Le troisième, il faudrait me tuer pour m'empêcher de retourner à Belleville.

J'aurais dû remercier le juge plutôt que de le maudire. Les six mois de sursis censés m'empêcher de commettre un nouveau délit ont été bouffés par la prévention. Je me retrouve aussi blanc qu'avant. Dans le pire des cas, si je me fais prendre, je prends dix jours. Autant pour l'intelligence du juge.

Pendant mon absence, Belleville a changé. Jean-Claude, qui n'est pourtant pas fondamentalement voleur, s'est fait serrer pour une histoire de robe ridicule, et a fini au J3, ce qui va le traumatiser totalement, pour le reste de son existence. Henri s'est fait choper pour un vol de voiture. Michel est à Savigny-sur-Orge, dans un centre pour mineurs délinquants, une expérience plus dure encore que la prison. Le temps de la sanction est venu. Notre monde s'écroule, de manière tragique pour certains d'entre nous. Les parents commencent à avoir peur. Lors de l'incarcération de leurs rejetons, ils sont en première ligne. Ils se tapent les parloirs, les angoisses, toutes sortes de frais, pour leur apporter des fringues et leur donner un peu d'argent pour s'acheter des cigarettes. Abdellah a été envoyé en Algérie par son père, de force. Par je ne sais pas quelle magie, il a réussi à retraverser toutes les frontières dans l'autre sens : Maroc, Espagne, France. Il faut croire qu'on aime vraiment Belleville… Pierrot Cohen, lui, est devenu batteur, dans un groupe de rhythm'n blues. On éprouve un bonheur incroyable à se retrouver, à se raconter nos trucs. Mais on n'a pas envie de revivre ça. On est au mois de mars ou avril 1968. Je trouve du boulot, dans l'imprimerie une fois de plus. Avec le printemps vient la révolution. La récréation va commencer.

*

Paris est en grève. On se retrouve tous sans travail, et donc sans argent. En quelques jours, le bruit parvient à nos oreilles : après Belleville et la guerre d'Algérie, le conflit s'est déplacé au Quartier latin. Spontanément, l'action nous attire.

La ville est entièrement paralysée. Plus de transports en commun, plus de ramassage d'ordures, c'est même difficile de trouver de l'essence. L'heure est au partage, on monte dans n'importe quelle voiture, et on arrive, comme ça, à la lisière de Saint-Germain-des-Prés, un quartier où on n'a jamais mis les pieds. Ce n'est pas que le bleu nous a manqué, mais le retour de ces régiments de CRS nous fait chaud au cœur. Ils sont massés sur le pont, occupés à empêcher le passage entre la rive gauche et la rive droite. On tente de négocier, mais le CRS est éduqué à ne pas écouter, à ne pas répondre ; on cherche une manière de contourner le problème, mais tous les ponts sont fermés. Les gens s'agglutinent, se bousculent, les CRS sont pris entre deux feux. On les déborde, et sans comprendre comment, on se retrouve à Saint-Michel.

Arrivés là en touristes, on devient soixante-huitards en quelques heures. Est-ce la cause qui nous épouse ou nous qui épousons la cause, je ne sais pas. Toujours est-il qu'on revient tous les jours. On dort souvent à la Sorbonne. Les étudiants viennent de toutes les facs de France pour faire des manifs qui finissent en barricades. C'est très folklorique, très coloré, et à force de fréquenter les amphis, on comprend que la situation nous regarde également. On parle beaucoup de pauvreté et d'injustice. L'injustice, c'est nous. On finit par se sentir semblables aux autres, on se joint aux petits groupes qui se forment un peu partout pour débattre. On écoute, on parle aussi. C'est la première fois qu'on intéresse autre chose que les CRS ou les assistantes sociales.

On n'en reste pas moins ce que l'on est. Malgré la solidarité qui nous lie aux gens de la Sorbonne, il faut vivre. Mai 68 est notre grande période pickpocket. On aurait tort de se priver : en ces lieux, le risque de se faire embarquer par la police est nul. Abdellah, encore lui, cet enfoiré, met au point une technique. Pendant que les mecs dorment, on coupe la poche de leur veste avec une lame Gillette, et il n'y a plus qu'à récupérer le portefeuille. On se forme, sur le tas, à voler montres et portefeuilles tout en s'échauffant dans des discussions enflammées avec nos proies, en les regardant droit dans les yeux.

On n'a rien perdu de notre sens de l'humour. Dans l'amphithéâtre, les tables sont en alignement. Des mecs comme Cohn-Bendit, Krivine viennent haranguer les auditoires… C'est bien, mais il y a toujours un moment où les discussions finissent par tourner en rond. Les mêmes sujets, les mêmes débats, on en vient à se lasser. Au cours d'une réunion bourrée de monde, l'un de nous lance :

– Cinquante balles pour celui qui fait un discours !

Avec sa pure tête de Juif tunisien joufflu, les cheveux bouclés, Claude Cohen, relève le défi :

– Je prends !

D'un bond, il s'élance sur l'estrade, attend qu'un micro se libère, et se lance. Il n'a aucune notion de ce qu'est la politique, à part peut-être celle du casse-croûte tunisien et du dosage de harissa qu'il faut y ajouter. Seul devant la salle, il hurle :

– Camarades !

Toute la salle hurle en retour :

– Ouais !

Encouragé par les cris, il reprend :

– Camarades !

– Ouais !

Au bout de trois fois, les gens en ont marre ; il faut y aller. Il dit de telles conneries qu'on le jette de l'estrade. Une énorme rigolade.

*

Arrive le soir de l'énorme manifestation du 24 mai. Là, ça rigole plus du tout. Le quartier Saint-Michel est saturé de monde. Il y a des cortèges pas possibles partout. Les gens sont là pour lancer des cailloux sur les CRS après les débats. C'est de la guérilla urbaine. Un cortège se dirige vers la Bourse, « le temple du capitalisme ». Ça nous parle, on s'y greffe. On s'imagine qu'il y a du fric à prendre. Une fois sur place, on pète la porte du bâtiment et à notre grand étonnement, on se retrouve au beau milieu d'une salle vide. Alerté par le bordel, le concierge débarque. On lui demande :

– Mais où ils le mettent, le fric ?

Le mec répond, incrédule :

– Mais il y a pas de fric, ici…

On se casse, on retourne à Saint-Germain. Là, c'est la guerre. Je me retrouve sur les barricades. Ça se passe comme ça : une charge de flics, les manifestants se retirent, une attaque des manifestants, les flics se retirent… Je perds les autres. À chaque vague, les CRS font une poignée de prisonniers, et ils finissent par me baiser.

Ils m'emmènent place du Panthéon. Pour entrer dans le commissariat, on est obligés de passer au milieu d'une double haie de CRS qui s'amusent à asséner aux prisonniers tous les coups de matraques qu'ils peuvent. Je réussis à n'en prendre qu'un seul. En revanche, je n'évite pas le banc qui entrave l'entrée, et dans lequel la moitié des arrivants se prennent les pieds. J'atterris dans une salle au milieu d'une cinquantaine de types salement amochés, et qui se remplit vite, par un flot continu. On finit par nous embarquer en car jusqu'au commissariat central de Beaujon. On passe la nuit là-bas, angoissés, en plein air, parqués comme dans un camp de prisonniers. Le lendemain, on nous transfère à l'intérieur, dans les énormes cages de garde à vue. Les mecs ferment vraiment leur gueule. Ils ont peur. Quand on est pris dans une manif, on est immédiatement fichés aux RG, et donc catalogués. Contrairement à moi, la plupart des autres ne sont pas préparés à la situation. Ils n'ont aucune idée de la sanction qu'ils encourent.

Les flics nous interrogent. Je sais à l'avance ce que je vais dire « J'étais place Clichy, et suite à un contrôle d'identité, le car des policiers qui me contrôlaient a été appelé en renfort, et je me suis retrouvé avec tous ces gens. » Le mec me croit, et ça va rester dans mon dossier. À l'époque, les fichiers de la police ne sont pas informatisés. Quand on se fait arrêter, ils ne vérifient pas comme aujourd'hui. Ils se contentent de ficher.

Le lendemain, tout le monde se retrouve à la Sorbonne. On débat des arrestations. Et puis tout cet édifice s'écroule. Les accords de Grenelle sont signés, les ouvriers reprennent le travail, les étudiants arrêtent dans la foulée. Sans mot d'ordre, ni coup d'éclat.

*

Saint-Germain devient notre quartier. On s'installe dans un hôtel rue Saint-André-des-Arts. Après 1968, les mœurs se sont bien relâchées. Il n'est pas rare qu'on couche avec deux filles différentes dans la même journée. Pour tout dire, la demande est trop forte pour un seul homme.

L'expérience de 1968, la fréquentation de cette population étudiante, érudite, intelligente nous a fait gagner dix ans. On rentre vraiment dans la vie, on est totalement autonomes.

À Saint-Germain, notre train de vie change radicalement. Il ne s'agit plus de voler pour s'acheter une paire de chaussures : on est intégré à un tissu social qui exige d'avoir de l'argent. On découvre un monde neuf où l'on sort tous les soirs en boîte, plus seulement le samedi. C'est Juan-les-Pins en non-stop. Le Roméo Club devient notre QG. Les oiseaux de nuit parisiens sont un mélange de minets, de fils à papa, de petits voyous, de voleurs, et de petites nanas faciles. La moyenne d'âge oscille entre dix-huit et vingt-cinq ans. Tout le monde sait qu'on est de petits voleurs et on rencontre vite des homologues, deux mecs de la porte des Lilas, Samy et Karimo, des beurs autour de qui gravite toute une petite bande. Samy a une classe folle. Il s'habille avec des vestes pied-de-poule, ce qui, en 1968, est proprement ahurissant. Karimo est plus petit et trapu. Ce sont deux titis parisiens, et des danseurs hors pair. Au Roméo, c'est à celui qui danse le mieux. Sur la piste, Samy est éblouissant, ce qui fait de lui le play-boy absolu. Tous les soirs, il y a un moment où tout le monde s'arrête de danser pour laisser Samy et le disc-jockey rivaliser sur un tube de James Brown. C'est une attraction folle. Malgré tous les efforts que j'y mettrai, je n'atteindrai jamais leur niveau. Après le Roméo, avec les nanas qu'on a levées, on part dîner, au Pied de Cochon ou dans des restos qui restent ouverts toute la nuit. On a un tel besoin de sexe que les histoires de cul se passent parfois en trois secondes dans la rue. On vient d'avant 1968, une époque où le seul endroit où tu pouvais toucher une nana, c'était le cinéma.

On se lie d'amitié, avec Samy et Karimo, nos deux groupes commencent à travailler ensemble. Notre vocabulaire change. Voler se dit « travailler ». Après s'être salués, la première chose qui se dit, c'est :

– T'as touché ?

Réponse :

– J'ai failli me faire serrer !

Ou bien :

– Non, j'suis passé à travers.

Nous, on touche plutôt tous les jours. Dans le temps, t'étais un cador ou t'étais rien. Le métier se transmettait ainsi. Nous, on est des autodidactes. On apprend étape par étape, en se communiquant les infos, mais sans initiation. C'est la délinquance moderne, et on en est les pionniers.

Les anciens repéraient leur affaire, ils cassaient des usines, perçaient des coffres. Nous, on ne prépare rien. L'improvisation est notre mode opératoire, et le restera toujours. Ça devient une technique : être imprévisible pour ne laisser aucune trace.

Avec Samy et sa bande, on se ressemble. Ensemble, on devient plus forts, on s'étoffe. Le vol devient un métier, une vie. On n'est pas encore des maestros. On est de jeunes délinquants, des voleurs de jour. Ça rapporte pas des milliards – sinon on ne travaillerait pas quotidiennement. On travaille petit bras, on prend de petits risques. Mais ça nous convient parfaitement. On ne fait pas de trucs qui pourraient nous entraîner vers des années de prison. On fait quand même gaffe à cela. Nous, c'est les loges de concierges, leurs tableaux de clés où sont généralement inscrits le nom et l'étage des locataires. On attend que la personne sorte de chez elle, on entre et on tape. L'autre technique consiste à passer par la fenêtre des chiottes, qui est généralement ouverte sur la cour. Il faut être mince, bien sûr.

L'ancienne génération cassait avec des plumes, des démonte-pneus. Mais si on te chope avec une plume dans la rue, ça suffit à te faire tomber, le délit est constitué. Nous, on travaille le plus souvent les mains dans les poches.

Ce mode de vie va durer un an.

Samy m'apprend à faire les trains. On prend le train de nuit, pour Marseille par exemple. Il me montre comment passer de wagon en wagon. Il suffit d'un carré, qu'on trouve généralement chez les concierges ou dans une quincaillerie. On prend un billet, première classe couchette en général. De là, on se dirige vers les wagons-lits. Les riches se déplacent généralement avec beaucoup de liquidités. On en fait un à l'aller, et un au retour. Un mec dont le portefeuille disparaît peut penser qu'il l'a perdu, mais s'il y en a cinq dans le train, ça change la donne. On fait l'aller-retour Paris-Marseille une fois par semaine, pratiquement.

L'argent nous a complètement grillés. On ne voit plus vraiment comment on peut faire marche arrière. C'est fini. Comment assurer ce train de vie en travaillant ? Bien sûr, on pourrait mettre de l'argent de côté, monter des affaires.... Mais on est complètement incultes. On n'a personne pour nous montrer la direction. On s'amuse beaucoup, mais déjà, on sait que ça finira mal.

*

Ce qui doit arriver arrive. Un cambriolage, et patatras : je me fais serrer avec Henri. Ça n'a plus rien d'un jeu. On me met les menottes. J'en ai rêvé, mais dès l'instant où elles se referment sur mes poignets, je comprends que c'est une vraie punition. Je sens l'enfermement immédiatement. Chez les flics, on passe vingt-quatre heures très dures, pendant lesquelles ils tentent de nous faire avouer d'autres délits. Ils voient nos vêtements, comprennent tout de suite qu'on n'est pas des voyous d'un jour. Pendant qu'ils perquisitionnent chez nos parents, on a droit à un tabassage dans les formes. Mais on est suffisamment forts pour ne rien lâcher. Il n'y a pas de risque de toute façon, on a une éthique, on ne parlera pas. Celui qui balance est une balance, et ça ne demeure pas impuni. Même parcours que la première fois : dépôt, juge, etc. Cette fois-ci, le juge ne me pose même pas la question de savoir si je suis conscient de la gravité de ma situation. Je suis un délinquant. Il me demande si j'ai un avocat. Depuis mon séjour chez les mineurs, j'ai gardé contact avec Cahen. Je possède la panoplie du parfait prévenu.

On se retrouve tous les deux à Fresnes, lui en tant que blond, moi en tant que brun, ce qui à l'époque ne relève pas du tout du même tarif. Henri, surtout, a un an de moins que moi. Il est mineur. Il se retrouve donc chez les mineurs, et moi au J3. Je vais sur mes dix-neuf ans, je suis plus mûr que lui. Nos peines vont être totalement disproportionnées. Il va rester deux mois, et réussir à être placé en liberté provisoire. Moi, quatorze. En enfer.

On m'embarque avec cinquante autres détenus dans le fourgon cellulaire, direction Fresnes.

Je franchis les portes de la prison avec une rage infernale. Je m'en veux d'être là. Ce qui m'amusait la première fois m'apparaît désormais comme une humiliation.

En entrant, je sais que le parcours va être long, mais je n'en mesure pas encore la difficulté. Quand on est incarcéré, on connaît sa date d'entrée mais on ignore quelle sera la date de sortie. Depuis l'intérieur des murs, cette lapalissade acquiert une dimension terrifiante.

Je suis dirigé, avec quelques autres, vers la troisième division, dans le bâtiment des mineurs. Les majeurs sont en face, séparés de nous seulement par des grilles. Nous sommes accueillis par un comité composé du surveillant-chef et de quelques matons. Comme toujours, on est arrivés de nuit. On m'enferme dans une cellule d'attente, avec deux autres types.

L'inquiétude est à la mesure de l'inconnu qui nous attend. On ne sait rien de cette prison, mais on sait que ça va être sombre.

*

Le lendemain matin, on a droit aux éducateurs, à l'assistante sociale, au directeur, tout ça dans la même journée. Ils établissent ma fiche et me dirigent vers une classe de CM2, pour passer le certificat d'études. De nombreuses cellules sont inoccupées, dans ce bâtiment.

Au J3, il y a principalement deux catégories de délits. Les gens sont là pour vols de voitures ou baise en réunion, ce qu'on appelle aujourd'hui les tournantes. Un mec se lève une nana, et ils se la passent à cinq ou dix. Dans les quartiers populaires, c'est monnaie courante. Pas dans le XVIe ou à Neuilly bien sûr. Je vais partager ma cellule avec un mec de dix-huit ans, un banlieusard convaincu de vol de voiture. Un récidiviste.

La cellule est aménagée, meublée de trois lits superposés, d'une table et d'un placard. On reste sur nos gardes, forcément. Il n'y a pas un semblant de solidarité entre nous. Le mec ne me propose même pas de cigarette. Je suis obligé de lui en demander une, qu'il me donne avec réticence.

Le lendemain, je fais mon entrée au club. Après être passé chez le coiffeur, j'intègre ma classe. Le prof me désigne ma place. Je découvre les gens avec qui je vais cohabiter pendant de très longs mois. Un gouffre nous sépare. Ils me font penser à moi quand j'avais quatorze ans. Des mongols, qui n'ont rien dans la tête, d'une violence abracadabrante et gratuite. Ils en sont encore au stade du blouson noir. Leur avantage, c'est qu'ils se connaissent tous. Je ne pourrai jamais avoir le moindre lien avec eux, et je n'en ai pas la moindre envie. Le plus pesant, c'est que tu es condamné à voir le même petit groupe tout le temps : ceux de ta classe, qui sont aussi ceux avec qui tu fais les promenades, dans des courettes ridicules de quatre mètres sur cinq.

Dès ma première promenade, j'ai droit à la provocation d'usage, le lot de tous les arrivants. On te teste pour voir si tu vas être le maillon faible. Je suis agressé par un des mecs les plus costauds du groupe. Pendant la durée de la promenade, le surveillant fait des rondes, de cour en cour. Quand il part, on a dix minutes pour tabasser quelqu'un. Manque de bol pour le mec qui m'agresse, malgré mon absence de banane et d'amour pour Johnny Hallyday, je suis un professionnel de la bagarre de rue. À ce jeu-là, le premier qui frappe est sûr de l'emporter. Quand quelqu'un te provoque, il faut faire semblant d'avoir peur de lui, donner l'impression que tu recules, et à ce moment-là, lui mettre un grand coup de boule. Le mec est à la fois surpris et sonné, et là, il ne faut surtout pas le lâcher. Ce que je n'ai pas prévu, c'est que quatre ou cinq de ses potes allaient me tomber sur le dos. Ça fait partie de l'intégration carcérale. Et ça laisse, évidemment, quelques stygmates physiques.

Une fois que ça s'arrête, je me jette sur le mec qui m'a battu. Et je les ai tous sur le paletot une fois de plus, ce qui n'est pas très marrant en réalité. On arrête finalement pour ne pas attirer l'attention du surveillant. C'est notre intérêt partagé.

Me voyant salement amoché, le surveillant me prend à part et m'emmène dans le bureau du surveillant-chef :

– Vous vous êtes battus ?

– Non, pas du tout. J'adore faire les pieds au mur. Je me suis cassé la gueule sur la tête.

Évidemment, il ne me croit pas, mais il comprend que je ne vais pas lâcher le morceau.

J'ai eu mon baptême. Les mecs ont vu que je ne balançais pas, je n'ai pas hurlé, ils ont compris que je pouvais même être une teigne. Tout rentre dans l'ordre.

*

Je déteste ces gens-là. Ils sont tellement inutiles au monde. Nous, on a atteint un niveau culturel et social à des années-lumière du leur. Auprès d'eux, je vais connaître une immense solitude.

Mon avocat estime que je vais passer en jugement d'ici à deux ou trois mois. Il pronostique un an de placard. Je trouve cela excessif. Les remises de peine n'existent pas à l'époque. On décide d'attendre un peu et de tenter la liberté provisoire.

Le lundi, on a école le matin et sport l'après-midi. Après le repas de midi, le mec avec qui je partage ma cellule laisse sa vaisselle dans l'évier et me dit :

– C'est toi qui fais la vaisselle.

– Oui, et je vais laver le cul de ta mère, aussi.

On se bat, j'impose mon autorité sur la cellule.

La vie se déroule comme cela à Fresnes, dans un rapport de force permanent. Le mercredi et le vendredi sont structurés comme le lundi. Le mardi et le jeudi aussi, mais avec une demi-heure de parloir en plus, au milieu de la journée.

Le parloir est réservé aux parents. Ça se passe dans des cabines sans portes, les deux personnes sont séparées par une double vitre avec un Hygiaphone, et le surveillant fait des allers et retours pour écouter ce que tu dis. Un mec qui prend vingt ans passe vingt ans sans toucher la main de sa mère ou de sa femme. Les parloirs libres seront institués plus tard, par Mitterrand. Cette séparation rend les visites particulièrement atroces. Pour les visiteurs, c'est pas gai non plus. Pour passer une demi-heure avec leur parent détenu, il leur faut sacrifier une demi-journée entière. Mais ma mère n'a jamais raté un parloir. Les premiers sont pourtant éprouvants. Elle arrive complètement accablée. Elle me fait d'abord la leçon :

– Qu'est-ce que tu vas devenir, mon fils ?

Je la regarde, je chuchote :

– Allez, ça recommence… Tu sais bien que je suis pas là par hasard. Chacun sa vie, m'man, j'ai fait ce choix-là, point barre.

Il faut tout de suite que je la débranche, sinon j'en ai pour vingt parloirs…

Je sais qu'elle se sent en partie responsable de ma présence dans cet endroit, que c'est la conséquence directe de la vie de merde qu'on a eue jusque-là. Je la rassure comme je peux, je lui dis « C'est pas de ta faute, je suis né comme ça… »

Au parloir, les parents peuvent apporter du petit linge, des slips, des maillots de corps, des chaussettes, et surtout des chemises. En prison, la chemise a une importance cruciale. La chemise est ce qui permet de situer les gens. On est tous vêtus de la même tenue carcérale faite d'un tissu gris très laid, une sorte de flanelle du pauvre. Je ne sais pas pourquoi, on appelle ça le « drogué ». Les chaussures aussi nous sont fournies par l'administration pénitentiaire. Il n'y a que la chemise pour te distinguer de la masse. Si t'en as une trop belle, on va essayer de te la squatter, surtout si tu es un nouvel arrivant. Pour les plus faibles, cet univers est un véritable enfer. Mais il n'y a rien à faire pour les aider. L'énergie qu'on peut avoir est tout juste suffisante pour se défendre soi-même. On est forcé à une neutralité dégueulasse.

Le samedi matin, c'est cinéma. Mais pas pour tout le monde ! Le surveillant-chef procède d'abord à l'inspection des cellules. Une tache par terre, et t'es privé de cinéma. À la place, tu te tapes la promenade de merde. Un jour, les surveillants nous annoncent qu'ils vont passer *Pierrot le fou*. On y va surexcités, pensant voir un film sur le gang des tractions avant. Et à la place de ça, on se tape… Godard ! Mais il est où, le fou ? Montrer ça à des incultes comme nous, mais qu'est-ce qui leur est passé par la tête, franchement ?

L'après-midi, il y a un parloir. Et le dimanche, c'est carrément la mort. Après la promenade du matin, tu restes enfermé dans ta cellule toute la putain de journée. On peut choisir la messe au lieu de la promenade, mais ça n'a d'intérêt que pour ceux qui veulent retrouver des gens, ce qui n'est pas mon cas.

T'as pas le droit aux cartes, pas le droit aux dames ni aux échecs, pas le droit aux journaux non plus. Il faudra attendre les émeutes de 1974 pour avoir le droit d'acheter des journaux d'actualité. On n'a le droit qu'à trois bouquins par semaine à la bibliothèque et à des revues du type Point de Vue Images du Monde, Paris Match ou Spirou. Résultat, on se fait chier, et le dimanche encore plus que les autres jours. On passe la journée à se taire, et à attendre.

Ce temps inconsistant, creux, répétitif va durer une éternité. Des mois de vide pendant lesquels on ne peut se projeter sur rien. On est maintenu dans une ignorance vertigineuse, sans savoir combien de temps ça va durer. Quand tu rentres en prévention, il n'y a pas de bout du tunnel. L'avenir est bouché. Pour éviter que les gens se jettent dans le vide, ils ont mis des filins aux étages, ce qui ne suffit pas à empêcher les suicides.

Les jours de suicides sont de loin les plus sombres. On apprend qu'il s'est passé quelque chose, mais on ne sait jamais qui, ni quoi. Quand un corps est découvert, c'est le blocus. Tout le monde reste à l'endroit où il est, que ce soit sa cellule ou la cour de promenade. Le temps de débarrasser le corps, et tout ce qui va avec.

Le plus horrible, c'est les séances de tabassage nocturnes. Les matons ont beau être brutaux, dans la journée il y a quand même une limite qu'ils ne peuvent pas dépasser. Mais la nuit, ils font ce qu'ils veulent. Ils se mettent à cinq ou six sur un détenu. Dans un silence de cathédrale, tu entends des hurlements, des gens qui dévalent les escaliers. C'est atroce. L'ennemi, c'est ces matons tellement alcoolisés qu'on les appelait des « pieds de vigne ». Il y a une vraie forme de sadisme chez eux. On se sent en danger permanent. Il peut se passer n'importe quoi. Il faut être sur ses gardes tout le temps.

Après une période de solitude intense, je me fais finalement quelques alliés. Les liens se créent chez le coiffeur. On est désignés au pif, à la fin des promenades, pour y aller. Les surveillants choisissent quelques détenus dans chaque courette « Toi, toi, toi, toi… Coiffeur ! » Étant donné qu'on n'a pas le droit aux lames de rasoir en cellule, c'est là aussi qu'on se fait raser. Avant de se faire tondre, on est placés dans une cellule d'attente. C'est là qu'on rencontre des gens. Ceux qui ont de la barbe y vont tous les deux jours. On peut aussi demander à y aller.

Je fais la connaissance de Rémy et de P'tit Claude, deux mecs avec qui, enfin, je me reconnais des affinités. On se repère à la chemise. Eux se connaissent de dehors. Ils sont amis. Rémy doit avoir un an de plus que moi. Lui aussi est tombé pour cambriolage, mais de nuit. C'est plus sérieux. P'tit Claude est un fils à papa qui a voulu suivre Rémy dans la délinquance, sans en avoir la nécessité. Ces mecs rêvent d'être gangsters. Je ne comprendrai jamais vraiment cela. Et ils vont le devenir. Rémy, braqueur, et P'tit Claude, porte-flingue. Tous les deux finiront tués par balle quelques années plus tard.

Au bout de quelques mois, on embrouille l'administration pour se retrouver dans la même classe, puis dans la même cellule. Rémy et P'tit Claude se sont déclarés israélites pour pouvoir rencontrer leurs complices plus âgés à la synagogue. C'est le truc des malins. Henri devenait juif, lui aussi, chaque fois qu'il arrivait en taule. En prison, ta religion est inscrite sur ta carte, et être juif présente des avantages. En plus du colis de Noël, on reçoit un colis pour le Grand Pardon.

On finit par former un petit groupe. Samy va tomber aussi, on va le récupérer. Notre cour finit par devenir une des plus calmes de la prison. On domine les lieux. Il n'y a quasiment plus de bagarres. Les liens de l'univers carcéral commencent à se créer. Ce n'est plus de la suradaptation, c'est ma nouvelle vie qui se dessine.

Je n'ai pas beaucoup d'argent, mais grâce à Rémy, on vit mieux que les autres. La bouffe est particulièrement dégueulasse, mais on peut cantiner pour manger mieux. Le jeudi, par exemple, ceux qui veulent, et qui en ont les moyens, peuvent commander un steak frites. Rémy est un beau gosse, et une pute de luxe est tombée amoureuse de lui. Elle l'a « assisté » d'entrée de jeu, lui a payé le plus grand avocat, lui a envoyé de l'oseille. Rémy joue le jeu à fond : il répond à ses lettres même s'il n'en a rien à foutre. Et avec l'argent qu'elle lui envoie, il paye pour tout le monde. Je lui dois beaucoup.

*

L'affaire est si simple qu'elle ne nécessite qu'une instruction. On me refuse la liberté provisoire, ce qui est généralement le tarif pour qui risque de la prison ferme.

Je fais moins de préventive qu'avec Marzloff. Au bout de quatre mois et demi, je passe en jugement, le même jour qu'Henri, juste après lui.

Le mec qui nous a précédés est là pour une affaire de pédophilie. Sa femme se trouve dans l'assistance, ses gosses à la DDASS. Le juge lui a donné le minimum : trois ans ferme. Au moment où j'arrive, la salle est survoltée. Je me retrouve face à un président de cour d'assises et un procureur gonflés à bloc. On se croirait au procès de Jeanne d'Arc. Les pleurs de ma mère, le grand malheur, rien ne fonctionne. Je suis face à un mur, aucune circonstance atténuante qui tienne. Je représente la pire des espèces, le gros malfaiteur en devenir, Al Capone dans le prétoire. L'ambiance est délétère. Le procureur évoque mes origines. Si je suis en France pour faire ça, mieux vaut que je retourne d'où je viens, en Tunisie, ou en Israël. Je ne peux pas m'empêcher de penser que le mec d'avant est pour quelque chose dans tout ça. Le procureur demande deux ans.

Jusque-là, ça va encore. Mon avocat me rassure. Il pense pouvoir réduire la peine en appel. On imagine s'en tirer avec un an. Les jurés reviennent de délibéré, ils donnent leur verdict : trois ans ferme. Plus que la demande du procureur. C'est une aberration. Trois ans, quand on en a dix-neuf, c'est immense. Ma mère s'effondre. Je suis K.-O. technique.

Je retourne à Fresnes, groggy. Ils vont mettre encore neuf mois avant de me faire passer en appel. Heureusement que je n'ai pas le courage de me suicider. Je rentre dans ma cellule et je m'endors tout de suite. C'est ma façon de réagir aux coups durs. Rémy et P'tit Claude n'en reviennent pas. Ils étaient persuadés que j'allais sortir. Ils commencent à avoir peur pour eux.

*

Une nouvelle se diffuse : la Santé va être démolie, un grand transfert de détenus va avoir lieu. Ceux de la Santé vont être transférés au J3, et ceux du J3 à Fleury-Mérogis, une toute nouvelle prison. Ils n'ont pas fermé la Santé, mais j'ai fait l'ouverture de Fleury. Les transferts de prisonniers sont toujours un moment joyeux ; un peu comme un départ en colonie de vacances. On nous embarque dans des cars depuis lesquels on peut nous voir de l'extérieur, tous vêtus de nos tenues pénitentiaires, chaînes aux pieds et aux mains. C'est franchement cocasse.

La prison de Fleury a été construite dans les champs, au milieu de nulle part. Pour les visiteurs, c'est bien pire que Fresnes encore. Même pour le personnel, c'est une folie. Au début, les matons dorment dans un des bâtiments de la prison.

Fleury est une prison sans barreaux, dôtée d'une architecture ultramoderne, très innovante. Les détenus sont placés dans des cellules individuelles, meublées franchement pas trop mal, et surtout très bien éclairées. Une grande croix en plexiglas très épais, incassable, découpe le mur de haut en bas et de gauche à droite. Uniques vestiges de l'ère précédente, trois pauvres petits barreaux protègent la fenêtre au niveau de son ouverture. On est entrés dans l'ère du modernisme. Même les matons sont modernes dans leur attitude, ils parlent sans agressivité :

– Si vous faites pas les cons, on vous emmerdera pas. Respectez la discipline, et ça se passera bien pour vous.

Ils nous mettent en garde, sans nous menacer. Le cadre joue sur les mentalités.

On est une petite centaine à être transférés depuis le J3 de Fresnes. On passe à la fouille, au greffe, on prend nos empreintes, nos photos (pour le bulletin d'écrou, la carte d'identité interne)... Le surveillant fouille notre carton : il y a des choses qu'on avait le droit d'avoir à Fresnes qui sont interdites à Fleury, et réciproquement. On nous remet le paquetage, le drogué, exactement le même qu'au J3. Fleury est composé de cinq bâtiments au total, complètement autonomes. Chacun a son propre directeur. C'est immense, tout est à l'air libre. Une fois que tout le monde a fini, on nous conduit à notre bâtiment, la deuxième division (D2), celle des jeunes. Pour se rendre depuis le greffe au D2, il faut reprendre le car.

Paradoxalement, ces cellules individuelles sont angoissantes. On n'est pas habitués. On n'a pas envie d'être seuls. Les portes des cellules sont équipées d'un Hygiaphone. On peut appeler quand on veut, pour demander une aspirine, ou aller à l'infirmerie. Quelqu'un arrive pour nous accompagner, ou on nous ouvre la porte pour qu'on y aille nous-mêmes. Tout cela est très bien fait.

Les promenades durent plus longtemps qu'à Fresnes, et ce sont de vraies promenades. Ça se passe sur un terrain de hand, autour duquel une piste a été tracée. L'inconvénient pour la réinsertion, c'est que cette configuration permet aux gens de partager leurs connaissances. Ces loubards qui m'étaient si antipathiques à Fresnes finissent par devenir mes potes. Dans ce nouveau cadre, ils redeviennent les personnes fragiles qu'ils étaient à l'extérieur, et une solidarité nouvelle se crée. On va vers l'inconnu, on se tient chaud. Contrairement à ce qui se passait à Fresnes, les groupes se forment très vite. Lorsque Henri retombera par la suite, on se retrouvera immédiatement.

Dans cette grande cour, les rapports de force ne sont plus les mêmes. La figure de la petite victime systématique a disparu. La surveillance est énorme. Tout est électronique. La prison a perdu beaucoup de son aspect brutal et dégradant.

Le projet de Fleury-Mérogis est vraiment de reprendre en main de jeunes délinquants pour les remettre sur les rails – pour faire taire le scandale des prisons qui gronde déjà à l'époque. Le principe des cellules individuelles élimine une bonne part de violence. Les surveillants, toujours présents, qui entretiennent un rapport presque affectif, un peu paternaliste, avec les détenus, font le reste. Par rapport à Fresnes, où trois éducateurs servaient de prof, et une assistante sociale était là pour la vitrine, Fleury a quelque chose d'un pensionnat. De vrais professionnels sont chargés de nous former, pendant des stages de trois ou six mois à l'issue desquels on reçoit un diplôme type CAP. Ils prennent le truc au sérieux. On a cinéma une fois par semaine, il y a des réunions éducatives, des intervenants extérieurs viennent débattre de sujets auxquels on n'est pas habitué en prison : la société, la vie…

Pour les clopes américaines, le café, le poivre, on s'organise de petits trafics. Les marchandises entrent par l'intermédiaire d'un intervenant extérieur, ou d'un infirmier. Le plus important, c'est les photos de cul. Notre sexualité passe par là. Le corps féminin est une obsession permanente. Par vocation, la prison, c'est une privation de liberté. Le problème, c'est qu'à partir du moment où on est privé de l'essentiel, du toucher, des gens qu'on aime, d'un café… on finit par assimiler la liberté à ça. Et l'on s'imagine que la punition, c'est d'être privé de ce qui n'est finalement que des détails. Si bien qu'au moment de sortir ce qu'on a associé à la liberté a un goût très fade. La liberté n'est pas toujours joyeuse. Un homme qui sort de prison, c'est comme une femme après son accouchement. Le même sentiment de solitude.

*

Mon désir de vengeance atténue ma peine. Ça dépasse l'envie de faire de l'argent pour faire de l'argent. Je vais me les payer, c'est clair. Je les emmerde tous. Désormais, c'est un monde contre un autre. Ils ne m'ont pas fait de cadeau, je n'ai pas de raison de leur en faire.

Je m'adapte terriblement à la situation, sachant parfaitement que ce lieu va devenir ma résidence secondaire pendant des années. Je lis mon avenir dans mes pensées.

Comme chez les mineurs, il y a des ateliers d'apprentissage. Ce coup-ci, je deviens menuisier. Ce n'est pas un métier pour moi, je m'en rends compte très vite. Je me retrouve en électricité. Je n'en ai rien à foutre non plus. Mais tout est bon pour passer le temps.

Arrive le moment du jugement. J'ai quatorze mois d'avance ; je ne suis pas très anxieux. L'avocat est confiant, lui aussi. Il n'y a aucune chance que je prenne plus. On est assis dans la salle d'audience, les uns derrière les autres, à attendre notre tour. C'est tiède, le président n'est pas très hard. Ça le fait. Il me demande :

– Vous reconnaissez les faits ?

– Oui

– Vous avez fait appel pour quoi ?

– Je trouve que j'ai été condamné à une très grosse peine…

Le procureur se lève subitement. Il a une réaction incroyable :

– Ce qui s'est passé dans ce palais est tout simplement inadmissible ! Le procureur a demandé deux ans et cet homme a été condamné à trois. Pour rétablir la situation, je propose de transformer ces trois ans ferme en trois ans de sursis.

Je passe de trois ans ferme à la libération immédiate.

Ce procureur a été mon meilleur avocat – ce qui n'est pas du tout dans l'ordre des choses. Son intervention aurait pu m'apaiser, j'aurais pu prendre conscience que justice venait de m'être rendue, bien qu'à posteriori. Mais je suis dévoré par mon désir de vengeance. Plein de haine.

*

Je sors de là disjoncté.

Le bonheur de sortir de prison, c'est de voir une porte s'ouvrir et de se retrouver dans la rue. De ce point de vue, la sortie de Fleury est un véritable gâchis. La prison étant loin de tout, et à dix kilomètres de la gare la plus proche, on nous met d'abord dans un car, qui nous dépose au train. On n'a pas l'impression de sortir. Ça casse complètement l'effet.

Je suis déphasé. Après une longue période d'enfermement, on perd toute notion des choses à l'extérieur. Et quand on a dix-huit ans, quatorze mois c'est très long.

J'ai dix-neuf ans et demi, et tout à refaire. Je ne suis même pas à la case départ. Je retrouve tout de suite les mêmes lieux. Pendant mon absence, des gens se sont agrégés au groupe. La bande de Belleville est devenue une bande à tiroirs. On est une vingtaine, une petite nébuleuse, qui se retrouve le soir dans différents bars. Tout le monde travaille avec tout le monde.

– Qu'est-ce que tu fais demain ? On travaille ensemble ?

Henri est encore à Fleury, je suis censé l'attendre, et préparer sa sortie. La logique aurait voulu que je me mette au vert quelques semaines, histoire de prendre un peu de recul, de voir venir. C'est la première chose qu'on te dit quand tu sors de prison « Prends des vacances, remets-toi les idées en place. » Mais au lieu de me préparer, de m'adapter psychologiquement à la situation, je remets le couvert immédiatement. Ma soif de vengeance est trop forte.

Vu mes états sociaux, je suis quand même considéré comme une épée. Un type commence à me parler de ce que j'ai fait avant. Sans fausse modestie, je relativise les choses :

– Un coup réussi, c'est trois quarts de chance, et un quart de technique.

Une proportion qui va s'inverser avec l'âge, et l'expérience, mais cela ne change rien à l'affaire. Dans nos activités, le facteur chance est crucial. Le mec me propose de travailler avec lui le lendemain. Sans en avoir conscience, il me donne les moyens de faire ma démonstration.

Je fonce dans le tas bêtement. Je veux montrer que je suis encore le meilleur. On rentre dans un appartement, par la fenêtre des chiottes restée ouverte. Quand on n'a pas de chance, on n'a pas de chance. On n'est pas arrivés, que la bonne femme rentre chez elle. Ça gueule. On se sauve en courant, on se sépare, je me retrouve avec un flic au cul, et pas n'importe quel flic : un des champions du marathon de Paris. Pas de chance. Et me voilà au commissariat ; ils savent que je viens de sortir, ils sont affligés.

Pour moi, c'est la fin du monde. Je fais mes comptes tout de suite. Mon sursis va être révoqué. Tout s'écroule. C'est l'échec des échecs, comme je n'en connaîtrai plus jamais. Le seul aspect positif de cette situation, c'est qu'elle va forger mon destin de délinquant. Cet échec va me rendre bien meilleur dans d'autres domaines.

*

Retour à la case départ. Je suis accueilli à Fleury par ceux qui m'ont libéré. Je vois encore la tête d'Henri quand il me croise chez le coiffeur... Le directeur de la prison me déchire, me traite de tous les noms, me dit que je n'ai rien dans la tête. Je suis brisé, assailli de doutes énormes. C'est peut-être pas mon truc en fin de compte. Qu'est-ce que je vais devenir ? Je sais rien faire d'autre que voler. Un boulot de merde pour gagner une misère ? Je pense à ma mère qui va revenir me voir au parloir encore. Je suis complètement désemparé. Mais chez moi, ce genre d'état dure pas très longtemps.

Je retrouve Henri dans la cour. Il m'insulte :

– Espèce d'enculé, qu'est-ce que t'as fait ? T'étais censé m'attendre !

Il ne veut plus me parler. On est au bord de la rupture.

La défaite encaissée, c'est comme si je n'étais jamais sorti. Je suis le plus ancien détenu du D2. Je réussis à me faire affecter aux services généraux, et me retrouve en charge de toutes sortes de petits travaux d'entretien, un super plan. La porte de ma cellule est ouverte en permanence, je peux me balader partout, je passe mon temps devant la porte d'Henri, à discuter. À force d'en connaître les coins et les recoins, j'ai pratiquement fait de Fleury-Mérogis ma résidence secondaire.

*

Je me reprends, je cherche l'issue. Surtout, ne pas rendre les choses plus dures qu'elles le sont. Mon avocat, toujours Cahen, vient me voir. Une discussion très âpre s'engage. Il me dit :

– La profession vous remercie.

– Elle me remercie de quoi ?

– Grâce à vous, le chômage, ça n'existe pas. Si tout le monde faisait comme vous, on serait tous blindés.

– N'en rajoutez pas, s'il vous plaît, c'est suffisamment pesant comme ça.

– Je disais ça pour détendre l'atmosphère. Passons. On fait quoi, maintenant ? Vous êtes dans une situation très très compliquée, vous savez. Il n'y a aucun moyen pour que vous fassiez moins d'un an. Ce qui n'est pas la mer à boire : vous êtes encore jeune, vous n'avez pas tout perdu. Le problème, c'est que là, c'est seulement la mise en bouche. Avant même que vous soyez sorti, votre sursis risque d'être révoqué. Le danger est là.

– Maître, je vais être clair. Il faut que vous alliez voir le juge, que vous lui expliquiez que tout cela est très déloyal, qu'on a remis dehors quelqu'un qui était complètement paumé, que je ne suis pas tout à fait responsable de mes actes, que la peine va forcément être disproportionnée.

La stratégie est claire. Il faut faire durer l'instruction le plus longtemps possible, pour passer le maximum de temps en détention préventive. Pendant la période de prévention, le sursis ne peut être révoqué. Si au moment du jugement, la peine couvre la prévention, on me fera sortir avant la révocation. C'est ce qui va se passer, à deux ou trois mois près. Je passe en jugement au bout de huit mois. Le tribunal est plutôt indulgent. Il me condamne à un an de prison. Mon avocat est ravi. Il s'approche de moi, me chuchote à l'oreille :

– Surtout, ne faites pas appel.

Je lui réponds :

– Je vais surtout faire appel !

– Vous êtes cinglé ?

– Pas du tout... Faites-moi confiance, je vais les rendre fous.

Il comprend que je lui cache quelque chose.

– Écoutez, maître, ce dossier ne vous regarde plus. Éloignez-vous-en. On se revoit dans quatre mois pour vos honoraires. Dans un mois, vous recevrez une lettre vous notifiant que vous ne participez plus à la défense de mes intérêts. Ne le prenez pas mal. C'est une stratégie.

Il me quitte, incrédule. Je crois qu'il comprend ce que j'ai en tête.

– Vous n'allez pas commencer à devenir malin, quand même ?

– Monsieur, vous êtes pour moi une source d'inspiration permanente.

De retour à la prison, je fais appel immédiatement. Mon espoir est que l'appel intervienne après ma libération. L'appel n'étant pas suspensif de la peine, si j'ai effectué les douze mois avant, je sors. Dans ma tête, les choses se passent plutôt bien.

D'autres que moi se laisseraient sombrer dans une de ces dépressions, si fréquentes en milieu carcéral, avec leur lot d'antidépresseurs, de somnifères, et de tentatives de suicides pour éviter de devenir un légume. J'ai choisi de me battre et de sauver ce qui peut l'être. Mentalement, je suis au top. Je fais un max de sport. Je comprends que la condition physique est vitale, la clé d'une bonne condition intellectuelle.

La notification pour le procès en appel arrive finalement : je passe quinze jours avant ma libération ! Tout repose sur moi, sur la crédibilité que je vais réussir à donner à mes arguments. Je retrouve la même cour d'appel, mais pas le même président, ni le même procureur. Heureusement, d'ailleurs. Je pense qu'ils m'auraient assassiné.

Je mets un soin fou à me fabriquer une apparence différente de la mienne : je porte une veste ridicule, trop grande pour moi, une chemise blanche avec le bouton du col fermé, j'ai les cheveux bien peignés, la raie au milieu, une coupe raccord avec ma tenue vestimentaire, et je m'efforce d'avoir un regard qui crie « plus con que moi, tu meurs ». Je fais très évadé d'une ferme du Cantal.

Le président m'interroge :

– Pouvez-vous nous expliquer les motifs de votre appel ?

– C'est pas moi, M'sieur le président, qui a voulu faire appel, c'est mon avocat. Ché pas bien pourquoi. Moi, j'avais trouvé la peine juste. En plus, quand je l'ai dit à l'assistante sociale qui s'occupe de ma réinsertion, elle m'a dit que c'était un scandale comment que j'étais défendu et qu'il fallait que je me retire de cet appel. D'ailleurs, voilà le double de la lettre que j'ai écrite à mon avocat pour lui dire que je ne voulais plus qu'il me défende.

Je leur présente le double du courrier. Ce qui me crédibilise.

– Mais qu'est-ce que c'est que cette histoire ? Vous n'avez plus d'avocat !

– Ben non, m'sieur le président.

– En somme, vous ne voulez plus faire appel ?

– Ben non, m'sieur le président.

Le juge s'adresse au procureur :

– Monsieur le Procureur ?

– C'est vrai que c'est une situation curieuse. L'appel ne se justifiait pas, c'est évident. Visiblement, il s'agit d'un malentendu entre l'accusé et son avocat. Je demande que la peine soit confirmée et que nous en restions là.

– Confirmation de la peine, dit le président, pensant ainsi mettre un terme à ce dossier.

J'ai gagné la première étape.

Pour que la peine devienne définitive, il faut que s'écoule le délai de cassation, à savoir huit jours. En attendant, je reste prévenu. Or j'ai encore quinze jours à tirer. Je demande à voir le greffe de la prison :

– C'est pourquoi ? me demande-t-il, pas très aimable.

– Je suis passé en appel hier, je veux faire cassation.

Il jette un coup d'œil au dossier.

– Vous êtes cinglé ? Vous voulez faire cassation pour quoi ? Vous sortez dans quinze jours.

– C'est mon droit. Je ne suis pas content du verdict.

À contrecœur, il reçoit mon pourvoi en cassation. J'ai gagné la partie. Cette nouvelle procédure me maintient dans mon statut de prévenu. Jusqu'au rejet du pourvoi, qui prend en moyenne six mois, il ne pourra pas être révoqué.

Rien ne peut plus faire obstacle à ma libération. Je jubile.

Huit jours après, je suis libéré, des idées neuves dans la tête.

*

Henri m'attend à la sortie, dans une vieille 404. J'ai à peine le temps d'entrer dans la voiture qu'il me dit :

– La prison, ça suffit, maintenant.

– C'est exactement ce que je pense.

– Faut qu'on se mette au vert quelque temps, qu'on se calme. J'ai pas une thune quasiment, tu vois, et je suis pas plus malheureux.

– Ça me va très bien. Priorité à la liberté.

– Bon, parfait, on est sur la même longueur d'ondes. J'ai un plan. Tu sais comme notre bande a commencé avec les grands frères, eh bien, figure-toi qu'une nouvelle génération de petits frères est déjà en train de préparer la relève. Mais ceux-là, ils sont tranquilles. Je me suis retrouvé dans un centre qu'ils fréquentent et je suis devenu pote avec le mec qui s'occupe d'eux. Le type baba cool, cheveux longs, un éducateur un peu hippie, si tu veux. Il a décidé d'emmener tous ces mômes en vacances. Ils partent avec leurs vieilles 2 CV. Je me suis dit qu'on pourrait faire le voyage avec eux.

Je trouve son idée fabuleuse. Rien de tel pour se remettre les idées en place que de s'éloigner de la bande de Belleville. Découvrir de nouvelles têtes s'annonce comme le meilleur des dépaysements. On ne dit rien aux autres, des fois qu'ils se sentiraient des âmes de hippies, eux aussi. On veut à tout prix éviter le regroupement.

On part sur-le-champ, dans la vieille caisse pourrie d'Henri. On roule pendant quinze heures, et on arrive dans le village en question, du côté de Nîmes. Le village est très calme, et il va le rester. Le curé nous offre une espèce de grange en espérant qu'on la remettra un peu en état. Là-dedans, on fait un campement. On dort dans des lits pliants de l'armée. Chacun se place en fonction de ses affinités. C'est vachement agréable, esprit kibboutz, avec les activités qui vont avec : archéologie, pêche, visites, et les travaux pour remettre le site en état.

La bande des petits frères rassemble une vingtaine de mecs. Ils ont quatre ans de moins que nous environ, soit seize, dix-sept ans. On leur donnerait le bon Dieu sans confession. Ils sont tous très bien élevés, et ultra-sympathiques. On a du mal à comprendre comment c'est possible en ayant grandi à Belleville. Petits beurs pour beaucoup, sauf Bruno, qui est feuj. Leur chef s'appelle Bada, il fait un mètre quatre-vingt-cinq, il est très beau. Il dégage quelque chose d'époustouflant, un charisme fou. C'est un type très mûr, avec une énorme autorité sur tout le groupe, qu'il impose par son silence. Du haut de ses dix-sept ans, il en fait vingt-cinq. À côté de lui, les éducateurs eux-mêmes ont l'air d'enfants.

Le mystère, c'est que tous ces mômes ont de l'oseille. Je fais la réflexion à Henri :

– Mais je comprends pas, c'est des enfants d'ouvriers, d'où ils sortent ce pognon ?

Il est d'accord avec moi, il y a là quelque chose de bizarre.

Ces joyeux jeunes gens partent parfois en groupe visiter la région. Ils font du stop, se rendent dans les villages voisins, y passent la journée et reviennent le soir. Rien que de très normal, sauf qu'un jour le maire du village vient voir un des éducateurs et lui dit :

– C'est quand même curieux, depuis que vous êtes là, il y a une recrudescence de cambriolages de villas.

L'éducateur vient nous voir, Henri et moi :

– Faites pas les cons, les mecs. Franchement, si c'est vous, ça craint.

Mais nous n'avons strictement rien à voir avec ça ! On a payé notre petite cotisation pour partir. On passe notre vie au soleil, et franchement, on ne fait rien de répréhensible.

Je regarde Henri, Henri me regarde, et je regarde cet espèce de grand machin qui s'appelle Bada. Je comprends immédiatement que ces enculés-là nous roulent dans la farine.

Je l'interpelle :

– Dis, toi qui as l'air d'être le chef de ce petit groupe, t'aurais pas une idée de ceux qui seraient responsables de ce merdier ?

Avec un aplomb fou :

– Non, je vois pas. On n'a jamais rien volé de notre vie.

Je le regarde dans les yeux. C'est la première fois de ma vie que je vois un regard aussi éteint. C'est impressionnant. Neutralité intégrale.

Entre Bada et moi, une sorte de jeu se met en place. Il fait semblant d'ignorer ma présence, pour éveiller mon intérêt. Il veut qu'on le remarque. Et ça marche. Je le repère comme quelqu'un de bien, d'intelligent. Sa discrétion, surtout, m'étonne.

Il veut à tout prix intégrer le groupe des grands. Et ça doit passer par moi. Après ce séjour, il n'arrêtera pas de nous coller.

Un jour, les gendarmes ramènent un des jeunes avec une Mobylette volée. Ils sont découverts. Ils ont tous volé des mobs qu'ils planquaient quelque part. Ils s'en servaient pour faire leurs petites expéditions, commettaient leurs larcins, et revenaient tranquillement, ni vu ni connu.

J'attrape Henri. Je lui dis :

– Tu vois pas ces enculés ? On est venus pour se planquer, on va tous se retrouver au ballon à cause d'eux. Faut se casser, on reste pas là ! On sait pas ce qui se peut se passer.

Ce qui est sûr, c'est qu'on s'est vraiment marrés avec eux. On les a adorés. C'est nous à leur âge, la relève en somme. Certains, en réalité, vont s'intégrer à notre bande, mais plus tard. La différence d'âge est encore un peu trop grande.

Les éducateurs ont pris peur eux aussi, et on a tous levé le camp en même temps. Pour le voyage de retour, on n'est que tous les deux dans la voiture ; on a refusé d'embarquer les gamins des fois que les flics les rechercheraient. Je jette à Henri :

– Tu vois la différence entre eux et nous ? À leur âge, on faisait tout pour qu'on sache qu'on était des voyous. Eux, ils font tout le contraire. Et ils ont raison. C'est comme ça qu'on doit fonctionner. Le silence, le silence, le silence. Il ne faut plus qu'on fasse de vagues. Les affaires au petit bonheur la chance, tout ça, c'est fini. On va préparer nos coups.

En somme, c'est des gamins qui avaient donné une leçon à des adultes. Ils nous en ont mis vraiment plein la gueule.

*

On n'a plus l'âge de vivre chez nos parents. On commence à se prendre des appartements. Ceux qui n'en ont pas peuvent venir quand ils le veulent, la clé reste en permanence sous le paillasson. On a nos bagnoles, nos petites amies. Les relations ne sont plus systématiquement passagères. On a toujours une petite nana, ça dure quelques semaines – rarement plus toutefois, parce que les filles qui nous attirent ont une extraction sociale diamétralement opposée à la nôtre. Lever une nana à Belleville, c'est pas ça, le fun. Notre allure de vrais petits bourges nous permet de faire parfaitement illusion dans un premier temps, jusqu'à ce qu'elles comprennent la vie qu'on mène vraiment, et qu'elles se cassent direct.

Belleville reste le point de ralliement. On s'y retrouve tous les soirs pour l'apéro, chez Youssef. On est au fait de tout ce qui bouge dans le milieu de la délinquance parisienne. Un peu plus bas, un groupe de mecs, qui intégrera plus tard le gang des Zemmour, se réunit dans un bar de la rue Ramponeau. Une certaine rivalité nous oppose, mais il n'y a pas de heurts. Nous nous ignorons mutuellement.

Depuis Belleville, on rayonne sur Paris tous les soirs et on y traîne jusqu'au matin. Cinéma à vingt-deux heures, sur les Grands Boulevards. Puis, direction les Champs-Élysées. On fréquente un bar qui fait l'angle de la rue de Ponthieu et de la rue Jean-Mermoz, où on joue au flipper. La halte obligée avant de sortir dans les boîtes du quartier, au Tilt ou au Tabou.

On est repérés comme des gens étranges, mais personne ne sait trop ce qu'on fait dans la vie. On est plutôt dans la discrétion, on évite les bagarres, la vulgarité. À l'exception de notre travail, on mène une vie presque normale. Vers trois, quatre heures, quand les boîtes des Champs ferment, la soirée continue à Saint-Germain, où certains clubs restent ouverts jusqu'à midi. On ne voit plus la lumière du jour.

Nos activités deviennent de plus en plus nocturnes, y compris le travail. Les coups se préparent. Ils sont beaucoup plus rentables. On n'a plus besoin de travailler tous les jours. On n'est plus dans des trucs de mômes.

On se spécialise dans le cambriolage d'usines, d'entrepôts de fringues... On se fait enfermer dans les salles de cinéma, le seul endroit où on est sûr de trouver de l'argent la nuit. La recette des séances de dix-huit heures, vingt heures, vingt-deux heures est toujours dans les caisses, car à ces heures-là, les banques sont fermées. L'argent ne peut y être déposé que le lendemain. Après la dernière projection, l'un de nous se cache dans les chiottes, debout sur le petit muret, collé au mur, pour ne pas être vu du mec qui ouvre les portes et vérifie qu'il n'y a plus personne. Une fois le cinéma fermé, le planqué fait entrer les autres par la sortie de secours. On a ensuite toute la nuit devant nous, de minuit à midi, pour forcer le coffre. Les salles étant insonorisées, on y va allègrement au chalumeau.

Au bout de six mois, mon sursis est révoqué. J'ai changé. Dans la perspective de ma chute prochaine, pour ne pas me retrouver une main devant, une main derrière comme les fois précédentes, j'ai mis de l'argent de côté, afin de préparer ma sortie. Je fais l'apprentissage de la vie en cavale. Avec moins de rigueur, sans doute, que ne le ferait une personne recherchée pour meurtre. Mais avec des règles néanmoins sur lesquelles il ne faut pas transiger, sous peine de se faire serrer.

L'argent et les papiers sont les deux mamelles de la cavale. Les papiers, surtout. C'est l'essence même de la cavale. Je me les procure à Saint-Paul, chez une sorte de receleur-indic-pataugeur, un propriétaire de bar de voyous très douteux. À Paris, c'est le pro des faux papiers. Un jeu de papiers, c'est-à-dire un permis de conduire et une carte d'identité, ça coûte mille cinq cents balles. Il y a les faux fabriqués, ceux dont même le papier est faux, mais qui passent très bien, parce que ceux qui les fabriquent sont de vrais professionnels. Et il y a les papiers volés, dans les préfectures, ou détournés par des flics un peu louches. Ceux-là sont plus dangereux, car les numéros des papiers volés sont recensés sur des listes. En cas de vérification approfondie, on est coincé. Toutefois, en ces temps bénis d'avant l'informatique, le risque reste limité.

Passer par un professionnel pour ses papiers n'est pas sans danger. Par nature, ce type d'individu n'est digne d'aucune confiance, et il connaît l'identité sous laquelle on circule. À tout moment, il peut vous balancer. Mais dans mon cas, l'enjeu n'est pas encore trop grand.

Le temps m'est compté. Fatalement, je vais être arrêté. Je joue contre la montre. Au quotidien, ce n'est pas du tout gênant, du moins dans un premier temps. Ensuite, plus le temps passe, plus la parano se développe. J'interprète tous les regards qui se portent sur moi. J'épie les comportements. Le normal devient curieux, le curieux totalement flippant. En général, on ne s'intéresse qu'à ce qui nous concerne ; en cavale, tout me concerne. La peur de la prison s'est installée en moi. Je circule avec des faux papiers, je change mes habitudes. Je ne suis pas non plus le fugitif du siècle, mais cette pensée ne suffit pas à me rassurer. Les gendarmes viennent de temps en temps chez ma mère, qui leur dit que je ne suis pas là. Je continue néanmoins à lui rendre visite régulièrement.

Mes amis, mes lieux de rendez-vous sont devenus dangereux. Je vois mes copains dans un restaurant, une boîte de nuit. J'arrive à l'improviste, je pars sans rien dire. Je fais l'expérience de l'isolement : la cavale, c'est une prison sans mur, avec soi-même pour seul geôlier.

Henri m'est définitivement devenu un frère. Il est affligé par ce que je vis.

– C'est pas une vie. Comment tu fais pour supporter ça ?

– Comment je fais ? Je suis obligé, qu'est-ce que tu crois ? À moins de me rendre. Ou d'aller à l'étranger. Tu m'imagines seul à l'étranger ?

– Pas trop, c'est sûr. À part pour nos soirées chez Youssef, on n'a jamais quitté la France.

– C'est ça : qu'est-ce que j'irais foutre à l'étranger ? Rien.

– Parle pas si vite, André. Il paraît que la Suède, c'est le top. Tu te souviens des Suédoises de cet été ? J'ai gardé leur adresse. À part le voyage, on n'a rien à casquer. Si on part là-bas, on est nourris et logés à l'œil, avec la baise en plus. On sera les rois du monde.

Les Suédoises à Paris sont des filles très faciles. Très clairement, elles viennent là pour s'éclater. Du coup, dans notre esprit, la Suède est un immense bordel. Mais comme on va vite le comprendre, la réalité est tout autre.

On décide de partir. On embrouille Patrick, qui a tiré une Suédoise lui aussi, et qui a une voiture. Avec lui, le voyage se transforme soudain en une expédition très sérieuse. Dans sa tête, la Deuxième Guerre mondiale n'est pas encore finie. Par essence, tout pays étranger est un pays ennemi, l'Allemagne étant le plus atroce de tous. Et nous devons y passer. Par conséquent, estime-t-il, il faut être prêt à tout. Révision de la voiture, carte du monde, boussole, boissons, conserves… Son organisation nous fait vraiment marrer.

– Oh, le Patrick ! On part en vacances, on fait pas une opération commando !

– On voit que vous connaissez pas les Boches ! Vous croyez qu'on rentre en Allemagne comme on rentre en Suisse ? Que vous allez leur dire « On vient pour les vacances » et qu'ils vont vous répondre « Bienvenue les jeunes ! » C'est très chaud cette histoire, vous vous rendez pas compte. À la frontière, vous faites ce que je vous dis de faire. Vous fermez votre gueule, je m'occupe de tout.

– Et tu t'en occupes comment ? Tu parles allemand, sans doute ? Tu te fous de notre gueule ?

– Je connais les deux mots passe-partout : Danke schön et Ya wohl.

C'est un bonheur que de partir avec mes amis de toujours. Cette amitié qui a fait de nous des voyous est indestructible. La Suède s'annonce sous les auspices d'un grand Salon de l'enfance pour adultes. Contrairement à ce qu'on avait envisagé au départ, on ne va pas travailler du tout. À l'étranger, c'est trop risqué, on ne voudrait pas tomber dans un autre pays. Et surtout, il nous manque la logistique.

On prend la voiture, direction la Suède. On passe d'abord en Belgique. Des milliers de Français vont passer le week-end à Ostende, la frontière est impossible à contrôler. Sortis de France, on change de peau. On devient des gens ultra-normaux, et plutôt babas cool même, rieurs… On passe la nuit à Ostende, une ville faite pour ça, pleine de bars et de boîtes. Et après une super soirée, on reprend la route en direction de la Hollande.

De la Hollande je ne garde qu'un pays tout plat, quelques magnifiques paysages et de gros œufs splendides sur lesquels on nous jette une énorme cuiller de confiture. Une horreur.

Les douaniers allemands ont la réputation d'être durs – l'Allemagne, quoi ! Sur le sujet, Patrick en fait des tonnes, il est complètement flippé. On arrive à la douane en pleine nuit, il pluviote, on choisit un lieu de passage où il y a plein de camions. Les douaniers n'ont rien à branler de notre voiture et des trois gamins à l'intérieur.

Patrick, raide comme un piquet, tend les passeports :

– Hier sind die papieren !

Souriant, le mec répond :

_ Ach, Franz...sen ! Vacances, vacances !

Il nous laisse passer.

On se tire, ravis, sauf Patrick qui semble déçu de tant de chaleur.

Henri lui lance :

– Putain ! C'était dur. Des vrais SS, les mecs !

Patrick :

– Oh, ça va, toi ! C'est pas parce que t'en as un qui est normal qu'ils le sont tous.

Les Allemands nous accueillent bien, ils sont tous très gentils. En traversant le pays, Patrick est bien obligé de constater que la guerre est finie. On roule vers le nord, dans la bonne humeur. On embarque sur un ferry pour la Suède.

Arrivés en Suède, on est interpellés par des femmes douanières. C'est la première fois qu'on voit des femmes flics. Peut-être parce qu'il est écrit sur nos gueules qu'on vient pour le baisodrome, peut-être pour une tout autre raison, elles nous tombent dessus, nous cuisinent plus que les autres passagers, épluchent scrupuleusement nos documents, fouillent nos valises. Je ne suis qu'un apprenti cavaleur, je ne mesure pas vraiment le danger que représentent mes papiers. Je suis persuadé qu'ils sont très solides. Et de fait, ils le sont. Le tout est d'avoir la bonne attitude aux postes frontières. Elles vérifient finalement les adresses des filles qui nous ont invités, tout rentre dans l'ordre. Je suis comme un fou. On raconte que les bruns ont une cote absolue là-bas. Je me dis que, pour une fois, je vais avoir le dessus sur Henri.

Stockholm est une très belle ville. La société est totalement différente de la nôtre. Elle a mille ans d'avance. Là-bas, il n'y a pas de pauvres. Les gens vivent en villas, ils ont des résidences secondaires, pratiquement toutes les familles ont deux voitures. La fille qui nous a invités nous accueille chez ses parents. On nous donne une chambre. Et à notre grande surprise, les super baiseuses qu'elles étaient à Paris se révèlent, de retour au pays, transformées en gentilles petites filles à papa. Elles nous imposent une abstinence sexuelle comme on n'en connaît qu'en prison. On est obligé de manger leur nourriture à base de hareng, de confiture, on est au bord de la grève de la faim. On se rabat sur le pain de mie – évidemment, ils n'ont pas de pain comme chez nous. Le matin, on nous sert un café à l'américaine. Dégueulasse, une épreuve terrible.

Le voyage de rêve flirte avec le cauchemar. Les mecs sont beaux, baraqués, des Vikings ; ils boivent de la vodka comme nous du vin. La concurrence est sévère. Les filles nous emmènent dans une boîte, où l'on retrouve la même ambiance, la même jeunesse, la même musique qu'à Paris. Mais vers une heure du matin, je sors prendre l'air, et j'ai un électrochoc : il fait jour. Je rentre voir Henri :

– Il fait jour, tu le crois ?

– André, laisse tomber l'alcool, va…

– Mais je te jure, putain, va dehors, il fait jour !

– André, il est une heure du matin, putain. Elle est pourrie ta blague !

Je le tire, il finit par me suivre, et bien sûr, n'en revient pas :

– C'est quoi, ce pays ? Il y a pas de nuit…

En cette période de l'année, en Suède, la nuit dure quatre heures.

Les Suédois sont très hospitaliers. Ils nous font visiter la ville. Quand on arrive devant le palais royal, ils te font baisser la voix, pour ne pas déranger le roi. C'est sympa, mais au bout de trois ou quatre jours, on n'a plus grand-chose à faire là.

On se souvient d'une Norvégienne ultra-belle qu'on avait levée quelques mois plus tôt : cap sur Oslo. La route est magnifique, des paysages de forêt à perte de vue. On se croirait au Canada. On est émerveillé par la beauté de la nature, grisés de découvrir cette Europe dont on ne soupçonnait pas l'existence. Entre la Suède et la Norvège, il n'y a quasiment pas de frontière, à peine une barrière avec marqué « Douane ouverte », personne pour t'arrêter.

La Norvège, en revanche, est une déception. Physiquement, comparés aux Suédois, les Norvégiens sont ternes à pleurer. Oslo, c'est un petit port qui ne ressemble à rien. En une heure on a fait le tour. On n'a pas envie de se gâcher le voyage. On repart dès le lendemain de notre arrivée.

On se décide pour l'Angleterre, via la Suède. On s'arrête dans une petite ville. On crève de faim ! On n'a pratiquement pas mangé quelque chose qui nous plaisait depuis dix jours. Dans une épicerie, on tombe sur une boîte de cassoulet. On décide de la garder jusqu'à la dernière minute, jusqu'à ce qu'on ne tienne plus tellement on en a marre de ce qu'on mange dans ces pays. On finira par la rapporter à Paris.

On attrape un ferry au port de Göteborg. Deux jours et demi de voyage. À bord, il n'y a rien à foutre. On fait des blagues à la parisienne. Henri prend le téléphone du bateau, demande le capitaine, et déclenche l'alarme en criant :

– Fire ! fire !

Les vagues sont très fortes en mer du Nord. On est très mal, d'autant plus que les cabines sont très rudimentaires. Trois petits lits superposés, et c'est tout. Notre voisin, un Anglais typique, avec la moustache, tout droit sorti d'un roman de Kipling, nous fait une démonstration de ce que peut être le flegme anglais. On peut lui faire n'importe quoi, il reste impassible.

Le casino devient notre point d'attache. Un piège à cons. On joue à la roulette, on perd. À la fin, je n'ai plus un rond sur moi. J'ai tout claqué. Chacun de nous finit par perdre tout son oseille, en comptant sur les autres. Quand on s'en fait mutuellement la confidence, il me reste cinq francs. On n'a plus une thune, plus d'essence, tout juste de quoi prendre le ferry et remplir le réservoir pour rentrer à Paris.

Je suis un peu angoissé par l'arrivée. Les douaniers britanniques ont la réputation d'être pointilleux. Mais, une fois de plus, tout se passe bien. En mettant les pieds sur le sol de Normandie, on est aussi heureux que si on faisait le débarquement. Le soir même, de retour sur les Champs, on raconte notre voyage : le jour à une heure du matin, le cassoulet, Patrick à la frontière allemande, l'abstinence sexuelle...

– T'es le plus grand tireur d'Europe, pas vrai Henri ? Tu vas pouvoir faire le beau chez Youssef. Trois nanas par ville au bas mot, mon salaud !

– Rappelle-moi, André, c'est pas toi qui nous disais que les bruns, en Suède, c'était le top du top ?

Ces voyages auront finalement servi à préparer mon futur, mais je ne le sais pas encore. Désormais, ma vie va s'écrire comme la chronique d'une arrestation annoncée.

Une sortie de boîte qui se passe mal, une altercation avec les flics, un bon vingt-quatre heures de garde-à-vue, une belle journée de dépôt, une belle petite comparution en flagrant délit pour rébellion, et hop ! six mois de taule pour monsieur. Six mois de taule plus vingt-deux mois de sursis, nous voilà repartis pour un petit trente mois.

*

Résultat, je suis de nouveau à Fleury, première division. J'ai vingt et un ans, je me retrouve donc avec les majeurs. Le v'là enfin, ce rêve de gosse... Je ne sais pas où je mets les pieds, partagé entre anxiété et curiosité. Pour une fois, je pense que la deuxième option l'emporte sur la première. Mais j'ai quand même un petit mal de bide. La population ici va de vingt et un ans à quatre-vingt-dix-neuf ans et plus si affinités. Et malgré les années de prison que j'ai à mon actif, je ne connais personne.

Sous directeur, surveillant-chef, assistante sociale, médecin, socio-éducatif... Je suis le parcours habituel des premiers jours de prison. Dans ce monde où on ne connaît personne, les premiers liens qui se créent sont évidemment les gens qui sont incarcérés en même temps que toi. Ce qui différencie les vingt et un quatre-vingt-dix-neuf ans des jeunes détenus, c'est qu'ici même le plus con a une histoire, une vie, une famille, une misère à transporter. Un majeur, c'est un mec souvent marié, qui quelques fois a des enfants, et qui laisse derrière lui une situation minable, que cette arrestation va nécessairement aggraver. Les délits ne sont pas lourds, mais en ces temps-là, avoir un casier judiciaire, c'est être marqué au fer rouge. Il n'y a pas d'autre issue que la récidive.

Tout de suite, tu situes les personnages. T'as d'un côté les vieux de la vieille, des mecs qui sont là depuis des années, qui font des allers et retours incessants entre la liberté et la prison, qui se connaissent tous. Trafiquants de cuivre, trafiquants de bagnoles, receleurs, casseurs à la petite semaine, et de l'autre le menu fretin. Je suis désolé pour les statistiques, mais les prisons sont déjà bien pleines, et de Français, pas d'immigrés. Chez les majeurs règne une certaine discipline. On reste sur nos gardes, les affinités ne se déclarent pas immédiatement. Une phrase comme « va te faire enculer » peut déclencher une tuerie.

Pourtant, en arrivant, je me crois encore dans la cour de récréation des mineurs. Je suis extrêmement agressif. Dans mon esprit, plus on frappe et plus on se fait respecter. Au moindre regard hostile, je déclenche une bagarre, et après trois ou quatre altercations, je tombe sur un os. Alors que j'ai le dessus, je vois arriver trois bestiasses prêts à m'exploser dans tous les sens. Dans la confusion générale, je ne vois pas débarquer quatre ou cinq autres mecs. Parmi eux, un certain Ange, le gars le plus respecté de la prison, colle une baffe à l'un des molosses. Avec un accent corse à te couper un saucisson, il leur dit :

– À quatre sur un gosse !

Ce mec est une véritable terreur ; ce qu'on appelle un patron du banditisme. C'est peut être la troisième claque qu'il mettait dans sa vie. Habituellement, ce sont les autres qui le font pour lui. Mes agresseurs sont tétanisés, se confondent en excuses. Il s'adresse ensuite à moi :

– Oh ! dis, petit, tu vas rester tranquille un peu, non ? T'es toujours en train de te bagarrer avec tout le monde, t'en as pas marre de foutre la merde ?

Je suis flatté qu'il soit venu à mon secours. J'ai réussi mon coup : c'est ce genre de fréquentation que je voulais avoir dans cette taule ; je pouvais quand même pas lui envoyer une lettre avec un CV !

Tacitement, Ange va m'inviter à intégrer leur groupe. Il sent en moi une future étoile du banditisme. C'est ça, les voyous. Ils savent recruter. Peu à peu, je comprends que son monde est une entreprise, où chacun tient son rôle. C'est le cador des cadors, il règne en maître sur une très grosse équipe parisienne. Leur champ d'activité, c'est le proxénétisme, la came, le racket, les règlements de comptes. C'est ça « le milieu », le vrai. Ces gens-là sont au coeur du milieu.

Curieusement, j'ai le sentiment qu'il manque quelque chose.

Ils sont invisibles mais on sent leur présence ; on ne parle pas d'eux mais on murmure leurs noms. Ce sont les braqueurs. Les fantômes de la prison. Et pour cause. On les a placés dans un enfer, un endroit qui s'appelle le quartier de haute sécurité, le QHS, une prison dans la prison.

De facto, je fais partie de ce groupe de personnes. Ils peaufinent ma formation. Ils m'apprennent qui il faut fréquenter, à qui il faut parler, à qui il ne faut pas adresser la parole. Ils m'apprennent la politesse. Ils m'apprennent surtout des choses qu'on n'apprend pas dans les manuels. Je suis un presque adulte, ils ont tous quarante ans, mais la différence d'âge s'estompe avec la connaissance des choses : on peut être un très grand voyou à vingt-cinq ans et un petit con à quarante. Traîner avec des mecs comme ça, c'est un rêve. Je ne sais pas par quelle magie, quand la gamelle passe, au lieu d'avoir un bifteck, j'en ai trois. Je reçois tout en double ou en triple. Avec ces gens-là dans la poche, on peut obtenir n'importe quoi.

Ange devient mon père spirituel. Il aime à me répéter :

– Quand je vois des gosses comme toi, je comprends mieux pourquoi je préfère ne pas faire d'enfants.

Mais à la manière dont il le dit, j'ai plutôt le sentiment d'être cette jeune tête brûlée qu'il a dû être autrefois. À côté de lui, je mesure à quel point la route va être longue pour atteindre ce niveau. Je suis un peu comme ces étudiants qui admirent leurs profs. C'est là, au milieu des majeurs de Fleury, que la prison m'envoie à la figure sa véritable réalité. La prison, c'est l'école du crime, ou plutôt la fac. Le lieu des études supérieures. Et je me révèle bon élève.

Pour un mec comme Ange, se trouver là est dans l'ordre des choses. Il ne semble pas en souffrir. Ce n'est rien de plus qu'un break dans son activité. En prison, il se sent comme chez lui, et avec son groupe, il tient la taule en sous-marin. Tout passe par eux, ils sont même en charge du maintien de l'ordre. Leurs trafics se font pratiquement sans entrave.

Au bout de six mois, le moment de partir en centrale arrive. C'est le lot de tous les condamnés. Alors que ces décisions ne sont jamais divulguées avant l'instant même du transfert, Ange est au courant. La mine triste, il vient me voir :

– Hé, petit, j'ai pas une bonne nouvelle à te dire mais c'est pas une mauvaise non plus... tu devrais préparer ton paquetage. Tu vas être transféré demain à Loos, la centrale des moins de vingt-cinq ans.

Il me donne ensuite quelques conseils sur la centrale :

– Les quinze premiers jours, marche seul. Ne va vers personne. Laisse venir. Si on t'offre une cigarette, refuse-la. Si on t'en demande une, n'en donne pas. Les choses vont se faire toutes seules. Les caves se dirigent toujours vers les caves, et les voyous vers les voyous. C'est automatique. Par contre, ce qui serait bien, c'est que dès ton arrivée, tu te fabriques une petite lame.

En me disant cela, il me stresse, le mec. Je lui demande :

– Pour quoi faire ?

– Si t'as une embrouille, tu évites de tuer, mais fais-toi respecter.

Malgré tout le respect que je lui porte, je me demande si c'est indispensable. Je suis en taule depuis six mois, et je n'ai pas vraiment envie d'y rester vingt ans.

Au cours de la promenade, j'attrape Gérard, un membre du groupe, et je lui rapporte les propos d'Ange. Il me confirme que c'est exactement ce qu'il faut faire. Je lui réponds :

– Oui, mais quand même, le couteau, tu crois que c'est indispensable ?

– Ça, c'est toi qui choisis. Si tu veux une certaine vie, ça passe par le couteau. Si t'en veux une autre, tu n'en as pas besoin. À toi de voir.

– Va pour la lame, alors.

À la fin de la promenade, on se salue chaleureusement, Ange me file des adresses pour le contacter quand on sera sortis, ce que je ne vais pas manquer de faire. Avant de partir, il me donne une tape sur l'épaule et me dit :

– Va, petit, va... Ça va être casse-couilles, c'est sûr... Mais on est tous passés par là, ça va te former.

Il semble triste de me voir partir. Moi je suis surtout énervé, parce que finalement, c'est beaucoup plus facile de faire de la taule avec des adultes qu'avec des gamins : me retrouver avec les moins de vingt-cinq ans me donne presque le sentiment de régresser.

Le lendemain matin, la porte s'ouvre brusquement à cinq heures, et hop ! tu te transformes en colis postal. Enchaîné, menotté, embarqué avec cinq ou six autres mecs direction gare du Nord, où l'on côtoie les travailleurs du petit matin. On monte dans le train, on arrive à Lille, où un car de gendarmerie vient nous chercher.

Le Nord est gris. Depuis la prison, il va prendre une teinte gris foncé.

Vers midi, soudés par les quelques liens qui ont eu le temps de se former, on arrive en territoire ennemi, à la centrale de Loos-lez-Lille.

Après les formalités d'usage, on nous file des tenues de prisonnier, une humiliation dont je me croyais à jamais exempté depuis mon passage chez les majeurs : à Fleury, on gardait nos vêtements.

Après un premier repas, le directeur vient nous faire le topo d'accueil, qui se limite à trois phrases à peu près :

– La discipline, la discipline, rien que la discipline. Si vous vous tenez tranquilles, tout ira bien. Si vous voulez jouer les gros bras, je suis là, et je m'occuperai de vous.

Plutôt menaçant. Le directeur est un infirme, avec un bras en moins, ce qui ne le rend que plus inquiétant. Quand il tourne les talons, on se fait la réflexion qu'il a vraiment l'air mauvais. Une vraie tête d'enculé. Après une première nuit passée dans une grande cellule d'attente, on a droit aux tests habituels, aux visites à l'infirmerie, chez l'assistante sociale qui est censée te préparer à la réinsertion, à la rencontre avec les trois éducateurs. Des mecs dont le seul pouvoir est de te faire participer à des activités annexes.

Pendant les quinze premiers jours, j'applique la consigne d'Ange. Je fais cavalier seul, et je comprends tout de suite ce qu'il voulait me signifier. Un mec qui marche seul et qui n'a pas l'air d'un cave, ça intrigue. Ça dit « je n'ai besoin de personne », un signe de force. Et comme Ange me l'a prédit, ça attire naturellement les bonnes personnes. Très vite, je suis amené à fréquenter l'élite. On se reconnaît. Il y a des gestes, des codes.

Grâce à Ange et son équipe, je connais les points stratégiques de la prison. On m'a conseillé de prétendre que je faisais de la reliure, parce qu'on a toujours besoin d'un relieur en centrale, pour le journal officiel qu'on reçoit tous les mois. C'est une place qu'on donne généralement à des anciens, des gens qui connaissent parfaitement la centrale, mais j'ai du bol. Le bibliothécaire est sur le point d'être libéré et on m'accorde le poste immédiatement. Le travail est beaucoup plus dur que ce que j'imaginais, mais à ce poste, je rencontre des gens, j'attrape au vol toutes sortes de conversations. Je comprends qu'ici il n'y a qu'un seul Dieu, c'est le directeur. On ne voit pas d'avocat, pas d'intervenants extérieurs. Avec cette administration, on est en danger de mort permanent. Les gens sont encore jeunes, mais il y a déjà des peines invraisemblablement longues, qui peuvent atteindre quinze ans.

Ce sont généralement les braqueurs. C'est un miracle qu'ils soient là, car dans leur univers, la proportion des vivants est très faible. On vit du braquage, mais on en meurt surtout.

Gaëtan est de ceux-là. Une pure race. Comme tous les Méridionaux, il aime à se raconter. Évidemment, il est innocent, a injustement été condamné à dix ans, mais il te parle des braquos, et il te transporte comme si c'était toi qui le faisais. On sort de son histoire comme on sortirait d'une banque, vidé :

– Tu comprends, André, le braquage, vu de l'extérieur comme ça, n'importe qui peut le faire. Tu prends tes couilles et ton revolver, une bagnole, tu pousses la porte, tu braques le caissier, tu prends la caisse et tu te casses. Tu vois, c'est facile... à dire ! Mais à faire, c'est autre chose. C'est un peu comme nous, dans la prison. Tu vois, on pense aux bagnoles, et on oublie qu'il y a des feux rouges. Les gens, quand ils pensent aux braquos, ils oublient de mettre dans leur film les flics qui vont avec. Ce qui rend les choses difficiles en réalité, c'est cette espèce d'appréhension, cette angoisse qui te prend au corps avant d'entrer en scène. Une fois que t'as franchi la porte, c'est comme au spectacle. Si le trac s'en va quand tu rentres sur scène, c'est que tu es fait pour ça. Si t'es trop à l'aise, que t'as envie de t'installer, c'est que t'es un homme dangereux et que tu ne vas pas tarder à faire tuer les tiens. Et si le trac ne te quitte pas, c'est que tu as peur et que c'est pas pour toi.

Je l'écoute attentivement, assez fasciné. Il poursuit, content de son effet :

– Ce métier s'apprend sur le tas. Ça s'invente pas. Ton ennemi numéro un c'est le caissier. Il y en a qui défendent leur caisse comme d'autres défendent la République. Et très souvent, ils ne mesurent pas le danger, ou le calculent mal. Il leur arrive de confondre braqueur et cinglé. Et quand ils tombent sur le cinglé, ça finit toujours mal. Pour le reste, théoriquement, ça se passe bien ; les employés de banque sont disciplinés, ils sont formés à ce genre de situation et savent qu'ils ne doivent opposer aucune résistance. Tout va se jouer sur ton angoisse. S'ils la voient, ou pas. S'ils sentent une faiblesse, ils s'engouffrent dans la brèche, vont tout faire pour développer ton anxiété, te forcer à aller vite. Si au contraire, tu es maître du jeu et que tu le montres, tu pars avec le jackpot.

À la différence de tous les autres corps de délit, celui-ci s'apparente à une roulette russe. Mais il faut que la peur de la prison soit tellement forte qu'elle l'emporte sur tout le reste. Après la première banque, t'as déjà appris quelque chose. À la deuxième, si tu n'es pas mort, tu commences à mieux maîtriser le sujet. À la troisième, t'es déjà un pro. Il arrive un moment où tu es tellement bon, que tu ne payes plus jamais ton coup. D'après l'institut de sondages du grand banditisme, toutes les dix banques, t'as un problème, avec un mort à la clé. Et alors, tout est à refaire, généralement, avec un pote ou deux en moins. Bien sûr, il y en a toujours un qui a la baraka. Mais ça ne dure jamais éternellement. Le pire dans ce métier, c'est d'être blessé. Un blessé, ça ne s'emmène pas à l'hôpital. Il faut se démerder. Un peu comme dans les westerns, quand en guise de chirurgien tu t'en remets à un vétérinaire marron. En tout cas, une fois que t'es passé par tout ça, t'es un top.

Jusque-là, je vois rien de très attirant... Je lui demande quels sont les avantages dans son histoire.

– Les avantages ? C'est les mines du roi Salomon ! Tout ce dont t'as rêvé quand t'étais gamin. Tout ce que t'ont fait miroiter les publicités, tout ce dont tu as eu envie en feuilletant des revues, tout ça t'appartient. Tu es le maître du monde. Les filles ne te regardent plus de la même manière, parce que tu dégages quelque chose. Tu roules en bagnole de sport, tu te payes les palaces, t'as un appartement, deux cents mètres carrés dans les plus beaux quartiers, tu bouffes dans les plus grands restaurants, tu voyages... T'es le nouveau prince d'Arabie saoudite.

Gaëtan, Ange, même combat. C'est des pros. Ils me racontent pas, ils me recrutent. Je suis à la croisée des chemins. Une partie de ma vie est déjà derrière moi, je n'ai plus l'âge des petites conneries. L'heure des choix a sonné. Mais entre Ange qui me voit assassiner la moitié de Paris pour un bar et trois putes, et Gaëtan qui me voit mort toutes les dix banques, mon avenir n'a pas bonne mine. Je commence à me poser la question en d'autres termes : être cave ou voyou ? Je sais une chose : je n'ai pas vocation à devenir un assassin. Tout cela me laisse perplexe.

J'envoie une lettre à Henri pour lui dire qu'il faut qu'on coupe les ponts un moment, lui expliquant qu'ensemble on crée une émulation permanente, qu'il faut calmer le jeu. Je lui dis que je lui en parlerai quand je le verrai.

Les mois passent. Quand je sors finalement, je n'ai plus qu'une idée en tête : ne plus revoir personne. Ils sont un danger pour moi, je suis un danger pour eux. Un dernier regard en arrière, pour voir à quoi ressemble la prison de l'extérieur. Une image à vous glacer le sang. Elle ferait presque plus peur de ce point de vue-là.

Je débarque chez ma mère à Saint-Ouen. Je me demande ce que je fous là. Je n'ai pas ma place dans ce petit deux-pièces. Sans m'en rendre compte, je suis passé de l'âge pré-adulte à l'âge d'adulte. J'ai des envies d'adulte.

Je me mets à penser à mon père, qui vit désormais en Israël. Pourquoi ne pas aller le rejoindre ? Un instant, je vois cela comme le meilleur moyen pour sauver ma peau. Pour une fois, il me montre la route. J'ai un peu d'argent de côté, de quoi ne pas arriver démuni. De toute manière, si je pars là-bas, c'est pour m'inventer une nouvelle vie, où je travaillerai honnêtement. Après tout, les grosses fortunes du monde ne se sont pas faites à coup de hold-up ou de casses. Je ne suis pas différent des autres ; je ne vois pas ce qui m'empêcherait d'y arriver moi aussi.

Néanmoins, le cul a des raisons que la raison ignore. J'ai besoin de ce premier rapport sexuel, le passage obligé pour se sentir libre. Mes pas me dirigent place de la République, un vivier de ce qu'on peut appeler les filles de la nuit. Pas les putes mais des nanas friandes de relations canailles. C'est l'été, les terrasses sont pleines. Je déambule, à la recherche d'une inspiration. En guise d'inspiration, et n'allez pas dire que c'est de la chance, je tombe sur Henri et toute la bande. Ce sont eux qui me reconnaissent les premiers, et hop, c'est reparti pour un tour.

Ils sont fous de joie de me revoir, persuadés que je venais à leur rencontre. Je ne les détrompe pas. Évidemment, je ne déteste pas ce moment. On est tous les mêmes, avec quelques années de plus. La bande de jeunes gens s'est transformée en un groupe d'hommes à fière allure, distingués. Ils viennent de faire un coup superbe, sont pleins aux as. Ils se préparent à partir en vacances. Évidemment, c'est toujours la Côte qui récolte nos faveurs.

Ils me fadent, comme on dit dans notre jargon, ou me fétichent : chacun me donne une partie de l'oseille qu'ils ont touchée. On se rend compte que le temps passé n'a fait qu'accroître l'affection qui nous liait. Je me sens aussi bien parmi eux que je me sentais mal chez ma mère. J'ai retrouvé les miens. Mes bonnes résolutions s'envolent en trente secondes.

Sur la Côte, on découvre les nouveaux venus. Quelques-uns des gamins qu'on avait rencontrés avec Henri quand on s'était évadés du côté de Nîmes ont rejoint notre groupe. Fort de son allure, de son charisme, Bada, lui, s'est littéralement fondu dans le décor. Physiquement, on se ressemble un peu, voire beaucoup. Il a inventé une technique, ce con-là. Un plan invraisemblable, qui va faire de nous tous des millionnaires sans argent. Il va nous apprendre à vivre avec du fric virtuel.

Bada sait des choses dont on ne comprend pas d'où elles peuvent lui venir. Certainement pas de son milieu d'origine, ni de ses fréquentations. Bien avant que les bourges français les utilisent en masse, il a compris que les cartes bleues sont l'avenir. Il a surtout compris l'archaïsme des banques. Le mec n'a même pas dix-neuf ans quand il met au point un système imparable. Il demande à une de ses connaissances d'ouvrir un compte et de faire une demande de carte bleue. Il guette la boîte aux lettres du mec sans le lui dire, jusqu'au jour où la poule aux œufs d'or arrive. Il pique la carte de crédit sans en avertir le propriétaire – pas par vacherie, mais pour le préserver de toute accusation de complicité. Bada prend la carte, appose sa signature au dos, et c'est parti. Il devient milliardaire, le mec. On mange à sept ou huit dans les plus grands restaurants de Paris, on s'habille chez les meilleurs couturiers, on dort dans les meilleurs hôtels… La seule chose qu'on ne peut pas faire, c'est le plein d'essence, parce qu'une bagnole ça a un numéro d'immatriculation qui peut vous faire repérer. Pour le reste, on achète tout ce qu'on veut.

Cette carte bleue n'a pas été déclarée volée, l'informatique n'existe pas… Tout se fait manuellement, il faut deux mois à la banque pour se rendre compte qu'un pauvre mec qui n'a pas plus de mille francs sur son compte en a dépensé des millions. On est bien obligés d'admirer cette intelligence. C'est ce qui me rapproche de lui.

Bada a pour lui, en plus, un goût vestimentaire de folie. Alors que je sors du placard et que je n'ai plus à me mettre que des vêtements vieux de plus de deux ans, il se met en tête de refaire intégralement ma garde-robe. On fait le tour des plus grands couturiers, l'occasion de nous découvrir d'énormes points communs. Nous avons la même philosophie de la vie. Et nous devenons très proches, très vite. Il aime les Pink Floyd et les Rolling Stones ; il aime pas Mozart, ça me l'aurait rendu suspect.

Le mec est doué d'un sang-froid hors norme. Il perd jamais son calme, ne parle jamais pour ne rien dire. J'ai pratiquement cinq ans de plus que lui, mais son physique et sa maturité effacent totalement notre différence d'âge. La seule chose qui nous différencie vraiment, c'est que pour passer la nuit avec une nana, il me faut déployer beaucoup de talent. Sur son passage, en revanche, elles se retournent comme des girouettes. Un jeu s'installe entre nous, dès qu'il voit passer une jolie femme. Il dit :

– Tu vois, André, cette fille, je peux me la faire quand je veux.

Et je réponds :

– Tu vois, Bada, moi, cette fille, je vais me la faire ce soir.

Bada ne drague pas. Il attire l'attention des femmes pour finalement jouer l'indifférent ; ça marche à tous les coups mais ça demande du temps. Comme j'ai compris le truc, je me dépêche de lui voler sa proie.

On devient un duo. J'ai toujours pensé que le temps fabriquait les amitiés. Avec Bada, c'est la première fois que je considère quelqu'un comme mon ami, presque mon frère, en l'espace de quelques semaines. Y a une autre raison, c'est que l'on porte tous les deux à l'intérieur de nous cette blessure que le temps ne guérit pas, celle des enfances misérables. En somme, le fil qui nous relie tous, c'est cette misère passée.

On est tous là, à l'affût, comme des gamins de douze ans, à guetter le facteur, à casser toutes les boîtes aux lettres qu'on peut, dans l'espoir de tomber sur ce sésame magique : une carte bleue. Rapidement, on se retrouve tous avec notre propre carte. C'est le seul risque qu'on prendra de toutes les vacances. Pendant deux mois, on vit comme des émirs du Qatar. Comment allons-nous retrouver notre quotidien de petits casseurs au retour ?

Une fois à Paris, on se réunit tous. On a une conversation, c'est presque une réunion de conseil d'administration. On s'explique. La situation ne peut pas durer ainsi. On est en train de foutre nos vies en l'air. On a tous fait plusieurs années de prison, j'en suis pour ma part à ma quatrième ou à ma cinquième, je ne sais même plus. Si ça continue, on va finir par faire vingt piges sans même s'en rendre compte et devenir comme ces piliers de prison qui rentrent, et qui sortent. Qui sortent, et qui rentrent. Il ne nous manque plus qu'une chose pour leur ressembler, c'est la série des tatouages traditionnels : « à ma mère » sur le bras, le point des macs sur la pommette, « mort aux vaches » sur la main, et autour du cou « coupez suivant les pointillés ». On peut aussi devenir maquereau, et à la fin se marier avec une demi-pute et faire des enfants pouilleux, qui viennent voir leurs parents au parloir. L'autre solution, c'est de tout arrêter et de reconstruire nos vies. Mais ça, c'est pratiquement impossible. Grâce aux cartes bleues de Bada, on est devenus des princes : je me vois mal devenir leur jardinier. On tombe tous d'accord : on va prendre des risques différents. Des risques qui sentiront la poudre.

Gaétan avait raison. Les mines du roi Salomon se sont ouvertes. L'argent coule à flots. Et c'est pas de l'argent de cartes bleues. Cela, on n'en a plus rien à foutre. Les repas, on peut se les payer, les palaces aussi, nos fringues également. Les risques que l'on prend nous métamorphosent. On vit à toute allure, comme des gens qui peuvent mourir demain.

Tout cela, on le fait sous l'impulsion d'un nouveau venu, Alain. Le mec est à moitié barré. Un paquet de haine concentrée. Son truc, c'est les armes. Et pourtant, posé sur son mètre quatre-vingts, il a une gueule d'ange. Il a ce côté attendrissant des gens complètement perdus, qui vivent leur vie comme une anticipation de la mort. Je dis à Bada :

– Ce mec, il pue la mort à dix kilomètres. S'il se fait pas tuer, il va tuer, c'est sûr. Il faut l'éviter à tout prix.

Évidemment, les risques que l'on prend nous font perdre un peu de notre jugement, et personne n'écoute personne. Dans l'action, le mec est au top, et c'est ce qui le rend si intéressant.

Ce fou furieux ne trouve pas mieux que de débarquer sur les Champs, notre nouveau quartier général, avec une Lamborghini Spada brun métallisé. Un objet d'un luxe extrême. Alors qu'il s'attend à des exclamations, nous restons figés devant le véhicule à lui expliquer à quel point il est malade. Ce qui ne nous empêche pas de l'imiter, parce qu'au final mieux vaut être malade en Lamborghini qu'en bonne santé et à vélo.

Et puis… Et puis, quoi ? Est-ce qu'on peut rencontrer l'amour de sa vie dans un escalier ? Elle montait, je descendais. Ou je montais, et elle descendait. Je ne sais plus. La seule chose dont je me souvienne, c'est qu'elle était belle comme une demande en mariage. Alors quoi ? Quoi ? Alors je lui demande, avec des mots bizarres, maladroits, un truc, qui a trait à sa beauté. Elle ne me répond pas. Elle caresse mon caniche qui, visiblement, l'attendrit plus que moi.

Elle me dit :

– Il s'appelle comment ?

– André.

– Le chien ?

– Non, moi.

– Non, mais lui, il s'appelle comment ?

– Mais pourquoi, il vous intéresse plus que moi ?

Elle rougit, ne sait pas quoi répondre. Je l'ai forcée au dialogue. Elle n'avait pas envie de me parler. J'ai rendez-vous au Drugstore des Champs avec des gens pas très comme il faut, et cela me fait tellement chier d'y aller avec le chien de ma nana que je lui dis :

– Tiens, puisque ce chien vous intéresse tant, vous pourriez pas me le garder une petite demi-heure ?

Une manière de la plomber. Je vais à mon rendez-vous. Quand je reviens, je lui dis :

– Vous savez quoi ? C'est vrai que je suis pas beau, que je fais demi-beur, pas du coin, quoi. J'ai une bagnole de sport, mais elle est crade. Seulement, j'ai un truc à moi, un joujou extra qui fait crac boum hue. Les filles en tombent à mes genoux. Non, c'est pas de moi, c'est de Dutronc. Mais c'est vrai qu'on a un truc en commun, on aime les chiens. Demain, je reviens avec un autre chien, et vous allez l'adorer. Si vous êtes là à la même heure, vous allez voir le plus beau chien du monde.

Elle ne me répond pas, je la regarde s'éloigner. Je me dis « Putain, c'est pas gagné. » Mais si j'ai réussi à sortir de prison, c'est que je peux quand même y rentrer. Et cette prison-là, c'est celle que je me choisis.

Putain, qu'est-ce qu'elle m'a fait ? Qu'est-ce qu'elle m'a mis dans la tête, cette gonzesse ? Elle m'a fait un truc bizarre. À peine partie, elle me manque déjà.

Je raconte ça à Bada, qui me lance :

– Ça s'appelle un coup de foudre.

– Mais quel coup de foudre ? C'est un truc de bourges de merde. Putain, ça me fait chier, j'arrête pas d'y penser.

J'ai une idée, pour le second chien. Sur les Champs, il y a un grand chenil, un endroit immense. J'y vais avec Bada. J'attrape le vendeur et je lui demande :

– C'est quoi les chiens qui font le plus craquer les nanas ?

– Le cocker, vous ne pouvez pas vous tromper.

Bon, c'est vrai que ça les fait craquer, mais il vaut quatre mille balles. Bada :

– Tu vas pas mettre quatre mille balles dans un chien ?

On a volé le chien.

Quand même, à vingt-cinq ans, voler un chien, il faut le faire… Et tout ça pour une inconnue, que je ne suis même pas sûr de revoir. J'appelle le chien, qui était une chienne en fait, Jennifer. Il faut bien lui donner un nom. Je la mets dans la bagnole, et on se rend dans un autre chenil pour acheter tous les accessoires qui vont avec. Pour que ça fasse authentique. À l'heure dite, me revoilà au Drugstore, avec mon cocker. Je suis pas très à mon aise avec ce chien, je m'apprête à mettre une droite dans la gueule au premier qui me fait une réflexion. Et je la vois, de loin. Il se passe un truc bizarre : je comprends que je suis amoureux. Je me dirige vers elle. Elle me voit, mais ne me regarde pas. Elle regarde le cocker. J'ai presque envie de me transformer en chien. Elle :

– Qu'est-ce qu'il est beau !

– Non, il est pas beau. Elle est belle. C'est Jennifer.

Elle craque complètement, n'en a rien à foutre de ma gueule. J'ai envie d'étrangler Jennifer. Il n'y en a que pour elle. Je comprends qu'on ne joue pas dans la même cour. Je suis pas un mec pour elle. Mais Dédé, lui, se pense fait pour elle. Il lui dit :

– Eh dites, vous qui adorez les chiens, je peux pas vous la confier quelques jours ? Je dois m'absenter, je sais pas quoi en faire... Bon, c'est vrai que ma concierge veut bien me la garder, mais elle aime pas les animaux ; si ça se trouve, elle va la maltraiter...

Elle tombe dans le piège, et accepte. Je lui dis :

– À dans dix jours.

On se donne une date, une heure pour que je vienne récupérer mon chien. Si elle ne comprend pas mes intentions, c'est qu'elle est à moitié niaise, ou qu'elle le fait exprès. Mais en attendant, je suis sûr d'une chose. Pendant dix jours, elle va penser à moi. Et si elle aime cet animal, elle finira bien par m'aimer aussi.

Elle me regarde m'éloigner. Je sais qu'elle m'observe. Je pars, je fais le type décontracté, et en montant dans ma Mustang, avec mon côté destroy, je dois quand même dégager quelque chose. Je fais tout ce que je peux pour ne pas la laisser indifférente.

Dix jours plus tard, j'ai réussi mon coup. Elle préfère peut-être le chien, mais elle m'aime quand même. On entame une histoire – ce qu'on appelle une histoire d'amour. C'est la première fois que je vis ça. Une chose insensée. On s'aperçoit que l'on aime plus que tout un quasi inconnu qui ne nous a même rien démontré. On se demande pourquoi, et pourtant on l'aime. Si ça, c'est pas de la magie...

C'est ainsi que j'ai rencontré dans l'escalier Laurence, la femme de ma vie. Fille de chirurgien-dentiste, domiciliée dans un cent quarante mètres carrés au pied de la tour Eiffel. Elle est étudiante, diplômée à la fin de l'année, prépare son départ pour le Japon. Elle a un avantage sur tous les autres, elle est styliste, elle connaît les couleurs. Elle est d'une élégance raffinée. Une discrète fantaisie lui donne une distinction. Elle ressemble à un papillon.

On est devenus des stars. Avec nos bagnoles, notre oseille... On porte honnête. Naturellement, on a fini par nous assimiler à ces fils à papa qui passent leur vie sur les terrasses des Champs-Élysées. C'est au point que ces handicapés de la vie nous sont finalement de moins en moins antipathiques ; ils sont pratiquement devenus des potes de sorties.

Le printemps sur les Champs, avec de l'oseille, c'est l'euphorie. On a l'impression d'avoir toujours appartenu à ce monde, et on n'a surtout pas envie de le quitter.

Les vacances arrivent. Laurence m'apprend qu'au mois d'août, elle part en Espagne avec ses parents sur une île qui s'appelle Ibiza. Ce nom ne veut rien dire pour nous. C'est une île de hippies, à l'époque. Comme quoi, ils sont en avance. Je me dis que les vacances, c'est le moment le plus dangereux pour un jeune couple qui ne se projette pas encore dans l'avenir. On peut s'oublier. J'annonce à Laurence :

– Je viendrais passer quelques jours avec toi dans cette île.

Elle me file l'adresse, archiconvaincue que c'est une mission quasi impossible. Comment voyager en Espagne, au mois d'août, sans avoir fait de réservations au préalable ? Tout est complet des mois à l'avance. Sauf qu'elle ne connaît pas Dédé. Un mec capable à huit ans d'aller de Belleville à la porte de Versailles et de resquiller au Salon de l'enfance ne peut pas voir cela comme un obstacle.

Habituellement, nous partions tous au mois de juillet. Cette fois, on goûte aux joies de Paris déjà déserté par les Parisiens, ce qui en fait, curieusement, un lieu de vacances. Laurence et moi sommes devenus inséparables. On se voit pratiquement tous les jours. Sauf que, à part le samedi soir où elle a le droit de sortir jusqu'à deux heures du matin, elle doit être chez elle tous les soirs à vingt heures. Je finis par devenir presque schizophrène. Un démon la nuit, et un ange le jour, quand je suis avec elle. Et puis, elle s'en va pour l'Espagne.

Et nous, pour Saint-Trop. En convoi, Lamborghini en tête. Je me fais chier. Elle me manque. C'est tout juste si j'arrive à tirer une autre nana. Bada est parti au Maroc. Ça aussi, ça me fait chier. Ces derniers mois, on était tout le temps ensemble. Les autres sont tous là avec leurs gonzesses. Henri s'est trouvé une plante, une Italienne, aussi brune qu'il peut être blond. Elle devient rapidement ma pote, une complice. C'est super d'avoir une femme pour complice.

Mais je ne tiens pas en place, tout ça devient obsessionnel. Saint-Trop, j'en ai rien à foutre : l'absence des gens qu'on aime enlaidit tout. Le 10 août, je prends ma voiture, je remonte à Orly direct, et je me plante devant le comptoir d'Air France.

– Je voudrais un billet pour Ibiza.

– Monsieur, ça n'existe pas.

– Je n'ai pas fait une demi-heure de queue pour m'entendre dire que ça n'existe pas. Évidemment que ça existe.

L'hôtesse se rend vite compte que je ne suis pas un habitué des aéroports. Elle me dit, l'air amusé :

– Je ne sais pas si vous êtes au courant, mais les congés payés, ça existe, et le pays le moins cher d'Europe, c'est l'Espagne. Trouver une place d'avion, de train ou même d'autocar en cette période, ça relève du miracle. Néanmoins, sachez que pour arriver à Ibiza, il faut passer par Madrid. De là, il faut prendre un avion pour Alicante, et d'Alicante, un autre petit avion pour Ibiza. Autant vous dire que c'est mission impossible.

– Écoutez, j'ai ma petite amie qui est là-bas, je ne vis pas bien la séparation, donnez-moi un coup de main, s'il vous plaît. Je mettrai le prix qu'il faut.

Ça, ça lui plaît. Elle envoie des coups de téléphone partout et m'annonce :

– Écoutez, j'ai réussi à vous trouver une place pour Madrid, en première. C'est du surbooking, mais avec un billet de première, vous serez le premier sur la liste : vous êtes sûr d'être pris. Cela dit, après, il faudra vous débrouiller. Et puis, vous prenez un gros risque, parce qu'il n'y a pas de retour.

– Donnez-moi mon billet. Une fois là bas, je trouverai bien une solution. J'irai même en stop, s'il le faut.

Elle a pris le truc à cœur. On s'embrasse presque. Je suis ravi. L'avion part dans deux heures. Je prends mes bagages, une place se libère, je monte dans l'avion, et j'arrive à Madrid. J'ai tout prévu, sauf la chaleur. De l'aéroport à Madrid, j'essaye de faire le même plan avec une autre hôtesse, mais je comprends vite que c'est peine perdue. Je ne parle pas espagnol, ils ne parlent pas français ou très peu. Les files d'attente sont interminables. Rapidement, je me dirige vers la gare. Là, j'ai une vision apocalyptique. La gare est pleine à craquer, les files d'attente dégagent jusque sur le trottoir à l'extérieur. Une idée me vient. Je demande au taxi :

– C'est à combien de kilomètres, Alicante ?

– Quatre cents.

Je lui sors une liasse de billets et je lui dis :

– Hombre ! Combien pour Alicante ?

Le mec croit me lancer un chiffre fou. Il me demande mille balles. Je lui sors la somme, je lui mets les billets dans la main, et c'est parti pour huit heures de trajet... Je lui ai fait son mois. À Alicante, il me dépose à l'aéroport, où je me dis : ce soir je retrouve ma belle. Et bien, ma belle, elle attendra. Il n'y a pas d'avion pour Ibiza avant trois jours. J'aurais préféré passer trois jours à Fresnes plutôt que trois jours à Alicante. Seul dans un pays où tu ne parles pas la langue, un endroit où t'as rien à foutre, une sous-Côte d'Azur, où se retrouvent tous les ringards de la planète. Les hôtels sont blindés. Comme ce n'est pas une destination de milliardaires, heureusement, il reste de la place dans le palace du coin.

Il fait tellement chaud que, pour la première fois de ma vie, je me tape un coup de soleil. Si encore j'avais été là pour draguer des gonzesses, mais non : je suis là pour rejoindre la mienne, en transit. Comme j'ai du temps à perdre, cette fois je fais pas le con, je réserve le billet retour. Coup de bol, je trouve un billet Alicante-Paris pour le 20 août. Et finalement, j'embarque dans ce putain d'avion pour Ibiza. Je découvre un endroit ridicule. Je ne vois pas pourquoi les gens font autant de kilomètres pour venir là. Ce n'est rien de plus qu'un petit village de pêcheurs avec des hôtels qui se bâtissent autour. C'est sûr que ça coûte pas une thune et que le shit y est en vente libre.

J'arrive à l'hôtel Aquarium, un truc de standing. Rien n'est difficile quand t'as de l'oseille. Je prends ma chambre pour huit jours. Je n'ai qu'une envie, c'est rejoindre Laurence. Elle n'a pas le téléphone et ne sait même pas que je suis là. Ça va lui faire un choc, ou une surprise... En tout cas, elle ne restera pas indifférente. Si on me fait chier, j'ai un bon prétexte pour expliquer ma venue : je dis que je suis là pour prendre des nouvelles de Jennifer. Une bonne douche. Je porte une chemise en soie verte, mes cheveux bouclés me tombent sur les épaules, la moustache impeccable, une petite chaîne en or pour faire zazou. Je suis beau. Un dernier regard dans la glace, je descends dans le hall de l'hôtel :

– Hombre ! Taxi.

– Si, Señor.

Il me demande où je veux aller.

– Je vais à Calle Valedas.

Le chauffeur me regarde et me dit :

– Ça n'existe pas.

– Señor, je sais que ça existe, ma fiancée m'attend là-bas.

Il sort les cartes, tout, et me répète :

– Ça n'existe pas !

Je songe, elle m'a pas fait ça, quand même ! Et puis, je me rassure, j'ai vu le dépliant de ses vacances...

Il est sept heures du soir. Je commence à m'énerver auprès de toute la réception. Je leur explique que j'ai vu le papier imprimé du club de vacances. Mais personne ne connaît cette rue. Peut-être me suis-je trompé en écrivant le nom. Un vieux chauffeur de taxi arrive et lance :

– Mais si, ça existe ! C'est un nouveau club qui vient d'ouvrir. Les routes pour y arriver sont à peu près impraticables. Mais si vous voulez, je vous y amène.

Je monte à l'arrière de sa vieille Simca 1000. Sur les routes cahoteuses qui nous conduisent à ce club de vacances, le mec m'apprend que c'est un club allemand qui a ouvert il y a deux mois. C'est pour ça que c'est pas très praticable, mais que je m'inquiète pas, le site est magnifique. C'est un village de vacances avec toutes les activités possibles. Un Club Méditerranée sans G.O. J'arrive. Il n'y a pas de gardien à l'entrée – il n'y a pas d'entrée du tout, d'ailleurs, c'est un village, tout simplement. Il est huit heures du soir. Ils sont tous à table dans une énorme salle à manger. Laurence et les jeunes sont assis autour d'une grande table ronde, et les parents à une autre. Ils sont partis à plusieurs familles. Laurence et ses cousins sont installés juste à l'entrée de la salle à manger, si bien qu'elle m'aperçoit quand j'arrive. Elle change de couleur, frise la panique. C'est la fin du monde pour elle. Des deux mains, elle me fait signe de m'éloigner. Je la regarde, et avec le doigt je lui fais « non ». J'arrive, je demande à son cousin de se déplacer. Et comme je veux faire grossier, il y avait son plat qui était là devant avec un morceau de poulet dedans, je me mets à manger le plat du mec. Tout cela sous le regard médusé de la table des adultes, dont le père de Laurence. Elle me chuchote à l'oreille :

– Mais qu'est-ce que tu fais, il y a mes parents. Essaye au moins de bien te tenir !

Je lui dis, assez fort pour que tout le monde m'entende :

– Pour tes beaux yeux, j'ai pleuré dans les bras d'une hôtesse. Elle m'a trouvé un truc introuvable, un billet Paris-Madrid. À Madrid, j'étais bloqué, impossible d'avoir un avion pour Alicante. Je suis venu en taxi : quatre cents bornes. Là, il n'y avait pas d'avion, je me suis tapé trois jours là-bas. J'arrive à Ibiza, dans un super hôtel d'ailleurs, ça s'appelle l'Aquarium, je leur demande Calle Valedas, ils me disent que ça existe pas, j'ai failli me bagarrer avec toute la réception pour essayer de te trouver. J'arrive, tu me repousses des deux mains et tu me dis de bien me tenir parce qu'il y a tes parents. Tu sais quoi, avec un accueil comme ça, j'ai qu'une envie, c'est de prendre un avion pour rentrer chez moi. Mais malheureusement pour moi, et pour nous tous, je suis bloqué là huit jours. Il n'y a pas d'avion avant. Alors, il faut m'adopter. Voilà.

Ça a détendu tout le monde. L'histoire était assez marrante, invraisemblable. Les jeunes me questionnent sur mon voyage, le courant passe. On se croirait presque à une bar-mitsva. On n'est qu'entre feujs. Après le repas, Laurence me présente à ses parents, comme un copain. Et moi, je joue le jeu. On prend un café avec son père. Sa famille ne se montre ni chaleureuse ni dédaigneuse, mais c'est sûr que je ne suis pas le genre de la maison. Enfin, on finit par se retrouver seuls, je la chope, je lui roule un patin d'enfer, et je lui dis « Tiens ! ça, c'est de la part de ton copain. »

– Mais qu'est-ce qui t'a pris de venir ?

– Je t'ai dit que j'allais venir, je suis venu. Je tiens toujours parole.

– Mais moi, j'avais dit ça comme ça, pour dire quelque chose… Pour moi, c'était impossible de venir.

– Bon, mais maintenant, c'est impossible de partir.

– Alors, il va falloir que tu restes dans le camp de vacances, parce que moi, mes parents me laisseront pas bouger d'ici...

– Mais on est bien, ici ; c'est mon rêve de passer mes vacances avec ma belle-famille...

Le lendemain, je rapplique après l'heure de plage. On était quand même sortis un petit peu. Elle, accompagnée de sa sœur, qui est sa complice, juste un an de moins. J'avais dormi toute la journée. Le voyage, le stress, le changement d'air et la cuisse de poulet de la veille m'avaient assommé. Il est dix-huit heures quand je les rejoins. Le père est un champion de tennis, un ancien champion de France de rugby, et toute la famille est sportive.

Je m'assois à côté de Laurence, sur le bord du terrain. J'avais acheté un SAS, et je l'ai à la main. Je ne sais pas pourquoi, je pensais que ça faisait intello. Son père s'approche de nous, s'assoit à côté de moi, prend mon SAS, Laurence et moi sommes tendus, on se dit que ce bouquin va foutre la merde, mais non. Il va créer des liens. Il me dit :

– Ah ! vous lisez ça, vous.

– Oui, de temps en temps. Je les ai pas tous lus. De temps à autre, quoi.

– Ben, figurez-vous que je les ai tous lus. Pas tant pour l'histoire, qui est toujours rocambolesque, mais parce que l'auteur, Gérard de Villiers, a une capacité invraisemblable à faire de ses livres un véritable film. Chaque histoire se passe dans un pays différent, et vous le fait découvrir comme si vous y étiez. C'est pour ça qu'il a autant de succès, d'ailleurs.

Il me signifie, en quelque sorte, que je suis le bienvenu. Laurence me le confirme. À la plage, un de ses oncles a lancé suffisamment fort pour que son père l'entende :

– Pour faire un voyage comme ça, au mois d'août, il faut qu'il soit amoureux, le jeune homme, hein…

J'ai l'impression de vivre un remake de La Belle et le Clochard.

Je m'intègre. La journée, je les rejoins à la plage et je fais des trucs que je ne connaissais pas. Du ski nautique. Je veux jouer au héros, je manque me noyer quatre fois, mais je réussis à m'en sortir la tête haute après avoir bu la moitié de la mer. Première fois de ma vie que je fais un truc pareil, je ne recommencerai jamais ce truc de malades. Un des membres de la famille possède un hors-bord, qui lui permet de faire de super balades, et c'est vrai qu'Ibiza, sa côte en tout cas, a quelque chose de magique.

Là-dessus, c'est plus un secret pour personne : Laurence et moi sommes des fiancés, avec toute la pudeur qui prévaut auprès des parents. C'est une vie apaisante, tranquille, où avoir des parents, ça veut dire quelque chose. Je ne connaissais pas cela. Le soir, on sort dans le village avec Laurence, on fait le tour des boîtes, et je dois la ramener avant l'aube.

Finalement, ce côté structuré n'est pas pour me déplaire. Et ces restrictions ne me rendent Laurence que plus désirable. Comme tous les soirs, sur les coups de dix-huit heures, autour du terrain de tennis, on se rassemble à l'apéro. Son père, pour la première fois, me questionne sur mes activités. Je lui dis :

– Je suis dans l'immobilier.

– Ah, intéressant…

– Oui, oui, ça rapporte bien… Mais c'est toujours la même chose. Visites d'appartements, montage de dossiers, il n'y a rien de magique…

Ça me fait chier de lui mentir. En plus, je suis sûr que ça se voit. Il me dit un truc bizarre :

– Vous savez, il n'y a pas de sot métier, on peut venir de n'importe où, et devenir n'importe quoi. Mais on peut aussi venir de rien et arriver à tout. Vous voyez, par exemple, si ma fille me présentait un cordonnier. Je lui refuserais pas sa main, parce qu'il faut toujours commencer par quelque chose. Et c'est par le bas qu'on commence. Vous voyez la personne qui a le hors-bord là, il y a dix ans, il vendait des mouchoirs à la sauvette devant les Galeries Lafayette. Il n'avait pas un sou. Et pour l'aider, moi et quelques amis, on se mettait autour pour faire du baronnage. Et aujourd'hui, il est dix fois plus riche que moi.

Il prononce ces derniers mots en me regardant bien dans les yeux, sans agressivité. Forcément, il veut me dire quelque chose… « Ce n'est pas la peine d'en rajouter, j'ai pas besoin d'un décodeur… » Il a compris, et me signifie qu'il n'est pas d'accord. En somme, il me demande presque de changer de voie.

Ça me fait de la peine de quitter Ibiza. C'est marrant comme une chose peut en rappeler une autre. J'ai l'impression de retrouver les mêmes sentiments que lorsque Chata, la directrice de la Versine, m'a embarqué chez le Dr Hirsch. Sauf que là, j'ai vingt-quatre ans, et pas seize.

Septembre arrive. C'est une saison royale. Le retour des vacances, et leur prolongement pour ceux qui ne foutent rien. Il y a souvent à Paris un été indien, et les terrasses de Belleville ont des allures mondaines en cette saison. Les gens ont changé de couleur et arborent un teint bronzé, une mine embourgeoisée. Ils se racontent des choses joyeuses, des histoires de vacances, avec les mensonges sympathiques et tout l'art de l'exagération propre aux Juifs tunisiens. Avec nos bagnoles de sport et l'oseille qui vole dans tous les sens, on n'est pas seulement des stars sur les Champs, mais aussi à Belleville. Et je crains fort qu'on soit aussi en train de le devenir pour les flics.

Notre planning est des plus simples. Dix-neuf heures : la kemia, l'apéro à la tunisienne, à Belleville, en terrasse. Ensuite, on se tape la séance de cinéma de vingt-deux heures, après, un petit coup de boîte, et le dîner à cinq heures du matin, en sortant. Mais voilà, le cœur n'y est plus. Plus on s'habitue à l'oseille, moins on en jouit, et surtout, on trouve de moins en moins de raisons de risquer sa peau pour lui.

J'ai envie de vivre avec Laurence. À son retour de vacances, elle me donne envie de vivre autre chose. Apparemment, j'ai fait bon effet à ses parents, et à sa famille, et surtout au marchand de mouchoirs devenu milliardaire. Par contre, elle me révèle que son père a eu des doutes sur mes activités. Elle me dit qu'hier ça ne la regardait pas mais que ça commence à la regarder, et que si on veut vivre ensemble, il faudrait qu'on se mette à se fabriquer un avenir, un vrai.

Mais putain, personne ne m'a jamais appris par quel bout m'y prendre. Je ne sais pas comment faire pour me sortir de ma propre histoire.

Et le destin... Toujours lui... Un contrôle banal. J'ai des papiers en béton armé. Je suis pas en cavale, mais j'ai jamais passé mon permis, je me balade avec un faux. C'est pas des flics qui m'arrêtent, mais des mecs des RG, autant dire des professionnels des faux papiers. Ils ne m'arrêtent pas pour aller au commissariat mais m'emmènent directement à la préfecture. Laurence est à mes côtés. Je ne comprends pas le truc. Pourquoi ces deux mecs se sont dirigés vers moi, en plein Belleville. La moitié du quartier est dans l'illégalité, et c'est moi qu'ils alpaguent. Un coup de balance, j'en sais rien... Ils m'emmènent avec Laurence à la préfecture. Évidemment, ils la relâchent. J'ai juste le temps de lui dire d'aller voir Bada et Henri pour qu'ils préviennent mon avocat. Elle ne comprend rien du tout à ce qui se passe, ni pourquoi je parle d'avocat. Elle s'en va l'air désabusé, mais pas inquiète. En trente secondes, ils s'aperçoivent que le permis est faux. La traditionnelle question :

– Qui te l'a vendu ?

– J'en sais rien.

Le dépôt est juste en dessous. Et en trois heures, je passe de la liberté à l'incarcération. La nuit au dépôt est un enfer. Je vois ma vie s'écrouler, et surtout les conséquences que cette arrestation à la con va avoir. Qu'est-ce que vont devenir les autres ? Qui va les maîtriser ? Personne n'est à l'abri d'une catastrophe…

Je pense à Laurence, je crois que je l'ai perdue pour toujours, elle tiendra jamais les dix-huit mois, c'est le tarif pour les faux papiers. Le lendemain matin, déchiré de fatigue et de sommeil, en vrac, chiffonné, avec une tête de déjà condamné, je passe devant la 23e chambre, celle des flagrants délits. C'est marrant, j'ai même plus envie de me défendre. Je suis abattu de voir tout ce que je laisse, cette fois. Cahen est là, il me dit :

– On va essayer de prendre un an…

Je passe, le président me demande le traditionnel :

– Pourquoi rouliez-vous avec un faux permis ?

Je lui réponds sincèrement :

– Parce que je suis bête. Au lieu de perdre trois mois comme tout le monde pour passer son permis, j'ai pris des raccourcis qui vont me conduire à prendre je ne sais combien de mois de prison…

Je cherche même pas à m'excuser, rien du tout. Le mec le voit. L'avocat plaide gentiment, en disant que c'est un délit sans en être un. Comme je ne suis pas recherché, cela rend crédible ma défense. Le mec me file trois mois, je pense que tout est sauvé. Avec les grâces en cours, je me dis que je ne vais même pas faire deux mois et dix jours, un détail. Mais je sais que c'est la dernière fois que je mettrai les pieds en prison de toute ma vie. En fait, on pourra dire que c'est l'histoire d'un mec qui, à dix-sept ans, a été injustement incarcéré par le juge Marzloff pendant six mois, et que cette incarcération en a fait un voyou. Ce même mec va terminer sa carrière de petite frappe au bord du gangstérisme et de la bande organisée sur l'indulgence du tribunal qui me file trois mois au lieu de dix-huit. Ça y est, je jette l'éponge, et cette fois, c'est pour de vrai. D'autant, ne soyons pas hypocrite, que j'ai pas mal d'oseille de côté.

Qui l'eût cru ? Le hasard me fait revenir sur mes pas. La peine dont j'ai écopé est tellement ridicule qu'à peine arrivé je me retrouve à la bibliothèque de Fresnes. Sur mes papiers d'entrée, j'avais marqué « relieur ». Les cellules des travailleurs administratifs, comme les bibliothécaires, se trouvent en première division, juste devant la porte des mineurs. Le même endroit, la même aile que celle où j'ai débuté. À ma grande surprise, je me rends compte que ce sont les peines les plus courtes qui sont les plus dures à vivre. Je compte chaque seconde. J'ai cru que j'allais mourir. J'ai cru que ça n'arriverait jamais, à la fin. Laurence m'écrit tous les jours. Dans ses lettres, elle nous fabrique un avenir à son image, tout en douceur, en tranquillité, un monde où on n'en a rien à branler des voitures de sport, de Saint Laurent, de Dior et de Gucci. Après tout, pour vivre, on n'est pas obligé d'habiter Neuilly.

Je sors. Je retrouve mon appart, mon oseille, mes bagnoles, tout est intact. Et ma fleur des champs. Le premier soir, toute la bande me fait une fête géante au Bus Palladium, qui vient de rouvrir ses portes. Un endroit super bien famé. Se retrouvent là deux bandes déjà bien connues : la bande des Zemmour et la nôtre. Je découvre aussi quelques nouvelles têtes, comme toujours au sortir de prison. Cette fois-ci, c'est Dominique, la copine de Bada, une splendide jeune femme blonde et élancée. Elle a un point commun avec Laurence, elle sort d'un milieu aisé, et ça se voit. Elle sent le propre. On est le 21 février 1975. Ma vie se met en place. Je commence à prendre des contacts. J'envisage de me lancer dans le commerce. Je repense à ce marchand de mouchoirs qui possède plusieurs magasins. On s'est revus après Ibiza. Il m'a fait plusieurs propositions que j'ai balayées d'un revers de la main, mais aujourd'hui, elles m'intéressent. Avec l'argent que j'ai de côté, j'ai de quoi monter mon affaire. Laurence étant styliste, on peut imaginer de développer une affaire de fringues avec son aide.

Entre Laurence et la peur, j'ai vite fait mon choix.

La fête est derrière nous. On forme un petit conseil d'administration comme au temps de ma dernière sortie. On fait quoi, qui, comment ? Je ne laisse à personne le temps d'intervenir, je leur explique :

– C'est mathématiquement impossible de prendre trois mois pour des faux papiers. S'ils avaient été moins généreux avec moi, j'aurais pris un an, huit ou neuf mois, peut-être. À mon avis, les flics qui m'ont arrêté se sont fait taper sur les doigts. Les bons, on les a au cul, c'est sûr. C'est pour ça qu'ils m'ont donné une peine aussi courte. O.K., c'est peut-être de la parano, mais c'est un doute qui peut coûter très cher. Et je ne suis pas prêt à payer ce prix-là…

– Mais tu l'étais, hier ? rétorque Bada. Y a autre chose, alors ?

– Je vais pas vous jouer le coup de *Love Story* et de toutes ces conneries, mais j'en ai marre de chier dans mon froc tous les quarts d'heure. J'en ai marre d'avoir peur. J'en ai marre de me demander pourquoi celui-là me regarde, pourquoi l'autre tourne la tête. Je sais qu'une chose : je suis sûr qu'on est grillés.

Évidemment, Alain Lacabane la ramène. Une grande gueule comme ça, il peut pas accepter de se taire :

– Qu'est-ce qu'il y a ? Tu nous lâches ? T'as peur ?

– Eh ben, ouais, mon pote. Tu vois, le vrai courage dans la vie, c'est des fois de reconnaître qu'on a peur. Toi, tu chies dans ton froc aussi, mais tu le diras jamais. Et qu'est-ce qui va arriver, ça va finir comment ? Tu vas flinguer quelqu'un, on va se retrouver avec des morts sur les bras, on va se prendre tous perpette, pour te faire plaisir ? Vous avez tous pété une durite. Fatalement, un délit en appelle un autre. On ira toujours un peu plus loin. On est déjà allés beaucoup trop loin. Je ne vous dis pas que je raccroche. Je vous dis qu'on arrête tous. C'est pas pareil.

Henri et la plupart des autres m'approuvent. Bada est perplexe. Lacabane dit que ce ne sont pas les associés qui manquent.

La mort, c'est quelques jours plus tard qu'elle va frapper. Ces cons ! Ils ne m'ont pas écouté. Hold-up avenue de la République, trois mecs pénètrent masqués dans une banque. Le caissier déclenche le signal d'alarme. Il est abattu. Les mecs sortent. Lacabane en tête – a priori, du moins, puisque c'est lui qui prend la première balle. L'avenue était truffée de poulets…

Les braqueurs battent en retraite. Les flics les ont laissés revenir sur leurs pas. Quelle connerie ! Ils ont fait tout le contraire de ce qu'on leur apprend. On n'accueille pas un gangster à la sortie d'une banque à coups de revolver, on le filoche et on le serre, là où aucun civil n'est mis en danger. Ils n'ont pas appliqué les ordres, et voilà ce que ça va donner. Alain est blessé. Il a un dernier sursaut. Je ne le saurai que quinze ans plus tard, en lisant le dossier, Bada ne m'en a jamais parlé : il s'est mis une balle dans la tête plutôt que de se rendre. Ce fils de la rue a fini par retourner toute la violence qui l'habitait contre lui-même. Ultime bras d'honneur : il allait échapper aux flics par la seule issue encore possible ; il allait épouser la mort et faire son voyage de noces dans l'autre monde. Un monde sans flics ni voyous, sans barreaux ni gardiens, sans pauvres ni riches, sans faibles ou forts, enfin, l'autre monde…

Finalement, je ne garderai que deux souvenirs de ce mec : la certitude qu'il tuerait quelqu'un un jour, et – l'idée qui me le grandit – le fait qu'il a tenu jusqu'au bout sa parole « Mourir plutôt que de finir sa vie en prison. »

Et voilà, le piège s'est refermé sur eux, et sur les otages. C'est ce qu'on appelle le syndrome de Stockholm. Voilà le sens exact de cette expression : les otages se lient à leurs ravisseurs parce qu'ils savent que la balle mortelle peut venir d'en face.

Les mecs négocient ferme. Ils veulent une rançon, une bagnole, et je ne sais trop quoi d'autre. On se demande pourquoi ils réclament tout ça. De toute manière, ils sont morts. Aujourd'hui ou demain, ce n'est qu'une question de temps, tout le monde le sait. J'espère qu'ils ne vont pas être tentés d'avoir le même geste que Lacabane. C'est Dominique qui donne l'alerte. Bada l'a appelée depuis la banque. Ça passe par Henri, ça arrive jusqu'à moi. Il y a très peu de chances pour qu'ils s'en sortent mais s'il y en a une, les choses seront ainsi qu'elles doivent l'être. On sera là pour les aider.

*

Et c'est bien ce qui va se produire. Ils parviennent à s'en sortir et Bada vient me rejoindre dans un parking. C'est notre plan rouge, en cas de difficulté. Une bagnole le jette, je le récupère. On se dirige vers l'appartement de Dominique, sa copine.

Des voitures de police sillonnent les rues comme des abeilles, à la recherche des fugitifs. Autre voiture, autre personnage : Bada n'est pas identifiable. Pas plus que le reste de notre groupe qui s'est instantanément disloqué.

Je demande à Bada :

– Ça va ?

– Comme un ressuscité. Avant de monter dans ta voiture, j'avais l'impression d'être quelque part entre la vie et la mort.

– Mais tu es mort. Ça y est, c'est bon ! À compter d'aujourd'hui, attends-toi à vivre dans cet état en permanence, et jusqu'à la fin de tes jours.

On arrive en bas de chez Dominique, rue Brunel, une petite artère située à cent mètres des Champs-Élysées. Elle habite chez ses parents, des gens richissimes, dans un immeuble cossu, dans un trois cent cinquante mètres carrés avec une bonne à demeure, où on lui avait aménagé un deux-pièces autonome.

On monte par l'escalier de service. Bada a à peine tapé à la porte qu'elle s'ouvre immédiatement, et ils se jettent l'un sur l'autre. Depuis le braquage, elle n'a plus été en contact avec lui que par médias interposés. Elle attendait le moment où on lui annoncerait qu'il avait pris une balle dans la tête. Ça veut dire quoi, pour une gamine de dix-neuf ans, l'attente de la mort de celui qu'elle aime ? C'est à son tour de connaître ce sentiment de résurrection dont Bada parlait quelques instants plus tôt, à sa manière, mais avec la même intensité.

À côté d'eux, je me sens comme un intrus. Ils sont au diapason, ils se disent des choses, doucement, je n'entends pas. Je n'ai pas envie, d'ailleurs. Je n'ai qu'une envie, c'est dormir, et partir de là. Cette attente est particulièrement pesante pour moi aussi.

Dominique est une très belle jeune femme, blonde, raffinée. J'étais sorti deux ou trois fois avec eux deux, tout au plus. Je la connais très peu. Nos rapports sont plutôt neutres. Elle ne comprend pas ma présence. Elle pense encore que demain va ressembler à hier. Elle est en décalage total par rapport à leur réalité immédiate.

Demain, ils vont avoir droit à une apocalypse médiatique. Bada doit absolument trouver une planque. Mais quelle planque est suffisamment sûre lorsqu'on est recherché pour pareil forfait ? Chaque être humain est un indic en puissance. Balancer Bada, à ce moment-là, offre une garantie d'impunité à vie.

Je mets brutalement un terme à leur rêve :

– Alain est mort ; tu vas forcément être identifié. Dans une heure, deux jours, je sais pas quand, les flics vont débarquer ici. Ils vont mettre un paquet dingue sur toi. On sait que tu passais toutes tes soirées avec lui. Tu ne peux pas rester. Il faut partir. En espérant qu'il n'est pas déjà trop tard. Ils sont peut-être déjà en bas. Je sais pas à quelle allure ça va, ce genre d'affaires.

– T'as raison, je sais. Mais partir, pour aller où ?

– Il y a une route pour toi, pas deux. T'es marocain, et on n'extrade pas ses co-nationaux. Tu pars au Maroc.

Dominique ne tergiverse pas trois secondes :

– Je viens avec toi.

C'est des gosses. Tout fonctionne à l'instinct. Pas le temps, pas l'envie de peser le pour et le contre. On va où nos sentiments nous conduisent.

Bada m'interpelle :

– Mais t'as conscience que s'ils me relèvent, ils te relèvent.

– Oui, mais la différence entre nous, c'est que moi je n'ai rien à voir avec cette histoire.

– Combien de mois de prison tu vas faire avant de leur démontrer ? Et quand bien même. On était tout le temps collés ensemble. T'échapperas jamais à une association de malfaiteurs. T'es dans la merde, toi aussi.

Il argumente pour que je le suive. Il ne veut pas partir seul. Et il n'a pas besoin de me forcer. Je connais mes classiques : une rafle générale est en préparation, chacun doit partir de son côté. Il faut se faire oublier. Le temps apaise les choses. Alors, passer trois ou quatre mois avec lui au Maroc, c'est pas la plus mauvaise des idées.

Son histoire d'association de malfaiteurs m'a fait flipper. J'appelle Laurence le lendemain. On s'est vus la veille. Je lui dis d'acheter les journaux et de nous rejoindre chez Dominique. Elle arrive, sans bien comprendre ce qu'elle fout là. Les journaux sont étalés sur le lit. Placées côte à côte, les photos recomposent l'événement par facettes. Dans un canard, on voit Alain mort, gisant devant la banque. Dans un autre, la sortie avec les otages. Dans un troisième, les flics, tenant un malfaiteur en joue. Les articles nous donnent la teneur de ce qu'ils savent. Les flics disent clairement qu'Alain est un fil conducteur, qu'il doit les mener à ses complices. Ils pensent que ça va pas être compliqué, car il n'y a rien de plus bavard qu'un mort. Il suffit de refaire sa route dans l'autre sens pour retrouver les endroits où il a été, les gens qu'il a vus. Les patrons de boîte adorent répondre à ce genre de questions, c'est leur fun « Ce soir-là, ils ont été là, ils ont fait ceci, cela... » Les gangsters sont tous aussi cons les uns que les autres, et on ne fait pas exception. On sort tout le temps en groupe. Et on est, du coup, très faciles à identifier. N'ayant pas participé au hold-up, je sais qu'ils n'ont rien contre moi. Mais je ne sais pas ce qu'ils pourraient imaginer.

Je cloisonne pas mal ma vie, et Laurence ne comprend rien à la situation. Sa présence nous gêne un peu. Je la prends en aparté, je lui chuchote en deux mots que Bada est impliqué dans une affaire très grave qui a mal tourné, et que je dois partir trois ou quatre mois avec lui, au Maroc. Sans hésiter, elle réagit exactement comme Dominique la veille :

– Moi aussi, je viens.

On se retrouve à quatre, ce qui n'est finalement pas une mauvaise chose. Avec leur côté filles de bonne famille, Laurence et Dominique vont nous servir de rempart. Avec Laurence, on lève le camp. Elle prend le volant de la Pontiac, me dépose à la cabine du coin, d'où j'appelle Henri et d'autres mecs de la bande. On se retrouve pour une réunion très tendue. C'est moi qui ai introduit Bada aux autres, je suis responsable de lui. Il n'a que vingt ans, malgré les apparences. Ils me reprochent le bordel dans lequel je viens de mettre toute la bande. Quand on est arrêté par la BRB, on finit par parler. Tout le monde avoue là-bas, on le sait très bien, c'est pas la peine de rêver. Ils torturent, usent de méthodes de gestapistes : gégène, baignoire, etc. Quand on a un gros délit sur le dos et qu'on se fait torturer, le deal, c'est d'essayer de tenir douze heures en interrogatoire, pour laisser aux autres le temps de se tirer. Il faut absolument pas qu'il se fasse arrêter en France. « C'est toi qui l'as amené, c'est toi qui le débarques .» Ça me conforte dans ma décision.

*

Objectif numéro un : trouver des papiers non identifiés, et non identifiables. Mes deux années d'expérience de cavale vont m'être utiles. On ne peut pas prendre de faux papiers chez les receleurs habituels. Mais Bada est un homme aimé. Jusqu'à la fin de son existence, il n'a jamais connu la moindre altercation. Et il fréquente toutes sortes de personnes hors du milieu de la délinquance. Des babas cool honnêtes, gauchos, d'une fidélité d'autant plus grande qu'ils ne savent pas ce que Bada a fait. L'un d'eux accepte de lui fournir un permis de conduire et un passeport, en lui assurant qu'il ne les déclarerait pas volés avant deux ou trois mois.

Fort de mon expérience, changer la photo est un enfantillage. J'envoie le passeport et la carte d'identité dans le bar de Saint-Paul, avec les photos de Bada. Le mec ne connaît pas Bada et ne peut donc pas l'identifier visuellement, ni le balancer, a fortiori. Bada se retrouve ainsi avec un superbe jeu de papiers.

Me concernant, j'ai pris l'habitude de choper tout ce que je pouvais comme papiers, si bien que j'en ai une flopée en stock. J'ai tellement d'identités différentes, et j'en change tellement souvent, qu'il est impossible qu'elles mènent jusqu'à moi. Les filles, elles, partent avec leurs vrais documents.

Nous avons nos papiers, de l'argent plus qu'il n'en faut – nous emmenons avec nous, entre autres, les cent plaques de la rançon. Notre problème, c'est le temps. Nous sommes engagés dans une course contre la montre.

*

Le lendemain du braquage de République, dans l'après-midi, le commissaire Broussard, le commissaire Leclerc et tous leurs acolytes de l'antigang apprennent qu'un rendez-vous a été fixé entre la bande des Zemmour et une bande de la banlieue sud au Thélème, un bar du boulevard Saint-Germain. Complètement accaparés par l'affaire de République, les flics n'ont pas dormi de la nuit. En quête d'une revanche, ils vont commettre l'irréparable, et offrir à Bada une magnifique porte de sortie. Les Zemmour débarquent dans le bar avec leurs porte-flingues. Ils sont venus parlementer avec l'équipe adverse, trouver un accord, mais ils sont armés, alors qu'ils n'auraient pas dû l'être.

Les flics déboulent à leur suite, inidentifiables. Ils investissent les lieux en bloquant toutes les issues, arme au poing. Certains disent qu'ils ont crié « Police ! », d'autres le contestent. Une fusillade éclate. Un mort et un blessé du côté des Zemmour ; un blessé du côté des flics. Ce qui aurait pu être une petite revanche pour la police devient une catastrophe nationale. Au comptoir du bar, les flics avisent deux mecs d'allure maghrébine, les tabassent, et les laissent au bord du coma. Pour rien. Ils pensent probablement qu'ils font partie du gang. Or, les mecs en question sont deux grands avocats du barreau de Paris. Scandale de chez scandale, la police se retrouve au banc des accusés. La police des polices intervient, toute l'affaire de République est mise en stand-by.

J'entends ça à la radio, dans ma voiture, alors que j'arrive chez Dominique. On a une fenêtre pour se casser, et il faut faire vite. Deux jours après, ils vont se retourner, et leur besoin de revanche sera décuplé. Le lendemain, nos bagages sont prêts, on se rend gare d'Austerlitz pour prendre le Talgo, un train de nuit.

*

C'est le début d'une immense parano. Dans la gare, on a l'impression d'être la cible de tous les regards. Heureusement que les femmes sont là. Quand on monte finalement dans le train, on se sent un tout petit peu plus à l'abri. Mais tant qu'il n'est pas parti, on est tétanisé pas le sentiment que quelqu'un va débarquer. Une attente à couper le souffle. Le train démarre enfin, ce qui est déjà une immense victoire. On vient de franchir la porte du paradis, on a envie de sabler le champagne. L'espace d'un instant, on est tous très heureux. Mais on revient à nous très vite : cette première victoire est seulement une toute petite étape.

Le contrôleur nous informe que les filles ne peuvent pas dormir avec nous : les compartiments ne sont pas mixtes. On tombe des nues. Le train fait une halte à Lyon, après quoi les portes ne se rouvrent plus avant le passage de la frontière. Le contrôleur nous a donné une fiche à remplir pour la douane. On n'est pas censés voir les douaniers. C'est lui qui doit leur remettre les documents quand ils monteront, au poste frontière français. Ils sont supposés redescendre quelques kilomètres plus loin, en Espagne.

On est prisonniers du train. On ne va pas dormir de la nuit. Toutes les demi-heures, les filles viennent se plaindre de tout et de n'importe quoi. Elles sont pas mal stressées, elles aussi. Ce sont encore des gamines. Heureusement, elles s'entendent immédiatement. Elles sont issues du même tissu social, ça joue forcément. Dominique est fille d'industriel, un Juif d'origine russe. Le père de Laurence est chirurgien-dentiste.

La nuit est interminable. On dort dix minutes, on se réveille un quart d'heure, on dort dix minutes, on se réveille un quart d'heure... On finit par s'endormir un peu, je ne sais par quel miracle. La lumière du jour nous réveille, un mec nous appelle pour le petit déjeuner. Pour la centième fois, je demande à Bada :

– Tu dors ?

– Non.

– Ils ont servi le petit déj. Tu crois que ça veut dire qu'on a passé la frontière ?

On ne sait pas du tout comment ça se passe. C'est l'aventure, un stress maximum. À reculons, après avoir fait un brin de toilette, on se dirige vers le wagon-restaurant. Les filles n'ont visiblement pas beaucoup dormi non plus. À peine est-on attablés que le train entre en gare. Sur un panneau, on lit « Poste de douane ».

– Merde, on n'a pas passé la douane !

C'est la première fois que je me sens si vulnérable. Les douaniers regardent tout le monde. Cette frontière ferroviaire est comme un piège féroce, impossible à déjouer.

Bada, imperturbable, me dit :

– Parle-moi. Sinon tu vas avoir les yeux qui vont partout. Je te connais.

La situation est pesante.

Vingt kilomètres plus loin, le train s'arrête à nouveau. Les douaniers descendent. On s'en est tirés. C'est un soulagement infini. La peur nous quitte d'un coup, on est transformés, décontractés, rieurs. C'est à peine si le contrôleur reconnaît ces personnes qui étaient montées dans le train franchement tendues, s'efforçant de faire tenir leur masque de décontraction.

*

On descend du train à Barcelone. Chaque fois que l'on arrive dans un endroit neuf, on change d'état d'esprit. C'est le propre de la cavale. Chaque nouveau lieu apporte avec lui une illusion de liberté grisante. Mais ça ne dure jamais.

Histoire de ne pas couper les ponts, on s'installe à l'Hôtel de France. On découvre l'Espagne franquiste. Les gens s'épient, mais on ne se sent pas concernés. On arpente la ville, on devient des touristes d'un jour, on visite le bateau de Christophe Colomb, qui n'est d'ailleurs pas le sien – c'est une reproduction. On veut joindre l'utile à l'agréable, on se sent en sécurité. Évidemment, ça ne vaut pas Paris, mais ce n'est pas Oslo non plus.

Pour traverser l'Espagne, on loue une bagnole. On se sent plus tranquilles, plus touristes qu'à bord d'un train. La voiture est un cocon. À l'intérieur, on a l'impression d'être des guerriers qui auraient retiré leurs armures. De fait, le voyage se révèle très agréable. Plus on descend vers le sud, plus les traces de la présence mauresque s'intensifient. Le paysage, l'architecture, le mobilier, les mosaïques, tout autour de nous se teinte d'Orient... On est dans l'antichambre du Maroc. On poursuit notre route sans traîner trop non plus. Notre but est d'arriver le plus rapidement possible.

*

On prend un ferry à Algésiras. Tanger est juste en face, à vingt-cinq kilomètres. Une fois de plus, il nous faut passer la douane, avec tout le stress que cela comporte. Quitter un pays, c'est toujours plus facile que d'y entrer, et le contrôle douanier du départ se passe sans encombre. Le douanier regarde à peine nos documents. On se retrouve en route pour ce pays qu'on imagine comme étant l'avenir de Bada et de Dominique.

On remplit des formulaires de douane. Avec nos deux blondes, nos cheveux longs, avec Bada qui a tenu à mettre son manteau en loup, le douanier voit en nous les parfaits pigeons :

– On ne laisse pas entrer des mecs avec des cheveux aussi longs, dit-il à l'attention de Bada.

On reste très calmes, on essaye de parlementer, mais rien n'y fait. Nous portons sur nous tout l'argent de la rançon : on a intérêt à rester zen. Je me propose de couper les cheveux de Bada, mais là, il refuse catégoriquement. Contrairement à moi, il a très bien compris que le mec veut un bakchich.

Bada conteste la décision du douanier. Un homme s'approche de nous, interpelle Bada. Il lui demande son passeport, et deux cents francs. Bada s'exécute, le mec se met à parlementer en arabe avec le douanier qui, tout sourire, tamponne le passeport.

On sent que le mec qui nous a aidés a de l'entregent, que c'est un bon plan pour ne pas avoir d'emmerdes. Au moment où le bateau accoste à Tanger, on décide de le coller. On espère qu'il va nous servir de bouclier. La cavale, c'est ça : s'agripper à quelqu'un qui peut t'apporter une ouverture. Manque de pot pour lui, ils nous laissent passer sans problème, et ils s'acharnent sur son cas. Ils ouvrent sa valise, ça hurle en arabe derrière nous, on en profite pour se tirer vite fait. Avec les cent plaques qu'on se trimballe, on ne peut pas faire de sentiment.

À la descente du ferry, on prend un taxi. C'est la première fois de ma vie que je vois autant d'Arabes en tenue traditionnelle, la première fois que je vois des femmes voilées. C'est la première fois que je me sens vraiment à l'étranger, vraiment loin de la France. J'ai l'impression d'évoluer dans un immense Barbès. En partant, je n'ai pas mesuré à quel point cette distance va me peser. La nostalgie est l'ennemi le plus implacable de l'homme en cavale.

*

Tanger est une ville magnifique, à mi-chemin entre l'Orient et l'Occident. On descend dans le plus bel hôtel de la ville. On se sent comme Napoléon en train de passer la Berezina dans l'autre sens. Portés par un vent de triomphe, on a envie de fêter dignement notre arrivée. Comme toujours, cette impression d'invulnérabilité ne va pas durer, mais on en profite. On est en terre étrangère, des touristes en pays africain. Aux yeux des locaux, ça nous donne une importance. Le Français est très respecté dans ces pays. Avec leurs cheveux blonds, les femmes sont intouchables.

Le bonheur d'une vraie chambre à la française, dans un hôtel moderne… On se lave avec plaisir. Après un apéro au bar de l'hôtel, Bada nous propose de dîner dans la casbah, sur les hauteurs de Tanger. On loue une voiture, une Simca 1000, la voiture de location par excellence. Dans la casbah, les restaurants sont taillés dans le roc. Il y a quelques tables, la nourriture est familiale, excellente. C'est exceptionnel. Toutes les trois minutes, on nous propose du kif, du shit qui se fume dans une petite pipe. Tous les vieux ont leur petite pipe, c'est quasiment légal. Entre le thé à la menthe, l'apéro, l'euphorie, on rentre à l'hôtel à trois heures du matin complètement défaits.

On décide de penser à rien, de passer un moment de détente. Mais ce n'est pas possible. Je suis à peine arrivé que déjà la France me manque. Les évènements nous reviennent sans cesse en mémoire. Je le lis dans les yeux de Bada. Il est habité d'une anxiété que je ne lui connaissais pas. Je pense à ces mots d'Orson Welles sur la jouissance du type dont le crime demeure à jamais impuni. Et devant son état, je doute de leur véracité. Les femmes vivent ce voyage avec la décontraction et l'innocence de celles à qui il ne peut rien arriver. Nos états d'esprit sont diamétralement opposés.

Combattre des ennemis invisibles n'a rien d'exaltant. Raconter la cavale, c'est raconter le quotidien de tout le monde et de personne à la fois. La vie en cavale est une attente interminable. Le seul projet possible est de la meubler.

*

L'Espagne n'était que l'antichambre de la dictature. Au Maroc, c'est autrement plus sérieux. Hassan II est partout. Ses portraits trônent dans chaque hôtel, dans chaque échoppe, jusque dans les salons de ses sujets. Le Maroc est un monde de privilèges et de corruption. Celui qui possède n'a aucune raison de détester le roi. Mais c'est une toute petite caste. Certains le considèrent comme le fils spirituel de Dieu, les autres le haïssent à l'extrême. Et il n'est pas rare que ces deux sentiments cohabitent chez une même personne. De toute façon, tout le monde est sommé de se taire et de dire du bien du souverain.

Je hais la politique de ce pays, mais j'adore ses habitants. Ils sont si proches de ce qu'a été notre enfance. L'écrasante majorité de la population vit sous le seuil de pauvreté. Mais pour eux, pas d'assistance sociale, pas d'allocations familiales. Beaucoup n'ont que le strict minimum. J'ai encore en mémoire cette image de deux paysans débarquant à Casablanca. Désignant une cabine téléphonique, l'un d'eux interpelle son copain pour lui dire :

– C'est ça, le téléphone !

Dans les montagnes, dans les campagnes, certains vivent encore au Moyen Âge. Je comprends mieux pourquoi les parents de Bada ont décidé d'émigrer en France. Et je mesure mieux son angoisse. Ce retour en arrière, sur les lieux de son enfance, est pour lui un véritable échec. Mais évidemment, il doit rester. S'il est jugé et acquitté au Maroc, rien ne pourra plus lui arriver. On ne peut être jugé qu'une fois. Et au Maroc, avec deux cent mille balles, à l'époque du moins, tu peux espérer sinon être acquitté, du moins prendre pas cher. Si j'étais dans une situation équivalente, je serais allé en Tunisie ou en Israël. J'ai de la famille dans les deux pays : j'y suis inextradable.

*

On commence par un petit tour du Maroc. D'abord Casablanca, la ville des affaires, puis Agadir. En été, c'est une station balnéaire, mais hors saison, l'endroit n'a aucun intérêt. On se croirait en région parisienne. On lève tout de suite le camp, direction Marrakech. C'est déjà mieux. Sur la grande place du marché règne la même ambiance que dans le souk de Tanger. Les restaurants en plein air de la place Djema el-Fna servent une cuisine familiale succulente. C'est un moment éblouissant, heureux.

On me propose dix chameaux contre Laurence. Je lui demande :

– Qu'est-ce que t'en penses ?

– T'exagères, André ! Ne me lâche pas à moins de vingt !

Laurence adore le pays, tout de suite. Elle aime les gens, cette atmosphère orientale qui lui rappelle son enfance à Alger. Pour Dominique, c'est plus difficile. Elle reste en retrait, se montre totalement indifférente au cadre de vie. Elle n'est là que pour son mec, ça se ressent immédiatement. Elle ne quitte pas sa chambre, et du coup Bada non plus. Ils profitent l'un de l'autre au maximum, ne sortent que pour manger. Ils vivent comme en fin de vie, quand on sait que tout peut s'arrêter d'un moment à l'autre.

Au bout de huit jours, on a fait le tour de Marrakech. Je commence singulièrement à me faire chier. Marrakech, c'est beau, mais c'est pas Juan-les-Pins. On ne connaît personne. La casbah, c'est sympa, mais négocier un bout de truc quand on a des tonnes d'argent, c'est rapidement lassant. Quant au dresseur de serpents, ça va deux minutes, mais pas beaucoup plus.

*

Je vais changer deux billets de cinq cents francs au casino de la Mamounia, l'hôtel où on loge. Quand je lui donne l'argent, la caissière sort un document où sont imprimés les numéros de série des billets de la rançon.

Ils commencent tous par « R25 ». Je les reconnais tout de suite. Je comprends que tout ce fric est désormais de la monnaie de singe. Pour être sûr, je demande à la dame :

– C'est quoi, cette liste ?

– Ce sont des billets recherchés par les autorités. On est chargés de les signaler si on les reçoit.

Mes deux billets ne viennent pas de la rançon, elle me les change, mais je suis K.-O. Mon air groggy n'échappe pas à Bada.

Je lui explique, et j'enchaîne :

– On rentre à Casa. On va arrêter de dépenser l'argent n'importe comment. Ces billets sont recherchés dans le monde entier. On est marqué au cul : tu es beaucoup moins riche que tu ne le pensais.

Je lui rappelle que, contrairement à eux, je n'ai pas vocation à m'éterniser au Maroc. Ma mission est de les installer. Casablanca est à deux cents kilomètres de Marrakech, mais les routes marocaines sont dans un état effroyable. Avec notre Simca 1000, on met quatre heures.

*

On pose nos bagages dans un hôtel de seconde catégorie. On devient des touristes normaux. La solution la plus adéquate est de trouver une maison, ou un appartement. Essayer de se fondre dans la population, de se faire passer pour des coopérants français. À Casablanca, les Français ont recréé un bout de France. Aux abords d'une agence immobilière, un type guette les clients. Il nous propose un appart. Nous sommes enchantés : c'est du black, on va pas nous demander nos papiers, on peut dire n'importe quoi. Il nous fait visiter une villa habitée au rez-de-chaussée par les proprios, deux petits vieux, et dont le premier étage est disponible à la location.

Sans s'en rendre compte, il nous offre la planque idéale. On partage le jardin, et la terrasse sur le toit avec le petit couple. On se sent pratiquement en famille. Sans compter que l'appartement est parfait : moderne, très beau, avec une belle salle de bain, une grande cuisine.

Hafid, notre agent, devient notre guide. Fidèle à la tradition d'hospitalité marocaine, il se fait un devoir de veiller à notre bien-être. Il nous emmène vers le marché aux puces, Derb Ghalef, une caverne d'Ali Baba à l'air libre où on trouve, entre autres, plein de trucs tombés du camion. On y va surtout pour meubler l'appart. On achète matelas, armoire, cuisinière et compagnie. L'aménagement de l'appartement terminé, on constate, à notre grande stupéfaction que Laurence et Dominique n'ont pas reçu la même éducation que nos mères, nos sœurs, nos cousines. Élevées l'une et l'autre avec des bonnes à la maison, elles ne savent pas du tout cuisiner. En la matière, la compétence de Laurence se limite aux pâtes au beurre. Dominique, elle, ne va même pas jusque-là. Quant à Bada et moi, bien sûr, on ne vaut pas mieux.

On va au marché, et on se retrouve complètement désemparés devant des étals de fruits et légumes qui ne nous évoquent rien. Du coup, on se fait un très grand ami : William Saurin. On se nourrit de conserves. On prend tous dix kilos en l'espace de deux mois. Notre vie est un camping. Pour des étrangers au Maroc, le choix d'activités l'hiver se limite à faire ses courses au supermarché, faire un tour à la casbah, se taper un ciné le soir, et dodo. La télévision est pour ainsi dire inexistante. On a le choix entre de la derbouka et de la guitare, les discours du roi, et des films moyenâgeux dans des décors de carton-pâte. On se croirait aux débuts de l'ORTF version marocaine. On se fait chier comme jamais.

*

Certains disent que le destin n'existe pas. Je vais avoir douze ans pour le vérifier. On n'est jamais maître de tout. L'Aurore, le grand journal français de l'époque, nous annonce, photo à l'appui, que « les deux tueurs de la place de la République ont été identifiés ». On est effarés. J'essaye néanmoins de la jouer décontractée :

– Depuis le temps que je rêve d'avoir ma photo dans le journal. Et avec toi, ça fait presque Laurel et Hardy, un vrai couple d'artistes !

C'est la première fois de sa vie que Bada voit sa tête dans le journal. Il est atterré, ne comprend pas ma réaction :

– C'est tout l'effet que ça te fait ?

– Mais mon pauvre vieux, c'est anticipé dans ma tête depuis deux mois. Je l'attends tous les jours, cette photo ! Ma seule surprise, c'est que j'imaginais qu'il n'y aurait que la tienne. Mais je me console : ça fait plus sérieux comme ça. Ça fait vrais gangsters.

– Allez, arrête, s'il te plaît.

– Mais tu me fais marrer... Si on était restés, on n'en serait peut-être pas là, mais on n'a pas eu les couilles. Les absents ont toujours tort, point barre. Pourquoi tu crois qu'ils mettent pas la photo des autres ?

J'essaye de dédramatiser. L'émulation dans le catastrophisme peut nous entraîner vers les pires extrémités. Et puis au fond, c'est toujours dans ces moments-là que ma part d'optimisme reprend le dessus.

Dans le journal, il est écrit qu'on est partis avec deux filles de bonne famille, Laurence et Dominique. Ils ne mentionnent pas leurs noms complets. Ceci dit, il y a deux cent mille Français au Maroc, dont beaucoup de coopérants, soit deux cent mille personnes susceptibles de nous reconnaître. Sans compter tous les Marocains qui lisent la presse française. C'est la fin du monde. On est tous profondément abattus. D'un coup, notre ennui se transforme en une parano gigantesque.

Selon moi, les choses ont dû se passer de la manière suivante : après l'affront qu'ils ont essuyé avec l'affaire du Thélème, les flics ont eu une obligation de résultats immédiats. Ils n'ont pas fait d'enquête, et ont directement conclu que j'étais le complice de Bada. Étant introuvable, je ne peux, à leurs yeux, qu'être en fuite. La fuite ne fait qu'aggraver le délit, je le sais très bien, mais me constituer prisonnier dans cette configuration eût été suicidaire. Les seules personnes qui savent que je ne suis pour rien dans cette histoire se trouvent avec moi. Je n'ai aucune chance de faire reconnaître mon innocence. En somme, ils ont bien joué, je l'ai dans le cul.

*

On ne discute jamais affaires, ni stratégie devant les femmes. C'est notre politique, un moyen de les protéger. Qui ne sait rien ne peut pas mentir. Je parle à Bada en tête à tête. Il faut que je prenne les choses en main, ne serait-ce que pour l'empêcher de sombrer :

– Bon, qu'est-ce que t'en dis ?

– Ce que j'en dis, c'est qu'on est foutus. C'est une question d'heures, de jours, je sais pas…

– Écoute, faut pas voir les choses comme ça, tout noir. Dans un an, personne ne saura plus qui tu es. Dans deux ans, le monde t'aura oublié. Et dans cinq, tu seras difficilement condamnable. Il faut se fixer des objectifs par paliers. C'est la seule issue. Sinon, on est morts pour de vrai.

– Et toi, dans tout ça ? Ça te fait rien de te voir désigné comme coupable ?

– Oui, ça me fait. Mais qu'est-ce que tu veux que je fasse ? Un démenti au Journal officiel ? Le coupable ne sait jamais ce que le flic ou la police peut avoir contre lui. L'avantage de l'innocence, c'est que l'on sait exactement ce qu'on a fait et pas fait. Je suis dans la merde, mais pas désespéré. Ce que je veux, maintenant, c'est éviter que les choses dégénèrent. Premièrement : il faut faire rentrer les femmes. Pour l'instant, elles ne sont coupables de rien. En restant avec nous, en revanche, elles vont le devenir. Elles s'installent dans un délit qui n'est pas le leur. On n'a pas le droit de les embarquer plus loin. Et puis, avec leurs cheveux blonds, elles vont finir par nous faire repérer.

Cette perspective ne le réjouit pas du tout.

– De toute façon, j'y pense depuis un moment. Tu trouves normal ce qu'on est en train de leur faire vivre ?

Il me regarde, étonné de ma question. Je poursuis :

– Elles sont en train de devenir nos victimes. Ce qu'on fait n'est pas loyal. T'imagines, si elles se font arrêter au Maroc ?

– Je me vois mal vivre sans Dominique, tu sais. Aujourd'hui, elle est ma seule famille.

– Mais qu'est-ce que tu comptes faire exactement ? Tu veux fonder un foyer, avoir des enfants ?

– Bien sûr. C'est le but de tous les hommes.

– O.K. Imaginons que dans cinq ans vous vous entendez plus, qu'elle veut partir. Tu fais quoi ? Tu vas au commissariat déposer plainte contre elle ? Il faut pas se mentir, une union, ça peut prendre fin. C'est une hypothèse qu'il faut prendre en compte. Surtout que vous n'êtes pas un couple banal. C'est une fille de milliardaire, tu crois qu'elle va passer le reste de sa vie à la casbah ? Tu comptes en faire une musulmane ? D'ailleurs, tu vas l'appeler comment ton enfant ? Mohammed ou Pierre ? Pour moi, il n'y a pas photo. Il faut qu'elle parte.

La différence fondamentale entre Bada et moi, c'est que lui vit dans l'instant présent. Moi, je me projette toujours dans le futur. Et tel que je l'envisage, le futur est plutôt négatif.

– C'est malheureux à dire, mais si tu veux t'en sortir, il va falloir trouver une personne qui te ressemble. La religion, je n'en ai jamais rien eu à foutre. Mais mine de rien, quand le jour du Grand Pardon arrive, à Laurence et à moi, ça nous parle. C'est un ciment, ça fait partie de la vie. Et pour autant, ça ne suffit pas. Je n'ai pas le droit de lui imposer cette existence. Et toi non plus. On est dans une attitude de lâcheté terrible vis-à-vis de ces filles. On est en train de les utiliser.

– Arrête de dire ça, André. Je n'utilise personne. J'aime Dominique, c'est tout.

– Eh bien, justement : si tu l'aimes, fais-la partir.

Le soir, en tête à tête avec Laurence, je jette le journal sur le lit :

– Tu vas pas te laisser impressionner par ça, tu sais bien que c'est du pipeau…

– Oui, je sais, mais…

– Y a pas de mais. C'est du pipeau, c'est du pipeau, point barre ! Mais pipeau ou pas, cette affaire devient bien trop dangereuse. Vous ne pouvez plus rester, Dominique et toi ; c'est plus un jeu.

– Mais André, je me fous que ce soit dangereux. Je suis ici, et je veux rester. Je t'aime !

– Moi, je m'en sortirai toujours. Mais vous, c'est pas vos vies. C'est des vies qu'on vous a inventées.

L'amour, la vie, la mort, tout se mélange. C'est toujours la même histoire. J'entr'aperçois que ça va être un métier que de compartimenter les choses.

Laurence comprend que je suis vraiment décidé. De toute manière, je suis ainsi fait qu'à partir de ce moment, je m'oblige à ne plus l'aimer, à la penser comme un obstacle. Pour Bada, c'est beaucoup moins simple : il sait qu'une fois partie, Dominique ne reviendra jamais. Elle ne comprend pas ce revirement.

Le lendemain matin, Bada me dit :

– Je ne suis pas sûr que ce soit une si bonne chose que ça de les renvoyer en France. Tu crois vraiment qu'elles vont passer la frontière sans problème ? Elles sont repérées, maintenant. Je pense que c'est un trop grand risque qu'on leur fait courir.

Je sais qu'il a raison. Les mots ont dépassé nos pensées. On n'y croyait pas nous-mêmes à cette histoire de séparation. Sans qu'on le veuille, on est devenus une famille ; seuls, nous serions orphelins. Et cette crise a pour effet de nous souder un peu plus encore. Le lendemain, on change de look, on s'achète des costumes Smalto, on se coupe les cheveux… Je me rends à l'hôtel Mohammed-V, où il y a un agent de change. J'y vais avec deux mille cinq cents francs. Je suis convaincu d'avoir pris ces billets dans ma réserve personnelle, mais il faut croire qu'il y a eu un raté. Le mec de l'agence les inspecte, et en trouve un portant le numéro de série « R25 ».

– Monsieur, ce billet figure sur une liste de billets recherchés par la police. Je suis obligé de les appeler pour les avertir.

Je ne me démonte pas :

– Très bien, allez-y.

Le temps que le mec se retourne pour passer son coup de fil, j'ai détalé.

Je relate les faits à Bada. Ce billet pourrait bien déclencher une alerte. La parano monte d'un cran. On ne sort plus de l'appartement pendant dix jours. L'ambiance entre nous s'en ressent.

*

C'est une cavale sans mode d'emploi. Ma première cavale, je l'ai vécue comme la chronique d'une arrestation annoncée. Cette fois-ci, c'est très différent. Nous ne pouvons tout simplement pas nous permettre une arrestation. L'arrestation, c'est la mort, l'événement à éviter à tout prix. On se construit une nouvelle vie, sans la moindre idée de l'endroit où il nous faut poser la première pierre. Nous ne pouvons nous projeter dans rien.

Le plus difficile en cavale, c'est ça : l'incapacité de s'inventer un futur. Être en cavale, c'est comme venir au monde, sauf que l'on a vingt ans. Le hasard est maître du destin, la vie se dessine elle-même, au gré de microévénements. On efface le passé, comme avec une éponge, sans la moindre idée de ce dont demain va être fait.

Bada et Dominique vivent pleinement l'expérience. Ils sortent très peu. Laurence et moi, au contraire, on essaye de s'extirper de l'ennui, on visite la ville. On achète les journaux à la librairie internationale. C'est notre promenade quotidienne. À force de fréquenter ce lieu, je retrouve le goût de la lecture. C'est la seule activité un peu distrayante à disposition. Je me mets en tête de les cultiver. Je leur donne d'abord *L'Étranger* de Camus, le plus simple. Avec ce livre, je ne peux pas me tromper. La lecture devient soudainement une passion commune. Les livres nous arrachent à l'ennui. On se les repasse, on en discute le soir. On a notre phase mystique autour de Barjavel, de Rampa, l'auteur du *Troisième Œil*. Le mysticisme, pour des gens désespérés, ça peut devenir quelque chose de très fort, une rampe à laquelle se cramponner. On se met à croire à des choses auxquelles on n'aurait jamais cru en d'autres circonstances.

Cela fait déjà un mois et demi qu'on a quitté la France. Nous n'avons plus aucun contact avec Paris. On se l'interdit. Mais c'est terriblement pesant pour nous. On achète une radio énorme, pour pouvoir capter France Inter, mais ça marche très mal. Cette absence totale de rapports avec la France est notre punition suprême. Non seulement on ne communique plus avec les nôtres, mais on n'a aucune idée de ce qui se passe dans le pays. Malgré nos origines, nous sommes des titis parisiens pur jus. La France, c'est notre monde, notre oxygène. Privés d'elle, on commence à étouffer.

Laurence et moi, on ne peut pas vivre sans animaux. On achète un chien, qu'on appelle Zélande. Je le dresse, on le promène tous les jours, ça devient mon activité principale. On achète des bouquins sur les chiens. Zélande était la plus moche de la nichée au départ, on en fait un chien de compétition. Elle devient comme un enfant pour nous. Et une protection : avec Laurence, on est désormais un couple qui promène son chien. On n'a jamais vu une voiture de police interpeller un couple avec un chien.

Dieu merci, le printemps fait place à l'été. L'été, ça veut dire les touristes, et on n'est plus que quatre gus parmi les deux millions de touristes qui fréquentent le Maroc. Bada propose qu'on passe l'été à Mohammedia, une station balnéaire située non loin de Casablanca. Il fait ce qu'il est interdit de faire en cavale : il appelle son cousin, un mec très européanisé, qui n'a pas la moindre idée de notre situation, et lui demande de nous trouver une villa à Mohammedia pour les trois mois de vacances. Là-bas, on va passer un moment assez joyeux : plage, balades avec le chien... J'achète une canne à pêche ; c'est ma période marine. Chaque heure qui passe nous éloigne du délit. Ces vacances sont un sursis supplémentaire. À priori, il ne peut rien nous arriver. Face à l'afflux de la population estivale, la police est en sous-effectif.

On fait la connaissance d'une nouvelle jeunesse, mi-hippie mi-touriste. Des gens de notre âge, qui voyagent le plus souvent en couple, campent sur la plage. Je me fous parfaitement de leurs tajines, mais leurs passeports m'intéressent. Les visas de trois mois avec lesquels on est entrés dans le pays sont périmés depuis un moment. Je sympathise avec eux, et convains un type de me vendre son passeport pour cinq cents balles, une fortune. Pour lui, ça veut dire pratiquement un mois de vacances à l'œil. Ensuite, il faut trouver une manière pour changer les photos. Sans notre professionnel, c'est un vrai casse-tête. Je pense d'abord à une pièce de cinq francs, pour imiter le cachet de la préfecture. C'est ressemblant, mais loin d'être parfait. Sur ce coup, les filles ont une idée géniale. Elles se souviennent qu'à l'école elles fabriquaient des tampons avec de la cire à cachet. Je n'y crois pas trop mais je vais en acheter chez un libraire. On fait chauffer la cire dans un petit ramequin, elle devient liquide, on la laisse tiédir puis on la plaque sur la photo du passeport original pour en recueillir l'empreinte. Le tour est joué !

On met le tampon de cire au congélateur, on retire la photo originale, on met ma photo à la place et il ne reste qu'à lui appliquer ce moule. Je deviens le roi des faussaires.

Le passeport que j'ai récupéré est au nom de SAINT-LEU. En prévision du moment où il sera déclaré volé, je modifie le nom au stylo, en jouant sur le trait d'union. Je deviens SAINTALEU. Au Maroc, tout s'achète. Bada, lui, récupère une fausse carte d'identité marocaine par l'intermédiaire de son cousin. Donc, pour les papiers, on est top niveau. Les filles n'en ont pas changé, mais la situation l'exige moins : des blondes au Maroc n'ont à peu près aucune chance de se faire contrôler.

On commence à manquer d'argent. Bada prend cent mille balles avec lui, et part en voiture à Tanger, avec son cousin. Tanger est le lieu de tous les trafics. Pour y accéder, il faut quand même y mettre la manière, connaître les gens, les endroits. Avec l'aide de son cousin, Bada écoule son oseille dans le souk auprès de cinq ou six changes clandestins. Le lendemain, il revient à Mohammedia avec l'équivalent en dinars. L'argent est notre oxygène. Une nouvelle rallonge, c'est un peu comme l'arrivée dans un nouveau pays : on a le sentiment que tous les horizons s'offrent à nous. Mais bien sûr, ça file très vite. Le soulagement est momentané. On vit notre mythe de Sisyphe au quotidien.

Les vacances s'achèvent, Mohammedia se vide, il faut lever le camp. Rester là, c'est se rendre visibles comme le nez au milieu de la figure. On trouve un appartement au centre de Casa, parfait pour deux couples. Laurence se colle à mon mode de vie. Dominique, elle, est restée figée dans ses habitudes de petite fille riche. Elle marque sa différence. Elle passe ses journées à se peigner et à se faire les ongles, se mure dans une indifférence totale à tout ce qui l'entoure. Cela commence à me préoccuper, voire à me taper sur le système. Avec Laurence, elles ont beau être copines, elles finissent, l'enfermement aidant, par s'engueuler pour un bout de gruyère.

En cavale, les lignes bougent très vite. Du jour au lendemain, le faux devient vrai, un sujet de dispute se transforme en une bonne blague. C'est un peu comme une croisière. On a beau s'aimer, quand on est les uns sur les autres, totalement dépendants, de temps en temps, on est pris de l'envie de jeter le voisin par-dessus bord.

On commence à s'installer dans notre petite vie. On a deux restaurants où sortir : chez Maxim's, le meilleur resto français de Casa, et un asiatique, le seul de la ville, de fait, un endroit à la mode. Je découvre la vie de couple. On a réussi à fabriquer une certaine forme de bonheur. Je n'ai pas vraiment besoin d'autre chose.

Un beau jour, patatras ! Une fois de plus, les journaux nous rappellent notre propre condition – ou plus exactement la fin définitive de toute condition. On est condamnés à mort par contumace. Ça jette un froid. Je suis parti faire un tour au Maroc et je me retrouve au pied de la guillotine. Ça paraît complètement surréaliste. Jusque-là, je ne tenais pas particulièrement à la vie. Mais le fait qu'on veuille me la retirer me la rend beaucoup plus attractive. Je vais vendre chèrement ma peau. Je m'adresse à Bada :

– Ça commence à devenir moins drôle, cette affaire de journaux.

– Tu l'as dit…

– Mais ils font quoi, ces enculés ? Ils nous donnent un permis de tuer ? L'impunité totale ? Ils sont malades ! Ne serait-ce que techniquement, c'est complètement con !

Je pense à Buffet et Bontemps. J'étais en prison quand ils ont eu la tête tranchée, en 1972. J'ai encore en tête le son de la lame qui s'abat. On ne l'entend pas réellement, bien sûr, mais on le devine. Ça part comme une traînée de poudre, dans toutes les prisons, plus vite qu'au téléphone, ça se répand, de cellule en cellule, je ne sais pas par quelle magie. Tout le monde hurle. C'est dans ces moments que les prisons se révoltent.

Les filles prennent la nouvelle comme elle vient. Pour elles, ça ne veut rien dire, ça n'a pas de sens.

Je tombe terriblement malade. Les médecins parlent d'une grippe. Ça ne ressemble pas à une grippe française. Je transpire comme un veau, j'ai plutôt l'impression d'avoir la malaria. Je perds dix kilos. Je comprends dans ma chair qu'on peut aussi succomber à une maladie. Jusque-là, la maladie n'entrait pas dans mes catégories mentales. Pour moi, mourir c'était forcément subir une mort violente. Je suis tétanisé, et je réalise que je ne veux surtout pas crever à l'étranger. J'ai une pensée curieuse : on meurt plus tranquille chez soi que chez les autres.

Dès lors, je n'ai plus qu'une obsession : rentrer en France.

À peine guéri, je vais voir Bada :

– On peut pas rester isolés comme ça, c'est insupportable. Il faut reprendre contact avec les autres. Je vais rentrer en France. Je veux savoir quelle est ma véritable situation. Je vais pas finir ma vie ici, c'est très clair. Mes parents ont pas quitté la Tunisie pour que je termine au Maroc. Toi, t'es chez toi, moi, je suis parisien, tu comprends ! Je peux pas vivre sans les pavés de Paris, sans ses odeurs, je peux pas vivre sans ses murs. Tiens, à la limite, je vais te dire, je peux pas vivre sans ses flics et sans ses prisons. C'est con à dire mais ça me manque. C'est ce qu'on appelle le mal du pays.

*

Avec mes nouveaux papiers, je prends le premier avion pour Paris.

Ils sont tous affolés à cette idée. Laurence, heureusement, a le chien avec elle, elle n'est pas totalement seule. On n'est pas encore de grands professionnels. Alors que je plaide l'innocence, je prends avec moi les dix plaques de la rançon. Le comble de la connerie. C'est le meilleur moyen d'être condamné sans même avoir besoin d'un procès. Mais j'en suis à un tel point que je n'ai plus peur de rien. Je passe la douane avec un aplomb qui m'étonne moi-même, je demande au taxi de me déposer au Novotel de Bagnolet. Dans ces hôtels de la périphérie, il n'y a que des représentants de commerce. Pas de touristes. Personne ne se pose la question de savoir pourquoi t'es là en tant que Français.

Comme lorsqu'on est en prison, la distance efface la réalité : l'extérieur semble un paradis. J'ai tellement idéalisé la France que j'en ai totalement occulté les dangers. En sortant de l'hôtel, je me rends compte que je n'ai nulle part où aller. À Belleville, les contacts sont impossibles. Ma famille, mes liens sont ici, mais tous me mettent en danger. Paris est une souricière. La situation m'apparaît soudain irrespirable, et ce plus encore en raison du contraste entre la tension parisienne et la nonchalance marocaine. Aujourd'hui, pour moi, la sécurité, c'est le Maroc.

Je prends un taxi sans but précis. J'atterris sur les Champs d'où je compose un numéro qu'Henri m'a remis, à n'appeler qu'en cas de force majeure, pour lui fixer un rendez-vous. Je demande Jean, à qui je dis que je serai au « 33 » à l'heure de l'apéro : le « 33 », c'est notre code pour le bar du Concorde Lafayette parce qu'il est situé au 33e étage de la tour. Tous nos lieux sont codés de cette manière.

Henri arrive à l'heure dite. Il n'en revient pas de me voir. Énorme étreinte :

– Mais qu'est-ce que tu fous là ? T'es en danger de mort, Dédé. Faut pas rester !

Henri voit que je suis un peu décalé. Il me donne les nouvelles de tout le monde. La plupart ont eu tellement peur qu'ils ont réintégré le monde du travail. Ils se sont éloignés de Belleville, de peur de se faire balluchonner. Henri, lui, continue de casser. Il n'a pas changé, toujours un joyeux luron. À un moment, il s'est mis en tête d'ouvrir un salon de bronzage avec un autre mec, mais ça n'a pas marché. Chez lui, tout est toujours périodique.

Je finis par lui poser la question qui me soucie le plus :

– Vous n'avez eu aucun problème sur l'affaire République ? Personne n'est venu vous casser les couilles ? Personne ne vous a arrêtés ? Vous n'avez pas été filochés ?

– Rien, je te dis ! C'est à peine croyable, mais il n'y a rien eu. J'imagine qu'on a eu les flics au cul un moment mais on ne les a jamais vus. Nous, on est plutôt des casseurs, tu sais, et ils cherchaient des braqueurs. Au bout d'un moment, ils ont dû se rendre compte qu'on n'allait pas leur être très utiles.

– C'est d'autant plus inquiétant. C'est que vous ne les voyez pas, alors.

Il prend les choses en main :

– T'es à quel hôtel ?

– Au Novotel, à Bagnolet.

– Retournes-y. On passe te prendre ce soir, on t'emmène en Belgique. Ça tombe bien, on est vendredi, il y aura plein de monde sur la route.

Arrivé le matin, je quitte Paris le soir même. Henri débarque à mon hôtel, vers dix heures. Il est avec Patrick. Une demi-heure plus tard, on roule sur l'autoroute en direction de Lille, Ostende, Bruxelles. L'ambiance est lourde. Je me rends compte que je suis un pestiféré. Heureusement que je ne leur ai pas dit que j'avais dix plaques sur moi…

Mais je sais que je peux compter sur Henri. Indéfectiblement. Ils passent une journée avec moi à Bruxelles. Je leur raconte le Maroc. Henri me propose de venir passer un ou deux mois avec nous. Il adore Bada. Je lui donne le numéro de téléphone de l'épicier d'en bas de la maison :

– Une fois par mois, tu m'appelles pour me donner des nouvelles. Et tu viens quand tu veux, avec ta femme, vous êtes les bienvenus tous les deux.

Ils me laissent à Bruxelles, d'où je suis censé prendre un avion de retour pour Casa. Il faut que je change mon oseille. La légende veut que la Suisse soit le seul endroit au monde où on peut changer de l'argent sale. J'évite Genève, parce que là-bas, les douaniers sont français. Je prends un billet pour Zurich, puis un train pour Genève, une ville où il y a plus de banques que de bars, comme le dit la légende. Je rentre dans deux ou trois agences. Chaque fois, je fais le même coup : je montre mes billets au guichetier, et je lui demande s'ils sont bons. Je ne rencontre aucune opposition. Au bout de trois ou quatre tentatives, le banquier me fait un regard complice. Il me dit :

– Si vous en avez des tonnes, n'hésitez pas, vous pouvez les apporter.

Je mets cent mille francs sur la table, il me les change direct. Ils n'en ont rien à foutre. La seule chose qui les intéresse, c'est le taux de change. Le mec me donne l'équivalent en billets de mille francs suisses, c'est-à-dire deux mille francs français. Je suis ravi : cette petite liasse est beaucoup plus discrète.

*

Il ne faut pas que je traîne dans ce pays. À peine sorti de la banque, je saute dans le premier avion pour Casablanca. Pour qui vient de Suisse, les formalités douanières sont un détail. À vingt-trois heures, je suis devant la porte et je ressens une bouffée d'exaltation : me voilà vraiment chez moi. Les autres ne m'attendent pas du tout.

Bada m'ouvre, reste interdit sur le seuil :

– T'es déjà revenu ?

Laurence est au lit. Je lui fais la surprise de mon arrivée.

– Alors, la p'tite mère, toujours en train de dormir ?

Elle me répond avec son air enfantin :

– Le chien m'a prévenu que t'étais revenu.

En la voyant, je mesure à quel point je suis amoureux d'elle. On se congratule tous, je leur sors les billets suisses, je raconte mon épopée. J'ai les bras chargés de cadeaux achetés au duty free, notamment une énorme radio Grundig, pour enfin capter les stations françaises.

On est heureux. Qu'est-ce que je peux désirer de plus ? Je suis avec la femme que j'aime, mon précieux ami , mon chien, et Dominique dont la beauté rajoute un peu de lumière dans la maison… On se suffit à nous-mêmes. Malgré les petites tensions que ça induit naturellement, le fait d'être quatre rend finalement tout cela assez vivable. Un couple isolé n'aurait probablement pas survécu.

Quand on a une minute seuls tous les deux, j'attrape Bada :

– Écoute bien ce que je vais te dire, c'est très important. Je sais que c'est difficile de se disputer avec toi. Mais c'est pas difficile de se disputer avec moi. Et il faut surtout pas que ça arrive. Je peux te dire qu'on est seuls au monde. Là-bas, on est des pestiférés. Je ne peux compter que sur toi et tu ne peux compter que sur moi. Le jour où on se sépare, on est morts tous les deux.

Comme convenu, Henri nous appelle tous les mois chez l'épicier pour nous donner des nouvelles du front. Un soir à table, après un de ces coups de téléphone, je lance le sujet des amis, et surtout des familles qu'on a tous quittées sans dire où l'on partait. Les nôtres nous manquent, c'est clair. On n'échappe pas à cela. À ma grande surprise, alors que je m'attendais à ce que chacun d'entre nous ouvre son cœur, tout le monde se tait. Il y a un malaise, une sorte de culpabilité partagée. Le sujet sera désormais tabou.

Nouveau message dans la presse. À l'occasion d'une visite du président de la République française, Giscard d'Estaing, au Maroc, on apprend au détour d'une phrase, dans un article du Canard Enchaîné, que les autorités françaises sont au courant de notre présence dans le pays. L'étau continue de se resserrer.

Chassez le naturel, il revient au galop. Je ne tiens pas en place ; il faut que je bouge, absolument. Je propose à Bada de partir en éclaireur pour étudier les possibilités de s'installer ailleurs. Il n'est pas trop d'accord avec ça, mais il voit bien que Dominique dépérit, qu'elle ne trouve pas sa place ici. Et puis, simplement, il m'écoute. Il ne me donne jamais tort. Avec lui, j'ai trouvé mon oreille.

*

Je pars donc pour Rome. La ville est magnifique, une sorte de Paris en modèle réduit. Je reste une semaine, je m'aère la tête, je tombe amoureux de l'endroit. Le pays est un vrai bordel. Bien qu'il soit collé à la France, on s'y sent véritablement à l'étranger. Une civilisation cousine, et en même temps totalement différente. Rome, c'est une Tanger en plus moderne, l'antichambre de l'Afrique. À la gare, je réussis très facilement à changer cent mille francs, qui vont nous redonner un peu d'oxygène.

J'envisage un instant la possibilité de nous installer là, mais ça ne convient pas. On est à l'époque des Brigades Rouges, et des factions fascistes. Il y a un flic au mètre carré, des bombes dans tous les sens, des enlèvements... Le pays est au bord de la guerre civile, le banditisme y est particulièrement développé. Personne ne sait plus qui est qui, qui est quoi, où, et comment. Il me semble préférable de pas ajouter notre présence à tout ce chaos. Avant de rentrer, je passe un coup de fil à l'épicier d'en bas pour prévenir les amis de mon retour. Une heure de queue à la poste pour entendre Laurence me dire :

– Je crois que je suis enceinte.

– Qu'est-ce que tu racontes ? On n'a pas eu d'enfants en deux ans de vie commune, je ne vois pas comment ça arriverait aujourd'hui. Va voir le toubib.

Ça ne me tracasse pas au-delà, je n'y crois vraiment pas. Mais ça me laisse songeur, tant l'idée de l'enfant n'entre pas dans mon schéma de pensée. Depuis toujours, une famille et des gosses, pour moi, c'est le repoussoir absolu. Ce qu'elle m'annonce est tout bonnement insensé.

Je reviens au Maroc comme Marco Polo d'Asie, plein d'aventures à raconter : Rome, l'Italie, les Italiens, le bonheur de vivre dans ce pays. Les gens y cultivent un optimisme inébranlable. Chaque fois que t'as un problème en Italie, on te dit :

– T'inquiète pas, demain est un autre jour...

Et c'est magnifique, parce que c'est vrai.

Une fois seul avec Laurence, je l'interroge sur l'enfant.

– Cet enfant, dit-elle, en pointant son ventre avec son doigt, il est là !

Elle rayonne. En règle générale, c'est un moment ultra-joyeux pour un couple. Mais à ce moment précis, la nouvelle me décontenance totalement.

– Mais Laurence, on ne peut pas avoir d'enfants ! C'est pas possible. On va pas faire naître un enfant en cavale ! Il va devenir quoi ? Avec un père condamné à mort et une mère fugitive... Qu'est-ce que tu lui proposes comme avenir ! Il va naître sans papiers ? Sa vie va être un enfer. On n'a pas d'avenir, il n'en a pas non plus.

Je l'ai douchée, la pauvre. Elle m'écoute, ne donne pas son avis. Je ne le lui demande pas, d'ailleurs. Mon retour qu'elle attendait avec une excitation fébrile se transforme pour elle en cauchemar.

J'annonce à Bada que Laurence est enceinte et que j'ai décidé de la faire avorter. Il est catastrophé.

– Oh ! mon Dieu, quel malheur, soupire-t-il

Le lendemain, avant de partir chez le médecin, je croise Dominique, le regard chargé de haine, qui me claque la porte de sa chambre au nez. À Laurence, elle lance un regard plein de compassion. Bada, lui, est bouleversé mais il garde le silence. Je ne me sens pas fier.

Chez le médecin, j'ai un choc. Dans son regard à lui, je sens un vrai mépris. Il nous fixe un rendez-vous, mais ne daigne pas nous serrer la main. Peut-être que je lui dois beaucoup finalement, à ce mec. Laurence s'est murée dans le silence. En temps normal, elle faisait à peine ses vingt ans. Enceinte, elle fait plus jeune encore.

On arrive chez le docteur le jour dit. Je regarde Laurence : elle porte triste. Terriblement. Sur un beau visage, l'expression de la tristesse a quelque chose d'encore plus bouleversant. Quand on arrive chez le toubib, c'est moi qui ne suis plus certain de rien. Devant la porte, j'ai l'impression qu'en faisant ça je vais la tuer. Elle veut cet enfant. Je m'apprête à le lui retirer, à détruire quelque chose en elle qui ne se réparera jamais. Je lui dis :

– Viens, on rentre à la maison.

Je pense qu'au fond d'elle-même elle savait que je n'irais pas jusqu'au bout. En termes de défi, je suis servi : donner la vie en étant condamné à mort, ce n'est pas rien. Mais en un sens, cette nouvelle vie me rend la mienne.

De retour du cabinet, je lance à Laurence :

– Va chez l'épicier, achète une bouteille de champagne, on va au moins fêter l'événement.

J'arrive le premier dans l'appartement. Bada et Dominique font tous les deux une tête d'enterrement. Lui me demande :

– Déjà revenu ? Laurence est partie à l'hôpital ?

– Un enfer, elle m'a fait vivre un enfer ! J'ai jamais vu ça… Elle s'est mise dans tous ses états, elle a pleuré, hurlé, elle m'a parlé de suicide… Bref, elle m'a débordé, on a laissé tomber.

– Enfin une bonne nouvelle ! T'as bien fait. Ça va être compliqué mais c'est très bien.

En acceptant cette naissance, j'accepte ce que j'ai demandé à Bada de se refuser. Va-t-il lui aussi faire un enfant ? je n'en sais rien. Ce que je sais en revanche, c'est que Laurence ne me quittera désormais pour rien au monde, que seule la justice pourra nous séparer. Cet enfant va être le ciment de notre union. Pour le meilleur ou pour le pire.

Laurence se met à tricoter. On va voir un gynéco, pour préparer la grossesse. Il nous donne plein d'infos, c'est rassurant. On fait des actes normaux, de couple presque normal. On réintègre un peu le monde réel.

Une cavale, c'est comme une ville dans laquelle tu arrives pour la première fois. Tu ne connais rien, tu ne sais pas par quel bout la prendre. Après ces longs mois passés au Maroc, on sait ce qu'on peut et ce qu'on ne peut pas faire. On a appris comment éviter les conneries. La part du hasard se réduit. La cavale est devenue notre mode de vie.

Ça me frappe comme une évidence : mon enfant ne peut pas naître là. Mes parents ont quitté l'Afrique, ceux de Laurence aussi, ils ont fui l'Algérie. Je veux que ma fille naisse en France. Plus les jours passent, plus j'en suis convaincu. J'envisage même de renvoyer Laurence chez elle, pour que l'enfant vienne au monde dans des conditions normales. Après tout, qu'est-ce qu'elle risque ? Elle n'a rien fait. Connaissant ses parents, je sais que ça se passerait bien.

L'occasion va faire le larron. On habite rue Jean-Jaurès. Curieux qu'ils aient nommé une rue d'après un grand homme de gauche dans ce régime féodal. Les paradoxes du Maroc… Un jour, à côté de la maison, j'aperçois un couple d'Européens qui s'agite autour d'une camionnette. Ils ont grosso modo le même âge que Laurence et moi. Je les aborde facilement, ils sont français. Comme Laurence n'a pas de fausse identité, je vois en eux la solution pour lui en trouver une. Ainsi qu'un passeport pour Bada qui, avec sa carte d'identité marocaine, ne risque pas d'aller bien loin. On sympathise, on se rend visite de temps à autre. Ils viennent de trouver du travail, ils veulent s'installer au Maroc. Plus je les vois, plus mon envie de partir se fait grande. Je sens qu'ils sont notre chance pour passer la frontière sans danger. Je leur explique qu'on va peut-être partir, qu'ils pourraient peut-être s'installer dans notre appartement, que le loyer est déjà payé pour l'année. En échange, je leur demande qu'ils s'occupent du chien jusqu'à ce qu'on vienne le récupérer. Très clairement, ça les intéresse.

– Seulement, il faut que vous me rendiez un service. Vous êtes là, vous travaillez, vous êtes connus, vos papiers vous n'en avez pas grand-chose à foutre. Je connais un couple de Marocains qui veulent quitter le pays, mais avec leurs papiers, c'est pas possible. Ils sont disposés à payer mille francs chacun pour les vôtres.

Un peu surpris, ils acceptent néanmoins tout de suite. À la maison, j'ai une discussion avec Bada :

– Écoute, Bada, on peut rien construire dans ce pays. Le message du *Canard Enchaîné* nous était adressé, c'est clair. Ça fait quatorze mois qu'on est ici. On est suradapté à cette cavale, on vit presque normalement. Mais on ne peut pas prendre racine. Tout le monde sait qu'on est là ! C'est un secret de Polichinelle. Et puis, regarde nos femmes : on n'a même pas réussi à les teindre en brunes. Regarde Dominique : elle ne sort jamais de la maison. C'est une vie, ça ? Il faut partir. Tiens, je t'ai trouvé des papiers. J'en ai aussi pour Laurence. Il ne reste plus qu'à en trouver pour Dominique, ce qui va être un peu compliqué en cette période de l'année, mais on va y arriver.

– Mais il y a plus de vacanciers, Dédé, c'est du domaine de l'impossible ! Tu le sais très bien.

Il n'a pas tort. Mais je poursuis :

– Fatalement, notre base c'est la France. Mais c'est un peu tôt pour rentrer. Je pense qu'il faut aller faire un tour ailleurs. Ici, on est en train de perdre tous nos réflexes de citadins, on est en train de devenir des provinciaux, et si un jour il faut bouger pour gagner de l'argent, on va se retrouver dans une merde… J'ai vu l'Italie, c'est magnifique, c'est autre chose que vivre ici. Même l'Espagne, c'est pas mal. En fait, je pense qu'on pourrait essayer en Grèce. Le berceau de la civilisation, ça peut pas être mal. C'est surtout la seule destination viable : les colonels viennent de tomber. Un pays qui sort de la dictature doit être en pleine euphorie.

– Mais tu peux pas rester tranquille deux minutes, toi… Tu trouves toutes les raisons possibles pour t'agiter.

– Bada, je trouve aucune raison pour m'agiter, j'ai un enfant qui va naître, et j'ai des responsabilités différentes. Laurence ne peut pas accoucher n'importe où. Pour te dire la vérité, je veux qu'elle accouche en France. Tu n'as pas le choix. Il faut que tu viennes avec nous. Je peux pas te laisser ici. Si je te laisse, je te retrouve plus. Moi, quoi qu'il arrive, j'ai des amis depuis toujours, et une montagne de relations dans le monde du banditisme. Je trouverai toujours une issue. Mais toi, du haut de tes vingt ans, tu vas aller voir qui ? Les petits frères d'Abdellah ? Henri et la bande, c'est pas tes amis d'enfance : ils n'ont aucune raison de faire pour toi ce qu'ils feraient pour moi. Alors que moi, je suis prêt à n'importe quel sacrifice pour toi. Excuse-moi de te ramener à cette logique. Mais c'est la vérité.

Bada est ma famille la plus proche. En quatorze mois de vie en commun, je ne l'ai jamais entendu se plaindre. L'image que je garde de lui, c'est celle d'un prince arabe sur un cheval dans le désert. Lawrence d'Arabie. C'est un seigneur. Un vrai. Malgré le délit qu'il a commis. Son histoire est un vrai gâchis. Si ses parents n'avaient pas atterri à Belleville, il se serait construit une vie merveilleuse.

Il me dit :

– O.K. Je ne sais pas si tu as raison, mais je te suis. Tu es parti avec moi. Je repars avec toi.

On falsifie les documents, je me mets en chasse de papiers pour Dominique. Dans les campings, partout, mais Bada a raison, il n'y a rien à faire. Hors saison, les seuls touristes sont des bourges. On est tous prêts, sauf

Dominique, qui est très heureuse, par ailleurs, à l'idée de partir.

L'idée me vient de falsifier son vrai passeport. Transformer son nom de famille en un autre. Famger en Ramger. Ni elle ni Bada n'y voient d'inconvénient. En grattant les angles du « F » avec une lame Gillette, je la transforme en un « R » parfait. Le seul truc qui cloche, c'est son visa d'entrée : il a quatorze mois. Mais du moment qu'elle sort du pays, qu'est-ce qu'on peut lui reprocher ? D'être restée trop longtemps ?

Le départ s'organise en deux temps trois mouvements. Je fais venir le couple de hippies deux jours avant le départ, pour que le chien s'habitue à eux. Je suis particulièrement attaché à ce chien. C'est mon compagnon, je l'ai élevé. Je suis franchement triste de le quitter. Je leur laisse de l'argent pour qu'ils s'en occupent, avec la ferme intention de le récupérer plus tard, d'une manière ou d'une autre. Les hippies, eux, sont aux anges. Pour eux, cette situation tient du miracle.

Avec huit cent mille balles planqués dans les bagages, on arrive à l'aéroport assez anxieux. Comme toujours, on est en retard. C'est une tactique, ça retire un peu du poids de l'angoisse. On joue l'affolement de ceux qui vont rater leur avion, mais en vérité, notre panique est liée au passeport de Dominique : est-ce qu'il va tenir ? Finalement, ça se passe sans problème. On se retrouve dans l'avion, heureux comme tout.

D'un seul coup, redevenus comme tout le monde, des touristes qui vont en Grèce, une destination particulièrement à la mode. Nous laissons derrière nous ce que je considère comme étant le moment le plus noir de notre existence.

Et pourtant, lorsque j'y repense aujourd'hui, ce n'est pas sans nostalgie.

On embarque dans l'avion. On se rapproche de la Grèce, et de l'apocalypse. Une fois à bord, on remplit les fiches de douane. Je demande à Bada de vérifier que Dominique remplit bien sa fiche. C'est la première fois que je la revois dans un contexte qui lui ressemble, et je vois à quel point elle évolue dans son élément. De manière diffuse, je comprends que le Maroc est la seule chose qui nous lie. Quitter ce pays, c'est comme rompre un contrat. Nous sommes à un point de jonction, le point où les choses peuvent se défaire. Départ d'une autre aventure.

Rares sont les gens de son rang social qui sont capables de vivre les quatorze mois de réclusion qu'elle a vécu avec nous au Maroc. Et je pense qu'elle en a soupé.

L'avion atterrit. Le poste de douane est conçu de telle sorte qu'au moment où je me fais contrôler je vois ce qui se passe à l'intérieur du guichet voisin. Au moment où Dominique présente son passeport, je vois donc le douanier ouvrir un dossier, le livre noir des gens recherchés, directement à la page Famger. Il appelle un autre douanier, Dominique les suit, sans opposer la moindre résistance.

Dans de telles circonstances, il faut réagir vite et bien. Laurence, Bada et moi faisons semblant de ne pas nous connaître. On se dirige vers nos bagages. Il y a un moment de flottement, de panique, ça se voit. Le douanier vient vers moi. Je me tourne vers Laurence, je me mets à rigoler, feignant la décontraction. Elle me comprend, me renvoie le même sourire, et dissipe ainsi la suspicion du douanier.

On récupère nos bagages, on en prend un ou deux parmi ceux de Dominique. L'argent de la rançon est réparti dans toutes nos valises. Si les douaniers en trouvent sur elle, elle pourra tomber pour recel criminel, et risquer vingt ans de peine.

On se dirige paisiblement vers la sortie. On s'assoit dans un taxi, et on attend un moment, au cas où ils la laisseraient ressortir. Au bout d'un quart d'heure, on la voit franchir la porte de l'aéroport, au bras d'un douanier. La souplesse de cette arrestation me trouble. Elle n'a pas de menottes, le flic qui l'accompagne semble totalement indifférent, comme s'il ignorait la raison de son arrestation. On se retrouve face à une situation inédite : une personne arrêtée, mais non emprisonnée.

On s'observe de loin. Elle voit qu'on l'attend. D'un geste de la main, elle nous fait signe de partir. Bada insiste pour qu'elle vienne vers nous, ce qu'elle fait, après avoir demandé l'autorisation au douanier. On la regarde s'approcher, comme au ralenti. La situation est surréaliste. Il faut réagir très vite. Bada fait passer son amour avant sa liberté : oubliant qu'il est condamné à mort, alors qu'elle, dans le pire des cas, risque deux ans de sursis pour recel et association de malfaiteurs, il lui dit :

– Monte !

J'interviens immédiatement :

– Et le douanier, t'en fais quoi, tu l'emmènes avec nous ?

Un moment d'hésitation générale.

J'enchaîne :

– De toute manière, qu'elle monte ou qu'elle reste ici, on est foutus. Si on l'embarque, le douanier a encore ses papiers en mains. Il va immédiatement donner l'alerte, le taxi sera identifié dans les dix minutes. Nos chances seront nulles. Si elle reste, on va tout au plus gagner deux heures, le temps qu'ils l'interrogent, qu'ils lui prennent ses empreintes et qu'ils se rendent compte qui elle est réellement. Ils vont se mettre immédiatement sur ta trace. Ils n'auront aucune difficulté à retrouver la trace de tous les gens qui ont débarqué avec elle. On était cent tout au plus, ça va pas être très compliqué d'identifier qui quoi comment.

La prise de décision est douloureuse, mais la solution s'impose d'elle-même. Une fois de plus, on s'engage dans une course contre la montre ; elle ne peut pas venir avec nous, ce qu'elle comprend d'elle même. Elle nous dit :

– Partez !

On la regarde s'éloigner du taxi, retourner vers son geôlier qui attend visiblement une voiture de police pour l'embarquer. Si on la prenait avec nous, on était morts. En la laissant, on meurt un peu aussi. Mais l'action étouffe l'angoisse. On demande au taxi de nous emmener à Athènes. Nous sommes en mouvement et très peu enclins à penser à autre chose qu'à la manière de sortir de ce piège qui se referme de minute en minute sur nous. Dans toute arrestation, il y a une forme de libération. Dominique est libérée du poids de cette cavale, et Bada du poids de Dominique, qui, d'une certaine manière, représentait un fardeau aussi.

On n'a aucune idée de l'endroit où aller. On est dans l'improvisation totale. Alors qu'on fonce sur l'autoroute, le taxi nous demande :

– Je vous emmène où ça, à Athènes ?

L'aéroport étant cuit, je pense spontanément bateau, et train. Je lui demande de nous emmener à la gare. Le seul pays limitrophe, c'est la Turquie. Une destination qui ne me fait pas vraiment rêver. Le point de départ de la route de l'opium, un régime politique dur... C'est un pays qui fait peur.

Au guichet, on demande le premier train pour Istanbul. Coup de chance, il y en a un dans la demi-heure. Toute petite qu'elle soit, cette demi-heure s'avère être un véritable enfer. On revit le départ du Thalgo. Paranoïa maximale. Cette impression atroce d'être la cible de tous les regards est accentuée par le fait qu'avec nos vêtements impeccables, on détonne complètement dans la foule des voyageurs. On s'attend à voir surgir le diable à chaque instant.

Le diable ne surgit pas, le train arrive, on s'installe en première. On a tout un wagon pour nous. On se demande si on est les plus riches du pays. En réalité, comme on va le découvrir, on vient de grimper dans le train des hippies qui déverse son flot de voyageurs New Age à Istanbul, porte d'entrée de la route des Indes et du Népal.

Le train finit par démarrer. On pousse un ouf de soulagement. Le prochain obstacle véritable est la frontière, qu'on s'imagine atteindre dans sept ou huit heures. On n'a pas encore compris que le train est un omnibus, qu'il va s'arrêter à toutes les gares entre Athènes et Istanbul. On garde d'abord un peu le silence. On en a besoin. Au bout d'un moment, je m'adresse à Bada :

– Écoute, si tu veux la récupérer, ça va pas être difficile. Elle sait comment nous contacter.

– Je ne récupère rien du tout. Ce que je ressens là, les quatorze mois d'anxiété que je viens de vivre, je ne les revivrais pour rien au monde. Je l'ai perdue une fois, je ne prendrai pas le risque de la perdre une deuxième fois.

Perdre quelqu'un en route, être amputé de sa moitié, c'est sans aucun doute la chose la plus difficile à supporter lorsque l'on est en cavale. La vie perd un peu de son sens. En cavale, il faut être tenu par une envie folle de vivre. Parce que c'est perdu d'avance. Il faut jeter l'éponge ou se foutre en l'air.

J'essaye de lui parler avec précaution, comme on parle à un veuf.

– C'est sûr que ça va pas être facile pour toi de vivre sans elle…

Il garde le silence.

– Mais je suis certain d'une chose, c'est qu'il n'y a pas de soucis à se faire pour elle. D'où on est, on amplifie tout, c'est normal. Au fond, qu'est-ce qu'elle risque, en soi ?

– Franchement, j'en sais rien… J'suis pas juge.

Je vois bien qu'il n'a pas envie de parler, pas envie d'y penser.

– Je vais te dire, moi : en vérité, elle risque pas grand-chose. Qu'est-ce qu'on lui reproche au juste ? D'avoir, à vingt ans, suivi son petit copain en fuite. Je ne sais même pas si c'est un délit. Ils vont peut-être l'inculper pour non-dénonciation de malfaiteurs. Bon. Ça va chercher quoi, ça ? Une garde-à-vue, et deux ans de prison avec sursis. Franchement, c'est pas la mort.

Mes propos l'apaisent un peu.

– Les Grecs vont la diriger vers Interpol, Interpol va avertir la France, pour savoir si une procédure d'extradition est nécessaire. Or, pour des faits aussi mineurs, il n'y a pas d'extradition. Elle n'a commis aucun délit en Grèce, son passeport n'est même pas faux. Donc, logiquement, dans deux heures elle est libre, dans une semaine elle est chez elle. On peut avoir de la peine, mais il n'y a aucune raison d'être inquiet. À mon avis, c'est plutôt elle qui doit s'inquiéter pour nous...

Un moment de silence. Bada ne dit rien. Je reprends :

– Bon, elle a été arrêtée. Mais enfin, on est en Europe, pas au Maroc. T'imagines si ça s'était passé là-bas ! Tu sais comment les flics marocains peuvent traiter les femmes... Rien que pour ça, on devrait être soulagés.

Le train s'éloigne d'Athènes. Bada se lève. Masquant son émotion, il s'empare des valises de Dominique et en déverse, d'un geste rageur, le contenu par la fenêtre.

C'est sa manière de lui dire adieu, de signifier que demain se fera sans elle. Dans ce geste, il charrie une immense tristesse.

Laurence ne parvient pas à retenir ses larmes. Il y a trop d'émotion. Je sors du wagon, j'ai besoin d'air. J'ouvre la vitre du couloir.

Laurence me rejoint :

– Je sais, j'aurais pas dû pleurer. Mais c'est trop dur. Il a tellement de peine, c'est terrible... Être séparés comme ça, aussi brutalement...

Je ne sais pas trop comment lui dire que chacun de nous pleure comme il peut. Moi, c'est à l'intérieur. J'aurais voulu lui dire ça, mais je ne sais pas dire ces choses. Et puis je sais, que si je ne reprends pas la situation en main, on est foutu.

– Viens, on retourne dans le compartiment. Il faut pas le laisser seul. Encore que, dans l'état où il se trouve, j'imagine que c'est plutôt ce qu'il voudrait.

Avant d'entrer, je prends son joli visage entre mes mains. Je lui demande :

– Ça va, Laurence ?

– Oui, oui. Ça va mieux.

– C'est un miracle que l'on soit sorti d'Athènes, tu sais. C'est pour ça que je suis sûr que, maintenant, tout va bien se passer. Tu me crois, hein ?

– Bien sûr que je te crois.

Je ne suis sûr de rien, si ce n'est que j'ai l'impression de vivre un remake du Petit Poucet, perdu sur les rails quelque part entre Athènes et Istanbul.

De retour dans le wagon, je demande à Bada :

– Alors ?

– T'as une idée, un programme ? Parce que là, on est un peu dans le flou… C'est une histoire de fou ce voyage. On ne sait même pas quelle est la prochaine ville.

– Le programme, c'est simple. Il faut essayer de se transformer en vacanciers, heureux d'être dans ce train.

Laurence sort de son sac une pelote de laine, des aiguilles et se met à tricoter. On change nos costumes pour des jeans et cette simple transformation vestimentaire agit sur nos comportements. On se décontracte. On est pratiquement à l'isolement dans ce wagon, c'est tant mieux. Ça nous permet de nous ressourcer, de retrouver un semblant d'équilibre. Comme toujours, une fois le choc absorbé, la vie reprend ses droits. On essaye de comprendre où on est, où on va. Un type passe avec une clochette : le wagon-restaurant est ouvert, c'est l'occasion de glaner quelques infos. Je pars en éclaireur, et me rends compte que ce train qu'on pensait fantôme est en fait plein de vie. Hormis notre wagon, il est surpeuplé, débordant d'activité. Il y a des mecs assis dans le couloir sur leur sac… Ça parle partout, les contacts se prennent pour la suite du voyage jusqu'aux Indes, via l'Afghanistan. On apprend qu'Istanbul est une plate-forme de départ pour tous ces voyageurs d'un nouveau genre. C'est l'époque des Beatles, le voyage aux Indes est le fantasme du baba cool. Mythique et mystique.

Je reviens vers les autres :

– Dans notre malheur, on a un super coup de bol. On est tombés sur un train fou ! C'est plein de hippies partout ! À coup sûr, ils ont tous quelque chose à se reprocher. Ça va donner du boulot aux douaniers, tout ça.

À force de faire des allers et retours au wagon-restaurant, on découvre un monde qu'on ignorait totalement. Les gens viennent de France, d'Italie, des pays nordiques. Toute l'Europe se déverse comme ça vers le Sud. Des convois qui se forment avec des camionnettes, que les gens intègrent en fonction de leurs moyens. J'ai vu des gens vendre leurs chaussures pour partir. C'est une ruée vers l'or d'un genre nouveau. Sauf qu'en guise d'or c'est la came qui les attend au bout du chemin.

Le train s'arrête dans toutes les villes de moyenne importance. Au lieu des huit heures qu'on envisageait, le voyage dure deux jours et deux nuits. Nous pensions que ce moyen de locomotion nous ferait gagner du temps ; il met en réalité le temps contre nous.

De retour d'une excursion au wagon-restaurant, Bada nous revient accompagné d'un Américain :

– Regardez ce que j'ai trouvé ! Il est tellement concon, je crois que je vais l'adopter.

C'est Greg, un grand gaillard baraqué à la longue tignasse blonde. C'est un jeune hippie bourge américain, qui ne connaît vraiment rien du monde. Le bébé américain par excellence. Intelligent, mais avec une forme de naïveté abracadabrante. Il fait son voyage d'initiation. Il donne l'impression d'être sur le point de sortir un calepin à chaque instant, pour noter tout ce qu'il fait, et ne se fait pas prier pour nous rejoindre en première. Le mec est tellement amusant qu'il nous détend vraiment.

Grâce à lui, le rire le dispute un peu à l'angoisse. Sans compter qu'il peut nous être utile. Après tout, la police recherche trois Français, pas trois Français et un Américain. Et puis, lui, il a un vrai passeport, ce qui est plus pratique pour louer une voiture.

On va devoir passer la nuit dans le train. Un mec vient, nous aménage le compartiment en quatre couchettes. Au réveil, le goût amer de la veille nous revient brutalement. Dominique commence à nous manquer. On n'est pas habitués à son absence.

Mais rien ne dure jamais en cavale. On passe notre temps à traîner au wagon-restaurant et dans les couloirs. Les passagers du train se saoulent de récits de voyages, et leur euphorie est contagieuse. Ils s'apprêtent à traverser des pays mythiques : Turquie, Iran, certains faisant un détour par l'Irak, l'Afghanistan, le Pakistan, les Indes, le Cachemire… C'est le voyage des Mille et une nuits. Tous ces pays sont encore paisibles. La seule frontière redoutée est celle de l'Iran du Shah, qui est quand même une dictature. L'Afghanistan, le Pakistan, l'Inde vous accueillent à bras ouverts. C'est tout juste s'ils n'offrent pas un kilo de shit pour vous souhaiter la bienvenue.

On approche de la frontière turque. Les douaniers grecs montent dans le train, et jettent leur dévolu sur nous. Des Français avec une jeune femme enceinte, ils trouvent ça formidable. Ils nous font la conversation, nous parlent de Paris, de Charles Aznavour… Après leur tournée, ils s'installent plus ou moins dans notre compartiment. La situation est aberrante. *Crime et Châtiment* à l'envers, les flics se rapprochent des voleurs sans le savoir. Je lis dans le regard de Bada qu'il pense la même chose que moi : ils ne sont peut-être pas là pour rien. On sait très bien que derrière ses mots, un flic dissimule toujours quelque chose.

Pour sauver notre peau, on la joue très amicale, ce qui m'est particulièrement pénible. Pour faire plus français que nature, je leur fredonne des chansons d'Aznavour.

Le fait d'être là à devoir faire le clown avec ces mecs me les rend bien plus antipathiques que leur seule fonction le fait naturellement. J'ai envie de les bouffer. Le compartiment entier est vide et on se les coltine pendant quatre heures. Greg, bien sûr, n'est pas tout à fait en osmose avec nous ; il se lasse vite, et quitte le compartiment.

Avec les douaniers, on communique un peu en langage des signes, un peu dans un anglais plus qu'approximatif que Laurence s'efforce de traduire. Comme tous les Grecs, ces douaniers détestent les Turcs. Ils nous déconseillent d'aller en Turquie, nous expliquent que c'est dangereux avec une femme enceinte.

À la gare suivante, ils descendent avec nos passeports et on les voit revenir avec une mine défaite... On se dit qu'on est morts. On se voit déjà les menottes aux poignets. Mais non. Ils nous rendent nos passeports, ils sont simplement tristes de nous quitter. Une fois de plus, le couperet est tombé juste à côté. Au moment de partir, ils nous embrassent, nous souhaitent chaleureusement bonne route. À peine s'ils ne versent pas une larme.

Les postes frontières grec et turc sont séparés par une sorte de no man's land. Avec l'oseille qu'on a dans le sac, c'est chaud. Les douaniers turcs montent à leur tour, un groupe de militaires accompagnés d'un civil, le propriétaire de la gare, qui est là pour prendre sa part. Cette douane turque est un racket organisé. Là encore, la chance nous sourit : on tombe sur un francophile.

– Ah, vous êtes français ! De Paris !

On lui demande qui il est.

– Je suis le patron de la douane. J'ai fait toutes mes études en France !

Il nous raconte deux, trois souvenirs, nous donne des adresses à Istanbul. Le fait qu'on soit en première, qu'on soit pas des hippies, joue en notre faveur. Il nous a à la bonne ; nos passeports sont contrôlés en deux minutes.

Encore une nuit dans le train, et le lendemain matin on arrive à Istanbul. Enfin très détendus. Tout doucement, notre périple commence à prendre un tour positif. On ne s'est jamais expliqué comment on est passé entre les mailles. Après l'arrestation de Dominique, Interpol aurait dû recenser les identités des passagers de l'avion et envoyer un mandat de recherche à toutes les frontières de la Grèce. Manifestement, il y a eu un dysfonctionnement.

Le train déverse ses passagers dans un monde neuf. On se prend la Turquie en pleine gueule. Un mélange éblouissant d'Orient et d'Occident. À la descente du train, on retrouve Greg, l'air perdu, planté devant nous, avec un regard qui dit « Je fais quoi maintenant ? »

Je dis à Bada :

– Il a qu'à venir avec nous, de toute manière on va prendre deux chambres. Tu seras mieux avec lui, non ?

Greg est ravi. On est sa solution.

Je demande au taxi de nous conduire au meilleur hôtel de la ville. Il nous dépose au Sheraton où l'on comprend qu'on n'est pas au bout de nos peines. L'hôtel est en état de siège. Il y a des flics partout, des tireurs d'élite sur le toit. Violent retour de parano. Bien sûr, on s'imagine que c'est pour nous.

Parlant plus ou moins avec les mains, je demande au taxi des explications :

– C'est quoi, tout ça ? Il y a eu un attentat ?

– OPEP, OPEP ! Meeting OPEP ! Petrol...

On est en plein milieu d'un sommet de l'OPEP. On est partagés entre l'envie de détaler et la peur que cette réaction nous désigne. J'entre à l'intérieur de l'hôtel, et je fais en sorte de demander l'impossible, espérant ainsi nous sauver de cet enfer. Je m'adresse à la réceptionniste :

– Bonjour. Je suis ici avec ma femme, qui est enceinte, et deux amis. Il nous faudrait une suite avec deux chambres, au premier étage.

Incroyable mais vrai : l'impossible est la seule chose qui leur reste. Fatalement, j'appelle les autres. Je suis super stressé. Par mesure de précaution, je leur dis d'inverser leurs noms et leurs prénoms sur la fiche de l'hôtel. La suite est somptueuse, mais ça ne suffit pas à nous détendre. L'ambiance ne s'y prête pas : deux flics en faction sont postés en permanence devant le restaurant, et deux autres devant notre chambre dès le lendemain matin. Ils nous ont pris pour des mecs de l'OPEP et ont cru bon de nous assurer une sécurité maximale. On a troqué les douaniers pour les flics ! On n'a pas passé un moment sans les autorités au cul depuis qu'on a quitté le Maroc.

Pour ne pas éveiller l'attention, on s'oblige à ressembler aux gens normaux : déjeuner à midi, dîner à vingt heures, etc. C'est la première fois qu'on se tient à ce type d'horaires. On commande du caviar, parce que ça fait bien.

On n'en a jamais mangé de notre vie ; c'est l'occasion.

Greg commence par boire le rince-doigts :

– C'est pas mal, ça, fucking fresh ! J'en reprendrais bien un.

Il a cru que c'était l'apéro.

Laurence lui explique, sur un ton maternel :

– Greg, le rince-doigts, ça ne se boit pas.

Greg ne se démonte pas :

– Mais chez nous, en Californie, on le boit !

Le caviar arrive ; ça ne nous plaît pas du tout. Notre palais n'est pas formé à cela. Le goût aussi, c'est une éducation. On se rend compte que c'est vraiment un truc pour riches.

Greg nous interroge :

– What is it ?

– Goûte, c'est du caviar, un truc russe.

Il en prend une cuillerée, et manque de s'étrangler.

– Fucking Russians ! Il n'y a que les Russes pour inventer un poison pareil, nous dit-il, dans son français plus qu'approximatif.

On voulait pas se faire remarquer. C'est réussi. Pour donner le change, on se force à manger la moitié du bol.

La Turquie que l'on va découvrir est très lointaine de l'image qu'on en avait. Dès le lendemain de notre arrivée, Greg nous dit qu'il veut aller à Sultan Ahmed, le quartier dont tout le monde parlait dans le train, où tous les hippies squattent dans de petits hôtels pas chers. C'est un immense caravansérail où se forment les convois en partance pour les Indes. Les voyages se font par groupes de quatre ou cinq camions, parfois dix. Jamais seul.

C'est ce qu'on découvre en arrivant. Sultan Ahmed est une ville dans la ville, située juste en face de la mosquée Sainte-Sophie, un quartier de bazars, avec des centaines d'échoppes. Il y a un souterrain rempli de bijoutiers, qui fait un peu penser au marché de La Guerre des Étoiles. Toutes les races s'y mélangent, ça trafique dans tous les sens, ça chuchote. Environ deux cents camionnettes Ford sont garées là, aménagées en camping à l'intérieur, prêtes à partir. Les convois s'organisent dans les bars chaleureux, alignés de part et d'autre de l'artère principale. À force de voyages, presque tout le monde se connaît là-dedans.

Il règne dans ce quartier une atmosphère de paix et de tranquillité. Il n'y a jamais de bagarre. Les gens sont tous tendus vers la même direction, Katmandou. Il serait faux de penser qu'ils ne partent que pour se camer. C'est un milieu multiculturel et multiethnique. Les gens partagent leurs pays, leurs traditions les uns avec les autres. Ils me font penser aux colons américains, sauf qu'ils repoussent leurs frontières vers l'est, pas vers l'ouest. Les gens qui reviennent apportent avec eux des histoires, les soirées dans les bars se transforment en veillées. L'appel du large est irrésistible, et si Laurence n'avait pas été enceinte, je pense qu'on les aurait suivis. Ne pas avoir fait ce voyage demeurera un des rares, mais grands regrets de ma vie.

On est là avec notre cavale de merde, à regarder la vraie liberté. On a le sentiment d'être dans le faux. Je ne sais si mon jugement n'est pas altéré par la situation que je vis. Si je n'étais pas en cavale, serais-je aussi séduit ? Ne détesterais-je pas plutôt cette ambiance ? Je pense que non. On ne peut pas se tromper autant. Ces gens ont quelque chose de particulier, d'attachant, de hautement civilisé, en un sens. Bizarrement, on se rend compte qu'ils en savent plus que nous sur toutes les combines, les trafics, les faux papiers. Ils savent surtout se mouvoir dans le monde. Nous allons nous comporter comme des éponges et apprendre d'eux tout ce qu'ils savent.

On mène une sorte de double vie : hippies le jour, bourgeois la nuit. On ne le sait pas encore, mais toute notre vie va désormais se dérouler sur ce mode, l'identité scindée entre les différentes périodes de la journée. Au départ, avec nos looks soignés, Laurence enceinte, on détonne un peu dans Sultan Ahmed. Mais la méfiance s'éteint vite. Greg nous est très utile de ce point de vue. On devient des figures familières du quartier. Au bout d'un moment, les gens nous saluent, on commence à connaître tout le monde. Cette ambiance nous aide à nous projeter dans le futur. La situation nous ouvre des perspectives. Un avenir redevient possible.

Créer des liens, de toute façon, c'est notre métier. Sultan Ahmed est un vivier de faux documents. Tous ceux qui reviennent sont fauchés, et leurs papiers, ils n'en ont rien à foutre. Contre un peu d'argent pour prolonger le voyage, ils te donneraient même les papiers de leurs parents. Très facilement, on met de côté deux ou trois jeux de rechange, grand soulagement, et on en profite pour rechercher le document idéal. Le physique est détaillé sur les passeports (couleur des cheveux, des yeux, taille...), il vaut mieux trouver des profils concordants.

Tout l'art consiste ensuite à intégrer l'identité de la personne. Un Dupont ne peut pas avoir exactement le même comportement qu'un Rodriguez. Il faut faire sienne la profession, se renseigner un peu, afin de ne jamais être mis en porte à faux. On devient des acteurs, un nouveau personnage à chaque nouvelle identité. C'est une discipline. Même entre nous, on se force à s'appeler par nos nouveaux noms. Ça doit devenir automatique.

Pour Bada, la présence de Greg est salutaire. Greg fait diversion, il lui sert de canne pendant cette période où il est handicapé de la vie. Ils deviennent très copains, ils sortent ensemble le soir. Avec ses conneries, ce type est capable de te faire mourir de rire à un enterrement. C'est la thérapie idéale. Mais c'est Bada qui donne le la. Pour rien au monde, il ne deviendrait hippie. Greg commence à adopter son look. Il lui emprunte ses fringues. Malgré ses cheveux blonds, il finit par lui ressembler.

Laurence, elle, est dans son élément partout. Elle adore la ville. Être enceinte suffit à la rendre heureuse. Peu importe où, peu importe comment, elle va fonder sa famille. Pour elle, c'est tout ce qui compte.

Istanbul ne se limite pas à Sultan Ahmed, loin de là. C'est aussi une ville à l'occidentale, avec une rue comme on en trouve dans toutes les capitales européennes, où se bousculent les enseignes de luxe. Le soir, on sort dans des endroits plutôt chics, fréquentés par la jeunesse dorée turque.

À Istanbul, on n'a pas de maison. On vit à l'hôtel, on prend nos repas au restaurant. On mène une vie de touristes. Régulièrement, on va déjeuner à quelques kilomètre de la ville, sur le bord de mer dans un petit port type Saint-Tropez, où l'on mange des poissons de qualité fabuleuse. On retrouve là un semblant de notre vie passée, nos gestes, nos habitudes, la civilisation, tout ce qu'on a perdu pendant ce séjour marocain. À force d'isolement, on est presque devenus des provinciaux.

Le temps efface les souffrances, et l'absence de Dominique, ce point de douleur vive qui occultait tous les autres, s'estompe jour après jour. Progressivement, on étend notre champ d'action. Première étape, le nerf de la guerre : changer de l'argent.

Les hippies revendent leurs biens dans un énorme dépôt-vente de Sultan Ahmed, une sorte de cash-convertor où l'on peut tout acheter, de la paire de chaussettes aux lingots d'or. Ceux qui veulent y trouvent de la came. Bada y va régulièrement pour changer de l'argent, au black bien sûr. Cinq à dix mille balles par semaine. L'argent ne retourne pas dans les banques, et du coup, ces billets ne posent pas de problème.

Il devient pote avec le patron. Au flan, Bada lui demande un jour :

– Tu serais capable de me changer cent mille balles ?

– Moi non, répond le mec, mais j'ai quelqu'un pour toi, si tu veux.

Ils conviennent d'un rendez-vous. On se sent totalement invulnérables ; on n'imagine pas instant qu'on puisse nous faire une embrouille. On passe prendre le mec, qui ferme sa boutique et nous emmène dans sa bagnole dans les bas-fonds d'Istanbul. Les lieux n'ont rien d'engageant. Les rues sont crades, grouillantes d'une population louche, et de rats. D'autres auraient fait machine arrière mais cette odeur de danger qui monte produit plutôt sur nous l'effet inverse. Plus ça devient craignos, mieux on se sent. On renoue un peu avec notre élément naturel.

On entre dans une échoppe par l'arrière-cour pour se retrouver dans un petit local, qui fait visiblement office de bureau et de réserve. Le comité d'accueil est costaud : une brochette de mecs armés, le 38 à la ceinture. Échange de regards avec Bada : chien qui aboie ne mord jamais. S'ils montrent leurs armes, c'est qu'ils ne veulent pas s'en servir ; ils cherchent à nous impressionner, à tester nos réactions, sentir nos faiblesses. Le chef du gang, un mec de quarante-cinq ans, d'une forte corpulence, s'adresse à notre intermédiaire en turc. On ne comprend rien à leur conversation. Le mec qui nous a emmenés finit par nous demander de sortir l'argent. On s'exécute, et le capo mafieux sort alors une mallette. L'ambiance est tendue à bloc. On se croirait dans un film sur la prohibition. Échange d'argent, un des mecs se met à compter mes billets. Je ne le quitte pas des yeux. Bada dégage une telle force à ce moment-là que les mecs en face n'ont pas envie de la ramener. Il y a trop d'argent, la situation leur échappe. Et puis, ces deux mecs de vingt-cinq ans, face à eux, imperturbables, qui ne parlent même pas la langue, ça les déstabilise complètement. Dans les bas-fonds de Belleville, deux mecs comme nous se seraient fait liquider direct. Mais on n'a pas peur, ou du moins, rien dans notre attitude ne le laisse supposer. On ne bouge pas d'un poil.

Le chef nous regarde. Hésitation. Il demande :

– Pourquoi tu comptes pas ton argent ?

Je connais la réplique :

– Je te fais confiance, lui dis-je, en le regardant droit dans les yeux.

C'est à ce moment-là qu'il explose. Il se lève de derrière son bureau, un 38 glissé dans la ceinture sur le dos, s'approche du mec du cash-convertor et le menace du doigt :

– Moi, les billets que je leur ai donnés sont vrais. Si par malheur, j'apprends qu'un faux s'est glissé dans ces liasses, je te tue. Toi et ta famille.

C'est une belle partie de poker. Il ne sait pas qui on est, mais il ne veut pas d'embrouilles avec nous. On l'a niqué au bluff.

Terrorisé, notre intermédiaire bégaye :

– Moi, si c'est comme ça, je signe tous les billets ! De cette manière, il n'y aura pas de malentendu, on saura que ce sont les bons.

Et il commence à les signer, un à un ! On n'a pas l'intention d'y passer la nuit. Je lui dis de laisser tomber, on s'en va. Le parrain nous dit au revoir, chaleureusement :

– Si vous avez besoin d'autre chose, on est à votre disposition.

Dans la voiture, l'intermédiaire est comme un fou. Il nous confirme ce dont on se doutait :

– Vous vous êtes fait là un ami très puissant.

Il ne veut plus nous quitter :

– Je ne sais pas ce que vous faites, et je m'en fous d'ailleurs. Si c'est la came, je viens, si c'est l'or, je viens. Quoi que ce soit, je viens.

J'ai dû perdre deux kilos tant la tension était forte là-dedans. On aurait pu y laisser notre peau. À l'idée que je viens de faire ça, je suis furieux. J'ai agi de manière totalement inconsciente et je m'en veux. Je ne peux plus me permettre d'agir comme ça. Je suis allé là-bas comme on se rendrait chez un banquier, en laissant Laurence à l'hôtel. Je n'ai pas du tout mesuré le risque en y allant, et en situation, je me suis laissé griser par l'adrénaline.

De retour à l'hôtel, je dis à Bada :

– Sultan Ahmed, c'est bon. Il faut quitter la ville. On s'est imposés sur ce coup, mais s'ils ont un problème avec les billets, ça va devenir très mauvais. On a deux solutions : soit on achète deux calibres et on reste, soit on quitte la ville.

On nous a parlé d'Izmir, la station balnéaire où se retrouve la haute société turque et où se trouvent deux Clubs Méditerranée.

Bada :

– Le Club Med, c'est la meilleure planque possible. J'en ai fait l'expérience à Agadir. C'est un bout de France en Turquie. Pas besoin de s'intégrer, rien. C'est comme une ambassade, c'est entouré de barbelés, personne ne peu violer ce territoire.

– T'as raison. Va pour le Club. Pour Laurence, ce sera idéal. Plus tranquille, y'a pas. Pour Greg et toi, c'est parfait aussi. Vous aurez la boîte, les gonzesses, tout à volonté.

On arrive au Club, il y a de la place. Bada a raison : c'est vraiment un bout de France. Raconter un jour du Club, c'est en raconter trois mois. Il y a deux manières de vivre l'expérience. Soit celle des *Bronzés*, à savoir : discipline, rigolade, sport, rencontres en tout genre. Soit en s'écartant de tout, en ne participant à aucune activité. Les journées sont alors rythmées par la plage, la vie dans la chambre, et la bouffe. Nous sommes à l'abri, libérés de toute inquiétude. Je passerais bien sept ans ici. On reste un mois dans le premier Club, et un mois dans le second. Histoire de ne pas cristalliser l'attention sur nous.

Nous joignons l'utile à l'agréable : vivre en paix tout en faisant reculer le temps qui nous éloigne le plus possible de l'incident d'Athènes. Pour Laurence, c'est l'idéal, la nourriture est très saine. Vu son jeune âge, elle attendrit tout le monde avec son ventre rond. On ne peut pas rêver mieux.

Avec l'été, le pays se retrouve envahi par les Allemands. Laurence entame son septième mois de grossesse. Il faut songer à rentrer en France.

On fait un détour par Antalya, au Club Med encore, histoire d'étirer le temps au maximum. Ce nouveau périple nous révèle une nouvelle facette du pays. Sur la route, on découvre la Turquie d'hier avec ses paysans, son archaïsme, ses villages traversés par des troupeaux de moutons. Une vision qui contraste fortement avec Istanbul, l'autoroute pour Izmir, et la France Club Med. On a le sentiment de vivre un bizarre retournement de l'Histoire par lequel les tracteurs auraient été remplacés par des bœufs.

Les gens sont très pauvres, ils vivent de rien. Ils habitent pourtant sur une mine d'or. Cette partie du pays est couverte de champs d'opium, qu'on a d'abord bêtement pris pour des coquelicots. On en a rempli la voiture. Ce n'est qu'en arrivant à Istanbul qu'on nous explique que c'est du pavot. Je n'en reviens pas : la drogue est cultivée en pleins champs, au vu et au su de la planète entière.

La pauvreté est universelle. Les gestes dans les campagnes turques sont les mêmes que dans la campagne marocaine. On retrouve chez les gens la même gentillesse. Ils sont animés par le même besoin de chercher le manger du lendemain. Et ils ont beau être très pauvres, ils se plient en quatre pour te rendre service. Ils sont prêts à partager leur dernier bout de pain avec toi. Je suis affligé de voir ça. Mes problèmes me paraissaient soudain très secondaires. Ce monde est d'une injustice incroyable, ça ne changera jamais : il y a ceux qui vivent et ceux qui sont là pour mourir. Je me console en me disant que si l'on est à notre place plutôt qu'à la leur, c'est qu'on a choisi de ne pas être des victimes.

Encore quinze jours à Antalya, et on remonte d'une traite à Istanbul. Au Hilton cette fois-ci. On prépare notre départ, mais à contrecœur, parce que tout va vraiment très bien. Sans cet accouchement en prévision, on serait sans doute restés plus longtemps. Fatalement, Greg devient un problème. Le laisser à Istanbul serait criminel.

Au cours d'un dîner au fabuleux restaurant qui domine toute la ville, au dernier étage du Hilton, on aborde le sujet :

– Greg, maintenant que tu parles bien le français, tu vas bien écouter ce que je te dis. Tu es américain. Nous on est français. Tu as un pays, nous on a le nôtre. Et le moment est venu pour chacun de regagner le sien.

Greg proteste.

– Vous faites ce que vous voulez, mais moi je rentre pas chez moi. Je vais à Katmandou ! C'est pour ça que je suis venu, à l'origine.

– Arrête de nous casser les couilles, Greg, lui dit Bada. Tu sais bien que c'est pas un truc pour toi. Tu vas te faire bouffer aux petits oignons. Con comme t'es, tu vas pas faire la différence entre le shit et l'héro. Tu vas rentrer chez toi comme une loque. Si encore tu rentres...

Laurence :

– T'as pensé à ta mère ? Qu'est-ce qu'elle va devenir s'il t'arrive quelque chose ? On t'aime trop pour te laisser partir. C'est trop dangereux. T'as vu l'état dans lequel ils sont revenus, ceux qu'on a vus ?

Laurence ne parle pas beaucoup. Mais quand elle s'y met, elle vise juste. Beaucoup de ceux qui sont partis en vainqueurs sont revenus vaincus à vie par la drogue.

Ça prend deux jours, mais on finit par le convaincre. Finalement, on l'avait plus embourgeoisé qu'autre chose. Il a compris que c'était pas vraiment son truc, et que quoi qu'il arrive, il avait quelque chose de marrant à raconter en rentrant aux États-Unis. En un sens, il a rempli sa mission.

On l'accompagne à l'aéroport. Nous en profitons pour faire des repérages pour notre propre départ. On se dit au revoir, dans ce lieu noyé de touristes. Greg nous a filé son adresse, et nous, une fausse adresse, en se jurant de se revoir dès que possible. On prend conscience d'une chose terrifiante : chaque fois qu'on va quitter quelqu'un, ce sera pour ne jamais le revoir. Ces adieux sont déchirants.

On se met d'accord : avant Paris, on fait halte à Rome. L'Italie touche la France, et j'y connais un peu de monde. En cette période estivale, les frontières sont des passoires. Les aéroports, les passages de frontières sont devenus des automatismes. Pour feindre le naturel, il suffit d'observer des gens normaux, et de les copier. De toute façon, on n'est plus qu'un murmure dans la tête des flics. Le braquage de République a déjà dix-sept mois. On a gagné la bataille du temps, et ça, c'est cinquante pour cent du travail. De surcroît, l'expérience nous a appris que les douaniers contrôlent les documents à l'arrivée, pratiquement pas au départ.

On prend des billets de première, ça fait toujours mieux. Par prudence, on les achète à deux jours d'intervalle, et pas dans la même agence, pour éviter d'être identifiés comme un groupe. À l'aéroport, pas de stress. On n'est pas encore des experts, mais on n'est plus des apprentis.

Néanmoins, en remplissant les fiches dans l'avion, on ne peut pas s'empêcher de penser à notre arrivée à Athènes. On se jette mutuellement des regards : légère appréhension, mais rien de plus.

On atterrit à Fiumicino, l'aéroport de Rome, relax. La douane, les bagages, le tutti quanti, tout passe comme une lettre à la poste. Je sais exactement où je vais, je demande au taxi de nous conduire à l'hôtel Flora, via Venetto.

Les Italiens sont chaleureux ; ça se lit jusque sur les visages des douaniers et de la police. Ils n'ont pas cette expression agressive que crée en général leur fonction. Ils adorent leur ville, veulent que tu t'y sentes comme chez toi.

En Italie, la femme est objet de culte, qu'elle soit mère ou fille. Et une femme enceinte, c'est la madone, rien de moins. Les gens se retournent sur Laurence comme sur une sainte. Marcher à ses côtés est un vrai bonheur.

On débarque à l'hôtel. Notre fenêtre ouvre tout droit sur le Café de Paris. Est-ce un signe ? À force de n'être plus tenus ni par le code pénal ni par le code de la route, on est devenus très superstitieux. On interprète chaque signal que la vie nous envoie, c'est notre seule Bible.

On retrouve un monde qui nous ressemble. Après un voyage au Moyen Âge, nous voilà revenus. La rue nous appelle. Les dix-huit mois qui nous séparent de notre départ ont été riches d'enseignements. On ne le sait pas encore, mais nous ne sommes plus les mêmes.

On prend un taxi pour la journée ; il nous fait visiter sa ville, nous la raconte avec chaleur. C'est le meilleur moyen pour en repérer tous les points névralgiques, pour ne jamais se perdre. Comme tout le monde, on se prend à rêver devant ces monuments millénaires, le Colisée, qui bruisse encore des combats des gladiateurs, la fontaine de Trevi, le Panthéon, la via Trastevere, le Vatican… Entre la piazza Navona et la piazza del Popolo, le centre-ville est une gigantesque galerie commerciale, notre préférence allant à la via Condotti, une petite rue piétonne pleine de magasins de luxe.

On se met vite au diapason. On se rhabille au goût du jour, mais à l'italienne. On porte des chemises jaunes, roses, des teintes qu'on n'aurait jamais achetées en France, ou ailleurs… La nuit est magique. L'été, c'est la dolce vita. Les gens dînent dehors, les terrasses sont pleines, bruyantes, les repas chaleureux, la nuit se prolonge aux terrasses des bars de la piazza Navona, ou de la place d'Espagne. On est à des lieues de l'agressivité parisienne.

Dans la journée, on va parfois à la mer, dans une des deux cités balnéaires alentour. On prolonge les vacances. À force de vivre ensemble, par mimétisme, on a fini par se ressembler avec Bada. En Italie, on a des vraies têtes de Ritals, et au bout d'une semaine, on est complètement fondus dans la populace. Pour la première fois depuis longtemps, on n'a pas l'impression de détonner dans le paysage.

On drague la connaissance, on se fait vite des relations. On nous parle de résidences hôtelières situées dans les beaux quartiers de la ville, dans lesquelles on peut louer des appartements. On en loue un pour quelques mois, ce qui nous semble pratique. Ça nous revient surtout dix fois moins cher que l'hôtel et c'est tout aussi confortable. On se sent un peu plus installés, et plus prêts, du coup, à envisager la suite.

Je prends contact avec Henri, et lui demande de venir à Rome. Deux jours plus tard, on va le chercher à l'aéroport. Après de chaleureuses embrassades, il nous scrute du regard :

– Je ne sais pas ce que c'est, mais vous n'êtes plus les mêmes, les gars.

On l'emmène dîner en terrasse, à côté du Panthéon. Il découvre que Laurence est enceinte :

– Mais mon Dieu, tu attends un enfant, Laurence ! Félicitations ! Tu ne m'avais rien dit, Dédé ! C'est magnifique ! Je comprends mieux vos mines réjouies et détendues. Vous n'avez jamais ressemblé à ça à Paris, croyez moi.

Je lui réponds :

– Ça s'explique : on a vécu en trois mois ce que d'autres vivent en quinze ans. On est passés de l'enfer au paradis.

On ne s'est pas vus depuis le Maroc. Je lui raconte Athènes, les hippies, le cash-convertor, tout. La nouvelle de l'arrestation de Dominique le stupéfie. À Paris, personne n'est au courant. Alors que l'on attend de lui qu'il nous donne des nouvelles, il ne sait strictement rien sur elle.

On lui demande des nouvelles de France. Il n'y a plus de bande. Chacun est parti dans sa direction. Certains se revoient deux par deux, de temps en temps, mais c'est tout. Il me dit :

– Vous êtes devenus de vraies stars, les mecs... Réussir un coup, c'est bien, mais ça peut être un coup de chance, ça peut être lié à la faiblesse des flics, est-ce que je sais. Mais la durée, c'est toi qui la fabriques. C'est elle qui fait de toi une pointure.

Laurence commence à être fatiguée, on la raccompagne à la résidence. On s'installe au Café de Paris, le meilleur poste d'observation à cette époque de l'année pour regarder passer les plus belles nanas du monde.

Henri :

– Vous comptez faire quoi ? Vous installer ici ?

Je lui dis :

– Le problème, tu vois, toi qui es breton d'origine, tu comprends rien à la langue française. Il faudrait que tu retournes à l'école, ça te ferait un bien fou. Dans le mot cavale, il y a quoi, à ton avis ? Il y a « cavaler ». Courir, si tu préfères. Pour tenir, il faut bouger ; s'installer, c'est mourir. Il faut faire six mois ici, six mois là, ne jamais avoir le temps de s'habituer, ne jamais avoir le temps d'être malheureux, ne jamais avoir le temps d'être nostalgiques. Il faut être en mouvement permanent.

– Mais ta femme, t'en fais quoi ? Elle va avoir un enfant, bientôt...

– Merci de me le rappeler... Même dans le code pénal, j'ai jamais vu qu'un enfant a pas le droit de voyager. Mais puisque tu me parles de ça, Henri, il va falloir que tu fasses quelque chose pour moi. Je te demanderais jamais grand-chose. Je sais que chaque acte que tu fais pour nous est un délit, que ça peut te coûter cher...

Henri me coupe :

– Mais j'en ai rien à foutre, demande-moi ce que tu veux, je serai toujours là pour toi, t'en fais pas.

– Tu vas remonter à Paris, on va te filer de l'oseille, et tu vas nous prendre un appart. Il nous faut un point de chute.

– Je comprends rien... Tu viens de me dire que tu voulais pas revenir...

– Henri, pose pas de questions. Trouve un appartement, point barre. Le reste, ça ne te regarde pas.

Il me répond :

– Excuse-moi, t'as raison.

Le lendemain, Henri quitte Rome à regret. Mais il a vu, il a surtout entendu la gravité dans mon ton. Il a compris qu'il y a une urgence.

*

Rentrer à Paris n'a pas été difficile. Un vrai bonheur même, si on compare notre état d'esprit à celui, rongé par l'angoisse, dans lequel nous étions le jour de notre départ pour le Maroc. Nous avons changé, mais nos amis également. Les structures ont évolué.

Un appartement nous attend, à Neuilly. On ne sait pas assez que chaque arrondissement de Paris est une frontière pour le voisin. Il est tout simplement impossible de rencontrer avenue Kleber le marchand de casse-croûte tunisien de la rue Ramponeau. Neuilly, pour Belleville, c'est aussi loin que la Norvège, autant dire que c'est le pôle Nord. La seule connaissance sur laquelle on peut éventuellement tomber, c'est un casseur en quête d'un appartement à piller. Et ce risque n'en est pas vraiment un, ce genre de personnage se distinguant des autres par une singulière manière de tout faire pour ne pas se faire remarquer.

*

Je ne souhaite pas assister à l'accouchement. À cette époque, pour un homme, c'est relativement hors de propos. Lorsque je retrouve Laurence à la clinique, elle a son enfant dans ses bras. La scène me plonge dans un état de trouble auquel je ne m'attendais pas. En les regardant, j'ai d'abord un moment de recul. Je prends ma fille dans les bras. Déjà, je la trouve trop belle pour être honnête. Elle est aussi blanche que moi bronzé. Je me surprends à penser : chronique d'une séparation annoncée.

Je vais faire quoi, moi, avec cet enfant ? Je vais l'aimer ? On va me la retirer ? Je vais craquer ? Je ne peux pas me permettre de m'attacher.

Après l'accouchement, on descend dans le Midi, du côté de Saint-Trop, où on a loué une baraque au bord de la mer. Parfait pour se remettre de ce nouvel événement. On a loué la baraque pour un mois. Bada est avec nous. Il a littéralement craqué pour la petite. C'est un nouveau membre de la famille qu'il n'a pas, peut-être l'enfant qu'il aurait voulu avoir. Il observe, étonné, le peu d'affection que je témoigne à mon propre enfant. Un enfant, ça naît aveugle, pratiquement. Elle ne me reconnaît pas mais déjà, elle connaît mon odeur.

Je remonte à Paris avec Bada, pour régler certains détails. Il est temps de se refaire de faux papiers. Pendant notre absence, les autres ont élaboré une technique formidable, qui nous permet d'avoir de vrais faux passeports à la Pasqua. C'est très basique : on va à la mairie avec un faux livret de famille, on se fait remettre un extrait de naissance. Avec cet extrait de naissance, on passe dans le bureau d'à côté, et on fait une demande de carte d'identité et de passeport. On fait le tour des mairies pour avoir plusieurs jeux. On est au top.

Bada décide de percer l'abcès :

– Mais qu'est-ce que t'as, avec ta fille ?

– Quoi, qu'est-ce que j'ai ?

– Ça me gène de te dire cela, mais je trouve que tu n'as pas l'air très proche d'elle. C'est curieux. Tu l'attendais cet enfant, pourtant…

– Je l'attendais, c'est vrai. Mais elle me fait peur. Elle me fait peur parce que si je l'aime, je l'aimerai plus fort que n'importe quoi. Elle va me paralyser. Je ne sais pas quoi faire. Je n'avais pas imaginé les choses comme ça. C'est terrible, j'en suis à me demander si je ne vais pas les faire rentrer chez les parents de Laurence.

– C'est sûr que ce n'est pas facile. Je ne peux pas te donner d'avis.

On reste une semaine à Paris, dix jours tout au plus. De retour à la maison, Laurence est heureuse de nous accueillir. Par automatisme, je me dirige vers ce berceau où m'attend cette enfant à laquelle je refuse de m'attacher. Et là, il se passe quelque chose de totalement imprévisible. Au moment où je me penche sur elle, cette enfant qui ne me voit pas, mais qui me ressent, esquisse un énorme sourire. Elle commence à trépigner dans tous les sens, a l'air très heureuse. Je suis saisi d'une émotion très forte. C'est elle qui a choisi, je ne peux plus faire marche arrière. Je la prends dans mes bras, et je lui dis :

– Eh, tu me veux quoi, toi, là ? Tu me connais pas et tu me fais déjà des déclarations d'amour ?

Je la serre fort dans mes bras, et je danse presque avec elle.

– Bon, on fait un essai, mais on se promet rien, hein ?

C'est comme ça qu'on devient père de famille. Avec tout ce que cela implique. Ma vie ne m'appartient plus, ma vie c'est elles.

Ces sentiments neufs, personne ne nous les apprend. On n'éduque pas les gens à aimer ses enfants. On l'a en soi – ou pas –, c'est tout.

À dater de ce jour, je me sens investi d'une responsabilité dont j'ignorais tout auparavant. Rien ne sera plus pareil. Fini les risques gratuits. Tout ce que je ferai sera calculé, mesuré. Cette famille que j'ai construite, je ne veux pas la perdre.

Pour devenir le maître du monde, il faut beaucoup de silence. Au revoir, je disparais. Vous n'entendrez plus jamais parler de moi. Une base à Paris pour assurer le biz, et je suis un fantôme. Je n'existe plus, Henri me représente. Il devient un autre moi-même, la muraille qui me cache, mon messager pour tout.

Les années qui suivent vont être tranquilles. Petites affaires, peu de risques, budget moyen. Pas milliardaires, mais tout va bien.

Je vis à la coule entre femme et enfant. Bada n'est pas souvent là, mais la maison est aussi la sienne. Il part sans que l'on s'en rende compte et revient sans faire de bruit, les bras chargés de cadeaux pour ma fille. Elle reconnaît en lui son unique famille au-delà de ses parents. Bada, c'est tonton. Malgré le plaisir que nous procure cette famille choisie, on ressent, Laurence et moi, une grande amertume de ne pas pouvoir faire partager à nos parents la joie d'être grands-parents. Une frustration majeure.

Bada me rapporte les nouvelles du front, je lui chuchote des trucs que l'on est seuls à comprendre. À part ça, on ne parle jamais affaires. Il me dit que les gens sont étranges et que mon silence accroît mon prestige aux yeux de ce monde parallèle qui est le nôtre. La légende, ça n'existe pas. Ce sont les autres qui la fabriquent. Celui qui en est l'objet est libre de l'entretenir ou non.

Un an après la naissance de ma fille, Henri devient père à son tour. Une fois de plus, on est en parfaite synchronie. C'est important, lorsque l'on est si proches, de partager le même mode de vie. La naissance d'Anto, sa fille, me sort de l'isolement que je me suis imposé. Nous voici deux familles identiques, avec le même objectif : que nos enfants aient une vie plus facile que la nôtre. Le père d'Henri était éboueur le jour, alcoolique la nuit. Le mien était un taulard. Nos mères, toutes les deux victimes de maris que le hasard avait jetés sur leur route et que l'amour leur avait fait épouser. Avec cette nouvelle génération, le malheur doit s'arrêter.

Nous sommes des voyous parce nous y étions destinés. Vu le contexte de l'époque, cela restait encore la voie la plus prometteuse. Mais nos femmes seront heureuses, et nos enfants connaîtront autre chose. Ils feront des études, ils obtiendront des diplômes, ils auront des carrières. Ils seront fiers de leurs parents.

On élit résidence dans la région niçoise, sur les hauteurs. Des villas louées à l'année, pour un loyer raisonnable. Aux fatidiques questions des commères, les réponses sont claires et déclenchent généralement l'admiration :

– Non, je ne travaille pas, j'ai décidé, avec l'accord de ma femme évidemment, de prendre une année sabbatique pour regarder grandir ma fille. Ça grandit vite, vous savez…

Va répondre quelque chose à cela.

En somme, j'ai pris pas mal d'années sabbatiques, mais sans jamais rester plus de douze mois dans la même demeure, pour ne pas attiser la curiosité plus que de nécessaire.

C'est pratique, une villa, surtout lorsque les beaux jours arrivent. Henri vient me rejoindre avec sa petite famille. Leur présence me réjouit. C'est vrai que Maria, la femme d'Henri, est têtue comme l'armée allemande en déroute, mais à par cela, elle est de nature rieuse.

On regarde nos filles jouer dans le jardin, on fait attention à ce qu'elles ne s'approchent pas de la piscine – bien qu'elles sachent déjà nager. Les femmes préparent le dîner.

Henri :

– C'est de la folie, on dirait deux sœurs siamoises. J'ai l'impression de nous voir à leur âge.

– Arrête, tu me fais peur ! J'espère qu'elles font pas ce qu'on faisait à l'époque. Je sais pas si c'est une si bonne idée que ça de les laisser grandir ensemble… Avec un passé comme le tien !

Henri s'occupe du barbecue. C'est un spécialiste. Dans le jardin, ça sent la grillade, la merguez, la côte de bœuf. Les tables sont toujours pleines, comme si chaque jour était une fête. Bada, qui a disparu depuis quelques jours, nous rejoint à peine le repas entamé. Il a la faculté de se glisser et de reprendre sa place comme s'il ne l'avait jamais quittée. Qu'il soit présent où non, le couvert est toujours mis, et sa place toujours libre. Comme des ressorts, les enfants se lèvent pour l'accueillir. Il est servi comme le petit prince. Et c'est vrai qu'il est le petit prince. Toujours aussi lumineux, il dégage une force qui laisse croire que jamais rien ne pourra lui arriver.

C'est ça, la vie de cavale. Contrairement à ce que l'on croit, ce n'est pas les bars à putes, les copains, copines, les calibres qui se baladent. Très peu de sorties nocturnes, on s'embourgeoise, et on y prend goût.

*

Et puis, comme toujours, et sans qu'on y prenne garde, le malheur arrive par une porte dérobée. Ils sont partis à quatre, sur deux motos. À l'arrivée, ils ne sont plus que trois. L'un d'eux est mort en route, c'est Bada. Exécuté.

Henri me parle, mais je ne l'entends pas :

– C'est de la faute de personne. Une connerie invraisemblable. Ils n'étaient même pas sur une affaire. Ils étaient en moto, Bada à l'arrière, ils se font prendre en chasse par une paire de motards.

– Tu veux dire que les flics étaient deux ? Seulement deux ?

– Oui.

– Et eux, à quatre mecs, ils ont pas réussi à s'en sortir sans casse ! Mais comment c'est possible ? Mais je vais les buter tous les trois !

– C'est pas de leur faute, je te dis, c'est un accident. Un accident très con, comme tous les accidents.

– Un accident, mais de quoi tu me parles ?! Ils me l'ont tué, putain !

– Écoute, je te jure, c'est une histoire de cinglés. Cela n'aurait jamais dû se passer.

– Alors, qu'est-ce qu'il s'est passé, putain de merde, raconte ! Qu'est-ce qu'il s'est passé ?

– D'abord, les deux motos se sont séparées. Le classique, ce qu'on fait toujours dans ces cas-là. Tu vois comment ça se passe, on force les motards à se disperser, chacun derrière une moto, c'est presque un jeu, à la limite… Ça va jamais bien loin en général. Ils font semblant de te poursuivre et ils lâchent dès qu'ils sont seuls. Sauf que là, ils se sont arrêtés, place Victor-Hugo, à cause d'un embouteillage, j'imagine. Le motard est descendu et s'est dirigé vers eux. Bada, tout en décontraction, l'a braqué, pour lui faire comprendre qu'on n'était pas là pour jouer. Le mec a flippé. J'en suis pas sûr, mais je pense que Bada a tiré. Pas pour le tuer, sans ça il serait mort. À deux mètres cinquante de distance, un mec habitué aux armes comme lui n'aurait pas loupé une mouche.

– Mais pourquoi il a tiré, alors ?

– Pour lui faire peur, je crois bien… Ç'a été là, sa connerie. Parce qu'en face, de l'autre côté de la place, il y en avait un qui n'était pas là pour jouer, qui était là pour tuer, au contraire. Un flic de la DST, qui était en planque pour autre chose. Il a suivi la scène, a mis Bada en joue, et lui a foutu une balle dans la tête.

Je me prends la tête entre les mains. Je hurle : « Mais c'est pas vrai, c'est pas possible, mourir comme ça, bêtement, pour rien, pour rien, pour rien… ». Tu meurs sur une affaire, tu peux toujours trouver des raisons de t'apaiser. Mais mourir comme ça, c'est insupportable.

Henri :

– C'est comme ça, c'est comme ça, c'est la vie, c'est notre vie. On ne peut qu'avoir de la peine. C'est tout. Toi peut-être plus que les autres, mais crois-moi, ma peine est immense.

En le tuant, ils m'ont tué. Tout est remis en question. Je ne sais pas comment je vais faire pour vivre sans lui. Cela fait six ans qu'on est collés l'un à l'autre. Comment vais-je raconter cela à ma femme et à ma fille ? Comment sa mère va absorber l'idée d'un fils mort à vingt-six ans ?

Déflagration à double détente. Comme toujours, quand je reçois un tel pavé dans la gueule, je m'endors. Et je ne comprends réellement que le lendemain, au réveil, comme lors d'une incarcération. Chez nous, quand quelqu'un meurt, on ne l'enterre pas. Il n'y a pas de dernier adieu. D'un côté c'est dur, et en même temps c'est mieux. Quand tu n'enterres pas quelqu'un, il n'est jamais vraiment mort.

Comme à chaque fois qu'une tragédie se produit dans ce monde parallèle, notre mode de vie en prend un sacré coup. Les automatismes reprennent leurs droits, plus personne ne se connaît. Il faut laisser passer l'été. Avec la rentrée, c'est toujours une nouvelle vie qui vient. Les flics eux-mêmes reviennent de vacances et comme tout le monde, ils ont la tête lavée.

En attendant, avant les vacances, un événement majeur se produit. Pour la France, et pour mon destin. Le 10 mai 1981, c'est l'élection de François Mitterrand. Dans ma vie, il y aura un avant et un après cette grande date. Mitterrand contre Giscard. Lequel des deux va l'emporter ? Théoriquement, je devrais n'en avoir rien à foutre. J'ai été banni de la société. Cependant, la politique a toujours eu une importance majeure pour moi. Quand on part de si bas, on ne vote pas Giscard. Mais surtout, je suis beaucoup plus concerné, beaucoup plus profondément, que tout le reste de mes compatriotes, parce que Mitterrand propose l'abolition de la peine de mort.

Devant ma télé, je vois le sommet de cette tête dégarnie apparaître. Je pense instantanément « Giscard ». Mais c'est Mitterrand qui se dévoile. Le soulagement est énorme. Si Mitterrand a réussi, c'est que tout est possible. Parti de si loin, lui aussi... Encore quelques jours avant, il était impensable qu'il batte le président sortant. L'atmosphère qui règne en France ce jour-là est indescriptible. Le peuple est descendu dans la rue. Tous ont le sentiment d'être un bout de Mitterrand. La France leur appartient enfin. La première loi votée à l'Assemblée est l'abolition de la peine de mort. J'aurais aimé que Bada voie ça.

Quelques mois plus tard, une autre date restera dans l'histoire. Le 6 octobre, Anouar el-Sadate, le président égyptien, est assassiné. À cette même date a lieu le premier hold-up signé du gang des Postiches, ce deuxième événement laissera peut-être moins de traces dans l'histoire du monde, mais sur ma vie, il aura des conséquences bien plus catastrophiques.

*

Je promène mon deuil dans les rues huppées de la capitale. Bada n'a jamais été aussi vivant dans mon esprit. Il est là comme une obsession, une responsabilité que je ne pourrai jamais effacer. Je ne peux m'en libérer, convaincu que si j'avais été à ses côtés ce jour-là, il n'aurait jamais connu une telle fin. Je vomis cette vie.

Je suis alors à Paris, pour affaires. Seule l'idée de ma femme et de ma fille m'empêche de péter un câble. Et puis, comme un miracle, un signe que Bada m'aurait envoyé, je me retrouve face à face avec un palmier. Enfin, pas un vrai palmier, mais une affiche magnifique, placardée sur la vitrine d'une agence de voyages, où cet arbre de paradis est planté sur une petite île déserte, au beau milieu d'une mer émeraude. En bas de l'affiche, on peut lire « Bienvenue à Ceylan ». Aimanté par la photo, j'entre instinctivement dans l'agence, et je demande un billet « pour ça ».

– Ça quoi, monsieur ?

– La photo que vous avez en vitrine, où il y a marqué « Ceylan ».

Je n'ai aucune idée de ce qu'est Ceylan. Je vois plutôt cela en Amérique du Sud. Mais j'ai besoin d'y aller. Il faut impérativement que je m'invente de nouveaux souvenirs, que j'arrête de ressasser mon amertume comme un vieux qui radote.

Je prends deux billets. Un, départ fin de semaine. Le deuxième, pour Laurence et ma fille, départ une semaine après. D'un coup, je me sens heureux. Enfin, quelque chose de neuf. Je vais réaliser mon rêve le plus ancien : aller au bout du monde. Je sens que ce voyage va tout changer. Je ne sais pas s'il va me rendre meilleur, mais il va me rendre différent.

Avant de redescendre dans le Midi, j'appelle Henri, qui me rejoint pour dîner. Évidemment, il arrive en moto. Au cours du repas, je lui dis :

– Ça te dirait de faire un voyage ?

Je lui sors les billets. Je lui explique que je pars en tête, pour faire l'état des lieux et je lui propose de me rejoindre dix ou quinze jours plus tard. Henri, évidemment, est toujours partant. Il embarque dans l'aventure sa femme et son enfant.

De retour dans le Sud, je sens qu'il règne dans la maison une espèce de tristesse masquée. On n'avait rien dit à ma fille, mais les enfants ressentent les choses. Ils savent toujours avant les autres, et ils se taisent. Ce secret est pesant, il nous met mal à l'aise. J'attrape ma fille, je lui fais voir les billets d'avion, et je lui dis :

– Tu te souviens de ce film que je t'ai montré, Robinson Crusoé, eh ben, on va aller le rejoindre.

Je lui montre la photo de Ceylan et je lui dis que c'est notre destination. Ma fille me répond par un grand « Whaou ! »

Enfin un peu de gaieté…

À Laurence :

– Il y a deux billets : voici le tien, avec celui de la petite. Je pars une semaine avant toi, parce que c'est pas l'Europe quand même. Je veux vérifier que c'est bien. Je t'appelle en arrivant, et si ça me plaît, vous me rejoignez. Sinon, je reviens.

Laurence et ma fille m'accompagnent à Roissy. Elles vont habiter un studio qui me sert de base quand je viens à Paris. Ça nous permet de rendre la maison et de faire les choses dans les règles : quand le douanier voit s'approcher une femme avec un gosse, il prête peu d'attention à ses papiers. Soudain pourtant, ça m'arrache le cœur de partir. C'est toujours comme ça. On fait les choses, et au moment de les faire, on se demande pourquoi on les fait.

Je me retrouve seul dans ce 747, en route pour une destination dont je ne connais rien. D'un seul coup, ce voyage ne me plaît plus. Si je pouvais descendre de l'avion, je crois que je descendrais tout de suite. Mais putain, qu'est-ce que je fous là ? Je suis con, ou quoi ?

Le voyage va être très long. Pas moins de onze heures. J'ai avec moi toute la panoplie du parfait touriste. Monsieur Hulot en voyage. Je sors de mon sac de quoi me construire un appartement. Entre la bouffe, le jeu d'échecs électronique, le traducteur électronique, les livres et les cassettes pour apprendre l'anglais en quatre-vingt-dix leçons, je m'installe, sous le regard curieux de mes voisins. Ça y est, je suis paré.

De ma vie, je n'ai jamais fait d'une traite un voyage aussi long. Épuisant. Mais quand on arrive aux abords des côtes du Sri Lanka, ce que voient tes yeux, une photo ne peut pas le reproduire. Des couleurs uniques, le paradis sur terre. Palmiers, lagons, bananiers… Je suis subjugué par tant de magnificence. Je suis le premier à sortir de l'avion, directement sur le tarmac. Une chape de chaleur s'abat sur moi, j'ai l'impression d'être sous le feu des réacteurs, mais non. C'est l'air local, un air étouffant mais délicieux, plein de senteurs inconnues.

Je fais semblant d'être pressé pour arriver le premier à la douane. Un premier, ça ne se cache pas. Plus honnête, tu meurs. C'est vers le milieu de la file que ça devient chaud. C'est là que les douaniers cherchent les récalcitrants, les sous-doués du trafic, les malfrats à la petite semaine. C'est là qu'ils se cachent, au milieu des innocents.

Un peu comme le jour de mon arrivée au Maroc, je suis frappé par cette uniformité de visages étrangers à la peau noire, au parler totalement différent, aux mimiques sans rapport avec les nôtres. Un hochement de tête peut vouloir dire « non ».

Je suis tellement entré dans mon rôle d'homme pressé que, au lieu de prendre un taxi, je monte sans faire attention dans la bagnole du premier mec qui se présente comme tel, mais qui ne l'est pas du tout en réalité. Le type est élégant, je ne me méfie pas. Mais une fois dans la voiture, après lui avoir demandé de me conduire dans le plus grand hôtel de la ville, j'aperçois une file de vrais taxis, auxquels celui-ci ne ressemble pas du tout. Je lui demande des explications, mais il ne comprend rien, et je ne comprends pas plus ce qu'il m'explique. Je commence à m'inquiéter. Ces histoires d'enlèvements de touristes, au Mexique ou Brésil, me reviennent en mémoire et au lieu de contempler le paysage, mes yeux restent braqués sur la nuque de mon chauffeur. S'il vient à me faire un coup tordu, je lui brise le cou. Voilà sous quel signe commencent mes vacances.

Subitement, il sort de l'autoroute, s'engage dans un chemin de terre. Je songe « Quelle triste fin... Mourir entre les mains des Sri Lankais, après avoir échappé à la BRB. » Le mec s'arrête devant une baraque, il échange quelques mots, à une rapidité invraisemblable, avec une Sri Lankaise, finit par lui dire O.K. et puis repart. Pour moi, c'est clair, il vient de la prévenir d'avertir les autres. Personne ne sait où je suis. Je pense à ma femme et ma gosse. Je suis affligé à l'idée de mourir comme le soldat inconnu. Je me promets que dans tous les cas, je ne partirai pas seul. Le type récupère l'autoroute et ne tarde pas à me déposer devant l'Oberoi, le plus bel hôtel du monde. Un coup de parano gratuite, mais je pense que n'importe qui dans ma situation aurait eu l'esprit traversé par les mêmes idées. C'est la première fois que je voyage seul, et je suis complètement paumé, puisque je ne maîtrise ni la langue ni les coutumes. Je manque tellement de repères que je suis incapable d'exprimer ce qui me passe par la tête.

L'hôtel est un monument en soi. Le palais des mille et une nuits. Cinquante mètres de hauteur sous un plafond étincelant de luxe et de raffinement, incrusté de centaines de motifs scintillants, finement ciselés, de fresques et de peintures enchanteresses.

J'atterris dans une suite ultra-luxueuse, et je deviens « bwana ». Deux serviteurs m'accompagnent, ça me gêne un peu. Ils déposent mes bagages, je leur donne un pourboire. Je n'ai pas le temps de prendre un bain qu'on sonne à la porte : un plateau de fruits avec les compliments de la direction. C'est magnifique, à ceci près que, quel que soit l'endroit de la planète, il n'y a rien de plus terrible qu'une chambre d'hôtel. C'est d'un froid ! Peut-être que je transporte en moi le syndrome de la cellule. Je disperse très rapidement mes affaires pour donner de la vie à ce lieu. Dans un premier temps, j'imagine que tout le pays est au diapason de ce luxe extraordinaire. Surexcité, je me change, je me fringue tout en kaki et je demande à un taxi de me faire visiter la ville. Bien évidemment, je fais très attention cette fois-ci, et je demande au concierge de noter le numéro du taxi, au cas où on ne sait trop quoi. Le Sri Lanka étant un pays où la délinquance n'existe pas, le mec ne comprend pas bien ce qui me prend. Passons…

Le chauffeur me fait faire le tour de Colombo. Le bord de mer est magnifique, mais la ville, mon Dieu !, c'est un bidonville. Si on prenait un Sri Lankais de Colombo et qu'on lui faisait passer des vacances à Belleville, il aurait l'impression de se trouver à Saint-Trop. Je suis affligé par le spectacle qui s'étale devant mes yeux. Tout est sale et délabré, les gens vivent dans une pauvreté qu'on ne peut pas imaginer depuis l'Occident. Comment on peut faire du tourisme et se sentir bien face à cette misère ?

Je demande au chauffeur de m'amener à la poste pour téléphoner à la maison. Je me retrouve dans une de ces postes du Moyen Âge, où j'attends deux heures pour obtenir la ligne. On entend un mot sur deux, mais je suis soulagé d'avoir Laurence au téléphone, d'entendre la voix de ma fille. Je n'ai pas l'impression d'être Marco Polo, loin de là. L'image qui me vient spontanément à l'esprit a plus à voir avec Cayenne. Je leur dis exactement où je suis, des fois qu'on me perde.

J'hésite à retourner immédiatement chez Air France pour prendre un retour le soir même, où à laisser passer une nuit. Je déteste cet endroit. Ce que je ne sais pas encore, c'est qu'on n'est pas condamné à sa condition de touriste. À l'étranger, on peut aussi aller à la rencontre des autres. Le chauffeur de taxi, qui jamais n'a gardé un client aussi longtemps, me propose, pour faire durer le plaisir, de m'emmener dans un hôtel de passe. Je ne suis pas trop réticent. Là, je découvre un truc unique, quelque chose qu'on ne voit que dans les films. Derrière une façade plutôt anodine, un hall de réception ouvre sur un véritable hôtel. Dans un beau salon, une vingtaine de nanas sont assises. Pour rendre le truc plus surréaliste encore, débout, à côté d'elles se tient un nain. Les filles, incroyablement gentilles, s'accrochent littéralement à moi. On m'apporte à manger. Je ne touche à rien, de peur de me faire empoisonner, toujours cette même parano. Le salon est coupé en deux par une verrière derrière laquelle je distingue deux touristes allemands, en tenue coloniale, en train de se faire ventiler. Je baragouine un mélange de français et de trois mots d'anglais, quand d'un coup, un type s'approche de moi et me demande :

– Vous êtes français ?

Je suis tellement heureux d'entendre quelqu'un parler français qu'en cinq secondes je m'en fais pratiquement un parent. Le mec est une espèce de routard malin qui, cerise sur le gâteau, se révèle originaire du XIXe arrondissement, pas très loin de mon Belleville. C'est lui qui va m'expliquer comment il faut voyager. Parce qu'il y a voyager en Europe, et voyager en Asie. Ça n'a rien à voir. Si à cette époque la plupart des gens détestent ces pays, c'est qu'ils n'en connaissent pas le mode d'emploi. Il est pourtant très simple : aller chez Avis, louer une bagnole avec un chauffeur qui fait guide en même temps.

Après avoir bu un verre avec ce type, je l'invite à dîner le soir-même. L'Oberoi le trouble un peu, mais le repas se passe bien. Je lui propose de faire route commune quelques jours, mais il n'est pas disponible.

Le lendemain, je me retrouve chez Avis, à louer une bagnole, avec Mike en prime, un chauffeur d'une gentillesse exceptionnelle. Il me propose immédiatement de quitter Colombo. C'est la ville où l'on atterrit et qu'on quitte tout de suite, m'explique-t-il. En une semaine, il me fait faire tout le tour du pays, j'en prends plein les yeux, un festival insensé de splendeurs naturelles, artisanales, architecturales, animales. On s'arrête à Jaffna, à Kandy, la capitale historique, à Negombo, la cité balnéaire pour milliardaires, où l'on retrouve toute l'atmosphère du luxe asiatique. Entre chaque étape, la route est un cinéma permanent, un défilé de paysages magiques, de scènes émouvantes. Loin de la ville, la misère n'a plus les mêmes couleurs. Comme prévu, du coup, à la fin de la semaine, je vais chercher ma femme, ma fille, Henri et sa famille à l'aéroport. Et je les emmène avec moi sur les traces encore fraîches de mon petit périple.

Une image me poursuit. Je suis avec ma femme et ma gosse, on marche. Le Sri Lanka, c'est une Inde en miniature. On s'arrête à un carrefour pour laisser traverser une classe d'enfants tous vêtus du même uniforme, une blouse bleue et une chemise blanche. Je suis frappé par leur beauté. Mike m'explique qu'ils portent la même tenue pour empêcher de distinguer les riches des pauvres. En regardant ces enfants je ne peux pas m'empêcher de penser que cette instruction qu'ils sont en train de recevoir, ce sont les graines de la guerre qui sont en train de germer. Ça se lit dans le regard des gosses. L'instruction va les conduire à la révolte.

Là-bas, chaque famille de paysans a un cocotier. Le lait de coco, au Sri Lanka, ça sert à tout, ça fait même office de médicament. Et un coucher de soleil ne se conçoit pas sans l'ombre d'un cocotier qui se découpe sur l'horizon. Un jour, alors qu'on contemple un de ces tableaux magnifiques, animé par les mouvements d'un paysan courbé, en train de travailler, j'explique à ma fille :

– Tu vois ce monsieur, il a une famille, comme nous. Mais si la récolte de riz n'est pas bonne, il va mourir, avec toute sa famille. Parce qu'il n'a pas d'autres moyens de subsistance.

Le sort de ces gens ne tient qu'à quelques grains de riz. D'une certaine manière, on s'habitue à tout. Au choléra, comme à la misère du monde. De l'autre, je ne peux pas rester insensible. Quelles que soient les fortunes que j'ai pu posséder, l'envie de faire la révolution ne m'a jamais quitté. Je sentirai toujours la violence qui sourd sous la beauté.

*

Au Sri Lanka, on passe un mois, que le souvenir va rendre merveilleux – parce que c'est toujours comme ça : sur le coup on ne se rend pas compte. On a entendu parler des Maldives, des îles paradisiaques, paraît-il. À l'impro, comme tous les mouvements que l'on va faire au cours de ce voyage, on décide d'y aller. Sans avoir la moindre idée de ce qui nous attend.

Bienvenue dans le paradis préfabriqué. On atterrit à l'aéroport de Mahé, sur une piste aussi longue que cette minuscule île peut l'être. Si le pilote se loupe, il y a pas d'issue, t'es à la mer. De Mahé, une ville grouillante de monde, on prend tout de suite un bateau en direction d'une autre île de l'archipel. Là, on a droit à tout. Tennis, planche à voile, boîtes de nuit, tout ça dans un périmètre formidablement réduit. Le tour de l'île se fait en vingt minutes à pied. Ça me rend complètement claustro. Un endroit où on ne peut pas se balader, pour moi c'est Fleury-Mérogis. Je déteste. Pour les autres, c'est le paradis. Ils sont tous heureux. Moi, je suis survolté. Du coup, pour passer mes nerfs, je casse les couilles à tout le monde. C'est ma distraction majeure, jusqu'à ce que je m'intéresse au club de plongée. On s'inscrit, pour passer un diplôme, et découvrir l'envers de notre monde, sa face cachée, que personne ne connaît. C'est un voyage à l'envers, le long de la falaise qui tombe à pic au fond des mers, juste après la barrière de corail, comme si on longeait une montagne inversée. Une fois les signes appris, le langage du plongeur, on vit une expérience folle. Les couleurs, les poissons, la descente dans le fond, le silence… C'est un étrange bonheur. En vérité, l'origine de cette euphorie, et qui rend très dangereuses les plongées non accompagnées, est à chercher dans l'oxygène contenu dans les bouteilles. Je n'ai jamais trouvé ma femme plus belle que ce jour-là dans l'eau. Avec ces bouteilles dans le dos, tout est magnifié. On plane, on est en apesanteur pratiquement.

On descend par paliers, si bien qu'on ne se retrouve jamais trop bas. Heureusement. Arrivés à vingt mètres sous l'eau, j'ai un problème d'oxygénation. Je fais signe au moniteur, qui croit que je plaisante jusqu'à ce que je l'agrippe et me mette à le secouer pour lui faire comprendre, et qu'il nous fasse remonter en catastrophe. Depuis ce jour, je me dis que les poissons, les murènes et tout ce qui va avec, il vaut mieux laisser cela aux écologistes. Mourir pour une sardine, ça vaut pas vraiment le coup. Donc, au revoir les Maldives. Je déteste cet endroit.

On ne veut pas louper les Indes. On débarque à Trivandrum, à l'extrême sud du sous-continent, à cinq cents kilomètres tout au plus des côtes du Sri Lanka. Sitôt sortis de l'aéroport, on est assaillis par une nuée de gosses faméliques, malades, amputés de certains de leurs membres... Une horreur. On est venus pour des vacances, on se retrouve, avant même d'avoir débarqué, en plein milieu de la cour des Miracles. Les filles sont effrayées de voir des enfants de leur âge avec des bras en moins, jambes en moins, et nous, obligés de les repousser. C'est terrifiant, dramatique et douloureux.

On a choisi notre hôtel en vue de faire une halte à Pondichéry, le comptoir français qui n'est pas loin. La ville n'est pas un haut lieu du tourisme, il n'y a pas de chaînes d'hôtels internationaux. Le chauffeur de taxi – je fais bien attention que ce soit un vrai taxi cette fois – nous dépose du coup dans un endroit somptueux, un palais indien, situé en plein centre-ville, où on nous met à disposition une suite par personne. La décoration est éblouissante, les murs sont tapissés de satin, les meubles faits d'un bois finement travaillé... Et le tout pour cent balles la nuit. Ne connaissant pas les alentours, on dîne au restaurant de l'hôtel où l'on nous offre un repas divin. La gastronomie indienne est une des meilleures du monde. Il y en a pour tous les goûts. C'est impossible de ne pas aimer la gastronomie indienne.

Je dis à Henri, qui depuis le début du voyage comptait frénétiquement ses sous :

– C'est pas cher ici, hein ?

– Ah non, c'est super !

– T'as qu'à demander la nationalité, et t'installer ici. T'auras même pas besoin de comptable : tout est gratuit.

– Pourquoi tu me dis ça, exactement ?

– Pour te faire remarquer qu'à Paris tu dépenses mille balles en boîte pour une bouteille de JB et que, sorti de France, tu me donnes le sentiment que chaque centime dépensé est quelque chose qu'on t'arrache. Fais gaffe, tu vis le syndrome du touriste.

– Et on peut savoir ce que c'est, ça, le syndrome du touriste ?

– C'est pas l'argent que tu dépenses qui t'emmerde, c'est l'impression de te faire baiser, et d'être pris pour un con.

Le lendemain matin, on se lève avec l'envie de flâner un peu. Mais ce qu'on voit en sortant de l'hôtel, c'est quelque chose que je n'ai plus revu depuis les manifs de mai 68 : il y a plus de monde dans la rue qu'à Saint-Michel dans la nuit la plus chaude des barricades. Un truc de fous, invivable pour un Occidental. On est littéralement collés les uns aux autres.

Tant pis pour Pondichéry. Mais on veut quand même un peu visiter les Indes, et on prend des billets pour Bombay, départ le jour même. Bombay, c'est tout le contraire. C'est Nice, en plus grand. La ville est sur la côte, avec sa promenade des Anglais, et des hôtels qui ont pratiquement la même architecture que les hôtels niçois. C'en est stupéfiant. L'Oberoi, par exemple, c'est la copie conforme du Negresco, les mêmes courbes, la même structure, tout. Après une nouvelle hallucination devant la splendeur de l'hôtel, on se rend vite compte qu'il n'y a pas grand-chose à foutre aux Indes. Dans les capitales, on ne peut rien faire parce que ce n'est pas touristique. Au bout d'une journée, je leur lance qu'il y a qu'un seul endroit qui a une réputation de ouf, c'est Goa. On se dit que la meilleure manière de visiter l'Inde, c'est de traverser le pays en autobus. Mauvaise idée. Ça commence pas trop mal, mais plus on rentre dans les terres, plus la situation se dégrade. Les bourges font des parcours très courts, mais le bus se remplit au fur et à mesure de toute la campagne indienne, et rapidement, on se retrouve entassés. L'état des routes est déplorable, le chauffeur conduit comme un dingue, la moitié du temps au milieu de la voie opposée. On manque de mourir vingt fois, je me retiens pour pas le tabasser… Le flip de notre vie. Sans parler des restos routiers où on s'arrête, où il faut manger la bouffe du pauvre, quelque chose qui n'a plus rien à voir avec la gastronomie indienne, sans parler de la durée du périple, qui s'étend quand même sur un jour et une nuit – alors qu'en avion ça nous aurait pris quelques petites heures. Bref, on aurait pu être mieux inspirés.

Finalement, on s'arrête à Panaji, une petite ville située à une cinquantaine de kilomètres de notre destination. Les trois autres sont morts, et s'écroulent dès l'arrivée à l'hôtel. Moi, j'arrive pas à dormir. C'est quoi, ce merdier ? Où on est tombés encore ? Il est six heures du mat, je me lève, je prends un taxi, je lui demande de m'emmener à Goa. Pour y arriver, il nous faut traverser un fleuve en voiture, un truc d'un archaïsme hallucinant. C'est à peine si le chauffeur ne tire pas son véhicule avec une corde. J'arrive finalement à destination. C'est magnifique. De l'herbe pousse sur la plage, une vision assez inouïe.

Sauf qu'on est hors saison. Il n'y a personne, pas un touriste. Les hôtels sont vides. Les premiers Européens que je rencontre sont des junkies durs. Au départ, c'est des camés de luxe, mais ils se sont liquéfiés au fur et à mesure. Les locaux me mettent en garde. Ces gens-là, me disent-ils, il faut s'en méfier. Ils sont prêts à tout pour leur came. À cause d'eux, les plages sont jonchées de seringues.

C'est vite vu. Je dis au chauffeur de me ramener à l'hôtel. Les autres viennent de se réveiller. Quand j'arrive, ils sont en train de déjeuner.

Henri :

– Mais t'es passé où ? On était fous d'inquiétude putain !

– J'ai été à Goa, et je suis revenu. J'ai fait cent kilomètres aller-retour.

– Alors, c'est comment ? On y va ?

– C'est Midnight Express, il n'y a que des drogués. C'est sale, les gens, c'est tous des mendiants pratiquement, on ne survivra pas deux jours là-bas.

Je leur décris la ville comme un bidonville. Ce qui est totalement faux, mais je veux les pousser à lever le camp. Trois heures plus tard, nous sommes à l'aéroport, dans un avion qui nous ramène à Bombay, où on reste en transit avant d'embarquer pour la Thaïlande. Voilà, nous avons fait la traversée de l'Inde la plus rapide du monde.

Je me suis trompé de voyage. Il ne fallait pas faire cela avec femme et enfant. C'était un trip de routard. Je n'ai eu qu'un avant-goût des Indes, et cette expérience garde pour moi un goût d'inachevé.

La Thaïlande, c'est le tourisme comme on l'aime, avec les putes en plus. En ces années 80 naissantes, il n'existe qu'une cité balnéaire : Pataya. On débarque, hôtel fabuleux, plage parfaite, des boîtes de nuit en veux-tu, en voilà, tout est fait pour le bien-être du touriste. On peut manger à n'importe quelle heure du jour et de la nuit. Pour des gens qui veulent s'amuser, c'est extraordinaire. Pataya n'est pas le bordel que l'on décrit. La prostitution à la thaïlandaise n'a rien à voir avec ce qui se passe en Europe. C'est pas le tapin d'une nuit. Les filles sont seules, viennent à la rencontre des clients, et elles restent avec eux tout le long du séjour. C'est à toi de les entretenir, tu leur fais des cadeaux. Et au moment de partir, on leur donne une somme d'argent.

On voit énormément de Français, au point qu'il y a une rue française, pleine de restaurants et d'hôtels français. Ça facilite les rencontres, et les échanges d'informations.

Les femmes, évidemment, ne supportent pas l'endroit. De toute manière, la Thaïlande fait très peur. On sent dans ce pays un climat d'oppression, une présence policière hallucinante. D'ailleurs, de quoi vous refroidir immédiatement, dès l'arrivée à l'aéroport, un panneau indique que la personne qui sera prise un joint à la main sera condamnée à deux ans de prison. Ça calme tout de suite.

On nous parle d'un endroit qui s'appelle Bali, en Indonésie. De l'avis de vrais bourlingueurs, c'est l'endroit où il faut aller. Après une dizaine de jours passés là, on décolle pour Djakarta, d'où l'on prend un avion vers Bali. Évidemment, on se trompe d'endroit. À Bali, il y a deux villes à deux kilomètres de distance l'une de l'autre : Sanur, la capitale, où se massent les touristes du troisième âge, et Kuta, la vraie ville de vacances, où on ne croise que des jeunes. Nous, on atterrit à Sanur où on reste trois mois, dans le meilleur hôtel. Là encore pour pratiquement pas un rond. Dans cet hôtel est installé, entre autres, le consulat d'Australie, si bien qu'au bout d'un moment, on devient copains avec un mec qui travaille là. On joue au tennis avec lui. Comme tous les Australiens, il nous répète à longueur de journée qu'il faut qu'on visite son pays. À force, je finis par donner nos passeports, et il nous file le visa de tourisme pour l'Australie.

Bali est un endroit magique. Tout se passe sur la plage. Dans un premier temps, on ne quitte pas notre réserve de milliardaires. Mais on va vite découvrir les danses balinaises, un mode de vie fabuleusement agréable, une culture, une gastronomie, une population bouddhiste très accueillante, et pour ne rien gâcher, une grande tradition de joueurs d'échecs. Franchement, ça donne envie d'y vivre.

Tous les hommes jouent aux échecs. Les chauffeurs de taxi font leurs parties dans la rue, en attendant les clients. Du coup, je passe une bonne partie de mon temps à les affronter dans le parking. Ils jouent de l'argent et on en vient vite à miser des sommes assez importantes.

Je pratique des activités qui me plaisent, je suis là avec ceux que j'aime, ma femme, ma fille, et Henri, que je bats tous les jours au tennis et que ça rend fou… On est bien. La tête libre de toute idée négative. Notre seul impératif, c'est la rentrée scolaire. Nous devons être de retour avant septembre, afin de trouver une école pour ma fille.

Toute notre vie, lorsqu'on quittera la France, c'est vers elle que nos pensées nous ramèneront. Pour la première fois, on veut l'oublier. Comme s'il nous fallait aller jusqu'en Asie pour prendre conscience qu'entre la France et nos origines, un autre monde existe.

Nos collègues de tennis nous ont convaincus d'aller visiter l'Australie. Nos visas sont prêts, on a récupéré deux, trois adresses à Bali. Après trois mois passés dans ce nouveau paradis, on lève le camp pour rejoindre nos ancêtres les Aborigènes. On atterrit à Perth, aux portes du désert, à cinq mille kilomètres de Sydney. Il fait quarante à l'ombre, on est au bord de l'étouffement. Partis dans l'impro, comme d'habitude, on se rend vite compte qu'on a quitté le paradis pour atterrir au milieu de nulle part. L'Australie est un pays très neuf, très vaste. Chaque ville est séparée de la suivante par des centaines de kilomètres. S'il nous prend de vouloir quitter Perth en voiture, on est tenus de prévenir les autorités – sans quoi les assurances ne prennent rien en compte. Il n'est pas exclu qu'on ne trouve aucune pompe à essence sur notre route sur cinq cents kilomètres. Les Aborigènes qu'on croise en ville me font penser à nos clochards de Belleville, mais avec une dégaine tout droit sortie de la préhistoire. Pour tout dire, ils font assez peur. La population blanche australienne les considère, à peu de chose près, comme des sous-êtres humains. Complètement déconnectés qu'ils sont de leur environnement, ils sont pratiquement tous alcooliques.

Le lendemain au réveil, la température a chuté de près de trente degrés. En enfilant un pull, je dis à Henri :

– C'est pas un endroit pour nous, va. Cassons-nous au plus vite.

Par acquis de conscience, on prend un billet d'avion pour Sydney, où l'on découvre une ville à l'américaine, un sous-New York, avec des buildings, une vie assez animée… Mais enfin, pour des Parisiens comme nous, franchement, c'est une ville de seconde main. Avec ses dix-sept millions d'habitants, pour une superficie aussi grande que l'Europe, ce pays ne peut rien pour des Parisiens. Nous, on aime les vieilles pierres, cette bonne vieille France de cette bonne vieille Europe, comme dirait Villepin. En vérité, ce pays nous casse les couilles. Au bout de trois jours, je ne tiens plus en place. Je propose à Henri :

– Ça te dit pas, Tahiti ?

– Quoi, Tahiti ?

– On va pas rester à se faire chier ici, non ? On se croirait dans la banlieue parisienne, à Sarcelles, chez ta mère. Tout est neuf ici, c'est insupportable.

– Calme-toi un peu… Voyager, c'est aussi se reposer. T'es inépuisable ou quoi ? L'Australie ! C'est incroyable… Et on y est ! Et t'as même pas posé ton pied sur le sol que tu veux déjà te casser. On n'a rien vu du pays… André, je t'adore, tu m'as fait faire le voyage de ma vie.

J'étais aux Indes, on a fait le tour en une semaine. J'arrive en Australie, tu veux qu'on se tire au bout du quatrième jour. À Tahiti, ça va être quoi ? Une demi-heure et basta ? Direction le Groenland ? Excuse-moi, mais je fatigue. Je rentre.

– Henri, putain, Tahiti ! Les vahinés, Les Révoltés du Bounty...

– Non, non, je rentre. Je suis obligé de toute façon. On n'a pas les mêmes obligations. T'as de comptes à rendre à personne, toi. T'es en cavale, en un sens, c'est une chance ! Personne va te reprocher d'avoir disparu six mois, mais moi, c'est autre chose...

Henri n'a pas compris qu'au-delà du voyage je suis poussé en avant par autre chose. Depuis la disparition de Bada, je sens la mort qui rôde. Tout cela ne va pas être éternel, mon nom est sur la même liste. Je vis comme le condamné à mort que je suis, je gagne chaque seconde, enrichis mon esprit de toutes ces choses que je n'étais pas né pour connaître. Chaque instant compte. Chaque vision compte. Chaque rencontre compte. J'essaye de compresser le temps, d'y faire rentrer le plus de choses possible, de faire en un clin d'œil ce que d'autres mettent des années à faire.

Mais quelle chance ! Profiter de son enfant comme je l'ai fait. Il faut vingt ans à un père pour passer autant de temps avec son enfant. Quarante, peut-être, pour partager tant de moments avec sa femme. Je ne vais pas lâcher l'affaire. En un an, j'aurai fait autant de voyages qu'un autre dans toute une vie. J'ai une boulimie de tout, nourriture comprise.

C'est bien, finalement, qu'Henri s'en aille. Il part avec des directives précises. À charge pour lui de remettre en état ce que la mort de Bada et tous ces mois de voyage ont disloqué. Il n'a pas tort. Son retour va nous permettre de réorganiser notre vie parisienne dans la perspective – dictée par mon désir de voir ma fille suivre une scolarité normale – que j'ai de m'installer définitivement là-bas. Nous partons pratiquement le même jour, mais dans des directions diamétralement opposées. Lui rentre à Paris, moi je vais rejoindre le rêve de ma vie.

Tahiti. Rien que le nom fait rêver. Moorea, Bora Bora, les Marquises… Chacun de ces mots est une poésie. Ma fille et Laurence sont folles de joie. Mourir avant d'avoir vu cet endroit, ç'aurait été con. Une envie née à Fresnes, quand j'étais chez les mineurs. Alors qu'on était enfermés, ils ont pas trouvé mieux que de nous projeter un documentaire sur Tahiti. Les palmiers, les lagons, les vahinés… Depuis la prison, toutefois, les choses sont sans doute cent fois plus belles qu'en réalité, me disais-je.

En fait, on était loin du compte. La réalité est plus belle encore. À la sortie de l'avion, la première chose qui te saisit, ce sont les effluves de monoï. Il y a quelque chose de magique dans cet endroit, que l'on ressent tout de suite. Papeete est une petite ville magnifique, dont les structures ne sont pas sans rappeler certaines petites villes de la Côte d'Azur comme Antibes, ou Golfe-Juan. Les navigateurs sont tous des hippies et, un peu comme à Istanbul, ils se connaissent tous entre eux, se donnent des nouvelles les uns des autres, et t'attirent dans leur truc.

Les voyages, c'est aussi quelquefois un coup de bol. Une nuit, de Papeete, on prend un petit coucou direction Moorea, une île située trois kilomètres plus loin. En avion, c'est un saut de puce. Cinq minutes, pas plus, alors qu'on aurait mis vingt minutes en bateau. Arrivés à l'aéroport, des touristes tahitiens nous font monter dans leur voiture, qui les conduit dans le seul hôtel de l'île tenu par un Tahitien, M. Gendron, un vieil homme originaire des Marquises. Il a construit son truc, bungalow après bungalow. Les Tahitiens ont l'hospitalité vissée au corps. Pour peu qu'ils se rendent compte que tu aimes leur culture, tu fais immédiatement partie de leur famille. On prend nos quartiers dans cet hôtel. On va y rester quasiment un mois. Le serveur, M. Jacques, une

Á une bar-Mitzvah en 1958 (2ème en partant de la droite) ▶

▲ Henri, à l'école de la rue du Général Lassalle

La bande de Belleville ▶

Portrait de famille au kibboutz d'Haïfa (1er à gauche) ▲

▲ Avec Laurence, retrouvailles improvisées à Ibiza

◀ Greg, Bada et moi au Club Med d'Antalya

▲ Bada en Turquie

▶ Tahiti :
En route
pour un rêve
d'enfant

▼ Se nourrir de poisson
fraîchement pêché...

▼ ... de noix de coco

▲ Et passer ses journées
dans les lagons

◄ Laurence ne se fait pas prier, elle non plus !

◄ Les temples indonésiens

◄ Et les danses locales

▼ Le ciel de l'Australie s'embrase sous les yeux de ma fille

▲ Périple américain en 1981

◀ Juste un regard

▲ De San Francisco…

… À New York City ▶

Première rentrée des classes : au garde à vous ! ▼

Partie de tennis
à Poissy ▶

Le chantier du
Stade
▼

Mes «gardes du corps»
en Centrale▼

Au boulot, maintenant ▼

Rue Mouffetard,
une équipe soudée ▼

espèce de vieux majordome français, très maigre, avec une classe énorme, mais alcoolique, nous prend en affection. Chaque soir, à table, je commande une bouteille de muscadet frais qui, par trente à l'ombre, paraît carrément glacé. Un délice. À chaque bouteille, on en offre un verre à M. Jacques, ce qui accroît d'autant son affection pour nous. C'est un peu comme si chaque fois on lui offrait un lingot d'or.

Ma fille a l'âge des petits-enfants de Gendron. Donc elle intègre ce groupe de gamins, se met à vivre à la tahitienne, à danser le tamouré, tout ! Un truc de cinglés. C'est fou comme les enfants s'adaptent aux cultures nouvelles. En flash me reviennent mes deux premiers jours d'école à mon arrivée en France et la rapidité avec laquelle je me suis intégré. Comme quoi les chiens ne font pas des chats...

Le patron se fait un devoir de nous enseigner toutes les coutumes locales. Une fois par semaine, on a droit aux danses traditionnelles, un autre jour, il nous fait cuire de manière ancestrale du gibier dans la terre, avec des pierres chaudes. Avec le repas, il nous sert du ouroux, une substance au goût de pain, mais provenant d'un arbre. Pour le reste, l'alimentation est à base de riz, de poisson cru... Tous les matins à cinq heures, un bateau nous emmène, Laurence, ma fille et moi, sur une petite île (un motou) située juste en face de l'hôtel. Pour seul équipement, nous avons avec nous un fusil à harpon, une canne à pêche, des allumettes et du sel. Pendant pratiquement un mois, on vit comme Robinson Crusoé. Mon rêve d'enfance que je voulais faire partager à ma fille. Je lui apprends comment on vit comme ça, en pêchant du poisson, puis en le faisant griller, et en se nourrissant pour le reste de noix de coco. La noix de coco se consomme sous trois formes différentes. Il y a la verte, que l'on décapite et dont on boit l'eau, la noix de coco traditionnelle, que l'on casse et dont on mange la chair blanche, le sol en est jonché, et la noix de coco qui a explosé, après avoir pourri en quelque sorte ; cette explosion en faisant une sorte de pain. Autrefois, les Tahitiens ne vivaient que de cela, et des fruits du coin.

Au bout d'un mois, on quitte la famille Gendron pour effectuer le parcours du touriste lambda : Bora Bora, Rangiroa, l'île de Marlon Brando… Marlon Brando était un fou génial. Il a acheté une île, le mec. Va expliquer au marchand de beignets de la rue de Belleville que l'on peut acheter une île… Est-ce qu'on peut acheter une rue à Paris ?

Lui, il s'est tout simplement proclamé roi d'une île. C'est ce qui me vient à l'esprit en voyant la maison exceptionnelle qu'il se fait bâtir – et qu'il ne finira d'ailleurs jamais de construire. Perchée en haut d'une dune, face à l'océan, construite dans une architecture fuselée hypermoderne, cette maison magnifique n'en épouse pas moins les courbes et les teintes du paysage.

Non, Brando ne veut pas être le roi fou d'une île perdue du Pacifique. Il aime Tahiti, ses actes parlent pour lui. Il veut préserver les lieux. Son île est jumelle d'une autre, sauvage, située trois cents mètres plus loin. L'île aux oiseaux. On y accède à pied, en marchant dans un fond de cinquante centimètres d'eau. Tous les oiseaux du coin y viennent pour faire leurs petits. C'est un endroit pour eux, sans prédateurs.

Sur son île, Brando a fait construire une piste d'atterrissage en terre pour préserver la nature. Son hôtel est un village. Il nous oblige à vivre à la tahitienne : pas d'électricité dans les bungalows, on vit avec la lumière du jour. Quand la nuit tombe, il faut dormir. Alors, après le dîner, dans une atmosphère un peu surréaliste, on va regarder, sur le bord de mer, le soleil s'éteindre. Assis sur la plage, tous les trois, on contemple un festival de couleurs dont j'ignorais l'existence. Plus le soleil tombe, plus les couleurs de la mer changent, passant par toutes les teintes du rose au mauve, au bleu nuit, au gris perle, au gris foncé… Jusqu'à ce que la lune éclipse le soleil.

On garde le silence, saisis par l'émotion que nous cause cette nature qui s'adresse si magnifiquement à nous.

Pour revenir sur nos pas, il faut repasser par l'île de notre arrivée, le seul endroit de l'archipel où il y a une piste suffisamment grande pour un bimoteur. On décolle immédiatement pour Papeete, dernier stop avant le vol retour. On prend conscience de ce qui nous avait échappé au départ : les Tahitiens ne montrent pas aux Français une grande estime. À leurs yeux, les Français ne leur apportent rien, et leur prennent tout. À part Gendron, qui a son hôtel, tout est aux mains des Occidentaux. Il faut dire que les Tahitiens ne font rien pour avoir quelque chose. Les biens matériels, ils n'en ont rien à foutre. À leurs yeux, le progrès est d'abord une nuisance. Ils sont heureux de pouvoir vivre de la pêche.

Cela ne nous empêche pas de profiter, pendant ces derniers jours, de cette jolie ville qu'est Papeete, de son marché aux poissons, de son climat. Et puis, c'est le retour. Une escale à Singapour, et hop ! de retour à Paris.

« Hop ! », c'est vite dit. Le voyage dure plus de vingt heures, ce qui est proprement interminable. Il y a une chose qu'on fait très bien dans un avion, c'est penser. J'ai l'impression qu'entre mon départ précipité et notre retour un siècle s'est écoulé. J'ai vu des choses neuves, des choses que je n'aurais pas imaginé exister, j'ai découvert des modes de vie différents. Je rentre à la maison avec un peu de la sérénité que j'avais perdu à la mort de Bada. Je ne peux m'empêcher de penser, pourtant, qu'il a loupé le meilleur. Qu'il n'avait pas vu que de l'autre côté de cette planète, le bonheur existait aussi.

Mais je suis prêt, désormais, à réintégrer cette vie parallèle qui est la mienne. Mon quotidien.

Après un tel voyage, tu ne penses même pas à être premier ou dernier de la file. On est tellement fracassés et ça se voit tellement que personne ne vient nous chercher des poux dans la tête. De toute façon, quand on revient de Polynésie, on est nécessairement honnête.

Personne n'arrive de là-bas pour se planquer en France. Le trajet se ferait plutôt dans l'autre sens.

Ces voyages ont effacé l'amertume qui me rongeait en partant. Paris n'est plus aussi obscur que quand je suis parti. Retrouver ses marques est moins difficile que je ne le pensais. On s'installe dans un appartement de standing.

*

Pour chaque parent, le premier jour de scolarité de son enfant est une date particulière. L'émotion de lâcher son enfant dans l'inconnu. C'est la première fois qu'on lui donne une forme d'autonomie. Comme tous les pères de famille, j'ai déposé ma fille et sa mère devant la porte de l'école primaire, et je les regarde s'éloigner. La petite se retourne, me fait un signe. Elle est angoissée, mais elle ne pleure pas. C'est déjà ça. À coup sûr, elle va craquer à l'intérieur. Ç'a été mon cas quand j'étais môme, et c'est le cas de tous les gosses. La mère est heureuse mais au bord du dépôt de bilan.

Laurence revient à la voiture. Elle est un peu décomposée. Gros sentiment de solitude, soudain. Elle me dit :

– Ça fait drôle, quand même…

– Enfin, c'est pas le bagne. C'est une école privée, en plus. De toute manière, si elle revient avec un bleu, je mets le feu à la boîte.

On rentre à la maison. Et on attend son retour. Qu'elles sont longues ces heures qui nous séparent du déjeuner… Une demi-heure avant la pause de midi, on est déjà devant la porte de l'école à attendre. Elle sort enfin, nous raconte sa matinée comme une épopée héroïque, comme si elle venait de livrer bataille à Verdun.

C'est une nouvelle vie qui commence, avec d'autres implications. Il faut faire avec l'école. Alors qu'on était habitués à vivre de manière déstructurée, il faut désormais respecter un emploi du temps fixé par l'Éducation nationale.

Il faut faire avec. Ne pas déséquilibrer l'enfant, lui offrir une existence semblable à celle de ses camarades. Dans les écoles de bourges, c'est pas comme à Belleville où l'on redoute les fréquentations que ses gosses peuvent avoir. Là on les suggère. Les mères de famille tissent des liens en fonction des affinités des enfants, on s'invite les uns chez les autres, pour les goûters d'anniversaires.

Rapidement, je réalise qu'il est plus raisonnable de prendre deux appartements, un pour nous trois à Neuilly et l'autre dans le XVIe pour Laurence et la petite pendant la semaine. C'est la seule façon de leur offrir une vie sociale normale. Je vois mal un parent d'élèves me demander :

– J'ai le sentiment de vous avoir déjà vu, enfin, je ne sais pas mais votre visage…

Et moi, de lui répondre :

– T'as raison, my friend, tu as dû me voir dans *Le Parisien…*

On vit au rythme de cette scolarisation. Un enfer. On attend les vacances scolaires pour respirer un peu. L'hiver, généralement, on part à la montagne, et l'été sur la Côte d'Azur, à Saint-Trop.

Saint-Tropez est à la Côte ce que le XVIe et Neuilly sont à Paris : impossible d'y faire une mauvaise rencontre. L'été, c'est le point de convergence de la jet-set planétaire. Dans cette masse, on devient invisible. La population de ce village est démultipliée, plus rien n'est contrôlable. Pour un homme en cavale, c'est le paradis. Il ne se passe jamais rien à Saint-Trop. Tout a lieu dans les maisons. Tu loues une baraque, t'as dix millions de plages, privées de surcroît. Qui que tu sois, tu mets des lunettes noires et un bob, et tu peux demander ton chemin à un flic en toute sécurité. Il ne te demandera jamais de retirer le bob.

Les sports d'hiver, c'est pareil.

Finalement, il y a eu trois étapes dans ma vie, trois tronçons, segmentés par trois événements. Avant République, c'était une vie. Après République : une autre vie. Et après Bada, c'est déjà la troisième.

Beaucoup de temps a passé depuis République. Aujourd'hui, j'ai un objectif nouveau. Il y a un truc qui s'appelle la prescription. Je commence à croire que j'ai réussi à passer les années les plus dures, et que celles qui me restent à tenir vont être assez simples en comparaison. Le calcul est facile : faire vingt ans de prison, ou tenir douze ans dehors, jusqu'à la prescription. Si j'y arrive, tout sera effacé.

Père modèle, mari aimant, couple soudé, c'est notre quotidien, on n'est pas différents des autres. Si j'avais à vous raconter l'histoire, je raconterais votre vie. La mienne n'est en rien différente. Sauf qu'elle est ponctuée de quelques business que vous ne feriez pas. Il faut bien vivre…

J'ai pris l'habitude de voyager. Quinze jours Paris, quinze jours ou un mois ailleurs. Je finis par connaître la plupart des métropoles de la planète. Entre nous, les rencontres ne se font plus qu'à l'étranger. Les capitales du monde deviennent nos stations de métro. En somme, au lieu de dire « On se retrouve sur les Champs », on dit « On se voit à Hong Kong. ». Une habitude qui permet de lier l'utile à l'agréable, et de passer ensemble quelques jours dans des endroits magiques. À Paris, on invente un système pour se joindre sans prendre aucun risque : le répondeur interrogeable à distance. Personne ne sait que ça existe. D'ailleurs, ça coûte une fortune. Cette boîte vocale nous permet de communiquer sans jamais nous voir.

Malgré toute sa richesse, la vie me devient monotone. Je sens que les choses s'affaissent un peu, qu'elles deviennent répétitives. Je comprends que, dans le monde parallèle, atteindre le sommet est risqué mais facile à réaliser, parce qu'il y a un sommet justement. Arrivé à ce point, t'as plus rien à faire, sauf lutter pour t'y maintenir. C'est pour cela que les voyous meurent rarement dans leur lit. Je me mets à rêver à un monde sans sommet, un monde où il faudrait toujours avancer. Ce monde-là porte un nom, qu'on a tous rejeté : l'honnêteté. Voilà ce que nous apprend la vie. Ce n'est pas à l'école que l'on intègre ce genre de choses.

Dieu merci, pour pallier mon ennui, j'ai encore deux ou trois rêves de côté, des rêves qui ne me quittent pas. J'ai eu un rendez-vous manqué à Tahiti. Je suis passé à côté des Marquises. Un jour, je rentre à la maison avec des billets tour du monde. Je les jette sur la table :

– Si on allait faire un tour, pour se changer les idées…

– Ça me dirait bien, mais on est en pleine année scolaire. On ne peut pas partir maintenant. Ton tour du monde, on n'aura qu'à le faire pendant les vacances.

– Comment ça, on ne peut pas partir ? À part les flics, je vois pas bien qui pourrait m'en empêcher.

– Mais la petite, tu peux pas lui faire rater deux mois d'école, quand même…

– Et pourquoi pas ? On va leur dire que, cette année, elle arrête avant la fin. Elle prendra des cours privés pour se remettre à niveau. On part en mai, on reviendra à la rentrée. Demande-leur de nous filer le programme et on lui fera apprendre en cours de route.

La nostalgie de notre premier voyage ne nous a jamais quittés. La tranquillité qu'on y a rencontrée, la paix… Ç'avait été un vrai break.

De toute façon, Laurence disait cela sans trop de conviction, tant elle aussi a envie de repartir. Cette fois, on ne va pas vers l'inconnu. On a un programme, un itinéraire. Un bon voyageur qui veut faire énormément de kilomètres prend un tour du monde en open, c'est-à-dire qu'il peut aller dans tous les sens, quasiment sans limites. C'est un billet très avantageux.

En route pour Tahiti, on fait escale à Singapour. Un bonheur. On découvre enfin une Asie riche, et intacte de toute souillure coloniale. Tout dans cette ville appartient aux Asiatiques, rien aux Blancs, c'est beau à voir. Ce pays minuscule, l'un des plus riches du monde, est un exemple de justice. Ce n'est pas le royaume de la justice sociale, certes, mais un territoire dont les habitants historiques sont les propriétaires, et où il règne une réelle convivialité. La chaleur est telle qu'on a constamment l'impression de rentrer quand on sort, et réciproquement. De toute façon, on ne pointe pas le nez dehors avant la nuit tombée.

Les immeubles communiquent entre eux par des galeries commerciales splendides. Là, on trouve tout, et à moitié prix, de la housse de raquette Cartier aux accessoires technologiques les plus avant-gardistes, les premiers lecteurs de CD portables, des appareils photos si sophistiqués qu'en Europe ils auraient été réservés aux professionnels. C'est le paradis des robots, des jeux électroniques… Ma fille se croit à Disneyland.

La cuisine est incroyablement raffinée. Je commande un canard laqué. Le premier d'une longue série. Dorénavant, chaque fois que je viendrai en Asie, je ferai escale à Singapour pour en manger un. C'est ma ville-passion. Mais il ne faut pas rester plus de trois jours. Parce qu'il n'y a rien d'autre à faire, hormis visiter, comme on l'a fait, un élevage de crocodiles. À tout vouloir acheter, t'en finis par devenir ringard. Je me suis même payé des santiags en croco sur mesure, que je n'ai jamais mises d'ailleurs, simplement parce que ça ne coûtait pas cher.

Les Européens pensent avoir tout inventé, mais on découvre combien en Asie la famille est importante, combien les gens sont liés les uns aux autres. Les enfants sont rois, et les enfants blancs carrément adulés. Ma fille est excessivement communicative. Tout le monde lui parle, elle parle avec tout le monde. D'abord, tout l'intéresse. Cette richesse infinie que les voyages lui ont donné rendent presque dérisoires les études sur les bancs des écoles.

Après trois jours passés dans un luxe insolent à Singapour, je rembarque vers Tahiti, le cœur serré par l'émotion. Cinq ans me séparent de mon premier voyage. En posant le pied sur le tarmac, je ne retrouve pas les sensations d'antan. Le monoï et les vahinés ne m'inspirent plus grand-chose. Ça me foutrait presque le cafard. Finalement, les voyages sont faits pour découvrir, pas pour retourner sur ses pas. Revenir en arrière, c'est déshabiller les lieux de la magie dont le temps les a parés. Est-ce moi qui ai changé, ou est-ce l'endroit ? Sans doute un peu des deux… Cinq ans, c'est long, et dans les années 80, qui plus est, c'est interminable. Gendron a levé le camp. À Moorea, l'atmosphère n'est plus du tout la même, les hôtels ont essaimé partout, le paysage est défiguré. On atterrit, une fois de plus, dans un hôtel de luxe.

Désappointés, on embarque pour les Marquises. Pour Brel, bien sûr. Parce qu'il m'a toujours fait penser à Bada. Peut-être pour ce côté lumineux qu'ils avaient tous les deux, et surtout du fait qu'ils étaient morts jeunes l'un et l'autre, avec une incroyable envie de vivre. Je viens aussi pour cette chanson qui a donné son titre au dernier album de Brel, *Les Marquises*, dont les paroles racontent un paradis sur terre, vous donnent envie d'y venir à la rame, vous font croire qu'Ève est née là, et que vous pouvez probablement devenir Adam. « Veux-tu que je te dise, gémir n'est pas de mise aux Marquises. (…) Et par manque de brise, le temps s'immobilise aux Marquises. » Le paradis serait-il là, depuis la nuit des temps, et pour l'éternité ? Ce n'est qu'en atterrissant que je saisis que ces paroles nécessitent d'être décodées. Ces mots revêtent un sens tout différent de celui qu'ils suggèrent a priori. Si « gémir n'est pas de mise », c'est qu'ici la mort et la souffrance sont le lot quotidien de tous, qu'il n'est pas question de pleurer sur son sort, qu'il n'intéresse personne de toute façon.

Les gens vivent là de manière archaïque, selon les mêmes rites, depuis une éternité. Le temps est immobile… Le tourisme n'est pas arrivé jusque ici. Il y a deux gendarmes pour tout l'archipel, un semblant de mairie et un vieil hôtel délabré qu'on a été obligés de rouvrir pour nous, une antique maison peuplée d'araignées énormes. Retour à la préhistoire. Pas un restaurant à l'horizon, rien. Les rares touristes qui échouent sur cette île logent chez l'habitant, mais on ne sait même pas comment ça se pratique, et puis ce n'est pas du tout l'idée qu'on se fait des vacances. Moi, je suis venu pour voir les tombes de Brel et de Gauguin. Elles sont à quatre ou cinq mètres l'une de l'autre, dans le tout petit cimetière de l'île, un lieu très apaisant. Ce n'est pas exactement du recueillement, c'est plutôt un salut que je viens faire à Brel. Je viens le remercier pour le bonheur que ses chansons nous ont procuré, à moi, mais aussi à Bada. Je suis heureux que ma fille puisse dire un jour qu'elle s'est rendue sur la tombe de Gauguin.

Adulés et admirés dans le monde entier, Brel et Gauguin gisent seuls ici, dans l'indifférence collective. C'est tout juste si les gens savent qui est l'auteur des *Marquises.* Quant à Gauguin, on s'en tape la noix, quelque chose de copieux. On fait ensuite le tour de quatre îles de l'archipel, c'est très beau, des montagnes qui s'échouent dans la mer. On fait le tour d'une des îles à cheval, mais il n'y a d'hôtels nulle part. De temps de temps, on tombe sur un coopérant rendu fou par l'alcool et l'ennui. Aux Marquises, il n'y a pas de travail, et tout ce petit peuple a été transformé en un grand conseil municipal. Payés à rien foutre par la mairie, ils reçoivent tous les mois leur petit salaire qu'ils réinvestissent dans des beuveries mémorables le samedi et le dimanche. Ce qui les rend particulièrement dangereux. Les Marquisiens n'ont aucune culture extérieure à la leur. Leur première ouverture sur le monde est arrivée avec le magnétoscope.

Sur cette île où il y a en tout et pour tout deux bagnoles, où on vit de la pêche, où les mangues sont là pour nourrir les cochons, la seule affaire rentable est le vidéoclub. Tenu par un Français, il propose du Stallone, du Bronson, des films de mafia, et c'est à peu près tout. Les mecs ne savent rien, et ils prennent tout ce qu'ils voient dans les films au pied de la lettre. Du coup, quand ils sont pétés, ils se prennent pour des gangsters de films américains.

Quelle déception... Un rêve s'écroule. Je regarde vers l'Amérique, comme vers une dernière chance. Grâce à Elvis Presley, James Dean, John Wayne, on est tous un peu nés Américains. À Tahiti, on apprend que la Nouvelle-Zélande est le meilleur endroit du monde pour obtenir un visa. Apparemment, le plus gros délit répertorié dans ce pays, c'est le vol de vélo, et ça met en émoi toute la population. Puisque c'est la route qui nous rapproche de l'Amérique et que ça nous fait prolonger le voyage, on décide de se rendre en Nouvelle-Zélande. On se souvient de ce film, *Les Oiseaux se cachent pour mourir*, qui donnait envie d'élever des moutons tellement le pays paraissait extraordinaire. Arrivés à Auckland, on découvre une capitale de cent mille habitants. Un arrondissement de Paris. En gros, il y a nous, et les Néo-Zélandais. On atterrit dans un motel assez confortable et dans l'attente de nos visas, on décide de visiter un peu la région. Pour ne pas mourir bêtes. Le simple fait d'être des étrangers en Nouvelle-Zélande est le signe d'une certaine culture, et surtout d'une certaine fortune. Cela suffit à nous obtenir les visas « indefinitely ».

Ce pays, dont les habitants sont d'une grande douceur, est le plus grand leurre de l'histoire de la colonisation. Lorsque les Anglo-Saxons ont envahi la Nouvelle-Zélande, le pays était déjà peuplé par les Maoris. Et depuis, il règne là une discrimination invisible, les populations blanche et maori étant géographiquement séparées. Une fois de plus, la première, forte de un million d'habitants, a accaparé toutes les richesses, laissant la seconde, deux fois plus nombreuse, avec rien, hormis les germes d'une future guerre civile. Un Blanc, quand il se retrouve dans un quartier maori, au milieu de tous ces mecs ultra-baraqués, qui font franchement peur, a plutôt intérêt à pas la ramener.

Une fois le visa obtenu, je prends un billet pour San Francisco. J'ai quelqu'un à voir là-bas. J'envoie Laurence et la petite à Honolulu, où je prévois de les rejoindre quelques jours plus tard.

Je n'aime pas ce voyage, depuis le début. Je ne me sens pas heureux, je ne sais pas bien pourquoi. Tout me fatigue, rien ne me divertit. J'ai le sentiment de me trouver à la fin d'un cycle. Et si cela ne m'apporte plus rien, qu'est-ce qu'il nous reste, alors ?

San Francisco est une ville bâtie par des Européens. Par bien des aspects, que ce soit l'architecture, ou l'urbanisme, elle évoque des villes d'Europe du Nord, le Danemark, la Suède… C'est une ville complètement folle, il y des homosexuels partout. Pour des mecs comme moi, ça devrait être le top : on devrait pouvoir se niquer toutes les nanas possibles. Malheureusement, elles sont toutes lesbiennes. Bon, j'exagère un peu. Ce qui se passe, c'est plutôt que toute cette extravagance, qui saute aux yeux en arrivant, devient vite d'une normalité absolue.

Vu que je suis pas loin, je trace vers Los Angeles, histoire de dire que j'ai vu Hollywood. On loue une bagnole et là, je me tape tout ce que les États-Unis peuvent produire comme ennui. Tout au long des sept cents kilomètres qui nous séparent de Los Angeles, je fais attention à ne pas dépasser les quatre-vingt-dix à l'heure, parce que t'es surveillé de partout, des avions munis de radars quadrillent le territoire pour épingler tout ce qui bouge. À un moment donné, sur l'autoroute, ça se met à sentir la bouse de vache. Une odeur hallucinante, qui rentre dans la voiture malgré les carreaux fermés, malgré l'air conditionné… On ne comprend pas. Et soudain, en tournant la tête sur la gauche, on voit un troupeau de bœufs. Quelque chose d'inouï. Un million de têtes ! me dira plus tard le mec de la pompe à essence. Nos yeux n'arrivent pas à toucher la fin du troupeau. C'est ça, l'Amérique. La démesure à outrance.

Sinon, en passant par les terres, entre San Francisco et Los Angeles, il n'y a rien. C'est pas compliqué. Quant à Los Angeles, c'est tout sauf Malibu plage. La grande attraction pour les Américains, leur kif absolu, ce sont les fêtes foraines. En arrivant là, on ne voit que ça : des manèges, des grandes roues... Ce sont des provinciaux. De ma vie entière, je n'ai pas le souvenir d'avoir été si déçu. À Los Angeles, deux personnes peuvent habiter une même rue, et vivre à cent quarante kilomètres l'une de l'autre. C'est un peu comme si on prenait la route Paris-Deauville, et qu'on mettait des numéros aux maisons que l'on croise en chemin. Ils appellent ça une rue. Mais c'est pas vrai ! C'est une arnaque. Ils s'inventent des trucs pour créer une impression d'immensité. Un peu comme cette histoire de liberté. Tous les films érotiques, les trucs porno, ça arrive des États-Unis. Mais une fois là-bas, pas un nibard à l'air sur la plage. Les femmes n'ont pas le droit de retirer leur soutien-gorge. Tu crois débarquer au pays de la liberté, et en fait tu te retrouves dans l'endroit du monde où il y a le plus de règles.

Laurence m'appelle tous les trois quarts d'heure pour me demander quand j'arrive. Écœuré par ce que je vis, je lui dis :

– Tu sais quoi, tous les palmiers du monde se ressemblent. J'en ai marre, viens me rejoindre, on rentre à Paris.

– Tu vas regretter. Honolulu, c'est un endroit absolument magnifique, il y a tout pour être heureux ici, tu vas adorer, je t'assure.

– J'en ai rien à foutre d'Honolulu. Rapplique. On se tire.

Le lendemain, elle arrive avec ma fille. Par acquis de conscience, on fait un saut à San Diego en voiture. On en a tellement entendu parler à la télé qu'on se demande ce qu'il peut bien y avoir là. Eh bien là, il y a un zoo, et puis rien. Je ne comprends pas ce qui crée ces mythes américains. Les noms des lieux, je suppose, qui sont si beaux. Il y a quelque chose, en fait, mais que l'on va découvrir par hasard. C'est la mode des 501. J'ai l'intention de m'acheter un jean, pour au moins repartir avec un souvenir. On m'indique un hangar, pas loin du port, un lieu qui ne ressemble à rien de l'extérieur. Mais une fois entré, c'est une véritable hallucination ! Sur mille mètres carrés au moins, du sol au plafond, il n'y a que des 501. Toutes les combinaisons de longueur et de largeur possibles. Un nouvel exemple de la démesure américaine. Voilà l'Amérique que j'ai rencontrée.

Sur l'autoroute qui nous conduit à San Diego, un panneau indique Mexico. On est à quelques kilomètres seulement de la frontière, et je ressens ce même appel que lorsque j'étais à Sultan Ahmed et qu'on voyait partir les autres. Je ne sais pas pourquoi les frontières ont toujours exercé une attraction si forte sur moi. Je me surprends à suivre les voitures un moment, je vais pratiquement jusqu'à la douane, mais à la dernière minute, je fais demi-tour. Ce poste frontière a l'air un peu trop chaud.

Ç'aurait été dommage de quitter les États-Unis sans voir New York. Un bordel pareil... À bord du taxi qui nous emmène depuis l'aéroport, on traverse Harlem, où j'ai la peur de ma vie. Debout le long des porches, au pied des escaliers qui ornent ce qui reste de ces beaux immeubles en briques rouges, des mecs prêts à tuer pour une dose de came nous fixent, les bras croisés. Des guépards, agglutinés par grappes, qui semblent prêts à bondir sur la bagnole. Et le chauffeur ne trouve pas de meilleure idée que de s'arrêter au feu rouge. Je lui dis :

– Mais casse-toi, tu vois pas comment ils nous regardent !

On arrive à Manhattan, Madison Avenue, le quartier ultra-bourge. Difficile de faire les choses à pied tant les distances sont grandes. Ça bouge, les rues sont animées en permanence par toutes sortes d'attractions, la foule est bigarrée, les gens revendiquent leur individualité dans leur façon de bouger, de s'habiller… Chaque quartier a sa spécificité. Le quartier des affaires en haut, le jazz dans le Village, les Italiens dans Little Italy, les Chinois dans Chinatown, les Juifs dans le Brooklyn juif… Je ne trouve pas ma place là-dedans.

La seule chose que j'ai vraiment aimée, c'est le départ de l'aéroport. Kennedy Airport est le seul aéroport que je connaisse où il n'y a pas de douaniers au départ. Tu quittes les États-Unis comme tu en as envie. Si un malfaiteur se barre, charge au pays qui le reçoit de se débrouiller. Le seul grand souvenir que je garderai des États-Unis.

Dans l'avion qui nous ramène à Paris, je me demande pourquoi ce voyage a été si déroutant, pourquoi les choses m'ont si peu enthousiasmé. D'abord, j'avais sélectionné par avance toutes les étapes pour leur connotation « bonheur ». Or, par essence, le bonheur, ça se fabrique, et les cinq dernières années, celles qui me séparent de mon premier voyage, m'ont terriblement embourgeoisé. Je suis un bourge français, avec l'oseille qui va avec, et quand on vit bien en France, je ne vois pas ce qu'on peut rechercher ailleurs.

Il y a également cette lassitude. Je suis en cavale depuis presque douze ans. Douze ans de marche en avant forcée, sans la moindre halte. Sans m'en rendre compte, j'ai fini par m'épuiser mentalement. Tout a une fin, et le plus souvent, on ne la voit pas venir. Elle est inodore et sans saveur. Elle vous tombe dessus par surprise. À l'occasion d'un banal contrôle routier qui tourne au vinaigre, lors d'un de mes voyages en Italie, je me fais arrêter.

*

Aussi bêtement que cela, j'atterris entre les murs d'une prison romaine.

À ce moment précis de ma vie, avec tout ce que cette arrestation me fait perdre, la prison m'apparaît comme une antichambre du cimetière, une mort par anticipation, et nettement plus horrible.

La voiture est criblée de balles. Pendant la course-poursuite, les flics ont vidé leurs chargeurs de mitraillettes sur la caisse. À l'intérieur, il y a des impacts partout, sauf sur le siège du conducteur. Les mecs sont perplexes. Comme tous les Italiens, ils voient la main de la madone partout et se demandent si je jouis d'une forme de protection divine.

Je me sens tellement humilié par cette arrestation à la con que déjà, je pense à mon évasion. Je jure qu'elle sera à la mesure de la baffe que je viens de prendre. Dans un premier temps, ils me mettent dans une prison au centre de Rome, un mélange entre la Santé et Fresnes. On passe les premiers jours dans ce qu'ils appellent l'isolement. En Italie, ça veut dire qu'on est huit en cellule, toutes origines confondues. Car en Italie, du jour au lendemain, un maire, un député, un flic, un maçon, n'importe qui peut atterrir ici. La police n'a pas le droit de t'interroger. Tout doit passer par le juge d'instruction. Si bien que l'Italie entière est passée par la prison. C'est pour ça que dans ce pays, les établissements pénitentiaires sont si humains.

La prison est toujours plus facile à vivre lorsque l'on y entre avec un projet. Je n'ai qu'une obsession, trouver l'issue. J'épie les moindres recoins du lieu. Parmi les huit personnes avec lesquelles je suis enfermé, il y a un Libanais qui vient de se faire arrêter avec cinq cents grammes d'héroïne dans les semelles de ses chaussures compensées. Il me dit que c'était pas pour vendre, mais pour donner. Je lui demande :

– Donner à qui ?,

– À la jeunesse américaine.

Ils sont des centaines comme lui à faire le voyage pour désintégrer Les nouvelles générations. Quand tu te retrouves face à des sous-êtres humains comme ça, tu te demandes qui tu dois haïr le plus, celui qui te garde ou celui qui est gardé avec toi. J'ai envie de le tuer. Cette prison, c'est celle qu'on voit dans tous les films italiens. Les gens communiquent avec leurs familles depuis l'extérieur.

*

Trois jours après, on me transfère à Rebibbia. Une prison ultramoderne, type Fleury-Mérogis, avec un mirador central en forme de château d'eau. Depuis ce château d'eau, très haut, vitres fumées noires, la taule est sous surveillance. Grâce aux caméras, ils peuvent épier chaque recoin. Les bâtiments sont séparés par des cours, comme à Fleury. C'est pratiquement la même structure. De la même manière, il y a un mur qui court, tout autour de la prison. Mais à la différence de Fleury, c'est un mur sur lequel tu peux marcher, un peu comme un château fort. Et sur ce mur, tous les quarante mètres, se trouve une petite guérite avec un mirador.

Derrière le mur, une route, avec un blindé à chaque coin de la prison et une voiture qui tourne en permanence, et derrière ça, encore un mur de barbelés. Va t'évader… C'est simple, quand je suis arrivé, il n'y avait jamais eu une évasion de cette prison.

Côté détenus, c'est du très chaud : une prison de très haute sécurité, où se côtoient tous les capi dei capi. Il y a dans la même cour les Palestiniens, les mecs du FPLP qui avaient détourné le bateau l'Achille Lauro. Ça va des Brigades rouges aux fachos. Je me pose la question du transfert. Est-ce que pour eux je représente le même danger que tous ces mecs-là ? Si tel est le cas, ça va pas faciliter mon évasion.

J'arrive là le 7 août 1986. Avec tout ce qu'on raconte sur l'Italie, les gangs, la mafia, je suppose que les promenades, ça doit être très chaud. À la première, je me tiens sur mes gardes, je me dis que je me sentirais plus à l'aise avec une petite lame. Au lieu de ça, je prends direct une claque dans la gueule : je découvre un terrain immense, avec une grande pelouse au milieu, des courts de tennis sur les côtés. J'ai jamais vu ça de ma vie ! Des mecs qui jouent au tennis en taule ! Les autres, pour la plupart, sont allongés dans l'herbe avec serviette et Ambre Solaire. Ça ressemble à un camp de vacances.

C'est sympa, mais je ne suis pas du tout dans l'ambiance. Alors que les mecs qui sont là n'en ont visiblement rien à foutre, moi, j'ai les boules. Pour moi, la vie ne vaut que par la liberté !

Clairement, il n'y a qu'une façon de sortir de là, c'est par les airs. C'est visible au premier instant. C'est devenu une sorte de jeu dans la cour, un défi, que personne n'a l'air de prendre vraiment au sérieux : au premier qui s'évadera en hélico. Mais la prison en Italie, c'est pas la prison française. Les gens ne s'évadent pas. Ils ne peuvent pas supporter l'idée de la cavale. Être séparés des leurs est tout bonnement inconcevable.

Du coup, à part un semblant de préparation, mon évasion s'est pas mal faite à l'impro. Au départ, évidemment, la difficulté, c'est de se contacter. On est en terre étrangère, c'est pas évident du coup.

En Italie, le courrier que tu envoies est fermé. Même chose pour ce que tu reçois. Ça paraît fou. Il y a une boîte aux lettres dans la prison, et on y dépose ses lettres comme si on était dehors. Je choisis un petit mec qui est là pour huit mois. Je prends son nom, son numéro d'écrou, une enveloppe et j'inscris ses coordonnées derrière. J'adresse le tout à un mec que je connais. Je lui fais un plan des lieux ultra-détaillé. Et pour lui faire comprendre que je veux m'évader en hélico, j'explique que la prison, c'est comme Fleury avant Dupré. C'est une manière un peu codée de le dire, au cas où la lettre serait interceptée – l'évasion de Gérard Dupré en hélicoptère ayant provoqué l'installation de filins au-dessus de la cour de Fleury. Dans la lettre, je lui file aussi le nom d'un copain de l'Italien avec qui j'ai décidé de m'évader, et son numéro de téléphone, en codé.

Les contacts sont pris, les gens se rencontrent, et à partir de là, tout se fait en direct. Le truc, c'est que j'ai pas confiance dans les Italiens. Pas parce que c'est des balances, mais ils sont naturellement indiscrets, ils ont toujours un ami, qui a un ami… J'explique un peu ça à mes potes, pour qu'ils ne les impliquent pas dans l'évasion elle-même, qu'ils ne leur donnent surtout aucune information sur la date ni sur les détails du plan. Qu'ils limitent le travail en commun à la phase de préparation, aux repérages. Je pense même qu'il vaut mieux que la prépa, avec les Italiens, se fasse depuis un autre héliport que celui qu'ils choisiront pour l'évasion. Le problème, c'est qu'à Rome il n'y en a qu'un seul. C'est là que l'un des mecs a une idée de génie. Il voit passer un hélico de la Croix-Rouge au-dessus de Rome, qui vient de prendre un accidenté de la route. Il le suit des yeux, se renseigne, et apprend qu'un hélicoptère est basé en permanence à l'héliport de l'hôpital de Gemelli, celui où le pape s'est fait hospitaliser après l'attentat dont il a été victime. Après repérages, il se rend compte qu'il n'y a rien de plus facile que d'embarquer cet hélico le dimanche matin, parce que le pilote vient avec son fils. Ils ne prennent pas le petit avec eux, c'est pas le genre. Ils le laissent sur l'héliport, mais ils sont sûrs, comme ça, que le pilote sera docile, qu'il ne fera pas n'importe quoi.

Moi-même, je n'ai pas tous les détails. Même si on est les meilleurs amis du monde, notre principe est de se méfier les uns des autres. Moins on en sait, moins on peut répondre aux questions. Je sais qu'un hélico doit venir un dimanche matin, à l'heure de la messe, mais j'ignore que c'est un truc de la Croix-Rouge. J'ai pour seule consigne de me tenir prêt, et de m'habiller en rouge.

Pendant les quelques semaines que je passe à attendre le grand jour, je découvre la prison italienne. L'Italie, c'est très particulier. D'abord les gens sont très humains. Vraiment. Les mecs sont en prison pour purger une peine, pas pour être exclus de la société dans laquelle ils vivent. C'est au point que le surveillant, on l'appelle par son prénom. Il y a même des matons qui sont amis avec les prisonniers, parce qu'ils ont grandi dans les mêmes quartiers. En Italie, ils t'apprennent ce que c'est que l'absence de liberté. Dans les prisons, t'as tout ce que tu veux. Tu vas, tu viens, le matin on t'ouvre ta cellule, on te la referme le soir… Tu peux commander la bouffe que tu veux. La seule chose qui te manque, c'est la liberté. En France, c'est pratiquement le contraire. Tu manques tellement de tout que tu finis par oublier que c'est la liberté qu'on t'a enlevé. Dans les prisons françaises, on entend les mecs se faire défoncer par les matons. En Italie, c'est inconcevable. Si ça arrivait, la prison serait en feu dans l'instant. Il y a un autre truc typiquement italien, c'est les proxos. L'Italien voit en toutes les femmes sa mère, sa fille, et la Vierge Marie. En France, on aime ou on aime pas, mais c'est dans l'ordre des choses. En Italie, il y a un bâtiment spécial pour les proxos. On les appelle les « mange merde », on les parque avec les tueurs de gosses. Si un détenu leur tombe dessus, ils sont morts.

Les parloirs aussi, c'est assez dingue : alors qu'en France ils sont le plus souvent nichés dans les sous-sols, tout pourris, ils font peur aux visiteurs, en Italie, les familles sont accueillies avec chaleur, comme au restaurant, il y a des nurseries pour les enfants…

Je n'oublierai jamais mon premier parloir. Un truc de dingues ! Ça fait douze ans que je n'ai pas vu les miens.

Pas une lettre, pas un mot échangé, rien. Pendant un moment, ils m'ont même cru mort.

Ma mère vient me voir, bien sûr. En la voyant arriver, j'ai un choc terrible. J'ai quitté une femme d'une quarantaine d'années, dans la force de l'âge, et je me retrouve face une vieille sexagénaire. Le prix du temps m'explose à la figure, d'un coup. Elle est accompagnée d'un mec, assez grand, habillé de manière très classique, lunettes en écaille, attaché-case. Un vrai flic, quoi.

J'embrasse ma mère, je fais mon cinéma, mais je me demande qui c'est, ce mec. Et voilà qu'il m'embrasse à son tour ! Je me laisse faire, souriant, détendu, je fais semblant de me réjouir, mais ce mec m'inquiète au-delà de tout. Je reprends ma mère par l'épaule, pour lui chuchoter à l'oreille :

– C'est qui, ce mec ?

C'est mon frère ! Je l'ai laissé à dix-sept ans, il en a vingt-neuf. Impossible de le reconnaître. Il n'a plus rien d'un Juif de Belleville. Ça me fait un choc terrible.

L'heure du grand départ approche. Je vais faire un beau cadeau d'adieu à mes codétenus : un spectacle en live. Un hélicoptère qui arrive, c'est un truc incroyable. Le bruit de la scène d'ouverture d'Apocalypse Now qui surgit d'un coup, en même temps que l'engin apparaît dans le ciel, au-dessus de la prison. En quelques secondes, il est posé dans la cour. Ils sont arrivés cinq minutes avant la fin de la promenade. Pour te dire comme ils sont forts, les mecs. C'est magnifique ! À partir de là, ça va très très vite. Les visages à l'intérieur me sont familiers. On grimpe là-dedans avec l'autre Italien. Un troisième, Luciano, devait venir aussi, mais il a changé d'avis. Il est passé en jugement la veille, et au lieu de prendre perpette comme il le pensait, il a pris neuf ans. En décollant, on le voit en bas, les bras en croix, c'est terrible. Il est comme crucifié… J'oublierai jamais cette image.

L'hélico prend son envol, une fusillade éclate, mais il n'y a aucun blessé, ni d'un côté ni de l'autre. Tout va très vite. L'hélico nous emmène de l'enfer au paradis, de la mort à la vie. Ce que l'on ressent à ce moment-là est unique : t'es lépreux/t'es guéri, t'es pauvre/t'es riche, t'es surtout prisonnier et, d'un seul coup, libre, en une fraction de seconde. C'est magnifique, le contraire de ce que l'existence te propose. Je pense que j'ai atteint là le sommet de ce que peut être la jouissance. Évidemment, ce bonheur ne doit pas faire oublier la situation. Il faut prendre les choses en main tout de suite. Je demande à l'un des évadeurs :

– On va où, là ?

– On va aux bagnoles...

– Et tu sais où elles sont ?

Dans le ciel, il n'y a pas de panneau indicateur. Et Rome, mine de rien, c'est pas notre ville. Ce serait Paris, on aurait des repères, la tour Eiffel, la tour Montparnasse... On saurait se guider. Mais là, c'est différent, et il faut faire vite, et en plus la ville est plate, aucun repère pour s'orienter. Les carabiniers sont déjà à nos trousses et on est plus que visibles. C'est simple, dans le ciel, il n'y a que nous. Les bagnoles, du coup, c'est pas la priorité. À un moment donné, on passe au-dessus d'un stade de foot, juste à côté de Cinecittà. C'est jour de match, les gradins sont bondés. Je demande au pilote de se poser dans le stade. Bien sûr, il proteste :

– Je peux pas, t'es malade ! Ils sont en train de jouer, les mecs...

– J'en ai rien à foutre ! Je te dis d'atterrir !

Il n'a pas le choix. Les gens croient qu'on est une attraction. Quand l'hélico atterrit, tout le monde applaudit, les footballeurs aussi bien que les spectateurs. On descend, sous les acclamations, on sort du stade, embarquant le pilote avec nous. Il ne faudrait pas qu'il reprenne l'hélico et signale l'évasion. On braque la première bagnole venue, on éjecte le conducteur et on démarre, direction Cinecittà. Cinq cents mètres plus loin, je gare la voiture, on laisse le pilote à l'intérieur, et j'en braque une autre. On se tire sous les yeux du pilote, pour le laisser croire qu'on s'est échappés en voiture, mais on plante la bagnole quelques pâtés de maison plus loin, dans une petite rue, juste à côté d'une bouche de métro. On se disperse, on prend le métro, on est redevenus des citoyens normaux.

Après, c'est le traditionnel. Attendre le métro, chaque seconde dure autant qu'une journée entière, impression que tout le monde nous regarde, que les flics vont nous tomber dessus à tout moment, jusqu'à ce qu'on arrive dans la planque, et qu'on souffle un peu.

À peine la porte fermée, évidemment, on se congratule. Le lendemain, on attend la presse avec impatience. On ne fait pas la une, on fait plus. La moitié des journaux ne parle que de nous. C'est la première évasion en hélico de toute l'histoire de l'Italie et, camouflet atroce, elle a été faite par des étrangers. Du coup, ils ont appelé ça une évasion « alla francese ». C'est flatteur, mais les proportions médiatiques que ça prend en l'espace de quelques jours, photos à l'appui, nous mettent dans une situation de danger immédiat. Est-ce qu'on nous a vus monter dans l'appartement ? Y a-t-il des témoins ? Est-ce qu'ils ne vont pas passer au peigne fin tous les appartements loués par des Français ? C'est plus une planque, ça devient une angoisse.

Je décide qu'il faut tenter le coup et partir. Je me dis que le plus simple, c'est de se rendre à l'hôpital, de braquer une ambulance, que deux de nous se déguisent en infirmiers, les deux autres jouant respectivement les rôles du malade et du chauffeur.

On sort de l'appart séparément, mais on peut pas faire un pas dans la rue. Les gens se retournent sur nous, c'est tout juste s'ils nous demandent pas un autographe. N'importe qui peut nous reconnaître n'importe quand. Je fais quelques pas pour me rapprocher des autres et je leur dis :

– Mais on pourra jamais faire plus d'un kilomètre sans se faire exploser !

Dans le quartier chic dans lequel nous sommes, quelques putes font le trottoir. Je vois une voiture s'arrêter pour demander à la fille « combien ? », et je dis à Gigi, qui est italien :

– Prends ton calibre, braque-le et joue les flics.

Il va le voir, et lui dit, en italien :

– Polizia ! Ma che, guardi le donne, li mortacci tua ! (Police ! Tu regardes les femmes, espèce de salopard !)

– Non, non…

– Si, si, ne me dis pas le contraire… T'étais bien en train de demander à la fille combien elle prenait…

– Oui, c'est vrai.

– Tu as une femme, des enfants ?

– Oui.

– Viens, on t'emmène au commissariat.

On monte tous dans la voiture. Il nous prend d'abord pour des flics, et commence vraiment à s'inquiéter quand on arrive à l'extérieur de Rome, qu'on le sort de sa bagnole et qu'on l'attache à un arbre.

Pour ne pas changer, on fait tout à l'impro. Je me dis qu'on a toute la nuit avant que quelqu'un le retrouve. Ça nous laisse le temps de nous barrer. Autoroute. Juste avant le péage, on s'arrête. Luigi et moi, on rentre dans le coffre, on ne sait jamais, au cas où il y aurait des flics. Ils cherchent quatre personnes. S'il n'y en a que deux à bord, ça devrait passer.

Hop, après le péage, on ressort et on arrive rapidement dans la zone frontière. Comme je suis le mec le plus intelligent de France, et le plus intuitif surtout, je leur explique que dans les montagnes, en général, c'est toujours des petits postes frontières. Ils sont tous d'accord avec moi, et on se retrouve, en pleine montagne, devant un poste blindé de cars et de bagnoles de flics. Un vrai guet-apens. On a fait une énorme connerie. En passant par Menton, on serait tombés sur une toute petite douane, juste devant le tunnel qui traverse la montagne. Mais finalement, cela joue en notre faveur. Il faudrait être fou pour passer par là en ayant quelque chose à se reprocher. Avec notre véhicule immatriculé en Italie, les mecs nous font passer à coup de grands signes joyeux. Hallucinant.

Mais ce n'est pas fini. Quatre kilomètres plus loin, on arrive à la douane française, un tout petit poste, exactement comme je l'avais imaginé. Un flic ou deux, deux voitures, autrement dit rien. Je m'arrête. Il doit être cinq heures du matin, le mec est à moitié assoupi dans sa guérite. Je le regarde, il n'a pas le temps de me dire quoi que ce soit, je lui dis merci de la tête et je démarre, lentement. Surpris, le douanier se demande « Je sors, je ne sors pas ? », et finalement, il ne sort pas. On se relaye au volant, jusqu'à notre arrivée à Yerres, en région parisienne, au milieu de l'après-midi pour s'installer dans une petite maison qu'a louée Jean-Claude Myszka.

On devrait aller très vite, mais on fonctionne au ralenti. On se ré-étoffe doucement. On récupère deux motos, deux bagnoles. Mais au bout du troisième jour, on voit des signes s'accumuler. On constate que dans la maison d'en face, qui était inhabitée depuis des mois, un mec en tenue de travail blanche a ouvert les volets. On compte pas moins de sept peintres en bâtiment, ce qui fait quand même beaucoup pour une seule maison. On découvre devant la porte ce qu'on appelle un « sous-marin », c'est-à-dire une camionnette à double vitrage, un de ces fourgons qu'utilisent les flics pour observer depuis l'intérieur. Le problème des doubles vitrages, c'est que ça se voit. C'est un truc de ringards. Je n'en reviens pas : ils se sont garés avec ça, juste devant la maison ! Je braque mes phares dessus, c'est bien un double vitrage. Je fais le tour, je descends, je tape à la fenêtre, ça répond pas, j'écoute, je rentre. C'est quoi, ce truc ? C'est quoi, le message ? Ils nous disent de partir ? Ils veulent nous flinguer ? Les éléments signifiant la présence des flics sont trop nombreux. Convaincus qu'ils ne peuvent pas être aussi cons que ça quand même, à moins que ce soit par faiblesse, on zappe.

En fait, je le saurai plus tard, c'était eux. Et aujourd'hui, je suis convaincu qu'ils étaient là pour nous abattre. Ils nous ont localisés, nous préviennent de leur présence pour nous pousser à fuir, et faire ensuite une arrestation qui tournera mal.

Je ne dors que d'un œil, mais rien ne se passe. J'attends six heures, toujours rien. Le camion a disparu. On se détend progressivement jusqu'au surlendemain matin, quand on est réveillés par une invasion en pure règle. La porte explose. C'est l'une des premières interventions du RAID, qui vient d'être créé. Elle est menée par le commissaire Mancini, le bras droit de Robert Broussard.

Depuis l'intérieur de la bagnole qui nous mène à la brigade criminelle, je regarde la rue, comme pour lui dire adieu. Arrivés au 36 quai des Orfèvres, on est brutalement éjectés. Une mise en scène, rodée depuis des lustres. T'es à peine dehors qu'un mec en bleu te saisit le bras par-derrière, te le tord si bien que ta main se scie sur la menotte. Tu ne peux plus bouger du tout. Et il te fait monter comme ça, au pas de course, les cinq étages à pied. C'est fait pour impressionner, pour mettre en condition le type qui va être interrogé. Ça me rend fou furieux. Quand le mec desserre finalement son emprise pour ouvrir la porte de la cage, je fais mine de lui sauter dessus. Il me pousse à l'intérieur, verrouille derrière moi, je l'invective :

– Espèce de gros enculé !

Il ne répond rien, disparaît.

On nous disperse aux quatre coins de la crim', chacun dans une cage. Quand quatre personnes sont arrêtées ensemble, les flics cherchent le maillon faible. Hier, nous étions liés. Désormais, personne ne connaît plus personne. Esposito reconnaît l'évasion de la prison de

Rebibbia, mais il ne me connaît pas. Il ne sait même pas ce qu'il faisait dans cet hélico. Ça me fait penser à Aldo Maccione dans *L'Aventure c'est l'aventure* : « La voiture, oui, je l'ai volée, mais le passager à côté de moi, je le connais pas. » Il s'emporte un peu, mais au fond, nous tenons la même ligne. Moi non plus, je ne le connais pas. Je n'ai tout simplement pas pu empêcher ce mec de monter dans l'hélicoptère. Patrick, lui, ne dira pas un mot. Pas son nom, pas son prénom, rien. Ses « aïe ! aïe ! aïe ! », hurlés de tout son coffre, vont ponctuer toute la durée de la garde à vue. Ils ne le lâchent pas, mais n'en tirent strictement rien. Ses procès-verbaux sont blancs. Quant à Myszka, son interrogatoire est une balade de santé. Il reconnaît tous les faits, sans impliquer aucun d'entre nous. Une manière assez kamikaze de leur dire « Je vous emmerde ! »

Ils nous laissent les menottes dans le dos. Les menottes dans le dos, ça va une heure, ça va deux heures, mais quinze heures ! C'est une torture, comme si on te sciait lentement les os avec un couteau. Et ils le savent.

Je n'ai qu'une chose en tête : la durée de la garde-à-vue. Le manque de sommeil risque de nous jouer des tours. Ces dernières vingt-quatre heures ont été épuisantes. Je ne sais pas comment je fais, mais je m'endors, malgré les menottes. Pas longtemps, dix minutes tout au plus, mais cela suffit à me ressourcer. Je suis réveillé par les exclamations des policiers qui n'en reviennent pas « Putain, il dort ! Le mec dort ! » Ils viennent me chercher pour mon premier interrogatoire.

En traversant les couloirs, je constate que la brigade criminelle est un endroit nu, d'une neutralité déconcertante. Pas d'Ascenseur pour l'échafaud, aucune trace de la présence des anciens. Effacé, le passage de René La Canne, de Pierrot le fou, de nos idoles du gang des tractions avant. Finalement, c'est ce qui est le plus déstabilisant pour un esprit fragile. Celui qui se prend pour un cador est ramené à sa plus simple expression. Le prestige en prend un coup. Les flics ne sont même pas armés et, offense suprême, ils ne te mettent pas la lampe sur le visage. Ils sont très forts pour ça.

Leur petite mascarade me fait bien marrer.

Les flics de la crim' sont venus dans cette maison pour arrêter le gang des Postiches, sur commission rogatoire du magistrat instructeur, le juge Claude Grellier. Ils ne sont pas venus pour moi. Mais maintenant qu'il m'a entre ses mains, le juge va récupérer les deux autres dossiers qui me concernent : d'une part la contumace, l'affaire de République, qui dépend pour l'instant de la cour d'assises à qui il appartient désormais de demander un complément d'enquête. D'autre part l'affaire de la fusillade de la place Victor-Hugo, qui était aux mains du juge Bruguière, et pour laquelle je vais découvrir que je suis inculpé.

Je me retrouve seul sur un ring, face à six flics. Parmi eux, il y en a un que j'ai déjà vu, j'en suis sûr. Ça me revient au bout d'un moment : c'est un flic qui m'avait interrogé pour une toute petite affaire, une connerie de bijou volé, en 1974, soit deux mois avant République... En m'en souvenant, je lui lance un regard amusé.

Il m'interroge tout en retranscrivant nos échanges à la machine. Quatre autres flics sont debout autour de moi, le cinquième, le psychologue, est en retrait, dans un coin de la pièce. Il est là pour observer.

D'abord les questions d'usage : nom, prénom, situation de famille, etc. Je décline sans rechigner. L'arrestation, après tout, fait aussi partie de mon métier. Un duel psychologique s'engage. Trop de choses nous séparent. J'ai vu la moitié de la planète. Du Maori au Sri Lankais qui peut mourir de faim si le riz ne vient pas, j'ai vu les plus grosses fortunes du monde... J'ai mis les mains sur la tombe de Brel, j'ai touché les portes de San Francisco... On ne joue pas dans la même cour. La situation présente m'apparaît complètement dérisoire. Je suis tellement détaché qu'ils le lisent dans mes yeux, et j'ai l'audace de penser que je les intéresse, ne serait-ce que parce qu'ils voient en moi quelque chose de différent du tout-venant des inculpés de la crim'.

– Profession ?

– Je suis actuellement au chômage.

Ils voient que je veux faire dans l'humour. Ils sentent qu'ils vont adorer.

– Vous faites comment alors, pour gagner votre vie ? Quels sont vos moyens de subsistance ?

– Je suis désolé, cela fait partie de ma vie privée.

Ils attaquent plein pot sur le gang des Postiches, mais leurs questions sont mal formulées, peu précises, contradictoires. De toute évidence, ils sont en pleine impro.

Je ne le saurai que plus tard, la plus grosse erreur que j'ai commise de ma vie, c'est cette évasion. C'est la seule chose concrète qui me rattache à ce gang. Dès l'instant où ils ont considéré que j'ai été évadé par un membre de ce gang, ils en ont déduit que j'étais le patron. On n'évade pas un second couteau. Et le fait qu'ils soient restés sans nouvelle de moi pendant douze ans, depuis l'avis de recherche lancé après le hold-up de République, n'a fait que renforcer leur intuition. Cette absence qui aurait dû jouer en ma faveur va m'incriminer encore plus à leurs yeux. À peu de choses près, c'est le seul élément dont ils disposent.

Ils commencent à me cuisiner sur le braquage de la rue du Docteur-Blanche. Ils me rappellent les faits : le 14 janvier 1986, une équipe de malfaiteurs surnommée « le gang des Postiches » attaque la succursale du Crédit Lyonnais, rue du Docteur-Blanche, dans le XVIe arrondissement de Paris. Ce gang est spécialisé dans le casse de jour des coffres de banques. On leur prête une vingtaine d'attaques de ce genre, mais ils en ont probablement commis beaucoup plus. Le 14 janvier, après avoir attaqué une première banque dans la matinée, puis s'être payé un bon gueuleton, ils remettent le couvert, avec le butin du matin dans le coffre de la bagnole. Après quatre années passées à les traquer sans succès, les flics réussissent finalement à leur tendre un guet-apens. Une fusillade éclate, puis une deuxième. Après que l'un des Postiches, celui que l'on a désigné comme « l'homme au loden vert », a délivré son camarade des mains de la police, les gangsters s'échappent avec deux otages, deux policiers de la BRB. Résultat : match nul, mais match sanglant et inutile avec un mort et un prisonnier de chaque côté.

J'écoute leur histoire et je leur dis :

– Je me souviens bien de cette affaire. Elle m'a d'autant plus marqué que c'était le jour de la mort de Balavoine.

– Où étiez-vous, le 14 janvier 1986 ?

Je leur fais plaisir :

– Probablement à Paris.

Ils sentent une ouverture, essayent de pousser l'avantage. Ils me mitraillent de questions : « Étiez-vous présent sur les lieux au moment du braquage ? » ; « Faisiez-vous partie du gang des Postiches ? » ; « Êtes-vous celui qu'on a désigné comme étant l'homme au loden vert ? »... Ma coopération ne va pas plus loin. Je ne réponds plus à aucune de leurs questions.

Changement de tactique : les mecs tentent la force. Ils me font le coup du bottin, un classique. Je suis assis par terre, menottes dans le dos, à me prendre des coups sur la tête. Le bottin, c'est l'arme qui blesse pas, mais qui fait bien mal, et qui place la personne dans une situation avilissante. Au bout d'un moment, je demande un break. J'ai un truc à leur dire. Le mec s'interrompt, me laisse parler :

– On en est donc au bottin... Franchement, c'est la classe ! Je m'adresse à la police scientifique que vous êtes : si je comprends bien, il me suffit d'avouer les faits que vous me reprochez pour que vous arrêtiez le bottin. C'est ça ?

Ils acquiescent. Et attendent la suite.

Je poursuis, rageur :

– Reprenez-moi si je me trompe : inversement, si d'aventure je refusais, j'aurais droit à quarante-huit heures de coups de bottin sur le crâne, n'est-ce pas ?

Nouveau hochement de tête. Je poursuis :

– Votre problème, c'est que vous, à la police scientifique, vous êtes des intellos. Mais vous ne savez pas compter. Pourtant, le calcul est simple : entre quarante-huit heures de coups de bottin et vingt ans de placard à se taper la tête contre les murs, il n'y a pas photo. Vous prendriez quoi, vous ?

Ils se regardent perplexes. Un moment de silence. Le mec avec le bottin ne sait plus quoi faire.

Pour gagner du temps, je change de sujet, et je m'adresse au policier qui tape à la machine :

– Vous savez que j'ai été condamné à mort par contumace, sur le dossier République. J'ai été recherché pendant douze ans pour ça.

– Oui, eh bien ?

– Eh bien, je ne comprends pas que vous ne m'interrogiez pas plutôt sur ce dossier-là. Parce que pour moi, c'est la seule raison qui justifie ma présence dans vos locaux.

– Vous souhaitez répondre sur l'affaire République ?

– Je ne vous ai pas dit que je souhaitais répondre, je vous ai simplement demandé pourquoi vous ne m'interrogez pas dessus.

Il hésite, mais n'insiste pas, ce qui ne manque pas de m'étonner. Je ne saurai que plus tard qu'il ne pouvait pas le faire, sous peine de commettre une erreur de procédure majeure. Ma condamnation ne m'ayant pas encore été notifiée par la Cour de cassation, il n'était pas habilité à le faire. Il revient donc sur Blanche, et je lui dis :

– Autant vous le dire dès maintenant : l'affaire sur laquelle vous m'interrogez est d'une telle gravité que je ne répondrai qu'aux questions du magistrat instructeur. À personne d'autre.

Cette dernière phrase les sonne un peu. De fait, à partir du moment où j'invoque le juge d'instruction, ils ne peuvent plus continuer leur cirque. Nous n'avons pas été arrêtés dans le cadre d'une enquête policière, mais sur commission rogatoire, ce qui signifie que les flics de la crim' n'agissent qu'en tant qu'auxiliaires du juge d'instruction.

Le psychologue sort de sa réserve pour leur dire :

– Laissez tomber. Ce mec, c'est l'intelligence au service du crime.

Je refuse de signer mes procès-verbaux. Un moyen d'imprimer sa marque dès l'origine de l'instruction. Geay a fait la même chose.

De retour vers ma cellule, le flic qui m'accompagne s'adresse à moi :

– Quand l'un d'entre vous était retenu par soixante flics rue du Docteur-Blanche, un autre est venu le délivrer plutôt que de prendre la fuite. Quand toi, tu te retrouves enfermé en prison en Italie, les autres viennent organiser ton évasion...

Au fond, il semble assez admiratif des liens affectifs qui nous unissent.

– C'est peut-être parce que, contrairement à vous, on risque pas notre peau pour un salaire de misère...

Il me renvoie dans ma cage. Quarante-huit heures, c'est long. J'ai été très peu interrogé. Cinq minutes par-ci, dix minutes par-là. Le reste du temps, je l'ai passé en cage, tous les sens en alerte, à épier les sons de voix, les cris, les bruits de chocs. On a perdu toute notion d'heure. À un moment donné, les flics viennent me demander si je suis d'accord, étant donné que je me proclame innocent, pour participer à une confrontation avec des témoins.

Participer à cette confrontation est une énorme connerie, je le sais. Je n'ai pas de lacets, je suis pas rasé, mon état de délabrement est tel qu'il me désigne haut et fort comme le suspect idéal. La police a pour vocation de chercher des coupables, pas de fabriquer des innocents. À ce niveau de délinquance, tous les témoins sont briefés, tous les coups sont permis. Néanmoins, je leur réponds :

– Si ça peut vous rendre service…

Ils sont eux-mêmes surpris de me voir si coopératif. J'aurais pu choisir de ne pas y aller, mais cela reviendrait à admettre qu'on a quelque chose à se reprocher. Donc, j'y vais. Je sais exactement comment les choses vont se passer : je vais être reconnu, mais pas formellement. Le témoin briefé a toujours la même réponse « Oui, je le reconnais à la forme de son visage, mais je n'ai pas de certitude absolue… ». Parce qu'un faux témoin c'est courageux, mais pas au-delà du raisonnable.

Jean-Claude a accepté les confrontations également. De toute manière, il ne risque plus rien. Il a reconnu les faits. Esposito, lui, n'en a rien à foutre, cette histoire ne le concerne pas. Il participe, ce qui lui permet de nous faire un petit coucou. Patrick, lui, a refusé, comme il l'a fait pour tout le reste.

On est alignés contre un mur, avec deux autres personnes, des flics en civils, très propres sur eux. Les trois malfrats sont repérables à des kilomètres. Nul besoin d'être guidé. Je suis presque désolé de dire que c'est comme cela que les choses se passent à la brigade criminelle. C'est cousu de fil blanc. Les flics se croient encore au Moyen Âge. De toute façon, si on me reconnaissait dans cet état, sans lacets à mes chaussures, alors que mon voisin le policier avait les siens proprement noués, ç'aurait sans doute été un élément plus emmerdant que probant pour eux.

Donc, quel que soit le résultat de cette confrontation, elle m'amuse d'avance. Sans bien savoir où je vais, je sais intuitivement que ma défense va se jouer sur ce type d'éléments : une virgule, un détail d'apparence insignifiante aujourd'hui, qui prendra peut-être une importance capitale dans cinq ans.

*

À la fin de la garde à vue, on nous transfère au dépôt de haute sécurité. Ils nous mettent dans des cellules voisines, sans doute pour épier ce qu'on peut se dire par les fenêtres. Mais je doute qu'ils y comprennent quoi que ce soit. On débriefe, mais dans un langage incompréhensible du commun des mortels, qu'on avait inventé à l'époque de Belleville, une sorte de javanais remanié à la sauce verlan.

Le lendemain matin, passage chez le juge d'instruction. En général, après une garde à vue, on est en vrac. Moi, je suis en pleine forme. Je suis là pour me battre, je veux qu'il le sache. Ma vision des juges est toutefois un peu datée. J'en suis resté à Marzloff, la dureté intransigeante, le pouvoir absolu. Depuis, la justice a changé, je vais m'en rendre compte. Les juges sont toujours aussi puissants, mais il leur faut désormais être adroits. La force brute ne suffit plus.

Tu arrives dans le bureau du juge, attaché, menotté, escorté par des molosses armés jusqu'aux dents, et dès l'instant où tu franchis la porte, on te libère de tout, et on te laisse seul, en face d'un petit homme vulnérable assis derrière son bureau. Libre de lui sauter dessus si l'envie t'en prend. Ça fait partie des bizarreries de la justice.

Le juge Grellier s'est trouvé embarqué dans cette affaire à son corps défendant. Cheveux bouclés, petites lunettes, il a tout de l'intellectuel, rien d'agressif dans l'expression. Je sens même poindre chez lui une certaine compassion. Il me regarde comme si j'étais un condamné à mort. D'ordinaire, il fait plutôt dans la littérature. C'est un spécialiste de la propriété intellectuelle, des histoires de révisionnisme… Sont également présents dans le bureau : la greffière, une femme d'une grande beauté, et le procureur de la République.

Passés les nom, prénom, nom de votre mère, énumération des faits, et les trucs habituels, le juge me dit :

– Je vais vous incarcérer. Avez-vous quelque chose à dire ?

Si une partie doit se jouer, elle doit commencer tout de suite. C'est mon tour. Je cherche le mot qui attirera son attention, qui va me distinguer, qui le laissera perplexe. À l'impro, je lui lance :

– Je trouve cette décision regrettable.

La réplique l'étonne, mais semble lui plaire. Il rétorque :

– Vous êtes du genre comique, vous… Vous savez que pour vous incarcérer, un port d'armes suffit. Je n'ai par conséquent que l'embarras du choix. Il me suffit de tirer un délit du sac ! J'aimerais vraiment savoir en vertu de quoi ma décision vous apparaît regrettable…

– Elle m'apparaît regrettable parce que je suis innocent, Monsieur le Juge. Et qu'il va me falloir au minimum cinq ans, je connais la justice, pour prouver que je le suis effectivement. Et à ce moment-là, je vous fais le pari que vous aussi, vous la trouverez regrettable, la décision que vous venez de prendre. Mais j'aurai déjà fait cinq ans de prison.

Je dis n'importe quoi. Mais je veux attirer son attention, et je réussis. Il me regarde dans les yeux :

– Ne perdez pas votre temps : personne ne vous demande de prouver votre innocence. C'est à moi de démontrer votre culpabilité. La loi est formelle sur ce point : c'est à celui qui accuse que revient la charge de la preuve.

Avec cette dernière phrase, il m'apporte l'oxygène qui me manquait pour respirer.

*

Quand le fourgon cellulaire franchit les portes de Fresnes, je découvre, halluciné, l'escorte qui nous avait accompagnés : une escadrille de motards, quatre voitures de la BRB, armes pointées à l'extérieur, gyrophares allumés, la totale. Visiblement, ils ne veulent pas me perdre en route.

Quinze ans après, rien n'a changé. S'il y a bien une chose qui ne bouge pas sur cette planète, c'est la prison. Le couloir central est resté à l'identique. Le parquet aussi luisant que je l'ai laissé, les murs toujours peints de la même couleur... J'ai l'impression de sortir d'une machine à remonter le temps. Le seul changement perceptible tient à l'attitude des gardiens à mon égard. Le rapport de force n'est plus le même. Je fais désormais partie du cercle très fermé des évadés en hélicoptères, la hantise majeure des directeurs de prison. Je deviens de ce fait le détenu le plus gardé de l'endroit. Désormais, ils me redoutent plus que je ne les crains.

*

Après les formalités du greffe, la fouille et tutti quanti, qui se déroulent à une allure invraisemblable. La première douche – celle qui, lors de mes précédentes incarcérations, me donnait le sentiment de me salir plus que de me laver – me semble cette fois salutaire. Je suis encore recouvert du dépôt des gaz lacrymogènes dont les hommes du RAID ont inondé la villa pour nous forcer à sortir. J'en suis englué jusqu'à la pointe des cheveux.

De là, on m'emmène directement en première division. Au lieu de m'orienter vers la gauche, comme quand j'avais dix-sept ans, on me dirige vers l'aile droite. Entouré par quatre matons, deux de chaque côté, je pénètre dans un bâtiment sectionné par une grille en son milieu, et à travers laquelle on aperçoit le quartier de haute sécurité, celui où sont placés les détenus en isolement. Autrement dit : l'enfer. C'est ma destination.

La deuxième cellule sur la gauche m'est destinée. Il faut avoir envie d'entrer ! L'aspect est totalement glaçant. Cinquante centimètres après la porte, une deuxième porte avec barreaux vise à séparer les détenus des gardiens. Pour éviter qu'on les agresse, je suppose. La cellule à proprement parler est meublée d'une chaise et d'une table, toutes les deux en béton. Le lit est soudé au mur. Des toilettes dans le coin, et voilà. Ils me jettent là, et referment derrière moi, sans un mot.

L'atmosphère est celle d'un caveau, un cercueil en route pour le cimetière. J'ai le pressentiment que je ne sortirai pas vivant. Quand on arrive là-dedans, le véritable courage, c'est de vouloir vivre. Heureusement, je n'ai pas de prédisposition au suicide. Il faut se donner des raisons d'espérer, se parler à soi-même, s'encourager à voix haute. Je sais qu'ils cherchent à me sabrer, mais je les encule.

Je pose mon paquetage par terre et je m'assois dessus. Je ne veux pas me sentir intégré à ce truc. J'ignore la chaise. Je mettrais bien un coup dedans, mais je me casserais le pied. Je me lève, je marche de long en large, comme je le fais toujours, pour évacuer l'anxiété.

Comme l'administration fait bien les choses, dans un coin de la cellule, je trouve deux livres : *L'Étranger* de Camus, mon compagnon des mauvais jours, et un autre, *La Beauté à genoux* de Jacques Perrin, un auteur pas très connu, qui compte parmi les lectures qui m'ont beaucoup marqué. Je m'interroge sur leur présence. Un geste de solidarité ? Un message d'espoir ? Je prends *L'Étranger*, je l'ouvre à la dernière page, comme chaque fois que je l'ai eu entre les mains. Le mec est condamné à mort, il va être exécuté. Dans ces quelques lignes, il déverse toute la haine qu'il a en lui, tout son dégoût des hommes, et à la fois, il est submergé par un amour immense. Je sens des larmes me venir. Je ne sais pas bien ce qui les provoque, si c'est cette page, ma condition, ou la conjonction des deux… En quelques secondes, je suis passé de la mort à la vie. Je vais me battre.

*

La vie carcérale reprend ses droits. Réveil pénible, comme tous les premiers réveils en prison. Je retrouve ce bruit si atrocement familier, le claquement sonore de la porte qu'on déverrouille, et qui vous fait passer, sans transition, du sommeil profond à l'implacable réalité carcérale. Sensation effroyable à laquelle je ne me suis jamais habitué, et à laquelle je ne m'habituerai jamais. J'ai l'impression désagréable de retrouver mon second chez-moi. Le chariot du petit déjeuner arrive, avec le lait dégueulasse et la ration de pain pour la journée.

Je me prends toute la situation en pleine gueule. Je me dis tout haut :

– Quel échec, cette évasion de merde !

Tout est contre moi. J'ai perdu ma liberté, je n'ai plus aucun lien, aucune racine. Isolé dans mon propre pays. Accusé de trucs pareils, comment espérer m'en sortir ? La cerise sur le gâteau, c'est que je dois m'avaler l'échec de mon évasion de Rebibbia. Faire tout ça pour retomber vingt jours plus tard. C'est lamentable. Moi qui ne supporte pas de perdre... Ma vie m'étouffe.

Je n'ai qu'une pensée : ma femme et ma fille. Mais je me force à les évacuer de ma tête. C'est trop problématique, trop douloureux : qu'est-ce qui va leur arriver, qu'est-ce qui va se passer ? Cette situation a foutu tellement de monde dans la merde que pour la première fois de ma vie, je ne sais pas par quel bout commencer. C'est trop compliqué. Plus rien ne dépend de moi de toute façon. Dans un flash me revient le regard que j'ai lancé à mon père quand les flics l'ont embarqué. J'aurais pas dû le regarder comme ça, j'aurais pas dû ajouter une peine à sa peine.

Une énorme fatigue m'assaille. Je m'allonge. Je ne veux plus me lever, plus allumer la lumière. Rien faire. Je dors pendant huit jours et huit nuits. Ma vie en stand-by. Je me lève pour le café le matin, et c'est tout. Je me recouche, dans le noir, jusqu'au lendemain. Je ne désire rien d'autre.

Je suis réveillé par mon avocate, Françoise Cotta, celle qui était venue me voir en Italie. Je la connais bien. Une femme pleine d'humour, assez belle au demeurant. Je me jette un coup d'eau sur le visage, mais je suis encore plombé. Je sais que tout ce qui va être dit, tout ce qui va être fait n'a aucun sens. Tellement de temps a passé, tellement d'histoires restent à débroussailler, trop de choses…

Le parloir avocat, c'est une cellule coupée en deux, dans laquelle les surveillants n'entrent pas. Arrive la Cotta, pépère tranquille. En guise de salutations, elle me lance une blague. Très drôle…

– Déjà de retour ? T'avais la nostalgie ?

– C'est marrant, ça. Tu es venue me dire quoi ? Que je suis mort ? Tu veux m'annoncer la sentence ?

– Pas du tout, André, détends-toi ! Je ne sais même pas pourquoi tu es inculpé dans le dossier des Postiches. Il y a une empreinte qui traîne sur un verre, dans une de vos planques. Bon. Des documents d'identité mélangés avec d'autres. D'accord… Mais si on enlève ça, tu n'existes pas dans ce dossier. S'il n'y avait pas République, tu serais dehors dans un mois. En l'état actuel des choses, soit t'as été le roi des malins, soit tu es une victime innocente qui croupit en prison. En attendant, il n'y a rien. C'est ça que je suis venue te dire.

– Quelle connerie ! T'as tout compris : il y a République. Et permets-moi de te rappeler, j'espère d'ailleurs que tu le préciseras au juge : je me suis tapé douze ans de cavale pour un crime que j'ai pas commis, et une évasion en hélico ou j'ai risqué ma peau et celle d'autres personnes.

– Je te l'accorde, on va avoir du mal avec République.

– Quant à ton dossier vide, entre l'évasion, le port d'armes, l'association de malfaiteurs, je prends déjà entre dix et quinze ans. Alors, c'est pas la peine d'essayer de m'apaiser, je sais exactement où j'en suis. Et puis les dossiers vides, c'est ton métier de le savoir, on les remplit... Et t'inquiète pas qu'ils vont les remplir. Ils vont pas faire n'importe quoi, crois-moi. Pour eux, je suis la cerise sur le gâteau, la pièce manquante idéale.

– Arrête un peu, on n'est plus au temps de Dreyfus... Et, ne serait-ce qu'au cours des douze dernières années, la justice a beaucoup changé.

– T'as raison, rêve ! Condamné à mort, et évasion en hélicoptère, alors que d'après ce que je lis dans la presse, ils n'ont toujours pas trouvé le chef du gang des Postiches... Tu crois peut-être qu'ils ne vont pas se jeter sur moi ? Tout va être truqué, les témoignages, les procédures, les pièces à conviction... Quand ils veulent ta mort, la meilleure chose à faire, c'est de préparer ton enterrement.

– De ce point de vue, sois tranquille. Le juge Grellier n'est pas homme à se laisser manipuler, ni à truquer les cartes, c'est un juge intègre. Il instruira à charge et à décharge.

– Ça existe, ça ?

– Oui, ça existe.

– Enfin, là, si tu veux savoir, je suis un peu paumé. Douze ans de cavale, une petite baisse de régime, je me fais arrêter. Je m'évade et je me fais reprendre... Je ne sais plus quoi faire. C'est quoi, la solution ? Crever ici ?

Elle comprend que je suis fatigué, très fatigué. Elle me dit :

– Oh, bonhomme ! Faut se battre, hein ?! Faut pas jeter l'éponge !

– Ça se voit à ce point ? J'ai l'air si crevé que ça ?

– Un peu, oui. Mais pas plus qu'un sportif après un marathon...

– Malheureusement, ça n'a rien à voir. Moi, c'est ma vie qui me fatigue, c'est tout ça qui me fatigue. J'ai trente-six ans, et dans ma tête, je suis déjà un vieillard...

– Mais qu'est-ce que c'est que ce discours ! Ça va pas bien ? Et ta femme ? Et ta fille ? À la DDASS ? Aux oubliettes ?

– C'est justement là, le problème. S'il n'y avait pas ma femme et ma fille, tout serait beaucoup plus simple.

Après une pause, je reprends :

– La seule chose que je sais, c'est qu'en restant ici je suis parti pour au moins cinq ans d'instruction… Cette perspective m'écrase totalement.

– Bon, que les choses soient claires : si tu veux t'évader, sois sympa, change d'avocat.

– Ce n'est pas non plus la solution.

– Alors, écoute-moi. Je te le répète, rien n'est perdu. Mieux vaut perdre cinq ans et pouvoir repartir de zéro. Ça, tu peux le faire. Sortir par la grande porte, et inscrire ton nom dans l'histoire de cette manière. Dans tous les cas de figure, tu deviendras une référence. Réfléchis-y, ça vaut le coup.

Elle part et me laisse l'esprit encore plus troublé qu'avant son arrivée. Je cherchais des solutions, elle n'en avait aucune, si ce n'est cette proposition peu engageante « Marche ou crève. »

Je réintègre mon caveau. Je « mets le drapeau » (j'appuie sur un bouton qui fait sortir un drapeau dehors à l'attention des surveillants). Trente secondes après, le surveillant arrive. Je cherche la querelle :

– On fait comment pour la télé ?

– Si vous avez de l'argent, vous en commandez une.

Il referme la porte.

Je remets le drapeau, et je tape.

Je lui cherche des poux dans la tête ; je lui sors le mensonge habituel :

– Dites, ça vous amuse de m'énerver ? Vous cherchez quoi, à ce que je foute le feu à la cellule et moi avec ? C'est ce que je vais faire si vous n'appelez pas la direction pour que j'aie cette putain de télé aujourd'hui. Et surtout, n'ouvrez pas la porte pour la gamelle, je vous préviens !

On ne laisse pas surchauffer un détenu DPS, surtout à l'isolement. Les mecs sont toujours au bord de péter une durite. Aux yeux de l'administration, c'est un danger à éviter à tout prix. La sous-directrice du bâtiment rapplique :

– C'est quoi, le problème ?

Je lui explique que j'ai demandé une télé il y a trois jours, etc. Elle sait que je mens, ce qui l'inquiète encore plus. Elle m'explique qu'il n'y a aucune télé disponible dans l'enceinte de la prison, car c'est la période des fêtes de Noël. Bref, ils sont en rupture de stock. Mais malgré cela, j'obtiens ma télé dans l'heure. Je ne sais pas comment ils se sont débrouillés – et d'ailleurs je m'en fous.

Direct, je commence mes pompes, mes abdominaux, et tout ce qui va avec.

*

Cotta va revenir pratiquement tous les jours, dans un premier temps du moins. Pour m'informer de l'évolution du dossier, qui peut avancer très vite. Elle est en contact avec ma famille, mes frères en l'occurrence. De leur part, elle avait déposé au greffe de l'argent pour moi et un colis de vêtements.

J'essaye de remplir le vide de cette cellule par des photos que j'arrache à des revues. Pas de nanas à poil, comme le veut la tradition, mais des paysages. Pour donner un peu de chaleur à l'endroit.

*

L'isolement, on a vite fait le tour. C'est une cellule, dans laquelle tu es quasiment muré. Une promenade le matin, une promenade le soir, seul, dans un espace de trois mètres sur quatre, couvert par un grillage. À part ça, il y a la douche, et point barre. On a fait le tour de notre univers. Dire qu'il y a des mecs à qui on fait vivre cela pendant des années...

Je tape sur le mur de la cellule d'à côté. Le mec me répond. Je grimpe sur la lucarne et je l'invite à faire la même chose.

On échange nos identités, les raisons de nos incarcérations respectives. On est au plus mal. Moi, parce que j'essaye de ressusciter. Lui, parce qu'il est en grève de la faim.

Il cherche à obtenir une liberté provisoire. Il n'a pas commis un très gros délit. Il n'est à l'isolement que depuis qu'il a commencé sa grève de la faim. C'est le lot de tous ceux qui se lancent dans ce type de campagne. On les isole pour être sûr qu'ils ne simulent pas.

Je vais trouver un moyen pour lui faire passer de la nourriture. Les cellules étant ultra-blindées, ce n'est pas évident. L'idée me stimule. On invente un système. Les lucarnes sont protégées par une grille, puis par une rangée de barreaux. Le mec a trouvé un système pour forcer sa grille, et la pousser un peu. Il a attaché une fourchette à ses lacets, qui fait un yoyo quand on balance quelque chose au bout. Moi, je sors un couteau, je rattrape la fourchette au vol, et je lui renvoie du pain beurré, ou un morceau de fromage. Les pains qu'on nous distribue le matin sont énormes, et on a le droit d'en prendre autant qu'on veut. Du coup, j'en prends quatre, et étant donné que je ne mange ni beurre ni fromage, tout est pour lui. Dès lors qu'il ne sort pas de la cellule, sa grève est effective. La seule bizarrerie, c'est qu'il ne perd pas de poids.

On fait ça la nuit, pour éviter de se faire repérer. Alors que les heures du jour sont toujours abominablement longues, la nuit en prison passe très vite. Pourquoi ? je sais pas. On commence à dormir le jour. La nuit, le voisin devient mon compagnon invisible. Une voix. Je ne saurai jamais qui il est, ni à quoi il ressemble. Mais je vais lui sauver la vie. Et lui va énormément m'aider. À ne pas être seul, à contrer cet isolement qui est fait pour nous briser.

Et puis un jour, au bout d'un bon mois, tout change. On t'appelle, on te dit : « Fouille ! ». T'as droit à une fouille à corps. C'est toujours une bagarre. Un DPS ne retire pas le calebut. Ils ont toujours une appréhension quand ils nous approchent. Parce qu'un DPS est toujours soutenu par les autres DPS. On commence à s'engueuler, et on s'en tire avec une fouille légère.

Au moment de retourner dans mon caveau :

– Ah non, c'est pas par là. On vous a changé de cellule.

La vie carcérale va vraiment commencer.

Je suis toujours en première division, mais juste à l'entrée, au rez-de-chaussée, à côté des locaux administratifs, de l'infirmerie, des cellules d'attente. On m'a attribué la cellule 55, qui a une sombre histoire. Elle a hébergé un condamné à mort, un collabo qui sera exécuté.

Par rapport à l'isolement, se retrouver parmi les DPS est une bouffée d'oxygène, pratiquement une libération. Les premiers temps, toutefois, la prison ressemble à un asile de fous. Les détenus qui sont là pour quinze ans, vingt ans, ont un mode de vie tellement différent de celui de l'extérieur que le nouvel arrivant ne se sent pas du tout concerné. Ils vivent dans un univers parallèle. La nourriture, par exemple, est au cœur de leurs préoccupations, comme tout ce qui touche à l'amélioration du quotidien. Le mec qui n'a pas eu ses frites, c'est la fin du monde. Qu'est-ce que j'en ai à foutre, des frites ! C'est complètement annexe. J'ai aucune envie d'entrer dans ce délire. Dans la prison, mis à part mon avocate et les parloirs, rien ne m'intéresse.

Sur une population de trois mille détenus, répartie dans trois bâtiments, les DPS occupent une quarantaine de cellules environ. Pour éviter qu'ils n'échafaudent ensemble des plans d'évasion, l'administration les fait tourner en permanence. Tu passes ta vie à croiser les gens, tu suis l'évolution de leur état, ceux qui se désintègrent, ceux qui se bonifient. Les DPS, c'est une vraie caste au sein de laquelle il règne une solidarité absolue.

Tu es à peine arrivé qu'on cherche à savoir s'il te manque quelque chose. Tu reçois toutes sortes de colis en provenance d'autres cellules. On me fait livrer des tee-shirts, une cartouche de clopes... Mais on y met les formes, il ne faut pas vexer les gens : « Tiens, je fume plus ces cigarettes-là, tu les veux ? » On te prépare à manger aussi.

La première promenade arrive. Elle a lieu dans une toute petite cour, mais on est quatre. Quatre très gros délits de surcroît, ce qui dédramatise ton propre cas. On ne se connaît pas, mais on a tous des amis communs et on est tous dans la même merde.

Ma réputation m'a précédé, la télévision et les journaux ont bien fait leur travail. Le respect se lit dans les regards, mais je vois qu'ils sont surpris par ma façon de parler. Après douze ans passés dans le triangle Neuilly-Auteuil-Passy, j'ai fini par adopter le langage des résidents...

Parmi mes trois compagnons de promenade, il y a un faux Action directe, un voyou qui s'est trouvé des raisons politiques, qui est tombé avec la branche molle du mouvement, le groupe des intellos... Il y a également un mec du gang de la banlieue sud, et Karim, un demi-beur, malin comme un singe.

Je me lie immédiatement avec Francis, le mec de la banlieue sud. Avec lui, c'est comme si on se connaissait depuis vingt ans, tout de suite. Nous avons le même âge. C'est un grand baraqué de un mètre quatre-vingt-dix, qui vient de retomber après avoir passé huit mois dehors. Il parle avec une gouaille très imagée et drôle, j'adore ça. Quand je parle avec lui, j'ai l'impression d'improviser un dialogue pour Michel Audiard. Il est là pour une affaire relativement mineure, mais étant préalablement fiché DPS, il a dû le rester. C'est la règle. De toute façon, pour eux, c'est un mec dangereux.

Il m'informe sur le système carcéral d'aujourd'hui. Il y a deux promenades quotidiennes, une le matin, une l'après-midi. Les parloirs sont libres, ce qui fait une différence énorme, on peut se toucher, se prendre dans les bras. Il y a la télé, comme j'ai déjà pu le constater. La télé, ça change tout. C'est une fenêtre ouverte sur l'extérieur. On suit les événements au quotidien. Autrefois, quand un homme sortait après quelques années de prison, il avait le sentiment d'avoir changé de pays tant il ne comprenait rien à ce qui s'y passait après quelques années entre les murs. Avant 1974, c'était pire encore, les détenus n'avaient même pas droit à la presse. Ce manque d'information fait des trous dans une vie, qu'il faut des années pour combler.

En somme, toutes les améliorations dont on a entendu parler par la presse sont effectives. Après le sas du QHS, la situation devient donc beaucoup plus vivable.

En revanche, ce que me dit Francis en conclusion n'a rien de rassurant :

– S'ils ont amélioré nos conditions de détention, c'est pour en prolonger la durée. Tu vas voir, l'inflation des peines est terrifiante. Et leurs remises de peine, c'est de la connerie, parce que tu pars de beaucoup plus haut. Quand j'étais en centrale, tu vois, j'avais pris treize ans et j'en ai fait neuf pleins.

– Mais t'avais pris treize ans pour quoi ?

– On avait évadé un pote à nous d'un fourgon cellulaire. Ça s'est pas très bien passé. Il n'y a pas eu de morts, mais ça a tiré un peu, quoi.

La promenade dure deux heures et n'a aucun caractère obligatoire. Après celle du matin, c'est le repas. À quatorze heures, nouvelle promenade, à dix-huit heures, c'est le repas du soir. Après quoi, on se fait notre petit parloir personnel à la fenêtre, où on papote jusqu'à vingt heures, l'heure du journal télévisé. Les détenus ont faim d'informations. Tout le monde s'arrête pour regarder les infos. Après, les gens restent un peu devant la télé, bavardent éventuellement à la fenêtre, et vont se coucher. Mon trip à moi, c'est de marcher. Je fais les cent pas, inlassablement, entre mes quatre murs, jusqu'à sortir de moi-même. Je pars pratiquement dans des voyages astraux. Ma manière à moi de m'évader. De temps en temps, je regarde un film. Une fois, on a droit à *37°2 le matin*, avec Béatrice Dalle. Allez savoir pourquoi, ce soir-là, il règne dans la prison un silence religieux. On entend les mouches voler d'un bout à l'autre bout du bâtiment.

Le lendemain, la porte s'ouvre. « Bellaïche ! Greffe ! ».

– C'est pour quoi faire ?

– J'en sais rien.

Accompagné de deux surveillants, j'arrive en face du greffe. Le surveillant-chef me désigne un bureau juste à côté :

– Ces messieurs veulent vous parler.

Deux flics sont là. Alors que je suis en prison depuis un mois et demi pour l'affaire de la rue du Docteur-Blanche, ils viennent me notifier ma condamnation par contumace pour l'affaire de République, et me faire signer un mandat de dépôt – le document qui justifie ma détention provisoire au regard de ce dossier. Évidemment, je ne signe pas. Les mecs ont envie de parler :

– Pourquoi vous ne voulez pas signer ?

– Je ne fais rien sans le conseil de mes avocats. Je ne sais pas si cette feuille peut me nuire ou pas.

– Lisez-la ! Vous savez lire, non ?

– Non, je ne sais pas lire le français, je suis tunisien.

De manière générale, les flics nous considèrent comme des ennemis loyaux. Il n'y a pas d'antipathie dans les questions qu'ils me posent. Mais personnellement, je n'ai aucune sympathie pour eux.

Cotta m'apporte ce qu'elle pense être une bonne nouvelle : le juge a donné sa parole que Laurence ne sera pas inquiétée si elle rentre. Ça me fout dans une merde noire, mais je ne peux pas lui dire. Comment lui expliquer que je ne sais pas où est Laurence ?

– Françoise, il y a deux flics qui sont venus pour me faire signer un papier. J'ai pas tout compris, mais c'était à propos de République. Ils sont venus me notifier ma condamnation par contumace.

– C'est rien, t'inquiète pas. C'est normal.

– Tant mieux. Et ça veut dire quoi ? C'est une contumace, on a été jugés. Donc, qu'est-ce qu'il se passe maintenant ?

– On va rouvrir le dossier et entendre toutes les personnes qui n'ont pas été entendues pendant ta cavale, et on va faire revenir les autres. Considère que le dossier redémarre à zéro avec le désavantage des choses qui ont été dites.

– Ce dossier n'est pas une priorité, t'es d'accord avec moi ?

– Oui, dans le sens où, par définition, c'est très difficile de sortir d'une contumace. Le fait d'avoir pris la fuite rend très difficilement crédible l'hypothèse de l'innocence. Mais rien n'est impossible.

– Tu penses que je pourrais avoir les copies de toutes les pages du dossier ? Je veux le connaître par cœur. Plutôt que de me faire chier en cellule, autant que je fasse ça, non ? Il y a des choses qu'un avocat peut comprendre, mais je sais qu'il y en a d'autres qui ne deviennent pertinentes qu'aux yeux de l'inculpé.

Je lui demande aussi un code de procédure pénale, pour bien m'imprégner des procédures. Cotta ne perd pas de temps. Je découvre le dossier de République. Et notamment, un truc invraisemblable : Alain Lacabane n'a pas été tué par les flics, comme on l'a toujours cru, il s'est foutu une balle dans la tête. À part ça, le dossier est très mince. Un petit tome, qui se lit en une journée. Ce dossier ne repose que sur une série de témoignages abracadabrants, celui de Dominique Famger qui m'accuse, et celui de sa bonne qui répète ce que dit sa patronne. Point barre. Je me maudis, j'ai envie de me cogner la tête contre la porte. Le juge de l'époque s'appelait Floch, un juge exceptionnel paraît-il, d'une impartialité légendaire. En cour d'assises, j'entendrai demander une minute de silence pour honorer sa mémoire. Si je n'avais pas été si traumatisé par un mec comme Marzloff, j'aurais sans doute pu établir mon innocence très rapidement. En tout cas, dès ce moment, je suis sûr et certain que je serai acquitté. Mais je garde cette conclusion pour moi. Je ne dis pas tout à mes avocats. Je préfère que chacun reste à sa place. Un avocat est là pour assurer ta défense, et même si vous vous faites la bise, il reste un homme de loi. Malgré toute l'affection que je pourrai porter à certains de mes défenseurs, je resterai toujours dans mon rôle et je les laisserai dans le leur. Parce que si un avocat trahit la justice, il n'aura aucun mal à trahir un délinquant.

La directrice vient me voir, un peu inquiète. Je n'ai pas fait le premier geste du prisonnier : écrire aux siens pour les informer de la situation. À cet effet, la taule vous file avec votre paquetage une enveloppe timbrée pour le premier appel au secours.

– Mais vous n'écrivez pas ? Vous n'avez pas de parents, pas de famille ? Une femme, des enfants, je ne sais pas... Des amis ? Ça fait plus d'un mois que vous êtes incarcéré et vous n'avez pas envoyé une lettre. Vous savez écrire pourtant...

La lettre est un piège. Elle révèle au grand jour la faiblesse de son expéditeur.

– Je n'aime pas écrire.

– Mais enfin, votre mère, elle s'inquiète pas ?

– Elle n'aime pas lire.

Elle repart, déçue.

Curieusement, je ne déteste pas cette absence de nouvelles de l'extérieur. Sans doute suis-je trop profondément convaincu que rien de bon ne peut en sortir.

Je marche de long en large, de manière obsessionnelle, pendant des heures. La prison, c'est comme la cavale. L'enjeu est de repousser le temps. Plus le temps passe, plus l'espoir revient.

La presse a prévenu tout le monde. Moi qui me croyais complètement isolé, je comprends que ce n'est pas du tout le cas. Les choses se mettent soudain à bouger. Fini les vacances. Le claquement du verrou me réveille. Instinctivement, je suis sur mes gardes.

– Bellaïche : parloir famille.

– Pardon ?

– Parloir famille. Préparez-vous, je reviens vous chercher dans cinq minutes.

Je suis surpris, fébrile même. Mon avocat ne m'a pas averti qu'un permis de visite avait été accordé. J'enfile un pull. Je tape au mur pour parler à mon voisin :

– Ouais ?

– Écoute, Francis, on vient de m'appeler pour un parloir famille. Je trouve ça bizarre. Si tu ne me vois pas revenir, préviens mon avocat. C'est Françoise Cotta.

– O.K.

On ne sait jamais ce qu'il peut se passer, un transfert vers une autre prison, ou pire, une extraction PJ (police judiciaire). Chez les DPS, au moindre imprévu, on avertit le voisin, qui se retrouve en charge de faire le nécessaire en cas de pépin...

La porte s'ouvre, le surveillant entre, me fouille sommairement. Je le suis. On ne va pas très loin : le parloir est juste à côté. Un surveillant est assis derrière une table à côté de la porte :

– Parloir numéro 9.

Il me met un coup de tampon phosphorescent sur la main. Un escalier à descendre, et je découvre les parloirs en alignement : des cabines sans portes derrière lesquelles les surveillants font des allers et retours. Les vitres qui séparent les visiteurs des visités ont disparu. Il n'y a plus entre eux qu'un petit comptoir d'une vingtaine de centimètres de large.

Je retrouve ma mère, fidèle au poste. Elle pleure. C'est dur de voir sa mère pleurer, mais c'est dans l'ordre des choses. Les retrouvailles sont toujours douloureuses dans un parloir. Il ne faut pas se laisser aller à l'émotion. Je suis heureux de la voir. Sa visite m'ouvre une lucarne sur l'extérieur.

– Et voilà, elle pleure… Tu crois que ça me fait du bien de te voir dans un état pareil ?

– C'est trop dur de revenir te voir dans cet endroit maudit. Qu'est-ce qu'ils vont encore te faire ? Les journaux, la télé… Pendant une semaine, ils n'ont parlé que de toi.

– Mais n'écoute personne, enfin, merde ! Les journaux exagèrent tout, c'est leur métier.

– Mais qu'est-ce qu'il va se passer maintenant ? À la maison, c'est le défilé permanent. La police, plein de gens viennent me poser des questions sur toi.

– Tu leur dis quoi, à ces gens ?

– Je leur dis la vérité, que je suis une femme malade, que depuis l'âge de dix-sept ans tu as quitté la maison, que je n'ai de nouvelles de toi que lorsque tu es en prison.

– La vérité… La vérité, c'est qu'au lieu de leur dire « depuis l'âge de dix-sept ans » tu aurais peut-être dû dire « vingt ans ».

Du coup, elle ne pleure plus.

– C'est grave, que j'ai dit « dix-sept » ans ?

– Ah, moi, je ne sais pas ! Si ça se trouve, ils vont te mettre en prison pour faux témoignage.

Sa peur de mère juive tunisienne, cette amnésie dès qu'on lui pose des questions sur moi, je les connais par cœur. On éclate tous les deux d'un rire nerveux, ce qui finit par mettre de la bonne humeur entre nous.

Me voir rire la réconforte. C'est vrai que les journaux ne m'ont pas épargné, et elle pensait me trouver dans un état bien pire.

– M'man, te fais pas de bile pour moi. J'ai plus vingt ans, j'en ai trente-six. Cette vie, c'est celle que je me suis choisie. Regarde mes frères, ils s'en sont très bien sortis : j'aurais pu faire pareil, mais je ne l'ai pas fait. Raconte-moi la famille...

Je prends les choses en main. Les visiteurs doivent ressentir la force qui se dégage du visité. Ça les rassure, c'est comme ça. Ce sont eux qui doivent se sentir visités.

J'espérais qu'elle me donnerait des nouvelles de Laurence et de ma fille, mais elle n'en a pas. Ce qui ne l'empêche pas d'aborder le sujet.

– Et ta femme ? Tu es toujours avec ta femme ?

Je lui fais signe de se taire. Avec mon autre main, je lui désigne le plafond, pour lui indiquer qu'il y a des micros.

– Je ne suis pas marié.

Elle comprend qu'il ne faut aborder aucun sujet ayant trait à ma vie privée, que cela peut poser problème.

Un cri retentit « Parloir terminé ! » On s'embrasse, on échange encore quelques mots. Elle me dit qu'elle m'a apporté du linge, m'explique qu'elle viendra à chacun des trois parloirs autorisés dans la semaine. Et quand mes frères auront obtenu l'autorisation, ils prendront la relève.

Je repars avec d'autres détenus. En tant que DPS, t'es immédiatement emmené à la fouille par un surveillant. On te fait passer en priorité, pour pas que tu te retrouves en cellule d'attente avec des détenus non-DPS. Encore une fouille au corps, il faut se baisser, semblant de bagarre à nouveau :

– Fais ce que tu veux, je me baisse pas !

Ils savent qu'on ne le fait pas. Et ils veulent pas non plus nous envoyer au mitard. Si un DPS va au mitard, tous les autres se mettent en grève de la faim. Ça se propage comme une traînée de poudre, de bâtiment en bâtiment, et c'est la dernière chose qu'ils souhaitent.

Retour en cellule. Francis entend ma porte s'ouvrir. Il m'appelle à la fenêtre :

– Alors ?

– C'était le parloir avec ma mère.

– Elle doit être balaise pour avoir obtenu le parloir aussi vite.

– On voit bien que tu sais pas ce que c'est une mère tounch. Elle aurait été capable de dormir sur le palier du juge, ou de lui amener un casse-croûte tunisien par jour pour obtenir son truc.

J'ai une obsession, une seule : ma femme et ma fille. Laurence est censée être à Londres, mais elle ne m'a pas donné signe de vie depuis mon arrestation. C'est normal. Elle sait qu'il faut laisser passer un laps de temps pour que les choses se calment. Il n'empêche, je commence à tout voir en noir. Des pensées atroces me traversent l'esprit : si elle se faisait arrêter en Angleterre ? Et que ma fille se retrouve du coup à la DDASS type anglaise ? Je l'imagine, petit David Copperfield en fille, uniforme d'orphelin, entourée d'enfants aussi violents que j'avais pu l'être moi-même, nourrie de haricots rouges à la confiture dans le meilleur des cas... Un cauchemar. J'essaye d'évacuer cette idée, mais elle revient comme un boomerang. Tant que cette histoire ne sera pas réglée, le jeu ne peut pas commencer. S'ils touchent à ma famille, j'en n'ai plus rien à foutre de rien : je m'évade. Mais s'ils les laissent en paix, ça devient une tout autre histoire : je saisirai l'opportunité de cette incarcération pour faire la route dans l'autre sens. J'y mettrai le temps qu'il faudra, mais je retrouverai la liberté, la vraie. Je reconstruirai ce qui a été détruit.

Ma fille, c'est ma vie. Pour elle, je soulèverais des montagnes. Ma force, c'est qu'au bout d'un moment j'arrive à arrêter de penser. Et ce détachement dont je fais preuve se mue en stratégie.

Tout va s'enchaîner. Cotta arrive. On se fait une bise.

– Oh là ! t'as l'air en pleine forme…

– Tu savais que ma mère avait eu le permis de visite ?

– Oui, on a tellement harcelé le juge qu'il a fini par craquer. Assieds-toi. J'ai pas que des bonnes nouvelles. Ton dossier prend la direction que tu imaginais. Les vides sont en train de se remplir. La crim' a fourni un rapport sur tes douze ans de cavale.

– Et ça change quoi ?

– Ça change qu'ils savent que tu n'es pas un ange.

– Mais ça change quoi ?! Excuse-moi mais ça change quoi, exactement ?

– Ça change qu'on est en France, et qu'on ne gagne un procès que sur l'intime conviction des jurés. Les jurés vont avoir en face d'eux un mec loin d'être fauché, qui va leur dire qu'il n'a commis aucune malversation, mais qui ne peut pas expliquer comment il gagnait sa vie. Ça va être très difficile de les convaincre que cet argent a été gagné honnêtement.

– Dis, c'est pas toi qui m'as dit qu'on n'était plus au Moyen Âge ? L'intime conviction, c'est les faits, rien d'autre. Tout le reste, c'est de la flûte enchantée. Et permets-moi de te dire que lorsqu'on me posera des questions, je saurai comment répondre. Il dit quoi, de toute façon, ce rapport ?

– Il dit que t'as quitté la France, avec Badaoui et les deux nanas. D'ailleurs, la Famger, elle te charge, je ne te le cache pas. République, c'est clair, c'est pas gagné d'avance.

– Ça va, on le sait…

– D'ailleurs, il serait peut-être temps que tu me dises où sont Laurence et ta fille. Tu vas pas pouvoir les cacher éternellement.

– Écoute, on ne pourrait pas aborder le problème une autre fois ?

– Mais enfin, tu es le seul à savoir où elle se trouve, tout le monde la cherche. Ses parents sont en train de harceler le juge pour la retrouver. S'ils t'ont arrêté toi, c'est à peu près sûr qu'ils les arrêteront, elles. Mais qu'est-ce que t'en as fait de cette femme ? Tu l'as pas tuée, au moins ?

– Très drôle, vraiment... Moi, je te dis une chose : il n'y a pas d'urgence.

J'ai pas envie de répondre à ses questions. De toute façon, je n'ai pas les réponses. Je décide de gagner du temps :

– Imaginons qu'elle rentre. Qu'est-ce qui m'assure que le juge ne va pas l'incarcérer pour faire pression sur moi ?

– C'est pas son truc.

– Qu'il me donne sa parole. Bon, parle-moi du rapport maintenant.

– Alors, je continue. Ils savent que tu as passé du temps au Maroc, que tu es parti en Turquie, via la Grèce, que vous avez squatté l'Italie, que vous êtes revenus en France. Après tu es allé à Singapour. Qu'est-ce que t'as été foutre à Singapour ? Ils vont te le demander.

– Manger du canard laqué.

– Très fin...

– J'étais à Singapour parce qu'on voyageait. On n'était pas là pour affaires.

– O.K., si tu le dis. Ça colle, de toute façon, tu n'y passes pas beaucoup de temps. Une semaine. Après, direction le Sri Lanka, puis l'Inde... Les voyages forment la jeunesse ! Mais tu te fais un peu chier, et tu te casses aux Maldives. Les lagons te pèsent, pauvre homme, va !, tu débarques en Thaïlande, et ça continue : Djakarta, Bali, l'Australie, un petit saut en Nouvelle-Zélande, un crochet par Tahiti. On te verra aux Marquises, aux États-Unis. Mon pauvre vieux, qu'est-ce que t'as dû te faire chier pendant cette cavale ? La prochaine fois, emmène-moi avec toi.

– Mais comment ils font pour savoir tout ça, putain...

– Comment ils font ? Tu oublies qu'ils avaient tes passeports. Et que sur tes passeports il y a tes visas, avec les dates d'entrée, les dates de sortie.

– Putain, j'avais pas pensé à ça… Eh ben, tu vois, si ça se trouve, c'est mon alibi. Si on vérifie les dates des voyages et si certains des faits qui me sont reprochés se sont déroulés pendant que j'étais à l'étranger, on pourra les éliminer. De toute manière, ça n'a aucune espèce d'importance parce que je vais te dire une chose que tu ne sais peut-être pas : de l'argent, il y a mille manières d'en gagner. Ces voyages n'impliquent certainement pas que j'ai commis un seul des délits qu'ils me reprochent. Je voyageais parce que j'étais en cavale ; j'étais en cavale, parce que c'est eux qui m'y ont poussé. Si ça continue, je vais leur réclamer des dommages et intérêts.

– D'accord, mais est-ce que tu peux justifier au moins une rentrée d'argent ? Même si c'est pas vrai. Il faut que tu trouves une formule qui permette d'imaginer que tu gagnais ta vie d'une autre manière qu'en faisant des hold-up.

– Bien sûr, il y en a plein ! Le trafic de concombres, par exemple. Si tu préfères, il y a aussi le coup des faux lingots d'or. Tu sais comment on vérifie si un lingot d'or est un lingot d'or ? On gratte le haut du lingot et on analyse la composition pour vérifier que c'est pas du plomb. Mais on le coupe pas en deux. On revendait des lingots comme ça, à des receleurs. Enfin, je vais pas sortir ce genre de connerie au juge. Mais s'ils veulent des justifications, je peux leur en donner des centaines. Le coup des fausses marques : t'achètes des lots de fringues dégriffées et tu leur mets une griffe. Mais on s'en fout de ça, c'est pas là-dessus que va se fonder ma défense. Le juge a dit que c'est à celui qui accuse de fournir la charge de la preuve. C'est là dessus qu'on doit se battre.

– À part ces voyages, il y a le problème de la place Victor-Hugo, en octobre 1980. Il semblerait que tu sois l'un des quatre protagonistes de la fusillade. Tu confirmes ?

– Me parle pas de cette affaire s'il te plaît. Évitons de l'aborder pour l'instant. Je vais pas t'apprendre que Badinter a dit, lors de sa plaidoirie à l'Assemblée nationale pour l'abolition de la peine de mort, que, chaque fois que l'on exécute un homme, c'est le crime qui change de camp ? Et là, tu vois, j'ai l'impression que le crime a changé de camp.

– Très bien, ça me va. De toute manière, ce dossier, on n'en a rien à branler, c'est du dix ans maximum.

— Du dix ans maximum ! Comme tu y vas ! T'as envie de les faire ? Parce que moi, je suis pas preneur. Dix ans, et après, une fois que vous m'avez acquitté, toute la gloire est pour vous, les avocats ! On n'a rien à branler de Victor-Hugo pour une seule raison : parce que ce dossier ne tient pas la route une seconde. Point barre.

– O.K. Je continue. Après cette affaire en tout cas, on n'entend plus parler de toi. Rien sur tes supposées relations avec les membres du gang des Postiches. Et chez les flics, à la crim', tu ne parles pas, tu ne donnes aucune indication. C'est bien, mais ça fait très hors-la-loi. Il va quand même falloir que tu t'en expliques devant le juge. Parce que quand on retrouve ta trace en Italie, le 5 août 1986, tu te trouves dans une voiture, avec une autre personne, et une trentaine de passeports à l'arrière. Ces passeports, excusez du peu, appartiennent à Bruno, mort rue du Docteur-Blanche, à Patrick Geay, recherché pour le braquage de la rue du Docteur-Blanche, Marguery, arrêté et blessé rue du Docteur-Blanche, Jean-Claude Myszka, recherché pour le braquage de la rue du Docteur-Blanche. Avec ça, il y a des documents portant la photo de ta femme, et d'autres qui t'appartiennent. Comment tu vas expliquer ça ? Comment tu vas expliquer que tu n'appartenais pas à ce gang ?

– Mais j'en n'ai rien à branler de tes papiers de merde. Mais qu'est-ce que tu crois ? C'est pas parce que j'étais ami avec certaines personnes que j'ai nécessairement commis les mêmes délits qu'eux. Association de malfaiteurs, ou quoi ? On m'a arrêté en Italie, pas en France, que je sache. Et puis, dans ton rapport de police, ils disent bien qu'il y avait un passager dans la bagnole que je conduisais. Mais ils n'expliquent pas qu'il y avait deux sacs dans cette voiture, que l'un contenait mes papiers, et l'autre ceux des autres. On avait rangé tous ces papiers au même endroit, mais dans deux sacs différents. Et le deuxième appartenait à ce fameux passager. Le truc, c'est que les Italiens n'ont pas prêté attention à cette situation. Ils ont tout mélangé. S'il n'y avait pas eu ces papiers dans cette bagnole, je n'aurais jamais été inculpé pour cette affaire de Postiches.

– Ce que je te dis là, c'est ce qui résulte du rapport. Rien d'autre. Après, il se passe un truc : l'évasion. Et l'évadé, c'est qui ? c'est toi ! Et les évadeurs ? On le sait avec certitude : c'est Myszka, puisqu'il l'a reconnu. Ils ont accusé dans un premier temps Geay, lequel nie farouchement. En tout cas, le rapport de police est formel sur un point : on n'évade pas de seconds couteaux. Pour eux, tu n'es ni plus ni moins que l'homme au loden vert de la rue du Docteur-Blanche. Et ça, c'est très chaud.

– Mais c'est pas plus chaud qu'hier ! Arrête de rentrer dans leur logique… Dis-moi, il y a combien de témoins dans toute cette affaire, deux cents ? trois cents ? Eh bien, qu'ils me présentent à tous ces témoins, qu'ils organisent des confrontations ! On verra bien à ce moment-là.

– André, soyons clair. Ça devient très lourd. Je te dis pas que je fais pas le poids, je te dis que c'est trop lourd pour un seul avocat. Il faut que tu désignes un autre défenseur. Quelqu'un qui a la voix qui porte.

– T'as une idée ?

– J'en connais un qui est blanc comme neige, qui fonctionne pas à l'oseille. S'il te croit, il te défendra jusqu'au bout. Et avec lui, t'as une chance de t'en sortir. Il ne te mentira pas.

– C'est qui, ton oiseau rare ?

– C'est Henri Leclerc.

– Ça fait propre comme nom...

Elle se lève :

– Demain, je vais voir le juge pour Laurence, et je reviens avec sa parole.

On se quitte. Je rentre dans ma cellule, fracassé. À force de ne pas donner signe de vie, Laurence est en train de me mettre dans une merde insondable. Aussi bien sur le plan psychologique, que physique et tactique. Comment je vais faire ? Je ne peux tout de même pas dire à Cotta que je ne sais pas où elles sont. Ils sont tellement cons qu'ils sont capables de m'accuser de l'avoir assassinée. Ce serait le comble ! Si ça se trouve, je vais me retrouver avec un mandat de dépôt pour enlèvement de ma femme et de ma propre gosse.

Il faut encaisser tout ça. Ta mère qui pleure, ta femme, tu sais pas où elle est, tu comprends que tu vas prendre perpette, t'es totalement isolé... Mais il faut garder le sourire. Propre sur soi, poli avec les surveillants, la neutralité comme arme de défense.

En DPS, une solidarité particulière existe entre tous ceux qui sont accusés de braquos. Avec les mecs impliqués dans les affaires de meurtres, de came, on se parle aussi, mais c'est pas pareil.

Je sens que ma situation n'est pas inextricable. Plus on m'enferme, plus je m'imagine libre. Francis est de bon conseil. On vient d'arriver tous les deux et on va devenir très proches. De vrais amis. On va rester de longs mois ensemble. On tourne beaucoup, mais tous les six, huit mois, on se retrouve. Dans la cour, il me demande :

– Elle t'a dit quoi, alors, l'avocate ?

– Elle m'a dit que c'était chaud. En gros, tout ce qui me tombe dessus, c'est à cause de l'évasion.

– Mais enfin, dans une évasion en hélico, c'est pas toi qui es dans la merde, c'est ceux qui sont venus te chercher. T'as jamais rien fait que monter dedans, toi.

– Justement, ceux qui sont venus me chercher sont tous inculpés dans le truc des Postiches. Ils n'ont pas besoin de grand-chose d'autre pour tirer leurs conclusions, tu sais…

Comme Cotta me l'a suggéré, j'envoie un courrier à Leclerc pour lui demander d'assurer ma défense. Je m'attends à une réponse dans les deux jours, mais sa lettre met pratiquement deux semaines à arriver. Sur un ton très neutre, il est écrit : « J'accuse réception de votre courrier. Merci d'informer le juge d'instruction que vous me désignez comme avocat. Après notre entretien, nous déciderons s'il est ou non opportun que je défende vos intérêts. » L'aspect très médiatique du dossier ne l'a pas fait chavirer. Du moins, c'est ce qu'il me laisse entendre. Il veut avoir la main. Avant les juges, c'est lui qu'il va me falloir convaincre. Le mec a tout vu, tout connu. On lui a servi de l'innocence à toutes les sauces. Pour lui faire avaler la mienne, il va falloir faire neuf.

Je m'installe dans la vie carcérale. Nouveau parloir avec ma mère. Elle se plaint, s'inquiète du sort de ma femme. Ses parents l'ont contactée, lui ont parlé d'un enfant. De mon côté, j'ai de plus en plus de doutes. Je ne sais plus ce que j'ai donné comme consignes à Laurence pour le cas où je me ferais arrêter. Il me semble que je lui ai dit d'attendre trois mois, mais je n'en suis plus sûr. Je ne suis pas en détention depuis si longtemps. En attendant, il me faut gagner du temps auprès de tout le monde. Je souffle à ma mère :

– Dis à ses parents de ne pas s'inquiéter. Elle rentrera au moment où ils s'y attendront le moins.

Mes frères ont obtenu un permis de visite. Vincent, celui que je n'avais pas reconnu en Italie, est le premier à venir et il m'annonce le retour de Laurence. Elle est avec la petite, chez ses parents. C'est un énorme soulagement. Je le charge de lui dire de se mettre immédiatement en contact avec Cotta, pour rencontrer le juge.

Tout se passe vite et bien. Cotta vient me rendre compte de la rencontre :

– Grellier l'a remise en liberté provisoire. Elle est inculpée de non-dénonciation de malfaiteurs, mais ne risque pas grand-chose. Pour le permis de visite, on attend un peu, mais d'ici un mois, je pense qu'elle aura le droit de venir.

Son retour me conforte dans l'idée que Cotta avait raison. Il faut sortir de là, mais par la grande porte. M'évader me forcerait à vivre sans ma femme et ma fille, et cela, je ne le veux pas. Le lendemain, je reçois une longue lettre de ma femme. Tout semble rentrer dans l'ordre. Mais évidemment, les choses ne sont pas si simples.

Cotta vient me voir en catastrophe. Elle a une tête de déterrée :

– Écoute, André, il s'est passé un truc terrible. Quand le juge a remis Laurence en liberté, il a oublié de rappeler la commission rogatoire qu'il avait lancée sur elle. La crim' en a profité pour débarquer chez ses parents, et l'arrêter.

Laurence a passé quarante-huit heures en garde à vue, et en est ressortie assez traumatisée. Ils l'ont cuisinée sans qu'elle comprenne vraiment ce qui lui arrivait. Le fait qu'elle avait eu un bon contact avec le juge la première fois, heureusement, la tranquillisait un peu, et puis, surtout, elle ne savait rien. J'ai toujours mené une double vie, et dans ce cas présent, cela se révélait pour elle un énorme atout.

Quand ils l'ont reconduite dans le bureau du juge, au bout de quarante-huit heures, ça a été le psychodrame. Laurence était en larmes, Cotta, furieuse contre le juge. Les flics voulaient incarcérer Laurence, mais le juge invoquait la parole donnée. Il ne voulait pas en entendre parler. Ils en sont presque venus aux mains. Un des flics lui a rétorqué :

– Mais c'est la seule manière de le faire craquer, de la mettre au ballon !

– Je ne pratique pas ce genre de sport, a conclu Grellier.

Il a remis Laurence en liberté provisoire, mais sous contrôle judiciaire. Interdiction de sortie du territoire, obligation de pointer toutes les semaines au commissariat, et interdiction de communiquer avec moi.

Cotta me met en garde :

– Il ne faut pas que tes frères ou qui que ce soit la contacte, ce serait la meilleure manière de l'envoyer au placard.

– O.K., pas de problème.

Le fait qu'ils aient pris ma femme en otage, alors même que je pensais que tout était rentré dans l'ordre, est dur à encaisser. Mais selon Cotta, je ne peux vraiment pas en vouloir au juge. Je devrais même plutôt lui être reconnaissant. Je garde donc mon calme. Ma force réside dans l'amour que me porte ma femme, et l'essentiel est qu'elle et la petite aillent bien.

J'ai fait de la prison sans Laurence jusque-là. Je vais continuer sans elle, et ce d'autant mieux que je n'ai plus d'angoisse à son sujet. Je sais qu'elle m'attend. Même cinq ans d'absence de communication entre nous ne changeront rien au film.

En promenade, je confie tout cela à Francis, qui me dit :

– Mais sur quel ton faut te le dire que c'est tous des enculés ! Qu'est-ce que tu crois ? Que c'est parce que tu parles un français de bourges et que t'as un beau sourire qu'ils vont te faire des cadeaux ? Ce qu'ils te donnent d'une main, t'inquiète pas, ils te le retirent de l'autre. Ce sera toujours comme ça.

Je sais qu'il a raison.

– Si j'étais toi, j'arrêterais de penser à ça. Tu t'attendais à quoi ? Vivre un *Love Story* au placard ? On perd tout en prison, les femmes et le reste, tout s'envole, et c'est pas plus mal !

– Ma femme, je te le garantis, elle s'envolera pas.

– Rêve, va. Tu vas voir dans trois, quatre ans. Tu vois, moi, pas de femme, pas de gosses, j'attends rien de personne. C'est comme ça qu'on supporte la prison quand on sait que le parcours va être long. Et attends, t'as pas encore vu le psychiatre. Tu vas voir, il va te dire que si t'as pas tué ton père, c'est que tu l'as pas fait exprès, qu'il y a rien de bon en toi, que t'es irrécupérable. Et hop, monsieur t'en rajoute pour trois ans, comme ça !

– Qu'est-ce que tu me racontes ?

– Fais gaffe à ça, vraiment ! Quand t'y vas, la première chose qu'il va faire, c'est enlever sa veste de manière brusque. C'est pour te tester. Surtout à ce moment-là, il faut garder ton calme. Tu restes serein. Il faut pas le laisser croire que t'es parano.

Francis ne s'est pas foutu de ma gueule. Les choses se passent exactement comme il me les a dépeintes. Le psy me fait son geste. Je le regarde avec une totale indifférence, m'assois tranquillement, et lui demande :

– Mais votre geste, c'est un classique. J'étais prévenu, hein, je tiens à vous le dire.

J'inverse le cours des choses, je prends la main. L'expertise devient un dialogue. Ça marche à tous les coups avec les gens de l'administration : quand ils voient que tu portes sur eux le regard d'un égal, ils sont complètement paumés.

*

Enfin, je reçois la première visite de Leclerc. Il m'attend, assis dans le parloir avocat, en feuilletant un dossier. Je rentre, on se salue :

– Henri Leclerc.

– André Bellaïche.

Il est très sérieux, mais ironique également. C'est un faux mètre quatre-vingts, un homme de forte stature, la cinquantaine, visible à ses cheveux gris. Pas gauche caviar pour un sou. Il ne porte rien d'ostentatoire : un imper bleu classique, un costume cravate très simple, avec des trous dans la chemise, des stigmates de ses habitudes de fumeur de pipe.

Il commence très fort :

– La peine de mort a été abolie, c'est déjà ça de gagné.

Il me regarde droit dans les yeux, je m'efforce de garder mon calme. Pour ne pas perdre ma contenance, je réponds, faussement serein :

– Ah bon… Mais pourquoi vous dites ça ?

– Pourquoi ? Vous avez vu les charges qui pèsent contre vous ? C'est lourd, hein ? C'est toujours mieux sans la peine de mort.

– C'est vrai que pour un coupable, c'est mieux, vous avez raison…

– Vous avez conscience que vous allez obligatoirement passer trois fois aux assises ?

– C'est pas sûr…

– Il n'y a rien de plus probable, que je sache.

– Si vous étiez docteur, je vous dirais que je vous ai appelé pour une appendicite, pas pour un cancer.

– Bon, les joutes verbales, c'est sympa, mais on n'est pas là pour ça, n'est-ce pas ? Vous êtes intelligent, ça se voit. C'est ce que vous vouliez me montrer ?

– Non, pas précisément. Je veux simplement vous signifier que je sais parfaitement où j'en suis. Et surtout, vous dire que je ne rêve pas. On n'est pas dans une situation où c'est tout ou rien, mais dans une situation intermédiaire. Il y aura nécessairement condamnation. Mon but, et ce doit être le vôtre, est d'aller au plus court.

– Très bien. Partons sur cette base. Maintenant, je développe : vous avez trois dossiers. Sur les trois, imaginons qu'on en sauve deux. Autrement dit, qu'on en perde un.

Eh bien, le résultat sera le même que si on perdait les trois. Donc, on n'a pas le choix : il faut tout gagner. En plaidant innocent comme vous voulez le faire, excusez-moi, mais c'est du domaine de l'impossible.

Leclerc m'énumère alors la liste des crimes et délits pour lesquels je suis inculpé :

– Premier mandat de dépôt, le braquage de la place de la République en 1975 : association de malfaiteurs ; port d'armes ; séquestration de personnes ; prise d'otages avec demande de rançon. Jusqu'à il y a peu, il vous valait d'être condamné à mort par contumace.

Deuxième mandat de dépôt, le braquage de la place Victor-Hugo : association de malfaiteurs ; tentative de meurtre sur agent de la force publique ; port d'armes, etc.

Troisième mandat de dépôt, le gang des Postiches : évasion en hélicoptère ; meurtre d'agent de la force publique ; une vingtaine de hold-up ; séquestration de personnes ; port d'armes ; association de malfaiteurs, etc.

– Oui…

– Écoutez, cher ami, je vais vous mettre en garde. On ne gère pas une innocence comme on gère une culpabilité. Coupable, on construit un dossier, on minimise son rôle, on vise à réduire la peine le plus possible. On part en centrale, on devient détenu modèle, on obtient des grâces, potentiellement une conditionnelle. Vous n'avez pas de sang sur les mains, ce qui facilite les choses. Dans le pire des cas, vous prenez quinze ans, vous en faites neuf, et au revoir tout le monde. Neuf ans, c'est long, je sais, mais vous avez que trente-six ans. Il reste une vie après ça.

– Neuf ans, je vous le confirme, c'est long. C'est un euphémisme…

– Par contre – et soyez très attentif à cela –, l'innocence est un combat presque toujours perdu d'avance. Dans le grand banditisme, le pourcentage d'acquittements en France est quasi nul. Les gens que vous aurez face à vous sont des ennemis à combattre, et à vaincre. Tous. Depuis le juge jusqu'au moindre des intervenants du dossier. Tout le monde doutera de votre innocence. Vos complices supposés seront comme une épée de Damoclès suspendue en permanence au-dessus de votre tête. Parleront, parleront pas ? De votre côté, vous n'aurez rien d'autre à faire qu'attendre. Six ans, sept ans, le temps que l'instruction se termine. Et six ans de préventive, ça vaut largement les neuf ans de centrale. Après on est jugé, on passe aux assises. Et là, si ça ne passe pas, vous êtes bon pour vingt ans, avec les remises de peine et une bonne conduite, comptez-en treize ou quatorze. Ça, c'est long. Vous avez trente six ans, ça vous amène à cinquante. Réfléchissez.

Un autre que Leclerc m'aurait brossé dans le sens du poil, aurait arrondi les angles. J'étais surpris. J'aurais toutefois préféré qu'il les arrondisse. Ç'aurait été meilleur pour le moral.

Avant de partir, il me regarde dans les yeux :

– Vous savez, j'en ai vu des choses. Je ne sais pas si vous êtes coupable, je ne sais pas si vous êtes innocent. Mais je sais qu'avec douze ans de cavale, et une évasion, vous avez tous les symptômes du coupable. On va avoir du travail.

Il a dit ça avec chaleur. Au moment de franchir la porte, il se retourne :

– Il faut que vous sachiez que je ne suis pas un visiteur de prison. Je vais mettre un collaborateur à votre disposition, qui va gérer le dossier avec vous, tracer les grandes lignes. Je serai là, mais pas très visible. Ceci dit, vous me verrez toujours aux grandes occasions.

Loïc Duroy, le collaborateur d'Henri Leclerc, ne se pas fait attendre. Il est là pour me monter un dossier. Donner à son patron tous les éléments positifs et tous les éléments négatifs me concernant. Il vient d'avoir son barreau, c'est sa première année d'exercice. Du droit, il ne connaît que ce que la fac lui a appris. Avec mon dossier, il va se payer une formation en or. Le mec est un beau gosse de un mètre quatre-vingt-cinq, le type français du Sud, chaleureux.

D'entrée, il veut tout savoir. Le mec fait bien son boulot. Il s'informe de ma vie, de ce que j'ai dit, de ce que j'ai pas voulu dire... Il va passer beaucoup de temps dans le bureau du juge à éplucher le dossier. Je le vois pratiquement une fois par semaine, et assez rapidement, un lien amical s'établit entre nous. L'avocat est l'oxygène du détenu.

Le juge me convoque pour le traditionnel curriculum vitae. Quelques jours plus tard, je me retrouve dans son bureau, avec Françoise Cotta et Loïc Duroy. Une extraction pour un DPS, c'est quelque chose de très lourd. Une fouille dans ta cellule avant de partir. Une fouille à la porte de la prison. Une fouille par le gendarme qui vient te chercher. Quand tu arrives au palais, le gendarme qui te reçoit te fouille une fois de plus. Et à chaque fois, la même bataille pour le calebut.

Le juge a une moue, me jauge du regard, et entre en matière :

– Il y a quelque chose qui m'échappe... Franchement, bonne famille, bonne éducation, élégante, jolie... mais qu'est-ce qu'une femme comme elle fait avec vous ? Pour moi, c'est du domaine de l'incompréhensible...

– Excusez-moi, mais je ne me pose pas ce type de questions...

Ça le fait sourire.

– Bellaïche, je vous ai appelé aujourd'hui parce que traditionnellement, dans toute affaire criminelle, il convient de faire un curriculum vitae pour cerner la personne dont on s'apprête à instruire le dossier. D'ailleurs, j'ai ici une copie de votre expertise psychiatrique. Autant vous prévenir tout de suite, j'ai demandé au médecin une contre-expertise. Je n'ai pas trouvé la première concluante : vous y apparaissez comme un modèle d'équilibre.

On en vient au curriculum vitae. Délibérément, je lui raconte ma vie comme on se raconte à dix-sept ans, pas du tout comme on le fait quand on est une pointure du gangstérisme. La Tunisie, Israël, Belleville, la mère Quoi, la Versine, Marzloff, le cancer de ma mère… Il ne me coupe pas. On arrive à 1968, j'entame le chapitre en lui disant :

– À l'époque, il est possible que nous ayons été du même côté de la barricade…

Une fois encore, il sourit.

Visiblement, mon curriculum vitae le perturbe. Il voit en moi autre chose que le gangster décrit dans les rapports de police. Il me demande :

– Avez-vous des projets ?

Aujourd'hui, ma famille est rentrée, il n'est plus question d'évasion, je vais faire front. J'y mettrai le temps qu'il faudra. Je veux reconquérir ma liberté. La vraie.

– Mon seul projet, lui dis-je, c'est de refaire la route dans l'autre sens, de tout reconstruire.

Au moment de me lever, j'ajoute :

– Si j'ai bien compris, c'est vous qui instruisez les trois dossiers…

– Oui, oui.

– Excusez-moi de vous poser la question, mais vous comptez instruire comment ? Vous avez l'intention d'instruire les trois dossiers en même temps ? Parce que ça va être compliqué pour moi de me défendre sur les trois fronts.

– Si vous tenez à le savoir, je pense qu'on gardera République pour la fin.

– Pourquoi ? Vous pensez que c'est perdu d'avance ?

– Je ne suis pas président de cour d'assises, mais tout de même… Vous avez mis douze ans avant de venir vous expliquer, et encore, on est venu vous chercher. Ça ne va peut-être pas être évident devant un jury de cour d'assises.

Son plan d'attaque m'arrange. Car si j'étais condamné pour République avant toute autre chose, même à une peine courte, j'hypothéquerais toutes mes chances dans les autres dossiers.

L'instruction se termine sur cette hypothèse de travail.

Dans le couloir en sortant, Cotta me lance :

– Vous avez un bon contact, c'est bien. On avance...

D'un hochement de la tête, Loïc Duroy me fait comprendre que, pour lui aussi, les choses se sont bien déroulées.

Quand tu es réembarqué pour repartir, le cauchemar recommence. Fouille, transfert dans un car cellulaire avec voitures de flics et motards devant et derrière. Le fait de traverser Paris, de voir la ville se dessiner derrière les grilles ne facilite en rien la tâche. Et encore une fouille quand tu reviens à Fresnes. Ce n'est pas lourd, c'est une atrocité. Tu es tellement soulagé que tu regagnes ta cellule avec l'impression de rentrer dans un hôtel cinq étoiles.

Je marche. Je vais faire des milliers de kilomètres comme cela. Je sais que ça va être long, mais je me donne pour objectif de les convaincre que la réinsertion est mon unique projet. Je me fabrique une image. D'expérience, je sais que les études en prison ne servent strictement à rien. Du pipeau. Avoir le bac ou une licence de merde, ça ne fait pas de toi un homme neuf, ça ne t'ouvre pas la moindre porte à l'extérieur. Ceux qui croient que la réinsertion c'est cela feraient bien de s'acheter de la pâte à modeler. C'est d'un ridicule ! D'ailleurs, paradoxalement, j'ai vu retomber tous ceux qui ont fait de grosses études. Mais malgré tout, c'est un jeu. Il y a des règles qu'il faut suivre.

Je demande une audience à la directrice :

– Je voudrais reprendre les études. Je voudrais un visiteur de maths, un visiteur de français, un visiteur d'histoire.

Elle est ravie. J'ai un général de l'armée à la retraite pour les maths. Un petit jeune de Normale sup pour l'histoire, et un troisième mec pour le français. Chacun vient me voir une fois par semaine, pendant trois heures. Et finalement, ces études vont m'être d'un grand secours, tout simplement parce que le truc pour ne pas mourir en prison, c'est de maintenir un contact avec l'extérieur. Et ce contact, c'est eux. En guise d'études, j'ai des parloirs. On se raconte nos vies.

*

Un événement survient dans notre quatuor DPS. Le faux Action directe est libéré, et comme une cellule DPS ne reste jamais vide longtemps, deux jours après son départ, un nouveau client arrive, que l'on découvre à la sortie de la promenade.

Il nous regarde l'air très étonné, un peu vexé même qu'on ne le reconnaisse pas.

– Vous ne savez pas qui je suis ? Sans déconner ?!

– Non… T'es qui ?

– Non mais, c'est pas possible ! Moi, je te reconnais, t'es Bellaïche ! Tu me reconnais pas ?

– Mais non, j'te dis, j'suis désolé mais je vois pas du tout !

– Mais vous me voyez tous les jours à la télé, putain !

– Pourquoi, dit Francis, tu travailles à la télé ?

– Très drôle… Je suis Jean-Marc Rouillan, Action directe…

Je réponds :

– Putain, c'est pas possible ! Tu viens d'être arrêté, c'est ça ? Mais t'aurais pu faire ta cavale chez ta mère, je te jure ! Personne t'aurait jamais reconnu.

Avec Francis, on se demande ce que ce mec fout avec nous, pourquoi il n'est pas à l'isolement, comme tous les gens qui arrivent en DPS. Peut-être l'administration cherche-t-elle à calmer le jeu.

Les prisonniers politiques observent une discipline quasi militaire. Ils se lèvent à la même heure tous les matins, n'ont jamais de conflit avec les surveillants… Ce sont des gens ultra-carrés. L'État français ne leur a jamais accordé de statut spécial. L'erreur majeure de l'administration a été de les placer en DPS, c'est-à-dire avec ceux dont les situations sont les plus désespérées, qui partent pour des peines énormes. Fatalement, ils ont réussi à politiser ces gens qui n'ont rien de politique, à instrumentaliser certains détenus, notamment au milieu des années 80, dans le cadre du mouvement de révolte des prisons qui se sont mises à brûler les unes après les autres…

Je n'ai jamais bien compris ce mouvement. Dans les années 70, c'était différent : la prison d'alors, c'était vraiment l'enfer. Mais quand ils ont remis le couvert dix ans après, c'était pour lutter contre la durée des peines. Ils pensaient faire entendre leurs voix. Bonne lutte, mais mauvais calcul, parce qu'une prison qu'on brûle, on la reconstruit, et cela a donné les prisons de très haute sécurité qu'on connaît aujourd'hui. Ils ont fourni le bâton pour qu'on nous frappe. Il y a d'autres manières de lutter. À Fresnes, pour obtenir des améliorations de nos conditions, alimentaires notamment, on pratique la politique du « refus de plateau » : on ne mange que nos cantines, on refuse tout type d'alimentation venant de l'administration. C'est très efficace, parce que c'est le signe qu'il y a une contestation, que cela peut donc faire boule de neige, et on peut faire durer cela très longtemps.

C'est toute la difficulté de la détention. Il faut faire attention à ne pas rentrer en prison pour deux ans et sortir vingt ans après. J'en ai connu à qui c'est arrivé. La seule lutte qui m'intéresse, c'est celle que je mène pour sortir de là. Ma seule revendication : qu'on me rende ma liberté.

Avec Rouillan, on s'entend plutôt bien. Mais dans la cour, je lui demande de ne surtout pas marcher à côté de moi. Je prépare ma sortie, et j'ai bien conscience que ça ne jouerait pas en ma faveur. Je sais qu'après chaque promenade, le surveillant fait un rapport, tous nos faits et gestes sont notés. Et deux têtes d'affiche côte à côte, ça s'oublie pas.

Rouillan n'a pas le même rapport à la prudence que moi. Il part pour perpette, convaincu par ailleurs qu'à la prochaine alternance présidentielle il va être gracié. Malheureusement pour lui, ça va lui retomber sur la gueule, pour une connerie, le jour où il récupère les copies des tampons de l'administration que Karim s'est fait fabriquer et qu'il nous offre la veille de son départ en centrale… Ce sont des objets plutôt anodins, qui lui servent à obtenir des choses qu'il pourrait avoir en les demandant lui-même : des parloirs prolongés, des livres… Francis et moi, on veut surtout pas de ces trucs inutiles, qui ne peuvent que nous attirer des emmerdes. Mais Rouillan les récupère. Quelques mois plus tard, il va se faire choper, et cette affaire ridicule va donner lieu à une fabuleuse histoire de désinformation, à laquelle on va assister en direct, en ouverture de journal télévisé. « Nouveau rebondissement dans l'affaire Action directe : Jean-Marc Rouillan, chef présumé du groupe Action directe, a été retrouvé en possession de tous les tampons de l'administration pénitentiaire. » Ils en déduisent que le mec est en train de préparer l'évasion du siècle. À la suite de cela, il va prendre un mois de mitard et des mois d'isolement, qui vont faire basculer son incarcération dans un vrai cauchemar.

*

Les changements de cellule se font instantanément, au retour de promenade. Tu vas pour retourner dans ta cellule, et le surveillant t'apprend qu'on t'a changé de bâtiment. Pendant ta promenade, on a mis toutes tes affaires dans un carton, et tu te retrouves dans une nouvelle division. Francis est transféré le premier, ça crée un vide. Mais à ma grande surprise, je le retrouve quelques jours plus tard.

Dans les autres bâtiments, les DPS sont regroupés par sept ou huit. L'ambiance est encore plus détendue. Je me retrouve dans la cellule mitoyenne à celle de Francis. En un sens, ils cherchent ton bien-être. Si on pouvait fumer du shit toute la journée, ils nous fourniraient les barrettes. Ils nous séparent seulement quand ils sentent que les liens deviennent trop forts. Nous deux, à leurs yeux, on est parfaits. De bons potes.

En règle générale, les DPS sont assez sportifs. Certains font du footing dans une cour de huit mètres sur quatre. Il faut le faire ! D'autres jouent à un jeu propre aux DPS : une sorte de pelote basque, un truc très physique. C'est interdit, mais on nous laisse faire. Comme la cour est petite, ceux qui jouent ont droit à une heure. Pendant la seconde heure, la cour reprend ses droits. Cela se joue sur les trois murs, avec des balles qu'on fabrique, en bourrant une chaussette avec de la mousse de matelas, par exemple. On joue à la main, contre le mur où on tire un trait pour le filet. Quand j'arrive et je vois les mecs jouer à ça, je me dis qu'ils sont tous dingues. J'en pleurerais ! Je ne comprends pas qu'on puisse penser à autre chose que sortir. C'est toujours comme ça, les débuts de détention. Plus tard, je deviendrai un vrai champion, complètement accro au truc. Le sport est un élément ultra-important pour l'esprit.

Cotta revient m'annoncer que le juge va me recevoir dans une semaine pour m'interroger sur le fond de l'affaire. Le dossier Blanche s'est bien étoffé, Grellier veut des détails sur mes relations avec mes coïnculpés.

Je suis sans nouvelles d'eux depuis notre arrestation. On est tous dispersés. Deux sont à Fleury, deux à la Santé. On évite de prendre des nouvelles les uns des autres, chacun mène sa défense comme il l'entend. On n'en est plus à « Toi tu diras ça, moi je dirai ça, toi tu dis surtout qu'on se connaît pas. » On ne cherche pas à communiquer. Ma défense consiste à m'en tenir au délit, rien qu'au délit, et à prétendre que je ne connais personne. Si on me surprend à communiquer, ma stratégie n'y survivra pas.

Cotta me dit :

– André, je te préviens tout de suite, t'es pas à la crim'. Fais attention à ce que tu vas lui dire. Tu ne pourras pas revenir dessus, tu ne pourras pas dire qu'on t'a forcé. Les choses peuvent s'emballer très vite dans une instruction. Une connerie peut tout faire basculer d'un côté ou de l'autre. Prépare-toi bien à cela.

– C'est ça, ta justice qui a changé ? À mon sens, elle a plutôt rétrogradé. Autrefois, il y avait des témoins, on s'en servait. C'est vrai qu'ils étaient tous à charge et achetés, mais on s'en servait. Là, on a deux cents témoins, et on veut me demander si j'étais plutôt ici, plutôt là-bas... J'comprends pas bien... Demande une confrontation, putain ! C'est totalement anormal qu'il ne commence pas par cela ! République encore, je comprends, c'est loin. Les confrontations douze ans après, c'est pas évident. Mais le hold-up de Blanche, c'est tout récent. Il attend quoi, le juge ? Que la mémoire des gens s'efface ?

– T'as raison, mais tu sais, ça prend du temps... Convoquer les gens, s'assurer qu'ils vont venir, ça se fait pas en trois minutes, surtout quand les témoins sont aussi nombreux.

– Mais j'en ai rien à foutre qu'ils soient nombreux. C'est le minimum à faire ! Fais une demande écrite au juge ! On lui a jamais demandé d'amener deux cents témoins d'un coup. Il peut commencer avec les soixante flics de la BRB et de la BRI. Ça doit pas être compliqué pour eux de réunir ceux-là !

– Je pense que le mieux, c'est que tu lui demandes toi-même, en face. Comme ça, ce sera inscrit dans le PV d'instruction.

À cette époque, l'instruction a surtout vocation à briser celui qui refuse de plier. Elle peut se prolonger indéfiniment. Et rien n'est plus destructeur que la durée. Les juges le savent. C'est pourquoi ils ne démarrent jamais sur les chapeaux de roues.

Pour moi, tout ça c'est du pipi de chat. Je reste concentré sur mon objectif : sortir de taule et intellectuellement intact. Au regard de mes dossiers, c'est une ambition démesurée. Dès cette première instruction, je me tiens à mon système de défense. Je ne veux laisser au juge aucune possibilité d'avoir prise sur moi. Je ne réponds à rien d'autre qu'à ce qui touche le hold-up qui s'est déroulé rue du Docteur-Blanche, le 14 janvier 1986, entre quinze heures et seize heures. Pour le reste, « est-ce que je connais untel ? », « est-ce que j'ai fait ci ou ça ? », j'en ai rien à branler. Ils ont deux cents témoins pour démontrer ma culpabilité, ils n'ont qu'à s'en servir.

Extraction, fouille, bagarre avec l'escorte... La pression avant d'arriver chez le juge est toujours aussi énorme. Et très probablement souhaitée.

Je le fais remarquer d'entrée :

– Monsieur le Juge, je trouve totalement anormal le traitement que l'on nous fait subir à chaque extraction. On est épuisés avant même le début de l'interrogatoire.

– Je le sais bien, Monsieur Bellaïche, et je n'approuve pas. Mais le règlement général ne relève pas de moi.

– Si je n'étais pas DPS, ce serait beaucoup plus simple.

– Le statut de DPS ne relève pas de moi non plus mais du ministère de la Justice.

Le statut DPS ne dépend pas de lui, c'est vrai, mais le fait qu'on arrive fracassé doit bien l'arranger. Le meilleur des juges n'en demeure pas moins juge. Grellier n'est pas répressif. Il ne truque pas les cartes. Mais paradoxalement, cela ne me facilite pas la tâche. La défense que j'ai choisi d'adopter ne ressemble à rien de connu. Par vocation, un inculpé doit donner une logique à sa défense. Or, je sais depuis toujours qu'il n'y a pas de logique en justice. À partir de là, le silence est la meilleure des stratégies. Répondre aux questions ne peut servir qu'à se laisser embarquer dans le délit.

Je le préviens :

– Monsieur le Juge, je sais que vous instruisez à charge et à décharge. Quel que soit le ton que je vais donner à mes réponses, n'allez pas chercher de l'agressivité là où il n'y en a pas.

– Défendez-vous comme vous l'entendez.

La greffière est dans les starting-blocks. Il lui dit :

– Notez. Le 10 mars 1987, à seize heures. Devant le juge Grellier a comparu André Bellaïche.

C'est ainsi que commence toujours un procès-verbal.

Le juge m'énumère les faits du 14 janvier 1986 rue du Docteur-Blanche.

Quand on est innocent, il faut toujours commencer par protester contre la nature des faits. C'est quelque chose que j'ai appris au contact de gens qui ont l'expérience des instructions sérieuses. Il me pose toute une série de questions : si j'y ai pris part, où je me trouvais ce jour-là, les raisons pour lesquelles je vivais en clandestinité à l'époque… Il me demande de m'expliquer. Je me lance, donc :

– Je conteste ma participation aux deux hold-up qui ont eu lieu le 14 janvier 1986 à Paris au préjudice de la Société générale et du Crédit Lyonnais. Je n'ai pas non plus participé à la fusillade qui a opposé ce jour-là policiers et auteurs des hold-up. Il m'est absolument impossible de vous dire où je me trouvais le 14 janvier. J'étais probablement à Paris. Il faut bien que vous compreniez qu'étant recherché depuis de nombreuses années, je ne peux pas répondre à ce genre de questions. Je vivais dans différents appartements, et je ne peux pas vous en fournir les adresses. Je ne veux pas mettre en difficulté les gens qui m'ont prêté ou loué ces appartements. Je vivais de façon clandestine puisque j'avais été condamné à mort par contumace. Je vous rappelle que je me savais recherché depuis 1976. J'ai préféré, n'ayant pas commis les faits qui m'étaient reprochés, ne pas me présenter devant les policiers ni devant les juges, car après avoir déjà purgé une peine d'emprisonnement de cinq ans, je n'avais pas envie de recommencer une expérience de ce genre. Plus exactement, j'ai eu l'impression que je n'arriverais pas à prouver mon innocence, ayant le sentiment d'être condamné d'avance. N'importe qui à l'époque aurait eu ce même sentiment.

Le juge me demande ensuite si je connais Marguery, quels types de liens nous unissent, quand je l'ai vu pour la dernière fois...

Les questions biaisées par excellence : je pourrais parfaitement dire que je ne connais pas Marguery. Mais nous avons des connaissances communes, ça se sait. Répondre cela, donc, revient à se placer ouvertement du côté de l'affabulation. Mais admettre que je le connais va conforter ceux qui liront ce procès-verbal dans l'idée que j'ai nécessairement participé à des délits avec lui. Il faut donc trouver la réponse neutre :

– Ce n'est pas une relation à moi. Il se peut que j'aie bu un verre avec lui dans un certain contexte, mais ce n'est pas évident.

La greffière note, je poursuis :

– Selon l'idée que je me fais des choses, je ne devrais pas répondre à vos questions. Car je veux m'en tenir aux faits du 14 janvier, à l'intérieur des horaires dont vous m'avez parlé tout à l'heure, soit de quinze à seize heures. Je ne veux pas non plus répondre à la question que vous me posez sur la date à laquelle j'ai vu pour la dernière fois Robert Marguery.

Je précise au juge :

– Je souhaite que vous inscriviez mes paroles telles qu'elles sont prononcées et non pas dans les termes consacrés par les procès-verbaux dont vous avez l'habitude. Parce que dans votre langage, cela ne veut plus du tout dire la même chose. À ce stade de l'interrogatoire, je voudrais vous dire aussi que je refuse pour l'instant de répondre aux questions concernant les personnes que vous estimez être impliquées dans la fusillade. Pour être encore plus clair, je considère que l'instruction d'aujourd'hui ne me concerne pas car antérieurement au 26 novembre 1986, je n'existais pas pour vous, et j'espère continuer à ne pas exister.

Il passe ensuite à Myszka et Patrick, me demande depuis combien de temps nous étions dans la villa de Yerres, et comment j'avais atterri là depuis Rome.

Je réponds :

– J'étais avec Myszka dans la maison lorsque nous avons été arrêtés le 13 décembre. J'étais également avec Patrick puisque vous l'avez aussi arrêté ce jour-là. Je me trouvais à Yerres depuis quelques jours. J'ai quitté immédiatement l'Italie après m'être échappé de la prison de Rome où j'étais incarcéré. Je suis allé directement à Yerres. J'ai fait le trajet dans un véhicule que j'ai volé à Rome.

– Avec qui avez-vous fait le trajet de Rome à Yerres ?

– Je refuse de répondre à cette question.

– Comment se fait-il que vous soyez allé à Yerres ?

– Je suis allé à Yerres parce que j'étais invité par Myszka. Il m'a invité après mon évasion de Rome.

– De quelle façon l'invitation à vous rendre à Yerres vous a-t-elle été communiquée ?

Quel est le sens d'une question pareille, franchement ?! J'ai envie de lui répondre qu'elle m'est arrivée par un huissier, mais je me retiens. Je lui dis :

– Je désire ne pas répondre à votre question car je ne connais pas, sur ce point, les déclarations de Myszka et je ne voudrais pas lui nuire.

– En quoi votre réponse nuirait-elle à quiconque dans la mesure où vous exprimeriez la vérité ?

– Effectivement, je ne sais pas.

Si elle peut sembler un peu folle à la lecture, ma défense est totalement cohérente. Le seul fait d'admettre que l'on connaît untel ou untel ouvre une brèche, qu'on ne peut plus jamais refermer. Chaque question est un piège, chaque réponse le déjoue. C'est une partie d'échecs. Il déplace un pion, j'en bouge un autre. Il a les blancs, j'ai les noirs. Il m'attaque, je le contre.

Pour éviter de répondre aux questions sur ses complices, Marguery, lui, a nié l'évidence. Ayant été arrêté devant la banque, avec deux balles dans le corps, il ne peut pas éviter une condamnation. Qu'il parle ou qu'il se taise, cela ne change rien au résultat. Et l'histoire enseigne que les balances sont adulées par les juges et les flics pendant la période où ils coopèrent, mais que sitôt l'opération terminée, elles finissent méprisés par ceux-là aussi.

Après cinq heures de questions/réponses, l'instruction se termine. On débat un peu de ce qui vient de se passer, hors procès-verbal. Tout le monde est épuisé.

Le juge estime que je n'ai pas lâché grand-chose et me suggère que ce n'est peut-être pas le meilleur système de défense pour un innocent. Je lui réponds que j'ai trop d'expérience pour ne pas savoir que ce sont moins les actes qui font les coupables que les instructions. Je mets en doute sa capacité à prouver mon innocence ou ma culpabilité en conduisant de tels interrogatoires :

– Vous avez des témoins, servez-vous-en.

Le juge prend acte de mon attitude.

*

De retour à Fresnes, je rends compte de l'instruction à Francis. Il me dit :

– C'est quand même à double tranchant, ton truc. Ça passe ou ça casse. Est-ce que t'es sûr de tenir comme ça jusqu'au bout ?

– Je leur lâcherai pas un poil de couille.

– C'est la première fois que j'entends quelqu'un qui se défend de cette manière.

– Mais il a deux cents témoins, cet enfoiré ! S'il s'en sert pas, c'est qu'il a des raisons, parce que je te le garantis, s'il y avait la moindre chance que je sois reconnu, ils auraient tous été devant moi dans les quinze jours ! Enfin, c'est pas bien grave, il sera bien obligé d'en passer par là, de toute façon.

Un mois plus tard, le gardien ouvre ma porte très tôt le matin :

– Bellaïche, préparez-vous pour une extraction !

– C'est pas possible, mes avocats ne m'ont pas prévenu.

– Je vous dis que vous êtes extrait. Dépêchez-vous, on vous attend !

Qu'est-ce que c'est que ce truc ? Je conclus qu'il doit s'agir d'une extraction PJ (police judiciaire). Mais je me retrouve au palais. Dans son bureau, le juge m'attend avec un homme, très élégamment vêtu. Il chausse bien ; il doit avoir un statut. Un procureur ? Je salue le juge, salue cet homme. Je m'apprête à prendre la parole, mais Grellier m'arrête d'un geste de la main :

– Plus tard, monsieur Bellaïche, plus tard.

Il est très sec, agressif. Je l'ai jamais vu aussi tranchant. Il s'adresse à l'homme aux belles chaussures.

– Monsieur Claude Cancès, reconnaissez-vous monsieur Bellaïche comme étant la personne qui portait un loden vert, et qui a pris en otage l'inspecteur Ulmer ?

Sans sourciller, le type lui répond :

– Je ne reconnais pas en monsieur Bellaïche la personne qui portait un loden vert et qui a pris l'inspecteur Ulmer en otage. Je suis affirmatif.

Le commissaire Cancès est le patron de la brigade antigang. Il se trouvait en compagnie du commissaire Mertz, le responsable des opérations, qui, alors que Cancès avait donné ordre de ne pas intervenir, a provoqué la fusillade et le bordel qui s'est ensuivi, à savoir deux morts.

Le juge ne bronche pas. Moi, je suis estomaqué. Rien n'est gagné, mais ce qui vient de se jouer est loin d'être anodin. L'un des patrons de l'opération, un témoin clé de cette affaire, assure ne pas me reconnaître comme étant l'individu qu'il recherche. Je suis survolté.

À vingt heures à peu près, je suis de retour dans ma cellule. Les choses vont vite pour les DPS : tu quittes le bureau du juge, ton escorte t'attend, tu montes dans le car, et tu repars. Les autres détenus, eux, sont obligés de rester jusqu'à ce que toutes les instructions soient finies. Il n'est pas rare qu'ils soient encore au palais à vingt-deux heures.

Le lendemain, dans la cour, Francis me demande :

– Alors, ton extraction ?

– Tu vas pas le croire. C'était Cancès, le mec qui dirigeait les opérations avec Mertz, rue du Docteur-Blanche.

– Oh, putain, les enculés ! Ils ont même pas prévenu tes avocats…

– Non, mais enfin, j'en ai rien à foutre. Le mec a dit que c'était pas moi. Et il a vraiment insisté sur le fait qu'il était formel.

– C'est pas possible ! J'ai jamais entendu un truc pareil. Les flics sont des faux témoins par excellence… Ça cache quelque chose…Quand un flic se montre de bonne foi, il donne la permission aux dix suivants de dire n'importe quoi. Te monte pas trop le bourrichon, va. À mon avis, c'est le moment d'être encore plus prudent.

Ce mec a connu ça toute sa vie, c'est un professionnel de la machine judiciaire. J'écoute très attentivement ce qu'il dit. J'ai compris qu'il faut beaucoup écouter les gens qui n'ont jamais été acquittés et élaborer une défense diamétralement opposée à la leur.

J'informe Cotta de ce qui vient de se passer.

– Tu vois que j'ai eu raison de ne rien lâcher. Les explications, les considérations relatives au contexte, tout ça c'est d'un autre âge. J'ai demandé les confrontations et j'ai bien fait. Tu vas pas le croire : il y a deux jours, j'ai été extrait sans que vous soyez prévenus. Grellier m'a présenté à Cancès, qui a affirmé que je n'ai pas participé à ce hold-up. Et d'après ce qu'en dit le dossier, la position qu'il occupait sur les lieux de l'opération était telle qu'il a forcément très bien vu l'homme au loden vert. Si c'était moi, il m'aurait nécessairement reconnu.

– Tu déconnes !

– Je déconne tellement que ça m'angoisse au-delà de tout. T'as tout juste le temps de foncer au palais et de regarder si ce procès-verbal est bien dans le dossier.

La confrontation s'étant déroulée sans avocat ni témoin, j'ai été soudain pris d'un doute.

Elle revient le lendemain :

– C'est bon, le PV est à l'intérieur.

Elle enchaîne :

– Tu te rends compte ! Si tu n'avais que le hold-up des Postiches, je demanderais une liberté provisoire immédiatement.

Je balaye ce qu'elle vient de dire d'un revers de la main :

– Ne retourne pas le couteau dans la plaie, on le sait...

– Le problème avec ton système de défense, c'est que tu ne donnes au juge aucune prise. Il sait qu'en t'interrogeant, il va se faire chier pour rien. Et aujourd'hui, je doute qu'il te réentende avant longtemps sur ce dossier.

– Qu'est-ce que tu veux dire ?

– Je veux dire que tu ne collabores pas. Et que du coup, ils risquent de faire jouer le temps. Dans quatre ans, tu seras cassé. Et peut-être qu'à ce moment-là ils obtiendront ce qu'ils veulent.

– Ça reste à démontrer. Le juge d'instruction n'est pas le seul décisionnaire. Je pourrais très bien l'attaquer avec des libertés provisoires pour l'obliger à s'occuper du dossier. Il pourrait toujours refuser, mais ce serait à la chambre d'accusation de trancher. Bon, on n'en est pas là. Pour l'instant, pas question de précipiter les choses. Le temps, faut pas s'inquiéter, rien ne dit qu'il va jouer en ma défaveur.

Les gens que j'ai en face de moi ne mesurent pas que les jours qui passent nous éloignent surtout, non pas du hold-up de la rue du Docteur-Blanche – mon inculpation la plus lourde et pour laquelle je compte sur mes deux cents témoins pour me disculper – mais du hold-up de République. Au fil du temps, cette affaire-là devient de la préhistoire, et bientôt personne ne s'en souviendrait plus. Sans compter que si je dois être condamné sur ce dossier, chaque année qui passe est une année de peine en moins.

Cotta :

– Bon… Et tu comptes adopter le même système de défense pour République et Victor-Hugo ?

– Eh non ! Justement ! Parce qu'on n'est pas du tout dans le même cas de figure. République et Victor-Hugo sont de vieux dossiers. On ne peut pas compter sur les témoins. Tout ce que l'on peut faire, c'est s'en tenir à ce qu'ils ont dit à l'époque. Ce n'est pas le juge qui va démontrer ma culpabilité sur ces affaires, mais moi qui vais m'atteler à prouver mon innocence. Et je vais me défendre avec précision.

*

Je ne vais plus avoir de nouvelles du juge pendant longtemps, si ce n'est pour les renouvellements de mandat de dépôt qu'il est tenu de nous faire signer tous les quatre mois, pour justifier la détention provisoire. À l'époque, celle-ci pouvait durer indéfiniment, dans la limite de ce qu'ils appellent un « délai raisonnable », c'est-à-dire quatre ou cinq ans.

La meilleure manière de supporter tout ça, c'est d'évacuer le temps. Je m'installe dans ma vie carcérale. Je tente d'améliorer mon quotidien. Tous les jours, après la promenade de l'après-midi, je me plante devant le feuilleton le plus ridicule qui soit pour un homme de mon âge : La Petite Maison dans la prairie. C'est mon parloir quotidien. Laura Ingalls a l'âge de ma fille ; elle me fait penser à elle. À la fin de chaque épisode, je verse une petite larme, parce qu'elle est toujours au cœur d'une tragédie.

Un jour, alors que je suis au parloir avec mon frère, j'aperçois un mec avec sa fille, une gamine de l'âge de la mienne. Il est en adoration devant elle. Je regarde la scène de loin, mon frère se retourne, et me demande :

– Tu penses à ta fille ?

– Non, non, je pense pas. Je m'efforce de pas penser.

– Enfin, en regardant cette enfant, tu y as pensé. Ça se voit.

– Écoute, je préfère pas parler de ça. C'est comme si tu demandais à un mec qui vient de faire trois mois de grève de la faim s'il a envie de manger un bout de pain, tu vois. Évidemment que ce qui me manque le plus, c'est ma gosse ! Pourquoi tu poses des questions cons comme ça ?

– Parce que je suis sûr que si on le demande, le juge la ferait venir au parloir. On ne sépare pas les enfants des parents comme ça !

– Selon toi, je devrais la faire venir ici ?

– Bien sûr ! Il faut bien que tu revoies ta fille, non ? Tu vas peut-être rester longtemps…

– Tu te souviens du jour où je me suis battu avec papa ?

– Oui, évidemment.

– Et tu sais comment elle a commencé, cette bagarre ?

– J'ai suivi la bagarre, mais pas le début. On vous a plus vus qu'entendus.

– Il m'a demandé d'où venait l'argent que j'avais sur moi. Je lui ai demandé en retour ce que ça pouvait lui foutre, et je lui ai balancé que c'était pas à lui, vu son passé, de me poser des questions. Tu voudrais que ma fille me réponde ça, un jour ? Voilà. Ça s'appelle l'éducation. Je voudrais pouvoir dire à ma fille qu'il y a des choses qui sont interdites, et qu'elle ne puisse pas me reprocher quoi que ce soit sur le sujet. Je ne veux surtout pas qu'elle sache où je suis. Laissez-la penser que je suis cloué dans un lit d'hôpital.

*

Le juge Grellier me refait le plan du commissaire Cancès. Extraction surprise. Une fois dans son bureau, j'ai à peine le temps de le saluer qu'on frappe à la porte. Je vois arriver une espèce de haut gradé de l'armée qui dit précéder la personne qu'on attend. Entre ensuite un avocat, maître Lombard, suivi d'un homme dont le visage ne m'est pas totalement inconnu… Du déjà-vu à la télé. Il s'assoit, me regarde. Très relax, le mec. Je ne comprends rien du tout à cette situation. Le juge est visiblement aux anges. Il a l'air d'aimer cela.

Après les formalités d'usage, il s'adresse au mystérieux individu :

– Monsieur Robert Mitterrand, reconnaissez-vous en M. Bellaïche le conducteur de la moto à l'arrière de laquelle était assis M. Badaoui avant de se faire abattre ?

– Ce n'est absolument pas lui. Je suis militaire de carrière et j'ai une prédisposition à ne pas oublier un visage. J'ai suivi la personne dont vous me parlez pendant une heure. Il mesurait au moins dix centimètres de plus que l'individu que vous me présentez ici.

Le jour de la fusillade, le frère du président de la République passait place Victor-Hugo avec sa femme. Ils ont assisté à la scène, il a voulu faire son devoir de citoyen, a vu l'homme s'enfuir, et l'a suivi pendant près d'une heure. L'individu qu'il poursuivait étant armé, Mitterrand s'est finalement retourné vers un policier, et le malfaiteur a disparu.

Le juge est complètement secoué. Je n'irai pas jusqu'à dire que Robert Mitterrand me trouve sympathique, mais il semble partager le sentiment positif que ce gang des Postiches inspire à la population. Il se tourne vers moi :

– Je ne sais pas ce qu'il en est des autres affaires pour lesquelles vous êtes accusé, mais pour celle-ci je suis formel : vous n'êtes pas le coupable.

Il signe sa déposition, nous salue cordialement et s'en va, suivi de son escorte. De toute évidence, le président de la République sait que son frère va témoigner. Cela ne change rien au fond des dossiers, mais cela veut dire qu'il va falloir les examiner avec beaucoup d'attention.

Le juge s'adresse à moi :

– Il semble que l'on vous ait beaucoup trop habillé, monsieur Bellaïche. Ça m'étonnait quand même un peu. Il va falloir que l'on reconsidère les choses.

Comme quelqu'un qui recherche désespérément un indice, il feuillette le dossier et, d'un coup, sans me prévenir, me balance les photos de l'autopsie de Bada. Pourquoi ? je ne sais pas. Sans doute cherche-t-il à sonder ma réaction. Je ne veux pas regarder ces photos. J'essaye de garder mon sang-froid. Il me demande :

– Vous ne regardez pas ?

– Non, je ne regarde pas.

J'ai le sang qui me monte à la tête. Je lance :

– J'ai cru comprendre en lisant votre dossier qu'à deux mètres de distance, Badaoui, alors qu'il tenait le motard en joue, n'a fait qu'effleurer son épaule. Il a tiré pour lui faire peur, et vous le savez. En face, par contre, lâchement abrité derrière une voiture, l'homme qui lui a tiré dessus cherchait à l'abattre. Ce que vous me montrez là, c'est la photo d'une victime, pas d'un coupable.

Je lui renvoie les clichés et je lui dis :

– Regardez ! C'est quelqu'un qui est mort pour n'avoir pas voulu tuer.

Le silence s'installe. Le juge le laisse durer, conscient que j'avais besoin d'un certain laps de temps pour évacuer la peine qu'il a fait ressurgir en moi.

Retour à la case prison. Le juge a pris les deux témoins clés de deux dossiers différents et les a fait comparaître sans prévenir personne, m'empêchant ainsi de préparer toute stratégie de défense. Et malgré ça, j'ai eu gain de cause.

Le lendemain, dans la cour :

– Tu vas pas le croire, Francis, il m'a refait le même plan ! Mais cette fois c'est du gras. Tu devineras jamais qui est mon témoin !

– Accouche !

– Robert Mitterrand, le frère du président de la République…

– Arrête tes conneries !

– Si, si, c'est une histoire de fous… Figure-toi qu'il a suivi le mec pendant une heure en bagnole après la fusillade. Ils se sont croisés plusieurs fois. Et il a dit, sans ambiguïté, que pour lui je suis innocent, point barre. Selon lui, le mec de la moto faisait dix centimètres de plus que moi.

– Mais tu fais quoi ? Tu les payes tes témoins, ou quoi ?

J'avais raison, plus le temps passe, plus le ciel se dégage.

Cotta vient me voir pratiquement toutes les semaines. Elle n'était pas du tout au courant de la confrontation avec Mitterrand :

– Mais c'est pas vrai ! Ça commence à être troublant, là ! Qu'est-ce que ça cache, ces conneries ?

Reste que Blanche, avec ses deux cents témoins minimum, ne peut pas se jouer sur une seule déposition, si forte soit-elle. Puisqu'on a la chance d'avoir la police comme témoin, ce qui n'est pas banal, on établit que c'est par là qu'il faut commencer, pas par les civils.

Je demande à mes avocats une note sur les témoignages des soixante policiers présents rue du Docteur-Blanche. Je veux analyser le contenu des déclarations qu'ils ont faites sur le physique de l'homme au loden vert. Sa taille, son âge, la couleur de ses yeux, son parler. Ce qui ressort de la lecture des PV est édifiant : tel que décrit par le policier pris en otage, l'homme au loden vert aurait un physique différent du mien. Et quatre-vingts pour cent des témoignages de policiers vont dans le même sens. Les vingt pour cent restants sont incertains. En tout état de cause, ces éléments sont à décharge pour moi, et ce d'autant plus qu'ils sont le fait de policiers aguerris, pris sur le vif, au lendemain du hold-up. C'est pour cela que le juge ne veut pas de ces confrontations.

*

Le temps passe. Et mon sentiment pour les miens, Laurence et ma gosse, aujourd'hui invisibles, gagne en intensité. Chaque jour accroît la douleur. Je n'ai même pas une photo. Pas une lettre de ma fille, pas un mot. Le silence total. Ce n'est plus de l'absurdité, c'est de la torture. Je sais que je ne vais pas tenir, et je regarde de plus en plus, en pensant à eux, le mur de la prison. Je me dis que, somme toute, il n'est pas infranchissable, que je ne peux pas rester comme ça, indéfiniment.

Je demande à Cotta :

– Tu trouves normal qu'on puisse laisser un tel silence s'installer entre un père et sa fille ? C'est des pratiques qui relèvent d'un régime dictatorial, ça, cela ne peut pas se passer en France.

– T'as raison, c'est totalement anormal. Mais ça relève aussi de toi, t'as rien demandé jusqu'à maintenant.

– Oui, mais là, je demande, et je demande avec insistance. Parce que là, je vais péter une durite. Le juge peut m'interdire d'avoir des contacts avec Laurence : en un sens, elle est ma coïnculpée. Mais mon enfant, c'est mon enfant. La solution la plus simple, c'est qu'un de mes frères la prenne de temps en temps pour l'amener à ma mère, parce que ma mère, c'est quand même sa grand-mère. Si cela a échappé au juge, ça, il est temps de le lui rappeler.

Le juge accepte. Une fois par semaine désormais, mon frère se rend chez Laurence, récupère ma fille et l'amène passer la journée du samedi chez ma mère. Toute ma famille est émerveillée par la petite. Évidemment, elle fait la star. À dix ans, elle leur raconte des histoires venues du monde entier, elle les embarque à Tahiti, les fait tous complètement rêver…

Mon frère me parle de Laurence. Son comportement le désarçonne :

– Je n'ai jamais vu ça ! Elle m'a dit de te dire qu'elle t'attendra jusqu'à la fin. Que visite ou pas visite, courrier ou pas courrier, elle est là, et qu'elle le sera pour la vie.

Je ne peux pas prétendre qu'il me rassure : je le sais.

– Mais elle ne te manque pas ? Parce que toi, tu lui manques visiblement. À part toi et sa fille, rien n'existe pour elle.

– Bien sûr, je n'y pense pas du tout, c'est clair, ça coule de source… Je vais t'apprendre un truc parce que t'es jeune ; les deux seules femmes qui vont compter dans ta vie d'homme, c'est ta mère et ta femme. C'est ça, le centre du monde. Pourtant, tu vois, je n'ai aucune photo d'elle. Dès que son souvenir s'invite dans mon esprit, je l'efface. Ou je meurs. J'essaie de souffrir le moins possible, c'est tout. Alors, me branche pas avec des conneries pareilles !

– Mais attends, le juge est pas con, quand même. S'il nous donne l'autorisation d'aller chercher la petite chez elle, c'est bien qu'on se parle. Ce truc de plus communiquer, ça n'a plus de sens aujourd'hui. Tu pourrais peut-être demander une visite par mois, histoire de garder le contact.

– Surtout pas, surtout pas.

– Mais pourquoi ?

– Faut pas faire de vagues. Faut aller doucement. Chaque chose en son temps. Je veux surtout pas qu'il me prenne en otage. Chaque faveur qu'il va m'accorder implique dans son esprit une coopération de ma part, c'est logique et ça, même si le mec n'est pas tordu. Je fonctionne pas à ça.

La prison me fait moins souffrir que prévu. Je me suis bien adapté. Le fait d'être entouré de grosses peines rend les choses plus supportables. Les dix, quinze, vingt ans de réclusion criminelle sont légion. Cinq ans, c'est le minimum pour ne pas faire rire. La seule chose qui fasse vraiment peur, c'est la réclusion criminelle à perpétuité. Et cela, me concernant, c'est exclu.

Je ressemble désormais à mes codétenus. On se passe des plats, je deviens le spécialiste de la sauce tomate, j'en fais pour tout le monde. Les autres font des gâteaux, du couscous, des trucs de prisonniers. C'est sans doute dégueulasse, mais on a l'impression que c'est bon. Ça crée un rythme, une convivialité. Ma cellule s'aménage. Ma famille fait le maximum pour que je ne manque de rien.

Fresnes est un centre de transit. Outre les prévenus, la prison accueille des condamnés en provenance de centrale et en attente d'être transférés dans un autre lieu. Ils arrivent avec toutes sortes de fournitures qu'ils nous laissent en partant. Plus leurs peines sont lourdes, plus ils font preuve de générosité. Quelque chose d'incroyable. Ils ont tout perdu, et pourtant, ils donnent tout ce qu'ils ont, pour le racheter une fois de retour en centrale. Grâce à l'un d'eux, je récupère une chaîne hi-fi.

Ces détenus en transit nous racontent la centrale. Ils évoquent tous ces noms qui nous faisaient frissonner de peur quand on était mômes. Clairvaux, Châteauroux, Melun... Du temps de Buffet et Bontemps, les deux derniers exécutés, qui avaient pris en otage des surveillants, les centrales étaient des lieux on l'on torturait. Aujourd'hui, par rapport au quartier des DPS de Fresnes, c'est une promenade de santé, si bien que la dureté des peines encourues perd un peu de son caractère angoissant.

Cotta rentre de vacances, fin juillet, en même temps que le juge. Elle m'apporte des informations :

– J'ai une bonne nouvelle pour toi. Laurence a été interrogée. Le juge m'a répété qu'il ne comprenait pas qu'elle soit toujours attachée à toi malgré la séparation, malgré les problèmes... Pour lui, c'est un mystère... Connement, je lui ai répondu : « Si, ça se comprend, ça s'appelle l'amour. Et ce serait peut-être bien si vous leur permettiez de se revoir. »

– Tu lui as pas dit ça ?

– Je vais me gêner ! Le juge m'a dit qu'elle avait eu l'audace de lui demander un permis de visite. Elle est quand même gonflée, la fille de bonne famille...

– Elle a pas fait ça ? Oh ! la la !, c'est quoi encore, ça ?

– Si, si, elle l'a fait et mieux que ça ! Elle a obtenu gain de cause.

– Il lui a filé le permis ?

– Il lui a pas filé le permis de visite, il lui a filé deux permis. Tu auras droit à deux visites d'elle cette semaine.

Ça paraît anodin, tout ça : tout ce tohu-bohu autour d'un permis de visite, et pourtant, c'est plus qu'essentiel, c'est reprendre le film où il s'était arrêté. On a réussi à sauver notre histoire.

Évidemment, je me fais beau comme un premier communiant. Moustache et cheveux bouclés, comme à mes vingt ans. Enfin, j'essaye d'être à la hauteur de la carte postale que le bon Dieu va m'envoyer. Laurence est dans le parloir quand j'arrive. Je me dis « Bon, après tout, c'est jamais qu'une visite », j'essaye de faire décontract mais c'est difficile.

On s'embrasse, l'émotion est forte. Je ne suis pas habitué à ce genre de situations. Pour une fois dans ma vie, je me comporte comme quelqu'un de normal : j'ai les gestes d'un homme amoureux. Laurence est tout en lumière. Elle irradie, dissout toute la noirceur du lieu. Je ne l'ai jamais trouvée aussi belle. Je suis surtout ému par son courage. Alors que la liberté lui tend la main, elle choisit de venir vers moi. Aujourd'hui, je sais une chose : chacun va vers ce qu'il aime, quel que soit l'obstacle qui l'en sépare.

C'est très difficile de se parler. J'évite de poser des questions. Je n'en poserai pas une seule tout le temps que durera notre séparation. Ce que je n'ai pas vécu, je ne veux pas le savoir. Ce serait comme une blessure supplémentaire. On parle de ma fille, de sa vie, de ses parents...

– La petite est rentrée à l'école, me dit Laurence. En arrivant chez mes parents, elle s'est prise pour une reine. Elle croyait être dans la prolongation naturelle de sa vie passée, et pouvoir faire ce qu'elle veut. Elle a vite compris qu'avec mon père on se couchait à une heure précise, on ne mangeait pas à n'importe quel moment de la journée, il n'y avait pas de coudes sur la table... Ça lui a fait tout drôle.

– Et à toi, qu'est-ce qu'ils t'ont dit quand t'es rentrée ?

– Je suis rentrée comme je suis partie. J'ai ouvert la porte, et j'ai retrouvé ma chambre. Mes parents ne m'ont rien demandé. J'étais de retour à la maison, tout simplement.

Le parloir dure une demi-heure, ça passe très très vite.

Pour le prochain, je demande un parloir prolongé, une heure pleine. On a le temps de s'installer un peu plus dans une conversation. Je lui demande :

– Alors, il paraît que tu es capable de m'attendre vingt ans ?

– Je te vois mal rester vingt ans ici, mais je peux attendre quarante ans, si tu veux.

– Te fais pas de bile, Laurence. Dans cinq ans, je suis dehors. Il faut juste laisser l'instruction se faire. Cinq ans, c'est long, c'est sûr, mais il faut en passer par là.

Après m'avoir vu vivre dangereusement pendant douze ans, elle semble curieusement rassurée. Je sens qu'elle raisonne comme ma mère : « Mieux vaut qu'il soit derrière les barreaux et vivant, que d'aller régulièrement fleurir une tombe. » Je lui dis que demain sera une autre vie, que ce que je lui disais quand j'étais en cavale, je vais vraiment le faire :

– Je vais me battre pour faire la route dans l'autre sens.

Le moment de se quitter arrive. On ne sait pas quand on va se revoir, et c'est terrible. C'est dans ces moments-là que l'on mesure la toute-puissance de ceux qui ont notre destin en mains. Ils décident de ce qu'on doit aimer et de ce qu'on ne doit pas aimer. Nous ne sommes rien.

Laurence n'a pas pleuré en arrivant. Mais en partant, elle a les yeux humides. Elle se retient. Elle sait que je ne supporte pas. Je lui tends la main et je lui dis :

– Tape. Tu paries que dans un mois, ils nous filent les parloirs ?

Elle n'a pas l'air convaincue. Je grignote les dernières secondes, le maton doit presque me sortir de force du parloir. Ça ne se fait pas dans la brutalité, le mec comprend.

Maintenant que j'ai revu ma femme, comment vais-je réussir à ne pas penser à elle ? Je rentre dans ma cellule avec l'envie de tout casser. C'est dans ces moments-là que l'on aurait envie de croire en Dieu. J'envoie mes avocats voir le juge, je ne vais pas les lâcher. Je veux mon parloir. Maintenant qu'il m'en a donné deux, peut-il décemment continuer de justifier l'interdiction de communiquer ? J'ai confiance, de toute façon.

J'ai la copie de l'intégralité des dossiers Victor-Hugo et République dans ma cellule. Je passe le plus clair de mon temps à les éplucher dans les moindres détails. Victor-Hugo ne m'angoisse pas. Je sais que c'est plié. Plus je m'imprègne de République, plus je me rends compte que j'ai été victime d'une escroquerie. C'est le grand vide. Mon identification dans cette affaire repose sur les seuls liens qu'ils me connaissent avec Badaoui. Le reste se résume, au départ du moins, à une collection de dénonciations anonymes. S'ajoute celle de Dominique Famger, mais elle ne viendra que plus tard. Au bout du compte, ce dossier, c'est elle et personne d'autre. Si je m'étais constitué prisonnier plutôt que de partir au Maroc, je n'aurais pas fait plus de deux mois de prison. C'est facile à dire maintenant, mais à l'époque, j'avais vingt-quatre ans et je ne voyais pas d'autre choix.

J'ai la certitude désormais que, pour ce qui concerne les gros délits, c'est jouable. Malheureusement, il y a tout ce qui est annexe : les associations de malfaiteurs, les armes, les évasions, etc. Et cela, je le sais, va me valoir dix ans de placard. Si je ne m'étais pas évadé de Rebibbia, ces délits n'existeraient même pas.

Fresnes devient mon monde. En tant que DPS, on lutte pour avoir une douche tous les jours au lieu des deux réglementaires par semaine. On fout un bordel monstre pour cela : pratiquement tous les jours, surtout l'été quand il fait chaud, on sort notre drapeau tous ensemble et on met des coups de pied dans la porte. Généralement, le surveillant finit par céder, pour ne pas que ça foute trop la merde. De ce point de vue, les DPS sont assez privilégiés. Globalement, on nous fout une paix royale. Mais au fond, ce n'est qu'un prétexte de plus pour se sentir exister.

Le parloir reste un rituel éprouvant. Pour rassurer ma famille, pour qu'ils se disent que je pète la forme, je fais en sorte d'arriver en plaisantant avec un détenu ou un surveillant. Je me présente impeccablement vêtu, bien rasé, bronzé – au moindre rayon de soleil, je mets mon visage à la fenêtre. Plus tard, mes frères m'avoueront qu'ils sortaient de chaque parloir bien plus forts qu'ils n'y étaient rentrés. Pour moi, les parloirs sont une fenêtre sur l'extérieur. Sans rien avoir demandé, je revois mes frères, mes sœurs, toute une famille dont je ne sais plus rien. Je ne me serais pas plus mal porté sans : comme dit Francis, pour bien faire sa taule, il ne faut rien attendre de personne. Un parloir loupé, ça prend tout de suite une proportion pas possible dans ta tête, une lettre qui n'arrive pas, c'est une angoisse effroyable... En prison, tout est démultiplié. Ce qui semble dérisoire depuis l'extérieur est parfois vécu, de l'autre côté des murs, comme une abomination.

Je prends conscience que mes frères, bien qu'insérés dans le monde du travail, sont vachement dans le coup. Ils sont habillés au goût du jour, parlent la langue de l'époque, ont une vie sociale florissante. À mon grand étonnement, leur existence commence à me faire envie. C'est avec les deux cadets que j'entretiens la relation la plus étroite. Je reste le grand frère qui les a fait rêver tant d'années, celui qui leur a payé leurs premiers pantalons, qui les a fait rouler en voiture de sport...

Ils ont commencé à se débrouiller très jeunes, en vendant ce qu'ils pouvaient sur des établis aux puces de Saint-Ouen. Avec le certificat d'études pour seul bagage, ils sont tous deux devenus des patrons. Ils m'expliquent qu'on peut gagner autant d'argent dans les affaires que dans l'illégalité. Ils passent la majeure partie des parloirs à m'apprendre comment. J'intègre ce système petit à petit, jusqu'au jour où je l'épouse.

Intellectuellement, mes frères m'associent à leurs affaires, je leur file des idées. À Vincent, qui est grossiste, je demande un jour :

– Tu le vends combien, ton tee-shirt ?

– Cinq francs, pourquoi ?

– Et ça coûterait combien de faire une calligraphie dessus ?

– Pas grand chose.

– Si tu imprimes un motif sur tes tee-shirts, tu peux pratiquement doubler le prix de vente, à mon avis. Essaye.

Il essaye, et ça cartonne.

Joël est spécialisé dans l'électronique, le fax, les téléphones. Son business est à la lisière de la légalité, ses produits ne sont pas homologués par France Télécom. Il m'explique qu'il faut toujours démarrer une affaire sans une thune. Investir de l'argent, c'est avoir quelque chose à perdre, et donc, ça te bloque. Il faut faire investir les autres et manager soi-même. Il démarre, et est en discussion avec deux associés potentiels : un mec du Sud et un Belge. Il me demande mon avis :

– Prends le Belge ; c'est l'ouverture sur l'Europe.

C'est ce type de conseils qu'ils attendent de moi, des conseils de culture, pas techniques. En affaires, c'est souvent la culture, qui fait la différence.

Le processus dure plusieurs mois, au bout desquels j'acquiers un véritable objectif de sortie. Mes frères ont réussi ce qu'aucune administration n'était parvenue à faire auparavant : me rendre désirable une nouvelle vision de l'existence. La clé pour la réinsertion, qui manque à l'écrasante majorité des détenus. En rentrant en prison, je ne savais pas que j'avais un avenir possible. Désormais, j'en ai un, et je me tends entièrement vers lui.

Suite à une banale affaire de prises illégales d'intérêt, le juge Claude Grellier se trouve embarqué, après avoir inculpé Michel Droit, un académicien de droite, dans une situation qui ne tarde pas à le dépasser. Lui qui se voulait si neutre, le voilà qui devient le juge rouge du palais. Rapidement, il parle de démissionner. Mes dossiers sont mis au frigo. On n'est pas dans la merde.

Les mois s'écoulent au rythme des changements de cellule. La pénitentiaire a inventé ce système de roulement pour empêcher les DPS d'échafauder ensemble des projets d'évasion. Car bien évidemment, l'évasion est le rêve numéro 1 du DPS. Ayant, aux yeux de mes colocataires, une certaine expérience, je suis naturellement assez sollicité. Mais systématiquement, je réponds la même chose :

– Si tu sors du placard pour faire le voyou, l'évasion est dans l'ordre des choses. Mais le jeu, c'est que fatalement, on se fait toujours reprendre. Personne n'y échappe. Moi, j'ai donné, ça ne m'intéresse plus. Je suis sur le marché depuis l'âge de seize ans, j'ai douze ans de cavale dans les pattes. C'est vrai que je suis jeune, mais je prends ma retraite.

J'ai pris la décision d'adopter le comportement le plus normal du monde. Pour éviter tout conflit avec l'administration, j'emmerde personne, et personne ne m'emmerde. Je ne supporte pas les ordres, je fais donc en sorte de ne pas en recevoir.

Pour les changements de cellule, on a du cul ou on n'en a pas. Dans certaines cours, il n'y a rien à faire, on n'a d'atomes crochus avec personne, et on part pour trois mois d'ennui assurés. Heureusement, c'est plutôt rare. Il y a toujours un ou deux braqueurs intéressants dans le lot, un politique, ou une espèce de cinglé divertissant. Le genre de mec qui te prend à part un beau matin, et qui te chuchote à l'oreille :

– J'ai trouvé la combine pour jamais se faire serrer.

– C'est quoi, cette combine, ça existe pas…

– Si, si, c'est ultra-simple : t'élimines tous les témoins.

– Pardon ?

– T'as très bien entendu : t'élimines tous les témoins.

J'éclate de rire, évidemment.

– Mais s'ils sont nombreux, tu fais comment ?

– Ça change rien : tu les tues quand même !

– Tu les tues quand même ? Tu te serais bien entendu avec Bonnot

– C'est qui, ce mec-là ?

– Un mec qui a monté des combines comme toi. Tu devrais améliorer ton truc. Les tuer, c'est une chose, mais si tu veux t'en sortir, ça suffit pas. Il faut les faire disparaître.

Pour me foutre de sa gueule, j'ajoute :

– J'ai un bon plan pour toi puisque la mort t'attire tellement : deviens fossoyeur, c'est le top pour la réinsertion…

Il y a quelques phénomènes comme ça, des dingues qui se racontent des histoires. On a aussi droit à des retours d'hôpital psychiatrique. Mais ce n'est pas la majorité.

Nouveau changement de cellule, je passe de l'aile gauche à l'aile droite de la deuxième division. Je suis séparé de Francis cette fois-ci, mais je tombe sur Riton, son ami d'enfance, un mec de la banlieue sud, lui aussi. Ils sont partout, ces mecs-là. Ils sont une cinquantaine, forment un gang à tiroirs, ils se connaissent depuis qu'ils sont gamins et constituent de petits groupes différents pour chaque affaire. Ils sont tous formatés de la même manière : titis à l'extrême, débrouillards, vifs, malins… Des Bellevillois, en quelque sorte, mais de banlieue.

Riton est un passionné de cheval. À part ça, il n'aime que sa fille. Comme moi, il est prévenu ; comme moi, il espère l'acquittement. Il est accusé d'avoir tenté de braquer un dépôt de la Brinks. Lui aussi s'est fait arrêter par Mertz qui, une fois de plus, a voulu faire un flag. Ça a fini en fusillade, comme chaque fois que ce cowboy de la BRB intervient quelque part. Riton me dit qu'il connaît le juge Grellier.

– T'as le meilleur juge de France, tu sais. Tu vas pas le croire, mais il m'a filé deux non-lieux sur deux braquos.

S'il arrive pas à prouver que t'es coupable, il te donne des non-lieux tout de suite. Il discute même pas, le mec.

– C'est effectivement comme ça qu'il m'a présenté les choses.

– Il le fera, t'en fais pas.

Un autre mec intervient :

– Tous des enculés, ne crois pas à ça...

– Non, non, non, je t'assure, répond Riton. Celui-là, il est particulier. T'es coupable : t'es coupable ; t'es pas coupable : t'es pas coupable.

Dans la cour, il y a aussi un Action directe branche molle, Claude Alphen. Un intellectuel pur jus, qui comme tout politique contribue à mettre une certaine ambiance. Il y a encore un Méridional tombé pour un trafic de came, un mec d'une corpulence improbable qui ne vit que pour la bouffe. Il a mis en place toutes sortes de trafics pour se procurer des aliments et ne nous parle que de ça. Il déploie une telle passion qu'on est obligés de l'écouter, et il faut bien dire qu'il est captivant. Un jour, il met tellement de cœur à nous raconter comment il prépare son gigot d'agneau aux flageolets qu'il en devient réellement lyrique. À la fin de la recette, il a les larmes aux yeux :

– Mais qu'est-ce que t'as ? Pourquoi tu pleures ?

– Non, mais tu comprends, c'est tellement émouvant, je ne peux pas me retenir...

En prison, il y a aussi les innocents aux mains pleines, ceux qui nient pour le plaisir de nier, et puis ceux qui se lancent dans des procédures de vingt ans. Chacun y va de sa petite marotte. L'arrivée de l'indépendantiste guadeloupéen, le frère du commentateur de FR3 – le premier Noir de la télévision française –, est la cerise sur le gâteau. Le type s'est évadé d'une prison de Guadeloupe avec un groupe de mecs qui ont eu l'idée, pour effrayer les surveillants, de prendre des manches à balais, de les tailler comme des lances, et de teindre le bout en rouge pour faire croire qu'ils avaient déjà tué quelqu'un. Le plus drôle, c'est que ça a vraiment marché !

Entre eux, les prévenus ne parlent que de leur affaire. C'est simple, et c'est naturel. Le circuit, les avocats, les juges, ce qu'il faut dire, ne pas dire… On se met en garde les uns les autres contre les pièges de l'instruction. Parce qu'il y a deux droits : le droit côté inculpé, et le droit côté accusation. Disons qu'on ne voit pas les choses de la même manière. Je vais plus apprendre dans les cours de Fresnes que je ne l'aurais fait en droit à Assas et à la Sorbonne réunies.

Du reste de la prison, des autres détenus, les DPS ne connaissent finalement rien. Nous savons à peine qu'ils existent. On ne vit pas dans le même monde, on n'a strictement rien à leur dire. Pour eux, nous demeurons un mystère.

Six mois ont passé sans que je voie le juge une seule fois. Je n'ai aucune nouvelle jusqu'au jour où Grellier me notifie mon inculpation pour l'évasion de la prison de Rebibbia. Une fois de plus, il me fait extraire sans me prévenir. Dans son bureau, le juge me présente à deux hommes. Il m'explique que ce sont deux magistrats italiens, le juge Monastero et un procureur qui ont fait le voyage pour m'entendre. Le problème, c'est qu'ils ne parlent pas français, et que le traducteur prévu n'est pas là. Visiblement, c'est pour faire chier le juge, la situation est bloquée. Sans traducteur, pas d'instruction. Sournoisement, je propose à Grellier :

– Dites, Monsieur le Juge, c'est quand même invraisemblable cette situation. À mon avis, ils le font exprès. S'il n'y a pas de traducteur, c'est qu'on ne veut pas vous en donner, vous ne croyez pas ?

Il me répond, le plus sérieusement du monde :

– Mais qu'est-ce qu'on va faire avec eux ? On ne va pas leur faire passer la semaine à Paris quand même…

Il est en train de perdre la face. D'un coup, je me sens concerné par l'affaire. Je lui jette :

– Écoutez, je vous fais une proposition : moi je parle italien couramment. Ils m'instruisent et juste après, je vous traduis les questions qu'ils m'ont posées, vous me les posez à votre tour, et je vous refais les réponses.

La situation est complètement hallucinante, mais il est obligé d'accepter. Il sait que, comme d'habitude, je ne vais rien dire, que je vais dédouaner tout le monde. De ce point de vue, il est tranquille, il peut me faire confiance, et puis il aura une copie de l'interrogatoire. Ainsi on se retrouve, le juge et moi, sur le même bateau, à faire corps face à l'étranger.

Le juge nous place, eux et moi, dans une pièce mitoyenne à son bureau. Très élégamment vêtus, les magistrats italiens tranchent avec leurs homologues français. Et puis, ils sont chaleureux. Avec eux, c'est tout de suite du Giuseppe et du André. Il n'y a pas d'hostilité. Comme d'habitude, je réfute, j'esquive, je ne réponds à rien de concret. Mais l'interrogatoire se passe plutôt dans la bonne humeur.

Extrait :

Q : Myszka était-il dans l'hélicoptère à bord duquel vous vous êtes évadé ?

R : Je laisse à Myszka le soin de s'expliquer là dessus.

Q : Faut-il en conclure que Myszka était bien à Rome le 23 novembre 1986 ?

R : Ce serait une conclusion hâtive.

Q : Avez-vous rencontré, à compter du 23 novembre 1986, Jean-Claude Myszka à Rome ? Ou en Italie ?

R : Pour éviter d'avoir à me contredire, je préfère ne pas répondre à cette question. Etc.

Toute l'instruction va se dérouler sur le même ton. Les Italiens sont cool de nature. Les magistrats instruisent les dossiers mais le jugement n'est pas leur affaire. Il n'y a pas de charge ou de décharge. Quant à moi, je me prête au jeu de l'interrogatoire, mais me contente de répondre évasivement. À la fin de l'instruction, je signe. Mine de rien, cela a duré quatre heures. Ça crée des liens. Le juge et le procureur sont contents. Ils ont le sentiment d'avoir fait leur boulot, et moi le mien. Ils trouvent ma position loyale et me le disent.

Au moment de partir, ils me serrent la main, me tapent sur l'épaule, me souhaitent bonne chance. Je suis éberlué. Et Grellier ne l'est pas moins.

Lui qui est particulièrement coulant dans le contexte de la justice française fait presque figure de père Fouettard à côté d'eux. Je vois bien qu'il est troublé par l'attitude quasi amicale qu'ils adoptent avec moi. Tout cela est assez drôle à observer. Après leur départ, on se retrouve en tête à tête avec Grellier. Je lui traduis les questions, et je lui fournis les réponses.

Même si je n'ai pas vraiment eu le choix, il a vu que sur ce coup j'ai été loyal. Au fil des interrogatoires, des confrontations, il me découvre, commence à comprendre que pour moi, tout cela c'est du passé. Quelle que soit la personne que j'ai été, je n'étais plus le même, et ce bien avant que d'arriver dans son bureau.

Juste avant de partir, je tente ma chance :

– Dites, Monsieur le Juge, vous pensez qu'il y a un espoir pour les parloirs ?

– On verra ça plus tard, Bellaïche, pas tout en même temps.

Ça le fait marrer de voir que j'essaye de la jouer donnant, donnant.

Un mois plus tard, Cotta m'annonce qu'il nous accorde à Laurence et à moi le parloir définitif. On s'installe dans nos parloirs comme on s'installe dans une nouvelle vie. Étant styliste de métier, elle n'a pas eu de mal à trouver du travail. Mais elle se débrouille pour me rendre visite trois fois par semaine, seule ou avec le reste de la famille.

Après la cavale, c'est paradoxalement en prison que je commence à retrouver les automatismes de la liberté.

Je réapprends les réflexes normaux, ne pas sursauter chaque fois que j'entends mon vrai nom prononcé, par exemple…

Les mois passent. Je ne demande pas de liberté provisoire, rien. Un coupable sait la direction qu'il doit prendre : il sait ce qu'il a fait. Mais l'innocent marche sur des œufs. Ignorant les cartes que son adversaire a entre les mains, il joue une partie de haut niveau, et qui peut durer des années. Pousser l'autre à attaquer, attendre… Des deux joueurs, je suis bien sûr le plus impatient, mais je prends mon mal en patience. Pour l'heure, tout ce que je sais vraiment, c'est que le temps joue en ma faveur. Je suis le conseil de Leclerc, qui est partisan de ne s'agiter qu'au bon moment, qui considère que plus le temps passe, plus on s'éloigne du délit. Ma famille ne comprend pas. Mes frères me trouvent immobile, s'énervent d'autant plus que je n'explique à personne mes motivations. Ils me disent qu'à ma place ils écriraient au juge, pour obtenir une mise en liberté. Inlassablement, je réponds que je ne veux pas bouger.

Ma stratégie est la suivante : d'abord balayer Victor-Hugo, parce que c'est dans la poche, c'est sûr maintenant. L'enquête a été dirigée vers moi parce que j'étais en fuite avec Bada, mais c'est cousu de fil blanc. Ça ne tient pas la route une seconde. Dans les dossiers que m'ont transmis mes avocats, je découvre en plus qu'un document a été trafiqué. Un carré de quatre photos a été soumis aux témoins, dans lequel figuraient quatre personnes, dont moi bien sûr, qui suis positionné en haut à droite, à l'emplacement numéro deux. Tous les témoins ont reconnu la photo numéro quatre et par on ne sait quel miracle, une petite barrette a été rajoutée à la main au « 2 » pour en faire un « 4 », et le « 4 » a été transformé en « 2 ». Un truc complètement idiot tant cela saute aux yeux, ce dossier est un montage, et qui plus est, le plus imparfait qui soit.

Fin 1987, Grellier est finalement muté. Patrick, qui s'est battu comme un acharné avec ses avocats depuis le début, a réussi à obtenir qu'il lui signe sa liberté provisoire, quasiment le jour de son départ. Ce sera le dernier acte du juge sur cette affaire, et c'est pour Patrick un cadeau royal.

Pour le reste, il nous laisse dans une merde noire. Tout le travail accompli depuis mon arrestation est à l'eau. Le relationnel, les convictions du nouveau juge, l'avenir de mes parloirs avec Laurence, tout est à refaire. C'est là que l'on se rend compte à quel point un prisonnier ne compte pour rien. Un paquet qu'on place et qu'on déplace à sa guise. J'en veux terriblement à Grellier. Il a fait passer ses intérêts personnels avant ceux des gens dont il détenait la clé de la liberté. En politique, on connaît les tenants et les aboutissants à l'avance ; en s'attaquant ainsi à un académicien de droite, il savait parfaitement les conséquences que cela aurait sur sa vie professionnelle.

Lorsqu'un magistrat reprend un dossier, il repart de zéro. Le nouveau venu va voir les choses d'un œil neuf. Je dois lui montrer que si les choses bougent, je bouge également. Une nouvelle partie s'engage.

Qui va être le nouvel adversaire ? Sur un dossier pareil, cela ne pourra être qu'une pointure, il faut donc que, moi aussi, je m'adjoigne une pointure. Je demande à Leclerc de me rendre visite. Je ne le dérange jamais pour rien, aussi, il ne se fait jamais attendre bien longtemps.

– Alors, quoi ? C'est ce nouveau juge qui vous fait peur ?

– Je suis inquiet, je ne vous le cache pas. Vous avez une idée de qui il s'agit ?

– Pour l'instant, on n'en sait rien.

– Il va falloir attendre longtemps avant de savoir ?

– Normalement, non. Mais une fois qu'il sera désigné, comptez qu'il lui faudra au moins six mois pour prendre connaissance du dossier. Ça nous laisse de la marge.

– Du temps perdu, vous voulez dire…

– André, soyez sûr que dans votre cas, c'est du temps gagné. Laissez-les perdre du temps.

Il n'a pas tort, mais je commence à en avoir plein les couilles. Je l'informe de mon intention :

– Avec votre accord, je vais désigner un avocat supplémentaire.

– Pour quoi faire ?

– Pour faire de la procédure. Je mets ma main à couper que le nouveau juge sera très procédurier. Vous êtes sans doute un des meilleurs, si ce n'est le meilleur avocat de France, mais j'ai trois dossiers et vous ne pouvez pas tout faire.

– Vous pensez à qui ?

– Olivier Metzner.

– C'est un bon choix, même le « meilleur avocat de France », comme vous dites, serait fou de s'en passer. Metzner est sans conteste le meilleur procédurier que je connaisse.

Les avocats en général sont très jaloux de leur dossier, et les ténors comme Leclerc et Metzner plus encore. Ils observent en général d'un mauvais œil les nouveaux venus dans leur dossier. Du reste, cela se comprend, car une défense ne doit parler que d'une seule voix. S'il n'y a pas une entente parfaite entre les avocats, cela peu virer à la catastrophe.

Cotta approuve mon choix également. Olivier Metzner s'est forgé une réputation en faisant voler en éclats des dossiers sur des questions de procédures. Il a beaucoup innové dans ce champ. Il connaît les finesses des codes sur le bout des doigts, et il est en cela le cauchemar des juges et présidents de chambre d'accusation. Avec lui, il n'est pas question de « ma mère est malade » et « j'ai mal au cœur ». Il travaille le droit, rien que le droit.

Sa première visite ne tarde pas. Dans le parloir avocat, je découvre un homme de taille moyenne, élégamment vêtu. Il me sert la main, m'invite à m'asseoir :

– Olivier Metzner.

– André Bellaïche.

– Vous avez deux avocats. Françoise Cotta est une battante quant à Henri Leclerc, difficile de faire mieux… Qu'est-ce qui me vaut cette désignation ? Pas satisfait ?

– Au contraire, très satisfait.

– Alors, pourquoi ?

Pour le mettre à l'aise, je lui précise d'abord que j'ai l'assentiment de Leclerc et de Cotta.

– Ah, très bien.

Ce petit « Ah, très bien » est sa marque de fabrique, un mot-clé qui permet de ne pas s'étendre, et de passer à autre chose.

Je poursuis :

– Je fais appel à vous parce qu'avec trois dossiers aussi importants je pense qu'il faut une défense en béton armé. Un nouveau juge va être désigné, et à mon avis ça ne va pas être un charlot.

– C'est sûr qu'ils vont pas vous refiler un nouveau Grellier.

La discussion se termine relativement vite, et il me quitte en me disant :

– Je prends contact avec vos défenseurs, je prends la mesure des dossiers et je vous revois.

Il me sert la main et disparaît. Avec Metzner dans le dossier, le juge sait désormais que moi non plus je ne suis pas là pour rire, qu'il va lui falloir faire attention à chaque virgule, chaque syllabe, qu'au moindre raté il prendra une nullité. Quant à moi, j'espère bien, sur ces trois dossiers, en exploser au moins un sur des questions de procédure.

La loi sur la désignation des magistrats instructeurs a changé. Autrefois, ils étaient désignés par le parquet. Les mêmes juges héritaient toujours des bons dossiers, et les autres faisaient la gueule. La nouvelle loi stipule que le juge de permanence hérite des affaires qui arrivent. En somme, il faut aussi avoir du cul pour se sortir de la merde. On ne le sait pas toujours, mais la chance est l'article invisible du code de procédure pénale.

Le nouveau juge est Jean-Paul Valat, celui qui sera chargé en 1993 des écoutes de l'Élysée, et qui mettra dix ans à l'instruire. Contrairement à Grellier, celui-ci ne laisse rien deviner de ses opinions politiques. Il vient d'être promu premier juge d'instruction, avec une réputation de dur. Leclerc avait raison. Il va mettre du temps à lire ce putain de dossier. Je le saurai plus tard, il considérait que Grellier lui a considérablement compliqué le travail en conduisant une instruction hasardeuse.

En étudiant le dossier, on étudie les inculpés. Mes réponses révèlent certains aspects de ma personnalité. Et Valat fait durer le plaisir, comme s'il voulait créer une attente. En un sens, ça m'arrange. Pendant ce temps-là, il ne me fait pas chier.

La prison pour moi devient une véritable salle d'attente, le confort en moins. On cogite. Un jour tout est blanc, le lendemain tout est noir. À présent que je me suis lancé dans la bagarre, je ne peux plus rester en retrait. Je vis, mange, dors avec mes dossiers. Il n'y a que cela qui compte, jusqu'à l'obsession. Heureusement que Laurence m'oxygène la tête. Contrairement à mes frères, elle ne me parle jamais de cela. Elle me raconte ce qu'elle vit, comment grandit notre enfant. Elle est un prolongement de moi à l'extérieur.

Je suis transféré en troisième division, et je me retrouve au milieu d'une population nouvelle, africaine à quatre-vingts pour cent, que, de toute évidence, l'administration pénitentiaire cherche moins à intégrer qu'à désintégrer. Avec eux, je découvre un délit nouveau, le délit des sans papiers. Alors qu'on reproche à tous les délinquants de n'avoir pas envie de bosser, ces mecs sont en prison justement parce qu'ils ont travaillé ! C'est le paradoxe de la France. Une aberration !

Ce sont de pauvres gens. Bien plus pauvres encore que nous lorsque nous sommes arrivés en France. Des gens qui n'ont jamais fait de mal à une mouche. Des paysans, venus en France à la recherche d'un avenir meilleur, et qui se sont retrouvés, à la place, une paire de menottes aux poignets. Leur délit, c'est d'exister.

Par vocation, la prison est un endroit où l'on s'ennuie. Ça peut vous conduire à la dépression. Pour ne pas sombrer, surtout quand on a un gros parcours en perspective, il faut toujours avoir une forme d'occupation. Le parloir fenêtre est presque une thérapie. Il permet d'allier le confort d'être seul en cellule, à celui d'être néanmoins réunis. Bien entendu, parler aux fenêtres est interdit, mais pour les DPS, c'est toléré. Nous en priver conduirait immanquablement à un énorme conflit.

Avec le lot de nouvelles têtes, et les nouvelles histoires qui viennent avec, les transferts sont aussi un moyen de tuer le temps. Dans la cour, il y a Poukit, un ami d'enfance de Francis et de Riton, un grand érudit de la politique qui nous fera beaucoup rire quand on comprendra que son rituel du dimanche soir – l'émission *7 sur 7* d'Anne Sinclair, pendant laquelle on a interdiction totale de le déranger –, il le regarde en fait sans le son. Son fun, c'est se taper la présentatrice par écran interposé. Il y a Vincent, aussi un pas de chance par excellence, toujours un truc qui tourne mal. Il en mourra, le pauvre, quelques années plus tard, au cours d'une évasion en hélicoptère qui finira en fiasco. Un cinglé va s'accrocher à ses pieds, ce qui le forcera à lâcher le filin, et à s'écraser au sol avec lui : morts tous les deux. Il y a Anis Naccache, le politique célèbre qui a tenté d'assassiner Chapour Bakhtiar, transféré en pleine nuit depuis la centrale de Moulins qui venait de brûler. Le premier jour, il ne peut pas sortir en promenade parce qu'il est arrivé en pyjama, ce qui me fait beaucoup rire. Ce mec a refusé d'être libéré tant que ses complices restaient incarcérés, ce qui le rend immédiatement sympathique aux yeux de tout le monde. Il faut avoir les couilles de le faire, d'autant qu'il a pris perpette. Bien que politique, il s'intègre tout de suite, fait preuve d'une grande solidarité envers les autres DPS, participe à nos mouvements de protestation... L'administration redoute terriblement qu'il lui arrive quelque chose. Mais rien ne peut lui arriver. Parce qu'au DPS, il n'y a pas de Noirs, pas d'Arabes, de Juifs ou de Chinois. Il y a des détenus qui sont tous main dans la main. Chez nous, il n'y a pas de balance. Un mec qui balance, ça va trop loin. Il meurt. Il n'a aucune issue, dans aucune prison de France.

*

Apparemment, la malchance ne me quitte pas ; j'ai perdu le meilleur des juges possible à cause de l'affaire Droit et je suis en passe de perdre Leclerc sur l'affaire Diallo tant il l'a pris à cœur. Diallo est cet anesthésiste black de Poitiers injustement soupçonné d'avoir changé les tuyaux d'oxygène d'une patiente pour faire accuser le chirurgien. Il risque la perpétuité. Être noir et anesthésiste à Poitiers dans les années 80, c'est être condamné d'avance. Après un procès retentissant, à l'issue duquel son client va finir par être acquitté, Leclerc subit un sévère contrecoup. Avoir défendu un innocent qui risquait sa peau, et qui avait l'opinion publique contre lui, l'a complètement cassé. Pendant les six mois qui ont suivi, il est resté dans une sorte de coma. Loïc Duroy, lui, a complètement craqué. Il a jeté sa blouse d'avocat pour un poste de prof à l'université. Si bien que je me retrouve avec un nouveau collaborateur de Leclerc, Bruno Illouz.

Illouz débarque de sa fac de droit. C'est un petit bonhomme qui a eu le barreau assez tard, sur les trente-trois ans, parce qu'il aimait trop la vie d'étudiant. C'est sa première collaboration, et il commence sa carrière par un gros mensonge, en me faisant croire qu'il est le frère du commentateur télé qui porte le même nom que lui. C'est comme ça, un jeune avocat. Ça s'invente des relations que ça n'a pas, ça te dit toujours « Ah, je connais bien votre juge, j'étais à la fac avec. » Mais ça oublie de te préciser qu'à la fac ils étaient deux mille.

Valat me convoque enfin, huit mois après sa désignation. Metzner m'explique qu'il a décidé d'organiser une confrontation avec les témoins de Victor-Hugo. Il a étudié les dossiers, et me conforte dans la stratégie que j'ai adoptée jusqu'à présent :

– Pour le dossier République, vous allez passer en cour d'assises. Ça sert à quoi de répondre à des questions qui, de toute manière, vont vous être reposées à ce moment-là ? Tenez-vous-en à ce que vous savez faire de mieux : vous taire. Quand on n'a rien à dire, on la ferme.

En choisissant de m'interroger sur Victor-Hugo, le juge me lance un signal. C'est un dossier neutre, où il y a très peu de choses à faire. Cette prise de contact s'annonce comme un pacte de non-agression.

Après la bagarre, la fouille, la lutte habituelle, j'arrive dans son bureau, énervé avant même de commencer. Je fais la même entrée en matière que j'avais faite à Grellier :

– Dites, m'sieur le juge, vous pouvez pas dire à la milice de se calmer un peu. Parce que des transferts comme ça, ça va, hein. C'est de la brutalité gratuite.

Il voit que j'ai préparé mon introduction, et connaît sa réplique :

– Ça ne relève pas de moi.

Le juge Valat est un homme redoutable, qui a en outre un certain charisme. Le genre d'hommes à qui l'intelligence donne du charme. Et il en joue, le salaud. Il essaye de t'endormir, de te mettre en confiance, en se faisant extrêmement chaleureux. Je vais le surnommer « le charmeur de serpents ».

– Monsieur Bellaïche, j'ai été désigné pour remplacer le juge Grellier sur votre dossier. Je voudrais évacuer au plus vite l'affaire de la fusillade de Victor-Hugo pour l'envoyer devant la chambre d'accusation. Ce n'est pas l'affaire du siècle, elle a déjà été suivie par deux juges, Bruguière, quand vous étiez absent, et Grellier, depuis votre arrestation.

Mes avocats sont présents. Metzner, qui, dorénavant, ne ratera pas une instruction, est à l'aise dans son rôle, à l'affût du moindre geste, du moindre faux-pas.

Le juge commence :

– Je vais vous confronter aux employés d'un garage de motos. Il semblerait que vous ayez acheté un casque chez eux avec M. Badaoui, il y a huit ans.

– Je ne vois pas l'intérêt de cette confrontation. Je suis affirmatif, je n'ai pas acheté de casque avec M. Badaoui. Et quand bien même. Si je l'avais fait, en quoi cela prouve-t-il que je me retrouvais avec lui sur cette moto, place Victor-Hugo ? À moins évidemment que des empreintes m'appartenant aient été retrouvées sur le casque en question, ou que vous ayez d'autres éléments dont je n'aurais pas connaissance.

Valat fait introduire deux femmes entre deux âges :

– Mesdames, reconnaissez-vous en ce monsieur une des deux personnes qui est venue vous acheter un casque en octobre 1980 ?

Spontanément, c'est le « oui » général. Elles me reconnaissent comme étant une personne venue dans leur magasin il y a huit ans !

Je dis à Metzner :

– Je comprends qu'elles me reconnaissent, leur magasin est connu pour ne recevoir qu'un client par an !

Le juge :

– Pouvez-vous être plus précises ?

– Je reconnais ses yeux, son regard et ses yeux, fait l'une d'elles.

C'est tout simplement scandaleux. Qui peut reconnaître un client anodin qui a effectué un achat huit ans plus tôt, à moins qu'il ait commis un esclandre pas possible ? Et encore, au bout de huit ans ! Dans ce magasin, qui était un énorme garage. De toute évidence, les deux vendeuses ont été briefées. Pas un être humain sur terre ne ferait une déclaration pareille. Alors que je m'apprête à ajouter quelque chose, Metzner me fait un signe pour me dire : « On ne répond rien face à la connerie d'un tel témoignage. »

Leurs déclarations en effet me dédouanent plus qu'elle ne m'accablent, et je suis partagé entre la colère et l'envie d'éclater de rire. Le juge fait signer les dépositions. Les femmes s'en vont.

En aparté, je lui demande :

– Vous y croyez, vous, Monsieur le Juge, à ces témoignages ?

– Monsieur Bellaïche, j'instruis à charge et à décharge. Si vous aviez quelque chose à dire, il fallait le faire plus tôt.

– Je n'ai rien à dire, Monsieur le Juge. Je prends acte de ces témoignages.

Le juge m'envoyait un message. Le ridicule de ces confrontations le démontre, cette reconnaissance est impossible. Cela veut tout simplement dire « Me casse pas les couilles avec les confrontations de Blanche, parce que c'est ça que tu vas avoir. » Enfin, c'est ce que cet épisode me laissait à penser.

Sur ce, le juge clôture le dossier Victor-Hugo pour l'envoyer devant la chambre d'accusation, l'instance qui filtre les dossiers et statue sur la suite à leur donner. Soit elle les renvoie en correctionnelle ou devant une cour d'assises, soit, chose rare, elle vous file un non-lieu.

On parle ensuite de l'ensemble des dossiers. Je lui fais remarquer que je trouve plus cohérent d'instruire le dossier du hold-up de République en dernier :

– L'affaire remonte déjà à tellement loin… Un an de plus ou un an de moins, ça ne va pas changer grand-chose. Enfin, c'est vous le juge, c'est à vous de décider…

– Je ne vous le fais pas dire… Mais ce n'est pas une mauvaise analyse. De toute manière, je ne suis pas président de cour d'assises, mais je ne sais pas bien ce que vous pouvez espérer sur le dossier du hold-up de République.

– Monsieur le Juge, c'est à la fin du bal qu'on paye les musiciens. N'anticipons pas.

*

Beaucoup de choses vont se jouer sur le procès de la fusillade de la place Victor-Hugo. On n'en mesurait pas l'importance au départ. Si je le gagne, ça m'ouvre une brèche qu'ils ne pourront plus jamais refermer. Si je le perds, je suis mal. À priori, tout semble jouer en ma faveur, mais c'est justement le piège. En cour d'assises, les dossiers qu'on croit gagnés d'avance sont le plus souvent ceux qui se perdent. Plus que jamais, il convient de rester sur ses gardes. Car il n'y a pas de justice. La justice, c'est « Si t'as perdu t'es coupable, si t'as gagné t'es innocent. » Rien d'autre. Il faut s'affranchir de toute forme de sentiment.

*

La moitié des DPS sont déjà condamnés. Il y a très peu de perpettes, pas mal de peines de vingt ans mais en général, c'est entre dix et quinze. La tradition veut qu'au retour de l'instruction on raconte aux autres ce qui s'est passé. Tant qu'il ne s'agit pas de viols ou de pédophilie, il n'y a rien de déshonorant à parler de son affaire, à moins évidemment d'avoir balancé la moitié de la planète. Pendant la promenade, je me retrouve donc entouré de dix conseillers juridiques qui m'inondent de commentaires, d'avis plus ou moins bien argumentés. On est tous d'accord sur un point : le juge a été intelligent. Il n'a pas joué de son pouvoir de nuisance. S'il l'avait souhaité, il aurait pu mettre un terme à mes parloirs, histoire de m'affaiblir. Peut-être a-t-il compris que ça peut aussi provoquer l'effet inverse. Après tout, avec ce qu'il a lu sur moi, il doit en savoir plus sur mon compte que je n'en sais moi-même.

Plus tard, lorsqu'on se connaîtra mieux, je lui poserai la question et il me répondra qu'il n'aurait pas hésité à le faire si ça avait servi à quelque chose. Mais en l'occurrence, il arrivait dans un dossier ouvert depuis deux ans, et cela n'aurait eu aucun sens, sinon d'afficher d'entrée une volonté d'acharnement. Et ce n'était pas l'image qu'il voulait donner.

Laurence est impatiente, elle aussi appréhendait l'arrivée de ce nouveau juge. Elle se demande ce que cela implique pour nous. Quand elle vient au parloir, je la rassure, je lui dis que le mec est clean, qu'il est là pour faire son boulot, qu'il fera tout pour me faire prendre vingt ans, mais qu'il le fera proprement.

Je la mets néanmoins en garde :

– S'il te pose une question dont tu ne connais pas la réponse, ne réponds pas. Ne mens surtout jamais, n'invente rien, même s'ils te croient pas. Si tu étais au courant de quelque chose, je serais le premier à le savoir. Et moi, je sais que tu ne sais rien.

J'ai déjà deux ans d'expérience. À l'heure où Valat arrive, je suis en forme. Je connais mes dossiers sur le bout des ongles. Mes avocats viennent me voir pour parler des confrontations qui viennent d'avoir lieu. Je me tourne vers Illouz. Il débarque dans le dossier, je sais qu'il fera le travail que je vais lui demander.

– Oh, Bruno, alors qu'est-ce que t'en penses, de ces confrontations ?

– Ça n'a aucun sens. Il n'y a rien à redouter de conneries pareilles.

– Est-ce que tu dirais la même chose si un flic témoin du hold-up de Blanche faisait une déclaration pareille ? Quelle dimension ça prendrait, selon toi ?

– Dans ce cas de figure-là, ce serait une véritable catastrophe.

– Le juge est rusé. Il ne veut pas de ces confrontations. Il a vu celle de Cancès, et à mon avis, il pense que ça ne peut rien lui apporter de bon. Alors moi, je te dis qu'il va y avoir du briefing. Parce que les deux bonnes femmes qui vont raconter qu'elles reconnaissent les yeux d'un client huit ans après, ça sent bien la merde ou je ne m'y connais pas…

– T'as peut-être raison, mais enfin, je vois mal le juge expliquer aux flics ce qu'ils ont à dire.

– Ça part de plus haut, Bruno, ça part de beaucoup plus haut.

– Donc…

– Il faut préparer ces confrontations. Il me faut toutes les déclarations faites par les flics après le hold-up, surtout celles de ceux qui ont approché les malfaiteurs, ceux qui ont été pris en otage. Il faut immédiatement envoyer au juge les contradictions qui en ressortent, pour lui couper l'herbe sous le pied.

Illouz s'exécute. Il adore ça. Pour un jeune avocat, se jeter dans un tel dossier, c'est de l'or en barre.

Je veux faire moi-même la synthèse de toutes les déclarations. Un avocat ne pourrait pas le faire comme je le voudrais. C'est un travail de titan. Avec la machine à écrire que j'ai dans ma cellule, c'est du domaine de l'impossible. Je demande à voir le surveillant-chef :

– Je sais que vous êtes un homme de bon sens. Et comme j'ai décidé de me réinsérer, j'en appelle à vous.

– Oui, qu'est-ce que vous voulez, Bellaïche ?

– Je pense que pour bien se réinsérer il faut soit un 357 magnum, soit un ordinateur.

En entendant 357, le type devient blême :

– Quoi ?! Qu'est-ce que vous voulez faire d'un 357 ?!

Il est au bord de la syncope.

– Non. Je vous ai pas dit que je voulais un 357. Je vous ai dit soit un 357, soit un ordinateur. Tout le monde a ça aujourd'hui, c'est nécessaire pour travailler, et pour se réinsérer. Et d'ailleurs, en centrale, tous les détenus qui le souhaitent disposent d'un ordinateur. Je ne vois pas pourquoi nous, en maison d'arrêt, on n'y a pas droit.

– Parce que c'est comme ça, on n'y peut rien. C'est la règle ici, et elle s'applique aussi bien à ceux qui nous arrivent de centrale. Leur ordinateur reste à la fouille le temps de leur séjour ici.

– Vous avez conscience que c'est complètement aberrant ! On est prévenus, potentiellement innocents, et on se retrouve plus mal traités que les condamnés.

– Qu'est-ce que vous nous chantez, Bellaïche ? Vous avez une machine à écrire, ça suffit parfaitement. D'autres l'ont fait avant vous. Ne commencez pas votre cirque.

– Non, ça ne suffit pas. Je ne peux pas travailler là-dessus !

En maison d'arrêt, les prévenus ont moins de droits que les personnes déjà condamnées. Un condamné, par exemple, peut téléphoner. Un prévenu n'a pas le droit. En centrale, les parloirs durent trois heures, contre une demi-heure en maison d'arrêt. C'est une pression insupportable.

À ce moment de ma détention, j'ai pour voisin de cellule un type qui a fait la Banque de France. Huit milliards de butin. Évidemment, comme tout le monde, le mec est innocent, et lui aussi veut son ordinateur. Soudain, une grosse demande se déclenche sur les ordinateurs. Après quelques jours de négociations, des menaces de grève de la faim, soutenus par les autres DPS, on finit par trouver un accord sur le traitement de texte. J'achète ce qu'il y a de mieux, et je commence à taper mes Mémoires.

Je deviens un détenu moderne. Je conserve désormais toutes mes demandes administratives, ainsi que toutes mes lettres au juge dans la mémoire de mon disque dur.

Les témoignages des soixante policiers présents sur les lieux vont tous dans le même sens : l'homme au loden vert ne me ressemble pas du tout. Par ailleurs, une dizaine de policiers qui ont été en prise directe avec le malfaiteur – y compris le mec qui a été pris en otage – reconnaissent formellement un dénommé Hernoult comme étant la personne qu'ils recherchent. Lequel Hernoult a prouvé qu'il était chez un médecin à l'heure de la fusillade. Le coupable idéal que je suis va leur glisser entre les doigts. « Selon moi, Monsieur le Juge, ces personnes ont grand besoin d'une expertise, soit psychiatrique, soit ophtalmologique. »

Je lui envoie le mémoire en lui précisant que je suis innocent et que j'exige des confrontations avec les témoins. Je lui fais remarquer qu'un coupable n'est jamais pressé d'avoir des confrontations, et que moi je les réclame depuis le début de mon incarcération au juge Grellier. J'en appelle à son sens de l'honnêteté.

*

Illouz m'annonce que le dossier Victor-Hugo passe devant la chambre d'accusation qui doit statuer sur un éventuel renvoi devant la cour d'assises de Paris.

– J'ai peut-être l'optimisme de la jeunesse, mais j'y crois dur comme fer.

On évoque ensemble le coup des photos truquées. Mais je sens qu'il a flairé autre chose et qu'il ne veut rien dire. Un avocat ne peut pas donner de faux espoirs à un détenu, c'est la première règle qu'on leur apprend. La chambre d'accusation est l'antichambre de la cour d'assises. C'est là que les avocats soulèvent les cas de nullités susceptibles d'exploser un dossier.

En fait c'est un jugement avant l'heure qui va avoir lieu. Le procureur fait un réquisitoire demandant le renvoi devant la cour d'assises. Les avocats plaident, évoquent les photos truquées et les témoignages aberrants, l'absence absolue de preuves. Illouz me le racontera après, il règne là la confusion la plus totale. L'histoire des photos, ces montages visibles à l'œil nu, fait frémir le président. Alors qu'en général la cour met sa décision en délibéré à une date ultérieure, fixée à la barre, le juge prononce un non-lieu immédiat. Le tout dure une demi-heure.

Illouz vient me voir le lendemain. Il est au bord des larmes, me saute littéralement dans les bras. Il n'y a pas un an qu'il a prêté serment et il vient d'obtenir un résultat qu'on ne peut généralement espérer atteindre qu'après des années de barreau. Il a habilement soulevé toutes les nullités et tous les trucages du dossier. Il a insisté sur le scandale que cela ne manquerait pas de créer devant une cour d'assises, c'est-à-dire une audience publique, très médiatisée de surcroît, avec le frère du président de la République comme témoin à la barre et où douze jurés auraient à examiner ces photos truquées.

– Non-lieu à la barre, mon vieux ! Quand il a vu les trucages, le président était blême. Tiens-toi bien, il y avait même une page qui avait été découpée et remplacée par une autre qu'on a collée par-dessus. Avec le temps, le deuxième papier a vieilli d'une manière différente du premier. Ça m'a sauté aux yeux pendant que j'étudiais le dossier. C'est là que le président a chaviré. Visiblement, il a pris peur.

– C'est pas possible ! T'as fait quoi, alors ?

– J'ai tout de suite appelé Leclerc pour lui dire. La première chose qu'il m'a dite, c'est de surtout garder mon calme. Et de soulever ce point à l'audience. Et vlan !, le mec a préféré filer le non-lieu plutôt que de prendre le risque d'un scandale en cour d'assises.

Illouz est fou de joie. Pour un jeune avocat, c'est l'embellie. Ils ont tous prêté serment pour ça.

Ce dossier qui semblait si peu de choses au départ prend tout à coup une autre ampleur. Mes avocats savent désormais que mes dossiers sont truqués. Ils en prennent acte.

En cellule, la machine à gamberger se met en route. C'est la frustration d'avoir plusieurs dossiers en cours. On en gagne un, mais on ne sort pas. Ce sont des victoires amères. Maintenant, c'est à moi de décider. Attaquer sur République ou sur Blanche. Je tourne le problème dans tous les sens, et j'aboutis à une conclusion qui peut paraître saugrenue : je fais appel à un nouvel avocat, Maisonneuve, que m'a conseillé Cotta. Elle avait beaucoup trop donné dans ces dossiers. Construit tout un travail de relationnel avec Grellier. Elle se voyait pas repartir avec un nouveau juge. Comme de vrais amis, on s'est séparés sans rien se dire. Elle venait de temps à autre prendre des nouvelles du dossier et de ma santé, mais je ne l'impliquais plus, elle en avait déjà tellement fait.

Maisonneuve est un jeune loup, qui adore ce type de dossiers où il faut se battre, ne rien lâcher, monter au front en permanence. C'est le genre qui épouse sa défense. Entre nous, le courant passe immédiatement. Il attend la direction que je souhaite prendre dans le cadre de ma défense, je lui indique qu'on va pousser le juge aux confrontations, on va le harceler de demandes de mises en liberté provisoire.

Après avoir pris connaissance du dossier Blanche, il me demande :

– C'est quoi, ce dossier ? Il y a je ne sais combien de tomes, mais sur vous, vraiment pas grand-chose... Une empreinte que l'on trouve dans une planque, et encore, ce n'est qu'une empreinte partielle. Le flic pris en otage reconnaît Hernoult, qui, c'est prouvé, est innocent. Il n'y a pas d'enquête, aucun élément matériel sur vous. Pas un inculpé, pas une mère d'inculpé, pas un beau-père d'inculpé qui ait cité votre nom. J'ai jamais vu un truc pareil ! Ça ferait un bon scénario, mais j'ai peur que ça fasse un mauvais procès.

– Je vais vous expliquer... J'ai eu droit à Cotta, qui m'a dit dès le premier jour qu'il n'y avait rien sur moi dans le dossier, et que s'il n'y avait pas République, je serais dehors. J'ai eu droit à Leclerc qui m'a exposé que vingt ans, c'était mieux que dix-huit parce que les deux dernières années sont toujours les plus longues. Une blague à lui, qui m'a fait mourir de rire. J'ai eu droit à Metzner, le gardien du temple au niveau de la procédure. Et puis Leclerc m'a délégué le jeune Illouz qui s'est révélé être bien plus qu'un simple collaborateur, et qui a réussi à exploser le dossier Victor-Hugo...

– Et donc ? Qu'est-ce que vous attendez de moi, au juste ?

– J'attends de vous que vous ayez une vision des choses neuve, et une envie de batailler ferme. Parce qu'à partir de maintenant dire qu'il y a rien sur moi dans le dossier, ça ne suffit plus. L'idée, c'est de se sortir de ce dossier.

Je sors d'un classeur la synthèse des déclarations de police et le courrier que j'ai fait au juge pour les accompagner. Et je lui dis qu'à partir d'aujourd'hui je déposerai une demande de liberté provisoire toutes les semaines. Il va la refuser, on fera appel immédiatement, et tous les quinze jours on passera devant la chambre :

– Il faut l'obliger à instruire. Parce que je pense que c'est un juge à l'antique, qui fait tout sur la durée.

– Très bien, allons-y.

*

Le dossier Blanche est aussi costaud que confus. Au hold-up de la rue du Docteur-Blanche s'ajoute une flopée de petites affaires. Six autres hold-up en sus de ceux du Crédit Lyonnais et de la Société générale du 14 janvier 1986. Pour ne pas se compliquer excessivement la tâche, le juge s'est concentré sur les dernières affaires du gang des Postiches qui procédait par tir groupé, toujours cinq, six braquages à la fois.

Autre sous-dossier : le policier tué rue du Docteur-Blanche devait être entendu le lendemain par un magistrat instructeur. Lui et d'autres membres de sa brigade étaient soupçonnés d'avoir participé à des affaires qui, pour faire un euphémisme, ne relevaient pas des attributions de la police.

Dans ce même dossier, il y a également cette histoire de témoins, parmi lesquels le policier pris en otage, qui reconnaissent un innocent.

Et puis il y a moi, qui suis entendu par le même magistrat, sur trois dossiers différents, ce qui fausse les cartes.

Il y a enfin une évasion en hélicoptère, qui jusqu'à présent n'implique que moi et Myszka.

*

Je n'ai toujours pas de nouvelles de mes coïnculpés, sauf lors des brefs moments où l'on se croise au Palais de justice. Ce silence de mort entre nous va durer cinq ans. Il nous rend d'autant plus forts qu'il dissipe l'idée du groupe. Par définition, un gang, ça communique. Il est d'usage dans le grand banditisme de se faire passer des messages par avocats interposés, pour organiser une défense commune. Les avocats eux-mêmes se posent des questions. Alors que Cotta et l'avocat de Patrick travaillent dans le même cabinet, ils ne sont jamais entrés en contact à ce sujet.

*

Avec Leclerc, Metzner, et Maisonneuve à mes côtés, la France entière s'accorde à dire que je commets une énorme erreur. Avoir autant d'avocats, ça fait capo mafieux, c'est la signature du coupable. Partir avec trois ténors, ça s'est déjà vu, c'est sûr, mais ça veut dire que le cas est désespéré. Seulement, ce n'est pas parce qu'on est innocent qu'on doit avoir une défense d'innocent. En justice, c'est trop souvent l'innocent qui morfle. En l'occurrence, ce qui se voit, et ce qui compte au final, c'est la conviction des mecs. J'ai une défense de très haut standing, mais mes avocats me défendent plus avec leurs tripes que pour mon portefeuille, qui est assez peu fourni. Ils se prennent au jeu.

Leclerc vient me voir. On se congratule pour le non-lieu. Avec son optimisme habituel, il m'annonce :

– C'est un bon point, mais c'est pas gagné pour autant.

C'est le genre de mecs qui te ramène à la case découragement. Il fait ça pour que tu restes combatif.

Ma famille est rassérénée. Ils commencent à croire dans mes prédictions, à penser que je vais m'en sortir.

*

J'envoie ma première demande de liberté provisoire au juge, que j'accompagne de mon mémoire sur les témoignages des flics. Évidemment, il refuse. Comme prévu, et cela, il ne s'y attendait pas, je fais appel devant la chambre d'accusation. Celle-ci a quinze jours pour statuer, faute de quoi, je me retrouverais en situation de détention arbitraire.

Je suis donc convoqué devant la chambre. Extraction, fouille, bagarre, le processus est encore plus lourd que pour se rendre à une instruction. Ces déplacements sont très coûteux, et les mecs ont ordre de nous faire chier le plus possible. J'arrive au palais. Habituellement, tout se passe dans les sous-sols. On ne traverse jamais le palais à proprement parler. Mais pour la chambre d'accusation, c'est différent. Les prévenus comparaissent comme des personnes libres et arrivent par la porte d'entrée, pas par celle qui sert aux inculpés. On me retire les menottes, je suis debout, les deux gendarmes à côté de moi, Illouz et Maisonneuve juste devant.

Cela ne sert à rien d'être plus nombreux. Le refus est quasi certain. En l'état du dossier, et malgré tous les éléments qu'il comporte à ma décharge, jamais la chambre n'acceptera de nous filer une liberté provisoire. Cela reviendrait à mettre le juge hors jeu, ce qui à ce stade n'est pas envisageable.

Je suis devant la barre, comme un témoin pratiquement, pour m'exprimer. Le président me demande :

– Pourquoi avez-vous fait appel ?

– Monsieur le Président, c'est très simple. Je ne suis pas un érudit du droit. J'ai une intelligence moyenne. Néanmoins, il m'apparaît, et c'est l'avis de mes avocats, qu'un dossier où il y a autant de témoins – parmi lesquels des policiers qui ont été pris en otage par des malfaiteurs dont je suis supposé faire partie – devrait être réglé en quatre jours. Je suis présenté aux témoins : c'est moi, ou c'est pas moi. Savoir si ma grande sœur a eu l'appendicite à treize ans ne va rien changer au film. Voilà pourquoi je fais appel.

Le juge fait mine de ne pas écouter ce que je dis. Je m'emporte.

– Mais enfin, on est dans une affaire où un policier a été pris en otage, merde ! J'en appelle à votre imagination : vous êtes séquestré par un homme pendant une demi-heure, vous parlez avec lui, vous êtes policier, vous êtes habitué à retenir les visages, c'est la première chose qu'on vous apprend… Et pourtant, le policier qui a été pris en otage a désigné quelqu'un d'autre que moi. Je vous pose la question : qu'est-ce que je fais ici ?

À cet instant, je joins le geste à la parole. J'attrape le CRS resté à côté de moi par la gorge :

– C'est comme cela qu'on prend en otage quelqu'un, Monsieur le Président.

Ils me tombent tous dessus, mais je finis ma démonstration :

– Demandez à ce monsieur ! Revoyons-nous dans deux ans, et voyons s'il m'a oublié.

On m'évacue, bien sûr, mais enfin, ça a fait son petit effet. J'ai fermé ma gueule jusque là, mais la chambre sait maintenant que je vais l'ouvrir bien grande.

J'arrive à Fresnes. Je ne me fais pas d'illusion, mais je suis content. Je réussis enfin à faire les choses comme j'ai envie de les faire depuis le début. Je n'attends même pas le refus que déjà je renvoie une demande de mise en liberté au juge, qui dans les quatre jours va me la refuser, je le sais, et je fais de nouveau appel. Je vais faire cela pendant un an d'affilée.

Dans un coup comme celui-là, tout le dossier doit être transporté à la chambre. Et pendant ce temps, le juge ne peut pas instruire. Mais le dossier est en mouvement permanent, plus du tout inerte. Et aux mains du président de la chambre, le magistrat le plus haut placé du palais, juste en dessous du président de la cour d'appel.

Deuxième comparution devant la chambre. Les règles ont changé. Suite à mon intervention sur le CRS, ils ont décidé que les détenus seraient désormais placés dans le box des accusés et qu'ils ne pourraient donc plus s'approcher de personne. Sous cette forme, la comparution s'apparente plus à un jugement. Je dis à la chambre :

– Je trouve l'attitude du juge complètement scandaleuse ! Cela fait trois ans qu'on est arrêtés, trois ans qu'il n'y a pas de confrontations, et s'il y a pas de confrontations, c'est parce que vous savez tous que je suis innocent !

Mes avocats développent toujours les mêmes arguments, avec des variantes « Qu'est-ce qu'il fait là ? Il est coupable, jugez-le. Il est innocent, relâchez-le. »

Bis repetita, je suis renvoyé dans ma cellule. À peine arrivé à Fresnes, je refais une demande de liberté provisoire, avant même le résultat. Je passe pratiquement toutes les semaines devant la chambre. Patrick Maisonneuve, qui n'a rien demandé à personne, et Illouz, le collaborateur tranquille, se retrouvent au cœur de l'actualité du palais. De manière étonnante, ce remue-ménage finit par créer des liens avec le président. À force de m'entendre parler, il finit par me trouver intéressant.

Un jour, alors que je m'apprête à faire mon show habituel, le président me dit :

– Monsieur Bellaïche, vous comprendrez qu'il va falloir faire peut-être un peu plus bref aujourd'hui, parce que nous avons ici une délégation d'étudiants étrangers venus assister à notre audience.

Avec les yeux, il me fait comprendre « Soyez sympa, déconnez pas. »

Je comprends le service demandé. Je lui dis :

– Ah, Monsieur le Président, je vais être bref : je viens faire appel du refus qu'on vient une nouvelle fois d'opposer à ma demande de mise en liberté provisoire.

Les avocats plaident, tout se passe bien. À peine si le président ne me fait pas la bise en partant. Cela ne l'empêche pas de me refuser ma liberté provisoire, cela ne m'empêche pas de revenir ferrailler quinze jours après, évidemment.

C'est le moment où, habituellement, le président demande au procureur « Vous avez quelque chose à dire ? », et que le procureur répond « Application de la loi ».

Au lieu de cela, le procureur se lève et dit :

– Je ne comprends pas la durée de cette instruction. Cela ne peut pas continuer ainsi.

Son intervention est proprement hallucinante. Le mec, quasiment, plaide pour moi. J'en déduis que les choses avancent. Et surtout qu'on doit commencer à en parler au palais. Et puis d'un coup, Valat se décide à faire les confrontations. Faut-il y voir le signe d'un harcèlement de la part de sa hiérarchie ? Peu importe. En tout cas, il n'y a pas été de main morte. Les deux cents témoins convoqués d'un coup ! Du jamais vu. Ça veut tout simplement dire huit jours de confrontations d'affilée, huit heures par jour – et piquer huit jours de travail à un avocat, c'est lourd. Ces confrontations vont être un moment inoubliable.

Extraction. Évidemment, on passe par la traditionnelle fouille, et tout le folklore qui l'accompagne, mais cette fois-ci, et pour la première fois, ils me mettent des chaînes aux pieds pour le transfert. Comme un forçat. Si bien que, lorsque je débarque du car, j'arrive dans le lieu où sont alignées les cellules d'attente, porté pratiquement par les gendarmes. On appelle cela les trente-six carreaux, parce que sur la porte, il y a trente-six petits emplacements carrés là où à une certaine époque il devait y avoir des carreaux. Je suis intercepté par des surveillants qui me mettent en cellule, au premier étage, réservé aux DPS. Myszka et Marguery sont déjà là. Ils viennent tous deux de la Santé. Ils me voient arriver les fers aux pieds et ça les rend furieux. Myszka insulte les flics, les traite d'enculés. Ils me retirent finalement les chaînes, le surveillant me monte dans la cellule voisine de celle de Marguery. Bien qu'on soit supposés ne pas se connaître, lui qui est d'un naturel calme est visiblement ému. Il me dit :

– C'est quoi, ça ? Pourquoi ils te mettent les chaînes aux pieds ? Ça existe plus depuis quarante ans, putain !

– Laisse tomber, c'est des casse-couilles. Je les emmerde. Te déstabilise pas, on a du boulot, là.

– Les enculés !

De toute façon, plus ils me les brisent, plus je suis motivé.

Patrick est absent. Pour cause, il a disparu.

*

Après cette introduction fracassante, les confrontations vont avoir des airs de garden-party. Pour la circonstance, on ne sait pas bien pourquoi, le juge a décidé d'inculper un certain JPP, un ami d'enfance de Marguery. Il aurait été reconnu sur photo pour une des huit affaires en cours, mais sans certitude, par un des témoins convoqués à la confrontation, et du coup, le juge a choisi de le faire passer avec nous, en parade d'identification. Sans doute espérait-il en tirer quelque révélation. Le juge a également fait venir un dénommé Michel, qui avait été arrêté avant les hold-up et qui ne pouvait donc pas y avoir participé. Lui non plus, on ne comprend pas très bien ce qu'il fout là.

Ce jour-là, aux trente-six carreaux, il y a de l'ambiance. Tout le palais sait que les membres supposés du gang des Postiches sont réunis au Palais de justice. Sans compter qu'étant tous DPS nous sommes accompagnés d'escortes impressionnantes. Ça crée une certaine effervescence.

On atterrit tous les cinq dans un bureau spécialement aménagé pour ces confrontations. On nous assoit sur un banc, face au juge, un flic en civil entre chacun de nous. Officiellement, je connais Myszka, donc on peut échanger quelques mots. Mais avec les autres, les premiers jours du moins, on est à la limite du vouvoiement. De l'autre côté de la salle, nos dix avocats se partagent trois petits bancs disposés les uns derrière les autres.

Les premiers témoins à passer sont les flics. Le premier s'identifie, donne comme adresse le 36 quai des Orfèvres. Un flic ne donne jamais publiquement son domicile. C'est un jeune mec, impossible d'imaginer en le voyant que c'est un flic. On tient tous un numéro à la main, qu'on s'échange à chaque nouvelle arrivée de témoin. Connement, je porte un pull-over rouge. Le témoin nous regarde, s'arrête vaguement sur moi, baragouine quelque chose du genre :

– Ce monsieur me fait penser à la personne au loden vert, mais je ne suis pas sûr.

Le mec ne se mouille pas. Je ne le sais pas encore, mais il est en train de préparer le terrain pour ses camarades. Le deuxième témoin décline son identité. Il est visiblement impressionné par le nombre d'avocats. Il se tourne vers nous, prétend ne reconnaître personne, mais finit par s'arrêter sur moi, lui aussi :

– Il semblerait que ce soit l'homme au loden vert, mais je ne suis pas sûr.

Ça commence à m'inquiéter. Ça sent le briefing. Je les imagine, après chaque sortie, en train de se congratuler, de s'embrasser, et de se dire : « C'est le mec au pull over rouge. »

Le troisième témoin ne reconnaît personne non plus, mais le mec au pull-over rouge, « peut-être que, mais j'en suis pas certain… ». J'en ai marre. Quand il s'en va, je m'adresse au juge :

– Dites, Monsieur le Juge, vous allez pas me faire le coup du pull-over rouge, quand même ? Avec votre permission je vais retirer mon pull…

En dessous, je porte un polo vert. Curieusement, le quatrième témoin semble me chercher, mais ne me retrouve pas. Il ne reconnaît personne.

Ces témoignages ne m'impressionnent pas. Ils ne sont pas crédibles. BRI, ça signifie brigade de recherche et d'intervention. Quand on recherche quelqu'un, c'est avec une photo. Ayant pour ma part été recherché pendant douze ans, je pense que tous ces flics connaissent mon visage. Cette parade d'identification, c'est du pipeau.

Ce qui m'intéresse, ce sont les témoins civils. Néanmoins, je pense que ça ne serait pas plus mal pour la suite que j'arrive à mettre un ou deux flics face à leurs contradictions. C'est comme un jeu… Enfin, il faut que je le prenne comme ça, c'est le meilleur moyen pour supporter un témoignage que l'on sait faux sans tomber dans la crise de nerfs.

Le cinquième témoin va être le bon client. C'est le numéro 2 de la BRB. Un homme qui a été en prise directe avec l'individu au loden vert, lequel l'aurait d'ailleurs terriblement malmené. Il lui aurait mis des coups de crosse, et aurait tiré une balle qui lui aurait frôlé le cuir chevelu. Il se présente :

– Commissaire B.

Il nous regarde tous. Ses yeux s'arrêtent sur moi :

– Je suis formel. Je reconnais ce monsieur comme étant l'homme qui portait un loden vert et qui nous a agressés rue du Docteur-Blanche le 14 janvier…

Le juge :

– Vous êtes formel ?

– Absolument, je le reconnais trait pour trait. C'est lui, c'est incontestable.

De quoi perdre son sang-froid… C'est ça, le jeu : je sais qu'il ment, il sait que je le sais et il pense donc que je vais fatalement craquer et m'emporter. Mais je garde mon calme. Je lui souris. Il me renvoie mon sourire. Et je demande au juge :

– Monsieur le Juge, attendu que vous instruisez à charge et à décharge, me serait-il possible de poser deux ou trois questions au témoin ?

Valat ne me connaît pas bien à l'époque. S'il me connaissait mieux, il ferait sans doute obstruction. Il me dit :

– Faites donc…

Il est tellement heureux de ce témoignage de toute façon que, pour lui, les carottes sont cuites. J'attaque :

– Monsieur, avant toute chose, je tiens à vous préciser que je n'ai rien de personnel contre vous. Les questions que je vais vous poser sont essentiellement destinées à nous rapprocher de la vérité.

Mon calme ne le déstabilise pas du tout. Le mec est en béton armé. On sent que rien ne peut le faire dévier de son truc. Je lui pose une première question :

– Est-ce que vous lisez les journaux ?

– Non, je ne lis pas les journaux.

– Vous ne consultez jamais la presse ?

– Non, je ne consulte jamais la presse.

Il s'est flingué tout seul. Il est têtu, mais pas très intelligent. Moi, j'aurais répondu quelque chose du style « Ça m'arrive, périodiquement… » Avec ce qu'il vient de dire, son témoignage tombe à l'eau.

Je poursuis :

– Vous regardez peut-être le journal télévisé ?

– Non, je ne regarde pas le journal télévisé.

– Donc, avant aujourd'hui vous ne m'avez jamais vu, ni en photo, ni rien.

– Non, je ne vous ai jamais vu auparavant.

– Vous… vous êtes bien policier, c'est ça ?

Je commence à l'énerver, ça se voit.

– Oui, évidemment.

– Mais vous les recherchez comment, les gens, si vous ne regardez pas leur photo ?

Il voit le mauvais coup venir :

– Je ne vous ai jamais vu avant, je vous l'ai dit.

– C'est tout de même curieux ça… Il y a un homme qui vous a maltraité, qui vous a blessé dans votre orgueil de policier, une affaire tout de même assez traumatisante, au regard des déclarations qui ont été faites. Vous êtes informé par vos collègues – puisque vous n'écoutez pas la radio, que vous ne lisez pas les journaux ni ne regardez la télévision – que le malfaiteur supposé être celui qui vous a agressé vient d'être arrêté avec trois autres personnes, et cela ne vous interpelle pas ? Vous ne dérogez pas à votre ligne, vous ne prenez pas les journaux pour vérifier que c'est bien cet homme-là qui vous a agressé ? Ou bien, tout au contraire, pour signifier à vos collègues que ce n'est pas lui ? Cela semble pourtant la moindre des choses quand on est quelqu'un d'honnête comme vous…

– Je vous répète que je ne vous ai jamais vu.

Je connais ce type d'hommes : il ne bougera pas sa ligne d'un iota. Il pense que j'en ai terminé. Le juge idem, visiblement. J'envoie alors ma dernière carte. Je le regarde dans les yeux :

– Votre femme…

Je m'arrête, je vois qu'il plisse les yeux.

– Votre femme, elle ne lit jamais la presse ? Elle ne regarde jamais la télévision ?

Le mec se sent en danger. Si le juge interroge sa femme, et qu'elle répond le contraire, il va pas être dans la merde. Il se déchaîne, se tourne vers le juge :

– Monsieur le Juge, pourquoi avez-vous attendu trois ans pour me confronter à André Bellaïche ?

Dans la salle, il y a dix avocats... Je me retourne vers Valat, et je lui dis :

– Monsieur le Juge, notez qu'il a prononcé mon nom.

À contrecœur, c'est évident, il obtempère. Avec dix avocats dans la salle, il ne peut pas faire autrement.

J'ajoute :

– Une dernière question, vous qui ne m'avez jamais vu avant aujourd'hui, comment réussissez-vous à mettre un nom sur mon visage ?

Le mec bégaye :

– C'est à force d'entendre parler de vous que j'ai fini par mettre un nom sur votre visage.

– Vous savez, quand j'étais enfant, chaque fois que je demandais quelque chose à quelqu'un et que la personne ne voulait pas me le donner, elle me répondait « Je ne suis pas Rockefeller ». C'est une expression commune, qui a toujours cours aujourd'hui. Donc, soyons honnêtes : vous avez entendu parler de Rockefeller plus que de moi quand même ?

– Oui, cela va sans dire.

– Décrivez-moi Rockefeller.

Le mec, piteusement, répond :

– Je ne peux pas.

Je reste poli, et je termine :

– Merci.

Tout simplement. Je ne l'achève pas. Le juge est fracassé. J'ai foutu en l'air toutes les confrontations qui vont suivre.

Arrive le témoin suivant. L'homme a cinquante ans, il est un peu fort, le genre gentil-gentil. Il se tourne vers moi :

– Je le reconnais, c'est l'homme au loden vert.

Je suis tendu à bloc. Avant d'entrer en scène, il faut avoir l'esprit extrêmement vif, surtout ne pas se laisser déconcentrer. J'explique au flic que je n'ai rien de personnel contre lui, etc. et je lui pose ma question :

– Donc, vous avez vu un monsieur vêtu d'un loden, et ce monsieur vous a agressé. Simple curiosité : son loden, il tirait plus sur le marron clair, ou sur le marron foncé ?

– Je ne suis pas certain. Je pense qu'il était plutôt entre le beige et le marron.

– Un loden, c'est toujours vert. En me désignant, vous vous êtes trompé de personne.

Il s'en va la queue entre les jambes. Le juge est gêné aux entournures. Les choses ne fonctionnent pas vraiment comme il le présageait.

Le prochain tente le coup, lui aussi. Mais il s'empêtre dans de telles conneries que c'en est embarrassant. Je lui demande s'il m'a déjà vu en photo avant aujourd'hui. Il me répond sur un ton très agressif, s'emmêle les pinceaux. Il est clair qu'entre le briefing de base et ce que lui ont dit les témoins sortants, il s'est mélangé les pédales. C'en est pitoyable. Il quitte la pièce aussi piteusement que le précédent.

Il me reste cent quatre-vingt douze témoins. Et plus aucun ne va oser me désigner. L'estocade finale, c'est le dernier flic à passer qui va la mettre au juge. Il s'agit du deuxième policier pris en otage par les deux malfaiteurs. Il ne reconnaît personne. Difficile de faire mieux, mais on veut pousser l'avantage plus loin. JPP, l'ami d'enfance de Marguery, l'interpelle :

– Est-ce que vous me reconnaissez ? Parce que moi, je vous connais.

– Oui, effectivement, je vous reconnais, je vous ai accompagné, alors que vous étiez incarcéré, à l'enterrement de votre grand-mère. J'étais votre escorte, il y a une quinzaine d'années de cela.

– C'est exact. Je voulais juste voir si vous vous en souveniez.

Il se tourne vers le juge :

– Monsieur le Juge, pouvez vous inscrire sur le PV la question que j'ai posée au témoin, sa réponse, et surtout préciser qu'il a une très bonne mémoire.

Par cette intervention, JPP ajoutait du crédit aux déclarations qui venaient d'être faites.

Au bout de huit jours de confrontations, les témoins n'ont reconnu personne sauf Marguery. Le dernier jour, le juge tente un coup : il sort un magazine et l'ouvre au hasard, le tend à Myszka, et lui demande de lire les dix premières lignes à haute voix. Il espère ainsi que quelqu'un reconnaîtra nos voix. Cela non plus ne donne rien. Valat est dépité, mais finit par en prendre son parti.

Le dernier témoin est celui de JPP, qui l'avait reconnu sur la photo d'une banque. D'un seul coup, il y a une tension énorme. On en a presque oublié qu'on était concernés. Pour lui, tout se joue sur cet unique témoignage. Le mec arrive, scrute tout le monde. JPP est vert de panique, mais le témoin finit par dire :

– Je ne reconnais personne ici.

JPP est libéré le soir même.

À la fin des confrontations, il règne dans le bureau une atmosphère de cocktail mondain. De petits groupes se sont formés, tout le monde parle avec tout le monde, je pourrais presque ouvrir la porte et m'en aller. J'ai l'impression que le juge commence à douter.

Aucun des policiers pris en otage ne m'a reconnu comme étant l'homme au loden vert. Pour notre défense, c'est capital. Pour Myszka, toutefois, qui avait avoué tous les faits, c'est une tragédie. Car s'il est toujours possible de revenir sur ses déclarations, dans son cas cela ne servirait à rien : il a donné trop de précisions. Constatant qu'il s'est pour ainsi dire suicidé, il va sombrer dans la folie.

*

De retour à Fresnes après ces huit jours de tension, je suis dans un état d'anxiété avancé. Je me jette sur ma machine à écrire pour rédiger une lettre au juge. Je réattaque immédiatement le processus des libertés provisoires, en ajoutant à mes demandes un mémoire sur cette série de confrontations. Bis repetita, refus, appel, ça va durer comme ça jusqu'à la fin.

Je fais venir Leclerc, Maisonneuve et Metzner et leur annonce que, pour moi, le dossier est acquis.

Pète-joie par nature, Leclerc me jette :

– Mais pourquoi vous emmerdez le juge avec ces histoires de liberté provisoire ? Tant qu'on ne sera pas passés pour République, ça n'a aucun sens.

– C'est vrai, vous avez raison.

En le regardant, cette phrase que m'avait dite un ancien taulard quand j'étais môme me revient en mémoire : « Les gens les plus durs à convaincre, ce sont pas tes juges, ce sont tes avocats. » Leclerc n'est pas du genre joueur de poker ; il n'est pas joueur du tout, d'ailleurs. Il ne voudra bouger qu'à coup sûr.

C'est donc avec Maisonneuve et Illouz, et surtout sur les conseils de Metzner, que je vais jouer mon meilleur coup.

Le dossier Blanche est quasi clos. C'est plus qu'une question de temps. Ils vont lâcher. Du coup, celui de République devient obsessionnel. Quelque chose ne va pas dans les déclarations des témoins, je le sens, c'est palpable. Elles sont très volumineuses, mais ressemblent à de la récitation. Alors que je les relis une énième fois, quelque chose m'interpelle à la télé : une Française vient de gagner le championnat du monde de frappe à la machine à écrire. Le présentateur annonce le nombre de caractères qu'elle a tapés en une heure, et tout à coup, ça fait « tilt ». Je retape toutes les déclarations des témoins, mon traitement de texte me donne le nombre de caractères pour chacune, et je fais le calcul : même la championne du monde n'aurait pas pu taper ces déclarations aussi vite.

Je garde cette conclusion pour moi, j'attends patiemment que le juge daigne m'entendre sur ce dossier. Pour l'heure, il se contente de refuser ma mise en liberté provisoire.

Je fais une demande de liberté provisoire sur République. Metzner et Maisonneuve viennent me voir pour me dire que pour ce dossier-là, cela ne va pas se passer chez le juge mais en cour d'assises. Le principe est le suivant : j'ai été condamné par contumace par la cour d'assises. Cette contumace a été annulée par mon arrestation, mais c'est encore la cour d'assises qui a demandé un complément d'information au juge. C'est elle qui gère le dossier, pas le juge, et je m'aperçois de cela au bout de quatre ans ! Le seul pouvoir du juge est d'exécuter la demande de la cour d'assises, c'est-à-dire de lui fournir un complément d'information sur ce dossier instruit en mon absence.

Je me présente donc devant la cour. Mon cas étant censé prendre une dizaine de minutes, je passe pendant le procès d'une autre personne. En réalité, cela va être beaucoup plus long que prévu. Illouz et Maisonneuve sont là, les autres non, tant ils sont certains du refus. Mes frères sont venus également. Personne ne connait mes intentions. J'ai tout gardé pour moi, pour être sûr que rien n'arrive aux oreilles du juge avant ma comparution devant lui.

Le président s'appelle Legal. C'est un homme très cordial :

– Monsieur Bellaïche, levez-vous !

Je me lève. Je suis ultra-détendu, en séance d'entraînement pour mes futurs procès en cour d'assises. Le président :

– Qu'est-ce qui nous vaut le plaisir de cette demande de mise en liberté provisoire ?

– Monsieur le Président, je suis conscient que j'interromps un procès, ce qui n'est pas très loyal pour la personne que vous êtes en train de juger. Mais je me permets de vous adresser cette requête parce que je me trouve dans une situation de blocage total. Aujourd'hui, vous apparaissez comme mon dernier recours possible. Voici ma situation : j'ai été recherché pendant douze ans pour le dossier du hold-up de la place de la République, qui me vaut d'être incarcéré depuis quatre ans. Et je n'ai jamais été entendu sur cette affaire. Ce dossier est très fragile, et la condamnation à mort par contumace, qui fut pour moi un véritable traumatisme, totalement inadéquate. Selon moi, si on n'instruit pas, c'est pour la bonne raison que mon innocence est criante.

Le président :

– Comment ça, si on n'instruit pas ? Ce que vous êtes en train de dire, c'est qu'il n'y a pas eu la moindre instruction ?

– Monsieur le Président, vérifiez par vous-même : à part le curriculum vitae, fait il y a quatre ans – et encore, pour un autre dossier –, vous ne trouverez pas le moindre acte de procédure.

Le président feuillette le dossier. Il est rouge de colère. À l'attention de mes avocats, il lance :

– Mais c'est inadmissible ! Pas un acte de procédure en quatre ans !

Il se lève et pour faire une chose qui ne s'est jamais faite au Palais de justice. Il dit :

– Je vais téléphoner à votre juge et je reviens.

Il en claque pratiquement la porte en sortant. Cinq minutes plus tard, il est de retour, et m'annonce, très fermement :

– J'ai eu votre juge d'instruction. Il vous convoque dans les dix jours pour instruire ce dossier. Monsieur Bellaïche, si le juge ne le fait pas, je vous donne ma parole que je vous donne votre liberté provisoire.

Ça a dû être chaud pour le juge. J'ai bien peur que cet épisode ne ternisse nos relations… Dans la semaine qui suit, je suis convoqué sur République. L'accueil est vraiment très glacial. Illouz, Metzner et Maisonneuve sont déjà là.

Le juge :

– C'est vous qui m'avez dit qu'on instruirait République à la fin ! Le président de la cour d'assises m'a appelé. Vous vous rendez compte de ce que vous m'avez fait ?

– On est bien d'accord, je vous ai conseillé de ne pas vous précipiter. Mais je vous ai pas demandé le contraire non plus ! Si les choses continuaient à votre rythme, ce procès, je le passerais quand ? Quand j'aurais soixante-quinze ans ? On voit bien que la prison, c'est pas vous qui la faites !

Il commence son instruction :

– Bon, je vais vous interroger sur République.

Je commence par le traditionnel :

– Je tiens à vous informer que je suis innocent des faits qui me sont reprochés, et j'entends que ce soit précisé.

Le juge le précise et me détaille les motifs de mon inculpation sur République, à savoir que je suis soupçonné d'avoir participé à ce hold-up en compagnie de Badaoui. Il ajoute que tous les témoignages convergent, notamment ceux de Dominique Famger et de sa bonne.

Je lui réponds :

– À ce propos, je tiens dans un premier temps à protester sur la forme de ces témoignages, et dans un second temps je protesterai sur le fond. Sur la forme donc, la longueur de ces déclarations est incompatible avec les horaires inscrits par les policiers qui ont entendu ces témoins. Il y a quinze mille caractères par déclaration et celles-ci ont été tapées en deux heures. Cela relève tout bonnement de l'exploit. Il faudrait être au moins champion de France de frappe pour y arriver. Ça sent la récitation à plein nez. Je pense que celui qui a frappé cette déposition a fait questions et réponses tout seul et a fait signer la déclaration à des gens qui, au demeurant, n'en avaient rien à foutre.

Le juge est sur le cul :

– Vous avez compté les caractères ?

– J'ai compté les caractères.

– Très bien, je vais ordonner une expertise.

Évidemment, l'expertise me donne raison, ce qui n'a pas de réelle incidence, parce que cela peut être interprété comme une erreur matérielle. Mais ce n'en est pas une. Le flic a tapé la déclaration qu'il a voulu, point barre.

Le juge est furieux. Par ma manœuvre, je l'ai collé au mur, pris à son propre piège : il a trop laissé traîner, il n'a plus le temps. Il sait que si les choses ne vont pas à vitesse grand V, le président de la cour d'assises va lui casser les reins, et moi, je me lancerai dans un processus de demandes de liberté à répétition. Je ferai sur République ce que je n'ai pas cessé de faire sur Blanche depuis dix-huit mois. Ce qui, au mois de juillet, période de vacances judiciaires, peut devenir un sujet d'emmerdement monstrueux.

Je ne vais pas tarder à leur coûter plus cher que les hold-up eux-mêmes. Beaucoup plus cher que prévu en tout état de cause. Il ne peut rien vérifier des actes passés dans son bureau : lancer une commission rogatoire nécessite, dans le cadre d'une procédure criminelle, d'avoir cinq à six mois devant soi pour en attendre les conclusions. Or Valat doit boucler l'instruction dans les deux mois. Autrement dit, il est dans la merde. Mais il reste confiant. Il a des témoins clés, comme Dominique Famger. Contre des déclarations aussi accablantes que les siennes, en général il n'y a pas d'issue. D'autant qu'il m'a montré, avec Victor-Hugo, qu'il existe une catégorie de témoins capables de reconnaître un client de passage dans un magasin huit ans après les faits. Le monsieur sait y faire. Le témoignage de la bonne, c'est autre chose. C'est jamais qu'une bonne : en termes de droit, la qualité sociale, c'est quelque chose qui compte. C'est ce qu'on appelle l'égalité des chances.

Quelques très courtes semaines après cette instruction, Valat organise des confrontations avec les cinq otages de la banque. Trois femmes et deux hommes.

Un vieux de la vieille m'a appris un truc : il faut faire passer le témoin d'une position de force à une position de faiblesse, et pour cela, il faut créer le surnombre. Le témoin est contre toi, le juge est contre toi, sa greffière est contre toi, et dans la même pièce, tu as encore un ou deux gendarmes qui sont contre toi. Toi, tu es là avec un ou deux avocats. Ça fait du trois contre cinq, ce qui donne à la partie adverse une position dominante. Je fais donc venir quatre avocats aux confrontations, quand ce n'est pas cinq. Et cinq robes noires dans un bureau, ça se voit. Ça te coupe l'envie de raconter des conneries.

Ce coup-ci, je viens avec Illouz, Maisonneuve, Leclerc et Olivier Metzner. Aucun des témoins ne me reconnaît, ce qui est, somme toute, logique. Je n'avais pas de doute là-dessus.

Le juge me fait ensuite réciter quelque chose, mais ils ne reconnaissent pas ma voix non plus. Ça me fait marrer. Je le regarde dans les yeux. Quand ils s'en vont, je lui dis :

– Vous aurez noté qu'ils n'ont pas reconnu ma voix. Un type qui zozote, quand on l'a douze heures sur les reins, avec un calibre sur la tempe, on ne l'oublie pas. En règle générale, une voix se mémorise mieux qu'un visage, et c'est encore plus vrai quand la personne a un défaut de langage aussi prononcé que le mien.

Valat ne relève pas.

– Ah, un détail, Monsieur le Juge. Comme vous êtes terriblement perspicace, vous avez sans doute noté que les malfaiteurs ont eu des conversations téléphoniques avec les patrons de la brigade antigang. On n'a jamais lu dans aucun des rapports que l'un des malfaiteurs zozotait. Et sans vouloir en rajouter, il est plus facile pour quelqu'un qui ne zozote pas d'imiter un zozotement que le contraire.

Il ne juge pas nécessaire de me confronter avec la bonne. Dans ses déclarations, celle-ci disait ne m'avoir vu que de dos. Et si elle m'avait vu de face, cela n'aurait rien changé à l'affaire : je ne conteste pas le fait de m'être trouvé dans cet appartement avec Badaoui. Le témoignage de la bonne, on s'en contrefout. Même si cela ne les a pas empêchés de bâtir tout le dossier là-dessus. Valat décide, et il clôturera le dossier sur ce dernier acte, de me confronter à Dominique Famger.

De l'appréhension, on en a toujours. D'autant que le juge est redoutable. Mais on ne fait pas un match de boxe. Les coups que l'on s'échange sont verbaux. C'est à celui qui ajustera le meilleur mot. Tout ce que je fais, je le fais dans l'impro. Rien n'est préparé à l'avance. Je m'adapte à la situation présente.

Le jour dit, j'arrive menotté, entre deux gendarmes. Devant le bureau du juge, Dominique Famger est assise sur un banc, à attendre. Je ne l'ai pas revue depuis Athènes. Je n'ai aucune haine, aucun ressentiment à son égard. Au contraire, je suis même saisi d'une certaine émotion en la voyant. Sa beauté est intacte. Je la salue, et comme les gendarmes sont plutôt cool, on commence à dialoguer :

– Ça va ? Qu'est-ce que tu fais ? Il paraît que tu t'es mariée ?

Elle m'explique qu'elle a une petite fille, qu'elle vit à la Réunion, que ça va. Elle ajoute :

– Tu sais, j'ai monté une petite affaire là-bas, finalement, c'est pas si difficile que ça de gagner de l'argent honnêtement.

Moi, je le sais, mais malheureusement, c'est toujours trop tard qu'on le comprend ; c'est pour cela que je suis sur ce banc.

La discussion est plutôt chaleureuse.

Quand le juge arrive, je me félicite de ne pas l'avoir entraînée dans une discussion sur le dossier. Pour un homme dans ma position, le réflexe normal, c'est de souffler quelque chose comme : « T'aurais peut-être pas dû dire ça », ou « Dis-leur que c'est pas moi. » Et à mon avis, c'est exactement ce que le juge espérait que je fasse. Je suis sûr que c'est pour cela que les gendarmes ont été si coulants.

Au moment où Valat nous fait entrer dans le bureau, il échange avec Dominique un regard dans lequel je décèle une forme de complicité. Je comprends qu'ils se sont vus. Comme prévu, avec mes trois ou quatre avocats, on crée le surnombre.

Le juge me lit les déclarations faites par Dominique le matin même. Il anticipe, pour mieux me casser. Elle a déclaré m'avoir vu arriver avec Bada et la rançon, et a ajouté que pour elle je ne pouvais être que le deuxième braqueur. Elle me désigne de manière accablante comme le second responsable du hold-up.

Je demande au juge d'interroger Dominique pour savoir si elle se trouvait dans la banque le jour du hold-up. Il le fait, et évidemment, elle répond par la négative.

– J'en prends acte, dis-je.

Dans leur panique, les deux malfaiteurs ont appelé leurs fiancées depuis la banque. Bada a appelé Dominique, et on l'a entendu prononcer ce prénom au téléphone. Le second a appelé son amie Michèle. Je m'adresse une nouvelle fois au juge :

– Demandez à Dominique Famger si, quand Badaoui l'a appelée depuis la banque, elle m'a également parlé. Posez-lui la question de savoir si mon identité a été évoquée à ce moment-là.

Elle répond « Non ».

Je lance au juge :

– Je prends acte.

Etonné, il m'interroge sur le sens de mes questions. Je reprends la parole :

– C'est un classique : on fait toujours comprendre à son interlocuteur avec qui l'on est, pour que l'extérieur en soit informé.

Le juge :

– Vous en concluez quoi ?

– Que Dominique ne connaissait pas le complice de Badaoui.

Un instant de silence.

– Si Dominique Famger m'a désigné comme coupable, c'est tout simplement parce que la presse a dit que j'étais coupable. Il y a vingt ans, quand la presse disait quelque chose, tout le monde prenait cela pour parole d'évangile. La télévision a dit que j'étais coupable, elle l'a entendu, elle l'a cru. La police a dit que j'étais coupable, elle les a entendus, elle les a crus. Le magistrat instructeur a dit que j'étais coupable, elle l'a entendu, elle l'a cru. Son avocat a dit que j'étais coupable, elle l'a entendu, elle l'a cru. Et vous, vous allez dans le même sens. Elle vous croit. Mais elle, en réalité, qu'est-ce qu'elle a vu ?

Comme toujours, il arrive que certains coupables se sentent plus proches de leurs geôliers que de leurs complices. C'est ce qui est arrivé à Dominique avec le juge ce matin. Mais cet après-midi, elle revient au bercail. Elle intervient finalement :

– André a raison. La presse, la télé, la police, mes parents, tout le monde a dit qu'il était coupable. Donc, de fait, pour moi, il l'était.

Le juge a du mal à absorber le coup. Il n'était pas préparé à ce qu'il vient d'entendre. Il reste coi, ne dicte rien à la greffière.

Moi :

_ Dites, Monsieur le Juge, il faut le marquer, ça ! Mes avocats sont témoins de cette déclaration.

Le juge est hors de lui. Il dicte ces mots avec violence, congédie Dominique, et nous tous dans la foulée. À la sortie du bureau, les avocats sont ravis. Ils ne pouvaient rêver meilleur scénario.

Mais avec la justice, ce n'est jamais gagné. Des innocents ont eu la tête tranchée alors que tout portait à croire qu'ils allaient s'en tirer. Ceci dit, et je dois le reconnaître, je vois un des verrous sauter. Je sens que tout cela me rapproche inexorablement de la liberté.

Quelques jours ont passé et patatras, revoilà le père Leclerc avec son optimisme habituel. Il est comme un entraîneur qui au coin du ring conseille son boxeur « Fais gaffe à sa droite… fais gaffe à sa droite… fais gaffe à sa droite… » Il déclare :

– Bon, on avance ! Ce dossier est une véritable saloperie, c'est sûr que, s'il n'y avait pas cette condamnation par contumace, on pourrait à la limite espérer un non-lieu. La confrontation avec Famger est une réussite, mais qui peut se retourner contre vous.

– Je ne comprends pas ?

– Si elle avait eu lieu en cour d'assises, c'était l'acquittement assuré. Rien n'est plus incertain que ces témoins versatiles, ils peuvent retourner leur veste au dernier moment.

Égal à lui-même, il enchaîne :

– Si vous croyez que ça va suffire pour remporter un procès, vous vous plantez. Je tiens à vous le dire tout de suite. Sans aller jusqu'à voir tout en noir, il ne faudrait pas se complaire dans l'optimisme béat. Laissez-moi vous expliquer ce qu'est une cour d'assises. Je ne sais pas combien de procès j'ai faits dans ma vie. Une simple intonation de voix peut en changer tout le cours. Il n'y a rien de plus incertain qu'un procès en cour d'assises. Il y a tellement d'intervenants, et si peu d'acquittements… Je pourrais presque les compter sur les doigts de la main. En France, cela ne fait tout simplement pas partie de notre culture. Parce que acquitter un homme, surtout quand il a fait beaucoup de prison, revient à discréditer les enquêteurs et les juges de la chambre d'accusation. C'est beaucoup trop pour la justice. Donc, ne vous bercez pas d'illusions. Dans votre cas, cela reviendrait à dire que vous avez été amené à fuir pendant douze ans pour un délit que vous n'avez pas commis, à vivre pendant des années avec cette condamnation à mort au-dessus de votre tête. C'est le genre de situations qui laisse des traces, qui peut même conduire à commettre des actes graves. Quand vous vous faites arrêter d'ailleurs, vous vous évadez, et de quelle manière ? Avec un hélicoptère de la Croix-Rouge ! Aujourd'hui, vous allez sur votre cinquième année de détention préventive, c'est-à-dire que s'ils vous blanchissent, ils font de votre cas la plus grosse erreur judiciaire du vingtième siècle. Dites-moi maintenant, vous pensez vraiment qu'ils vont vous relâcher ?

– Oui. On est face à un jury populaire, et ils ne vont pas me condamner si l'évidence prouve le contraire.

– Mais vous n'y êtes pas du tout… Ne le prenez pas mal, surtout : personne n'y comprend jamais rien. À l'intérieur de la salle de délibération, c'est le président qui mène la danse. Il a la main sur les jurés, et pour peu qu'ils soient un peu fragiles, ils suivent purement et simplement sa décision à lui. Sur ce plan, je ne suis pas entièrement pessimiste, d'ailleurs. Je ne crois pas à un acquittement, mais je pense que la peine prononcée sera légère. Ils ne vous donneront certainement pas le maximum.

Ce mec a le don de vous désespérer. Il m'a plongé dans le doute. Mais chez moi, le doute fait rarement long feu. De retour dans ma cellule, mon optimisme reprend ses droits.

Ils ont fabriqué un coupable ; seulement, à mon sens, le juge n'a fait que des conneries. Pas parce qu'il est idiot, mais parce que ce dossier est un ramassis de conneries.

Les choses s'enchaînent rapidement. Le dossier passe directement en cour d'assises, sans passer par la chambre – il ne peut y avoir de non-lieu pour une contumace ; l'affaire doit obligatoirement être jugée. L'audience est fixée au 11 juin. J'ai beau avoir attendu ce moment, ma notification ne me fait pas sauter de joie. Le document fait quand même très peur. Comme je suis le seul inculpé, dans une affaire qui comporte très peu de témoins, l'audience va aller très vite. Elle devrait durer deux jours.

Les cinq ans de prison que je viens de faire nous ont réellement éloignés du délit. Aujourd'hui, je mesure à quel point l'argument de Leclerc était censé. Nous ne sommes plus à douze ans des faits, mais à dix-sept.

La semaine qui précède cette cour d'assises est ponctuée par des séances de briefing intensives avec tous mes avocats. Leclerc vient pratiquement tous les jours, de même que Metzner, Maisonneuve et Illouz. Il est décidé que ces derniers plaideront de concert. C'est beaucoup pour un seul procès, mais pour moi, c'est clair : plus il y a d'intervenants en ma faveur et plus les arguments porteront.

À eux trois, ils vont faire près de quatre heures de plaidoirie. C'est une stratégie d'usure.

Avant de passer en cour d'assises, il est de tradition d'aller « reconnaître le président ». Une connerie. Le prévenu est quasiment bâillonné. C'est le juge qui parle, pour ne rien dire d'autre que : « Vous êtes monsieur Untel, je suis monsieur Untel, je vais vous juger, au revoir. » À cette occasion, je découvre le président Colombes, un petit homme chétif, sec, qui physiquement me rappelle un peu Marzloff. L'homme a une réputation d'entre-deux. Il peut être redoutable, a quelques perpettes à son actif, mais ce n'est pas non plus un répressif de tout poil. Bien entendu, le Dédé que je suis cherche le mot qui va l'interpeller, même si ce n'est pas la circonstance idéale.

J'arrive toutefois à en placer une :

– Ah, c'est donc vous le fameux président Colombes !

Il s'étonne de me voir parler, et me murmure :

– Oui.

J'attaque d'emblée, le caressant dans le sens du poil :

– Vous avez beaucoup de mérite, vous savez…

Il me renvoie un « Ah… » toujours murmuré.

– Il me semble qu'il en faut, oui, pour réussir à dénouer les fils d'une affaire aujourd'hui vieille de dix-sept ans…

Le président découvre que je suis à mon aise : ce dialogue évidemment inutile dans son contenu est destiné à lui indiquer que je ne suis pas le petit agneau qui va se faire condamner sans rien dire.

La tradition veut qu'on ne passe pas aux assises sans le traditionnel costume cravate. Mais à la dernière minute, je ne sais pas pourquoi, je me dis que la cravate va me mettre dans une posture de condamné. Donc, no cravate.

Malgré une angoisse réelle, je ne faiblis pas à la fouille. Je pousse l'engueulade à la limite de la baston. Avant d'entrer en cour d'assises, on est placé dans une antichambre, assis entre des gardes mobiles. On attend là, en guettant les bruits de la salle. Mes avocats viennent m'encourager, me donnent les derniers conseils. Et finalement, un gendarme vient vers moi, la porte s'ouvre, et je suis happé par la cour d'assises. Bordée de part en part par deux grandes rangées de fenêtres, la pièce est inondée d'une lumière blanche. Je constate, troublé, qu'il n'y a qu'un petit journaliste sur le banc de la presse. Je m'attendais à je ne sais quel accueil spectaculaire, avec caméra et compagnie, mais non. Mon ego surdéveloppé en prend un coup. Je suis assis entre deux gendarmes, au-dessus de mes avocats. Face à nous, au-dessus du procureur, sont assis les futurs jurés.

Dans le public, je reconnais mes frères, et Laurence. Ces visages amis me rassurent. Ma mère, en revanche, n'est pas là. Je lui ai demandé de ne surtout pas venir, pour lui épargner le choc d'un éventuel verdict négatif.

Une voix retentit :

– La cour !

Tout le monde se lève, et le magistrat fait son entrée, en robe rouge, flanqué de ses deux assesseurs, en robe noire. L'ambiance est très solennelle.

En me levant, je pense que parmi ceux qui m'ont précédé sur ce banc, certains ont laissé leur tête. Savoir que je n'en suis pas là m'aide à dédramatiser. Le président nous demande de nous asseoir. Puis il commence :

– Nous allons procéder à la désignation des jurés.

Ceux-ci sont alors appelés, les uns après les autres. L'avocat général a le droit d'en récuser quatre, les avocats de la défense, cinq. C'est là que se révèle la valeur d'un homme comme Leclerc, qui a une énorme expérience des cours d'assises. Il sait flairer le bon juré. Si un des jurés s'appelait Cohen par exemple, mon avocat ne l'aurait certainement pas récusé, mais le procureur, lui, l'aurait fait, estimant que notre appartenance religieuse commune créait un lien entre nous. Le sexe peut jouer aussi, en particulier dans les cas où les victimes sont des femmes. Les jeunes, en général, sont réputés être moins répressifs.

D'entrée de jeu, Leclerc récuse un juré. Il le fait sans raison apparente, et avec une force impressionnante. C'est une stratégie, une façon de marquer son territoire, et d'indiquer aux suivants qu'il leur fait une réelle faveur. Ceux-là lui en sont gré, en quelque sorte, parce que dans l'ensemble, ils ont vraiment envie de participer. Ils sont venus pour cela.

À l'issue du processus, le jury constitué est relativement jeune. Ses membres ont entre vingt-cinq et trente-cinq ans. Les neuf jurés prennent place de part et d'autre du président et de ses assesseurs.

Les débats peuvent commencer. À ma droite, la greffière énonce l'arrêt de renvoi, une synthèse de tout ce dont je suis accusé sur le dossier République. C'est assez impressionnant. Volontairement, je secoue la tête, du début à la fin de sa lecture, pour montrer mon désaccord immédiat avec tout ce qui est dit. Je le fais de manière suffisamment appuyée pour que les jurés et le procureur le remarquent.

On me donne ensuite la parole pour le curriculum vitae, et j'en profite pour m'élever contre cet arrêt et indiquer que je suis totalement étranger aux faits qui me sont reprochés.

Le président :

– Est-ce que vous reconnaissez au moins que vous avez vécu avec l'argent de Badaoui ? Reconnaissez-vous le recel ?

– Monsieur le Président, c'est clair comme de l'eau de roche.

– Très bien.

Cela lui permet de me coller dix piges, quelle que soit l'issue du procès.

Les débats commencent par ce qu'on appelle les témoins à décharge : autrement dit, les témoins de moralité. Vêtus comme des PDG, attaché-case à la main, mes frères viennent à la barre, assurent qu'aujourd'hui la famille est assez forte pour s'occuper de ma réinsertion. Laurence passe ensuite. Elle porte très très belle, dégage une grande douceur, qui estompe toute l'agressivité qui peut se dégager de ma personne. Elle leur raconte le père que je suis, le mari que j'ai été, la manière dont j'ai construit toute ma vie autour d'elle et de ma fille. Elle dit que si elle est là aujourd'hui, c'est qu'il doit bien y avoir une très bonne raison. Son témoignage est si émouvant qu'elle en fait presque pleurer les jurés. Comme tout le monde, ils voient qu'elle n'est pas con, qu'elle est jolie, qu'elle est issue d'une bonne famille, et se demandent tous ce qu'elle fout avec moi. Ils sont bien obligés de conclure qu'au fond il doit y avoir chez moi quelque chose de bon. Ils sont assez sidérés par la longévité de notre couple. On est ensemble depuis dix-neuf ans, et malgré notre folle vie, on ne s'est pas séparés. Indéniablement, c'est un atout.

Passe ensuite le psychiatre, celui qui a dû refaire son expertise. Il me dépeint comme quelqu'un de socialement très intégré. Pour lui, ma réinsertion ne fait aucun doute.

L'audience est levée. Le juge nous congédie. Les avocats viennent me voir dans l'antichambre. Ils estiment que les choses se présentent bien, mais que tout va se jouer demain, avec les témoignages à charge.

Je ne retrouve pas ma cellule avant vingt-deux heures, laminé de fatigue, usé par la nervosité. Et encore, j'ai de la chance d'être DPS, parce que les fourgons ne s'arrêtent pas aux feux rouges. Tout se brouille dans mon discernement de ce qui peut se passer demain. Je pense notamment au procureur, qui n'a pas beaucoup parlé. Un homme jeune, qui s'appelle Gentile. Tout va dépendre de son réquisitoire. Toutefois, je sens déjà que l'affaire n'a pas l'ampleur que je lui ai donnée pendant toutes ces années. Au fil du temps, c'est devenu une petite affaire, si petite qu'elle n'intéresse même pas les médias.

Le lendemain, je retrouve mon banc. La lumière me surprend moins ce coup-ci. Même lieu, même scenario, mêmes têtes. D'un coup, on entend :

– La cour !

Le président suivi de ses deux assesseurs et de tous les jurés prennent place. Il attaque d'emblée :

– Faites entrer le premier témoin.

Comparaissent d'abord les gens qui ont été pris en otage. Évidemment, personne ne me reconnaît. Devant une cour d'assises, cela a du poids. Ils ne semblent pas marqués dans leur chair par cet événement vieux de dix-sept ans. La révélation d'un traumatisme aurait pu m'être fatal, mais elle n'a pas lieu.

Autre élément à décharge : le caissier abattu. Ses anciens collègues le décrivent comme un personnage étrange, un vieux garçon, la cinquantaine, sans enfants, sans attaches apparemment. Un homme plutôt dur, qui n'a nullement éveillé la sympathie des jurés. Globalement, les employés lui en veulent : s'il n'avait pas actionné son alarme, l'affaire n'aurait pas tourné au drame. À les écouter, il a défendu sa caisse pour sauver trente ou quarante mille balles. Résultat, deux personnes sont mortes, dont un jeune homme de vingt-cinq ans.

Après les otages, c'est le tour des flics. On se demande ce qu'ils foutent là. Ils ne peuvent pas me désigner comme coupable puisqu'ils n'étaient pas à l'intérieur et que les hommes qu'ils avaient en joue à la sortie de la banque étaient cagoulés. Tout ce qu'ils peuvent faire, c'est préciser les circonstances de leur intervention. Ils semblent impressionnés, voire paralysés par la brochette de ténors qu'ils ont en face d'eux et qui les regardent fixement, le menton calé sur leurs bras croisés. Ils savent très bien qu'ils risquent de se faire bouffer aux petits oignons. Leur témoignage n'a pas un gros impact.

Leclerc est assis la tête dans ses bras, comme s'il dormait. Il n'apporte pas la moindre contradiction aux témoins. Son comportement me semble aberrant. Je me dis qu'il est à moitié fou, j'ai envie de le secouer. Cette attitude ne peut pas durer éternellement…

Arrive le tour de la bonne. Elle raconte sa petite histoire, me désigne formellement alors que sur les déclarations elle disait ne m'avoir vu que de dos. Mes avocats ne bougent pas, Leclerc ne bouge pas. Je m'élève contre cette déclaration :

– Monsieur le Président, ce n'est pas ce qu'elle a déclaré.

Le président, qui n'a pas encore eu l'occasion de me coincer, saisit l'opportunité pour m'apostropher avec véhémence :

– Je vous interdis de couper le témoin ! Vous voulez influencer son témoignage ?!

Il cherche le conflit, ça se sent. Je fais tout de suite marche arrière, jouant la carte de l'élégance :

– Je vous demande pardon, Monsieur le Président, cela ne se reproduira plus.

Leclerc dort toujours. Je lui en veux terriblement. Les autres avocats suivent scrupuleusement sa ligne, ils n'ont pas le choix : c'est le patron de la défense. J'ai l'impression d'être en train de faire leur boulot. Oui, mais voilà. Leclerc est un avocat génial. Ce qui m'échappe à ce moment-là, c'est qu'il a tout calculé. En se refusant à interroger les témoins, en refusant de porter la moindre contestation, il est en train de transformer ce procès en un gigantesque monologue.

Enfin, c'est le tour de Dominique Famger, qui est de nouveau passée de l'autre côté. Et répète toutes les déclarations qu'elle avait faites antérieurement à la confrontation, m'accusant en direct. Leclerc est toujours en train de dormir, mais d'un seul coup, sans que personne ne s'y attende, sans lever la tête d'entre ses bras, coupant la parole à Dominique, il envoie un tonitruant :

– Meeennnnnnteeeeeuuuuseeeeee !

Il vient de gagner le procès.

Famger est complètement déstabilisée. Elle est livide, rouge, violette, change de couleur toutes les cinq secondes. Les jurés et même le président se mettent à rire. Son témoignage devient confus et brouillon. Entre ce qu'elle a dit il y a douze ans, ce qu'elle a dit à Bada et ce qu'elle a dit pendant la confrontation, tout se mélange. Sa déclaration est manifestement peu crédible.

Après une courte suspension d'audience, le procureur entame son réquisitoire. Très solennellement, mais de manière assez surprenante, il attaque en ces termes :

– Bon fils, bon père, bon mari, mais gangster néanmoins…

Les avocats l'ignorent, font même semblant de ne pas l'écouter, comme pour souligner leur différence de point de vue. Le procureur parle de réinsertion.

– Ce n'est pas en lavant des carreaux qu'on finance douze ans de cavale : cet homme est habitué à l'argent, et c'est bien là le problème. Comment peut-il nous assurer qu'il va pouvoir vivre avec un salaire raisonnable ?

Curieusement, il n'aborde presque pas les faits. Il se concentre sur ma personnalité et mon potentiel à me fabriquer une vie différente. Il a très peu d'arguments. Dès qu'il m'incrimine, je remue la tête comme j'ai fait la veille pour rejeter ses propos.

Après une heure de réquisitoire, il réclame une peine. Cela ne veut pas vraiment dire grand-chose, puisque ce sont les jurés qui délibèrent, mais cela donne une sorte de direction.

Un instant de silence, je retiens mon souffle, il fait monter la pression :

– C'est pourquoi, et en conscience, je demande à l'encontre de monsieur Bellaïche une peine de quinze ans de réclusion criminelle.

Je prends ça comme un coup de poing dans la gueule. Du moins, j'en donne le sentiment. C'est tout le folklore qui entoure une cour d'assises. Je parle tout seul :

– Mais c'est pas possible, quoi !

En regardant ma famille, je me mets la main sur le front. Évidemment, c'est aux jurés que mon geste s'adresse.

En réalité, je calcule ce que quinze ans veulent dire. Vu le jury, ça va aller de dix à douze ans, si toutefois je suis reconnu coupable. J'en ai déjà fait cinq. Restent donc sept ans pleins desquels je peux soustraire les remises de peine potentielles. Donc, objectivement, il m'en resterait alors entre trois et quatre. En ajoutant un bout de conditionnelle et encore un bout de grâce, je suis dehors dans deux ans. On a limité la casse. Quand on se présente devant une cour d'assises, il faut laisser parler son pragmatisme et oublier ses sentiments. Les questions d'innocence et de culpabilité sont totalement annexes.

Metzner plaide le premier. Il fait très simple, et très court. Il dit en substance qu'il est là pour défendre le droit, rien que le droit, et que ce dossier est une insulte au droit :

– Tout a été fait en l'absence de l'inculpé, qui avait bon dos étant donné qu'il ne pouvait répondre à aucune des accusations portées contre lui. Tout a été fait à charge, rien à décharge, puisqu'il n'était pas là pour se défendre. Bien sûr, on a beau jeu de dire « Mais pourquoi ne s'est-il point rendu ? » Il y a dix-sept ans, monsieur Bellaïche avait vingt-cinq ans, il y a dix-sept ans, la justice n'était pas celle d'aujourd'hui, il y a dix-sept ans, un homme qui ouvrait un journal et qui apprenait qu'il était condamné à mort avait envie de tout sauf de se rendre.

Il conclut en demandant mon acquittement pur et simple.

Intervient Maisonneuve, qui s'emploie à dépeindre la personne qu'il a rencontrée en prison, un homme qui n'a pas varié sa défense d'un pouce. Il parle de ma personnalité, de ma volonté absolue de changer de vie. Il parle de mes frères qui sont prêts à me faire travailler, de ma femme qui m'attend depuis cinq ans, du fait que tout est prêt pour ma réinsertion. C'est un énorme plaideur, et on le sent. Il y met beaucoup de sentiment, parle des dix-sept ans passés, indiquant que la cavale est une peine en soi, une prison sans barreaux. Douze ans de cavale, sept ans de prison, le réquisitoire du procureur est largement dépassé :

– Ma conviction, je ne l'ai pas acquise en écoutant Bellaïche me raconter cette affaire. Je l'ai acquise au regard de ce dossier, qui est au demeurant assez déloyal.

Il conclut en demandant l'acquittement.

Alors que Leclerc s'apprête à plaider, la salle, petit à petit, s'obscurcit. Tout ce que compte le palais d'avocats sait qu'Henri Leclerc va plaider. C'est le ténor des ténors, les gens envahissent la salle d'audience. Avec tout ce monde autour, il nous fait déjà gagner le dossier. Quand Leclerc plaide, c'est un véritable show. Il se transcende, n'est plus le même être humain. Le président sait qu'il va avoir droit à un spectacle assez extraordinaire. Il sent l'attachement de cet homme pour l'accusé. Son intonation est presque une musique, il y a des aigus, des graves, il tournoie, enveloppe la salle…

Leclerc se charge de faire la démonstration de mon innocence et démonte le dossier pièce par pièce. Il développe en outre un argument clé qui nous a échappé à tous : une commission rogatoire a révélé que Lacabane avait un ami qui n'a jamais été entendu par la police, mais qui vivait à la colle avec une jeune femme prénommée Michèle. Or, dans la banque, après que Bada a parlé à Dominique au téléphone, le deuxième homme a appelé une certaine Michèle.

D'un seul coup, Leclerc devient formidablement lyrique, balance tout le dossier d'un revers de la main, dirige les jurés vers Laurence en larmes :

– Mais regardez comme ils sont beaux ! Foutez-leur la paix, ça suffit, laissez-leur une chance de vivre enfin, et d'être heureux !

Et il demande l'acquittement là-dessus.

Les jurés, certains en larmes, quittent la salle pour délibérer. Cela ne va pas être très long, une heure tout au plus. Mais depuis l'antichambre où je suis installé, cette heure est interminable. L'attente du verdict est un moment effroyable. Mes avocats viennent me voir. Ils sont confiants, mais ne le montrent pas trop. Ils ne veulent pas risquer de me causer une déception, ce qui serait pire que tout, et me conseillent de ne pas m'attendre à un acquittement. Henri Leclerc, toujours aussi optimiste :

– Ça va être entre douze et quinze ans, ne vous leurrez pas.

Je rentre dans la cour d'assises. On est tous très tendus, je regarde Laurence. Elle est au bord du dépôt de bilan.

– La cour !

On se lève.

Le président s'assoit. On l'imite. Je me relève pour écouter l'énoncé du verdict.

– À la question « M. Bellaïche est-il retenu coupable du délit de République ? » la réponse est « Non ». La cour prononce l'acquittement. À la question « Est-ce que M. Bellaïche a profité et recelé l'argent du hold-up de M. Badaoui » la réponse est « Oui ». Pour cet acte seulement, la cour le déclare coupable et prononce une peine de sept ans de réclusion criminelle.

Et voilà.

On est tous fous de joie. Sept ans pour moi, ce n'est pas une peine. Ils auraient pu m'en mettre vingt pour le recel. En me reconnaissant innocent du braquage, ils m'ont donné gain de cause. Dès lors, ce sont désormais eux qui sont en dette, plus moi.

Au moment du verdict, j'ai une pensée pour mon père. J'aurais vraiment aimé qu'il soit là. J'ai le sentiment de lui offrir une revanche. J'ai une pensée pour Bada aussi, mort à vingt-six ans, pour rien.

Mes avocats m'embrassent. Le président permet à Laurence de venir m'embrasser.

Retour à la case prison. Je suis sur un nuage. Ils me fouillent, je n'en ai rien à foutre. J'en oublierais presque de me rhabiller.

La seule peur qui peut m'habiter, c'est celle du ressentiment qui guette. Toutes ces années passées dans l'angoisse et l'incertitude. Pour me consoler, je songe qu'après tout, si je n'avais pas été accusé de cela, je n'aurais pas connu une vie aussi dense. La vie parisienne nous aurait étouffés, je me serais sans doute séparé de ma femme, je n'aurais jamais eu mon enfant. Mon existence aurait certainement été bien plus médiocre. Donc, en un sens, tout est bien qui finit bien.

Au lendemain du procès, le 13 juin 1991, je reçois la visite de Leclerc, de Maisonneuve, de Metzner, d'Illouz. On attaque Blanche. Nouvelle demande de liberté au juge, qui, dans les trois jours, la refuse, évidemment. Il est inflexible, ne veut pas prendre ce type de responsabilité sur un dossier aussi lourd.

On fait appel du rejet pour la cinquantième fois peut-être, et nous revoilà devant la chambre d'accusation. Le président est fidèle au poste. Mes avocats sont au grand complet : pour la première fois, Leclerc est là. Il m'avait toujours dit qu'il n'interviendrait devant la chambre que pour obtenir un résultat. Il se lève, s'apprête à prendre la parole. Avec sa robe et ses cheveux gris, il a une stature de tribun romain. Il regarde le président, et d'un ton assez agressif, lui signifie qu'il ne vient pas quémander, mais exiger son droit :

– Monsieur Bellaïche a été accusé sur trois dossiers dont l'un pour lequel il a été condamné par contumace. Il a subi douze années de cavale, cinq de prévention, et il y a une semaine la cour d'assises l'a acquitté. Entendez bien que c'est le peuple français qui l'a acquitté. Cette décision n'est pas contestable, elle est définitive. Sur trois dossiers, la justice s'est trompée deux fois. Et cette fois-ci, il m'apparaît qu'elle est en train de commettre une troisième erreur. Le délai raisonnable de détention provisoire est largement dépassé. Je préviens la cour que si cette liberté provisoire est refusée, je me retourne vers la Cour européenne de justice. Immédiatement.

Il s'arrête. C'est la première et la dernière fois que Leclerc vient plaider ma cause devant la chambre. Ils savent très bien que quand il se déplace, ce n'est pas pour jouer.

Le président :

– Vous avez quelque chose à ajouter, monsieur Bellaïche ?

J'essaye de lui donner un peu d'oxygène :

– Monsieur le Président, je pense que l'on se connaît bien maintenant. Dans les deux dossiers précédents, j'ai nié les faits qui m'étaient reprochés et personne ne m'a jamais cru. Or j'ai obtenu un non-lieu pour le premier, et un acquittement de la cour d'assises pour le second. Néanmoins, cette liberté provisoire ne me libère pas complètement puisque j'ai été condamné à sept ans de réclusion criminelle pour un recel, ce qui est cher payé. D'autres juridictions m'ont fait confiance. Je vous demande de me faire confiance à votre tour et de m'accorder cette liberté provisoire.

Le président semble à bout de nerfs. Il sent qu'il n'a plus le choix. Néanmoins, il met cette décision en délibéré à huit jours. On se doute que la demande va être refusée, mais on est sûr désormais qu'au bout d'un moment il finira par lâcher.

Une semaine se passe. Le greffe vient me notifier l'arrêt de la chambre d'accusation. Je le signe sans le lire et m'apprête à retourner en cellule. Le vaguemestre m'interpelle alors :

– C'est tout l'effet que ça vous fait ?

– Qu'est-ce que vous voulez que ça me fasse ?

– On vous accorde une liberté provisoire, et c'est tout l'effet que ça vous fait ?

– Quoi ?

– Mais lisez le document, enfin !

La liberté provisoire est accordée. Je manque de tomber dans les pommes. J'ai tout gagné.

Je suis pratiquement dans une position de libérable. Il faut encore qu'ils m'accordent les grâces.

Par le jeu des remises de peine et un coup de cinglé de Mitterrand qui accorde neuf mois de grâce, je me retrouve libérable le 5 août 1991. J'avais toujours dit que je ferai cinq ans de prison. J'ai été arrêté à Rome le 5 août 1986. Je sors à Paris le 5 août 1991.

On sort de prison comme on y rentre : le greffe, les empreintes, la fouille, la porte… sauf que tout se passe dans l'autre sens. Personne n'est préparé à cela, mais la sortie prépare souvent à une incarcération d'un autre type. La liberté n'est parfois qu'un voile qui masque une prison avec d'autres types de murs.

Une fois dehors, je retrouve « ma belle geôlière », et sa « prison d'amour », comme disait Reggiani dans sa chanson *Ma Liberté*. Laurence m'attend devant la porte, dans une Renault 5 gris métallisé. C'est elle qui conduit désormais. On s'embrasse à peine, elle démarre, je positionne le rétro pour visualiser ce qui se passe dans mon dos. D'un geste délicat, elle remet le rétro en place et me dit :

– C'est devant que ça se passe, André. On a passé dix-huit ans à se retourner sans cesse, aujourd'hui il n'y a plus rien à voir par là.

La marginalité m'avait imposé des repères qui faussaient la réalité. Je nais une nouvelle fois, dans un monde qui m'est étranger. Libre. Vraiment libre. Plus de barreaux. Je n'y crois pas.

Je n'avais pas préparé cette sortie. Tout s'est passé tellement vite que je n'ai pas eu le temps de me faire à l'idée. Par superstition, par goût du secret, par crainte que le juge ou les flics ne s'opposent à ma remise en liberté, que sais-je, je n'avais prévenu personne avant le dernier parloir, deux jours avant ma sortie. Mes avocats eux-mêmes n'étaient au courant de rien.

Fini les matons, mais bonjour les flics. Devant, derrière, sur les côtés, ils ne vont pas me lâcher. Le jeu habituel du chat et de la souris. Mais ils vont être déçus. Y a plus de souris. J'ai trop ramé pour en arriver là.

Je ne sais pas ce qui m'attend, ni la direction que je vais prendre, mais cette reconquête de ma liberté ne sera pas la chronique d'une défaite annoncée. J'ai donné ma parole, et je la tiendrai au nom de tous ceux qu'on ne croira jamais, de ceux qui restent derrière les barreaux, qui gémissent dans les prétoires, à quémander une dernière chance que l'on ne leur accordera pas.

On se dirige vers Paris, où ma mère nous attend chez elle. On garde le silence pour prolonger ce moment de magie. On refait le chemin parcouru dans nos têtes. On se regarde et je lui lance :

– Je crois qu'il est temps de croire en Dieu.

On dit souvent qu'on ne sort jamais de prison, qu'on sort avec la prison, qu'on y laisse un peu de soi. Ce sentiment, je l'ai eu chaque fois que cela m'est arrivé quand j'étais gamin. Cette fois-ci pourtant, c'est le contraire. J'ai l'impression que la prison n'a jamais existé ; ces cinq années se sont effacées totalement, et instantanément. Je n'ai rien à reconstruire, j'ai une vie à poursuivre.

Je suis presque plus intact qu'en entrant. Sans doute parce que la cavale est une prison en soi. Dans mon cas, la prison a été un centre de transit pour la liberté.

Histoire de parler, je demande à Laurence :

– T'es sûre que tu sais où c'est ?

– C'est vrai, t'en es resté à Saint-Ouen ! T'inquiète pas, je connais le chemin. Tu vas voir, c'est très bien chez ta mère.

Elle a déménagé il y a dix ans, et vit désormais à Belleville, à dix mètres de l'endroit où l'on avait notre cave. Je découvre un quartier neuf. Sans être bourge, ce n'est plus un quartier d'ouvriers. Ma mère habite un très beau deux-pièces tout confort – terrasse, cuisine ultramoderne, grande télé couleur, vidéo… –, au cinquième étage d'un immeuble neuf.

Je ne suis pas peu surpris de la trouver ainsi, moi qui gardais d'elle le souvenir d'une femme pauvre. Embrassades, pleurs à la tunisienne, toute ma famille est là. Je retrouve mes sœurs, que j'avais quittées enfants. Ce sont désormais des mères de famille, sauf la dernière, qui a vingt-quatre ans, et que je n'ai pas revue depuis qu'elle en avait six. J'aurais pu les croiser dans la rue et ne pas les reconnaître. Je découvre des maris, des enfants. Curieuse impression que de se rendre compte que l'on a le même sang et que l'on ne se connaît pas. Je viens de faire un saut de dix-huit ans, et je me retrouve face à des étrangers.

Pour eux en revanche, je ne le suis pas. Ma mère me montre une photo de Laurence et moi. Après mon départ, elle en a fait une photocopie en dix exemplaires et a imposé à chacun de mes frères et sœurs de la garder chez eux pour ne pas oublier nos visages, et pour expliquer à chaque enfant qui viendrait à naître que tonton Cristobal est au Mexique et qu'il reviendra un jour les poches pleines d'or.

Le soleil d'août inonde l'appartement. L'ambiance est joyeuse. La table est dressée comme pour un jour de fête. Les questions fusent. Un gouffre me sépare de ma famille, mon vécu est tellement plus dense. Bien qu'ils soient vraiment dans le coup, j'ai le sentiment d'avoir trente ans d'avance. Très vite, je me rends compte que ce n'est pas tant sur eux seulement que j'ai de l'avance, que sur tout le monde, pratiquement.

Durant ma cavale, on était, sur le plan matériel tout du moins, à l'avant-garde. Encore un élément qui me distinguait du tout-venant des détenus de longue peine, qui souffrent en général d'être largués par rapport aux évolutions de la vie courante. Les produits technologiques qui inondent le marché français aujourd'hui se trouvaient déjà à Hong Kong il y a cinq ans. Les téléphones portables n'existaient pas, mais on avait le téléphone dans nos voitures, par exemple. Les répondeurs interrogeables à distance étaient pour nous des outils de travail. Les voitures que nous utilisions ne se sont pas démodées non plus : les modèles de Porsche et les Ferrari, ça ne se renouvelle pas si vite.

J'arrive à m'échapper en invitant tout le monde à dîner au restaurant le soir-même, mais mon frère, qui ne comprend pas que j'aie d'autres impératifs, insiste pour m'emmener visiter son entreprise. Je le suis, bien qu'à contrecœur. Il vend des fax en gros, des téléphones sans fil et des répondeurs. Dans son domaine, c'est l'un des grossistes les plus importants de la région parisienne.

Sa réussite m'impressionne vraiment. Une quinzaine d'employés travaillent sous ses ordres, il a des millions de francs de stocks, des locaux somptueux, un bureau gigantesque... Il m'avait raconté tout cela au parloir, mais je ne pouvais pas imaginer ce que cela représentait réellement. Il me présente à ses employés non comme son frère mais comme leur futur directeur. Moi qui ne sais rien foutre. Il est autodidacte et croit que n'importe qui peut devenir directeur comme lui, mais c'est oublier qu'il a accumulé vingt ans d'efforts avant de devenir patron. Qu'importe. Dans un premier temps du moins, le titre ne correspondra pas à mes fonctions, il justifiera seulement mon salaire.

Après cette visite, direction, enfin, le VIIe arrondissement, au pied de la tour Eiffel, où les parents de Laurence ont leur appartement. Un des seuls repères qui me reste de ma vie antérieure. J'étais monté une fois chez elle, à l'époque de notre rencontre.

Les parents de Laurence sont en vacances avec ma fille. Un coup de chance. Nous habiterons là pendant un mois.

Penché à la fenêtre, je regarde le Champ-de-Mars, la tour Eiffel. Alors que Belleville est devenu une terre étrangère, ici, je me sens chez moi. Depuis quinze ans, je n'ai plus vécu que dans ces quartiers cossus. Je ne sais plus vivre ailleurs.

Enfin seuls. La sexualité est le premier symptôme de la liberté. Pendant cinq ans, j'ai eu ma femme face à moi, avec les tentations que cela implique, et l'interdiction formelle de la toucher. Au parloir, on était deux petits vieux, main dans la main, à s'échanger tout au plus quelques baisers furtifs. C'est totalement contre nature et irrespectueux : c'est dégradant pour un homme, et plus encore sans doute pour l'épouse qui lui rend visite. À la fenêtre, je réalise brusquement que je n'ai plus aucun repère. Je veux sortir pour aller je ne sais où. Dix-sept ans me séparent du Thalgo qui m'emmenait en Espagne avec Bada, Dominique et Laurence. Devant moi, maintenant, c'est le vide. Et je n'ai aucune tentation de renouer les liens avec le passé : je prends conscience d'un coup que je suis devant un avenir vide, sans même quelqu'un à aller saluer.

J'ai envie de marcher dans Paris. Je ne sais pourquoi, c'est Saint-Germain-des-Prés qui m'attire. J'entre dans un magasin, je commande trois costumes, les chemises et les cravates pour aller avec. Ma manière de combler le vide de ces cinq dernières années. Je commence mon futur. Je n'ai pas envie de partir en vacances comme le font les détenus après leur détention ; je n'ai qu'un seul désir, c'est de construire. Ma fille est en vacances : bien que je n'aie qu'une envie, la revoir, je ne veux pas la ramener dans un monde peuplé de rien.

Dès le lendemain, je vais me retrouver dans l'entreprise de mon frère : ça tombe bien, il devait partir en congés et il est très heureux que je puisse me substituer à lui. Même si je ne sais rien foutre dans son domaine d'activité, je serai le gardien du temple, et pour un patron, avoir quelqu'un de confiance dans sa boîte, il n'y a rien de plus essentiel, ça je le saurai plus tard…

Il m'accueille :

– Tu penses rester combien de temps ?

– Tu veux dire que c'est difficile de travailler en famille ?

– Je ne me vois pas être ton patron.

– Lorsque j'étais en prison, pour ne pas recevoir d'ordres, je savais qu'il y avait un règlement et je m'y tenais.

– Non, mais franchement, ton truc de réinsertion, c'est une blague, ou non ?

– Je te donnais l'impression de plaisanter ?

– Non, je ne sais pas… Je pensais que ça faisait partie de ton jeu, de ta défense. En tout cas, si t'étais sérieux, tant mieux. Tu es bien sûr le bienvenu. Mais enfin, avec tout ce que tu as connu, repartir à la case départ, tu y crois vraiment ?

– Il faut bien commencer par quelque chose. Ce qui fait que c'est possible, c'est que je n'ai pas de besoins.

Mon seul besoin, c'est la liberté. Tu vois, ça va te paraître bizarre, mais j'ai même pas faim.

Sur ce, il me désigne son bureau, me passe son trousseau de clés au complet, et il me dit « Installe-toi, t'es chez toi. » Il en informe ses employés, son chef du personnel. Sur ce, monsieur disparaît et me laisse l'entreprise entre les mains. Bon, c'est vrai que c'est le mois d'août et qu'il n'y a pas grand-chose à branler. Le personnel est au minima. Parmi les rares employés présents, un des bras droits de mon frère est resté, un certain Gaultier, la tête du Français moyen, l'allure qui va avec. Mais derrière cet aspect un peu crétin, je vais découvrir un redoutable vendeur. Un mec capable de vendre n'importe quoi. C'est invraisemblable. Je comprends par où il faut commencer. Je regarde le fauteuil de mon frère, je ferme son bureau à clé. Je n'y mettrai jamais les pieds. Cela, c'est une chose qu'on ne vous donne pas, c'est une chose que l'on conquiert. À l'extérieur de la boîte, ils ont mis un calicot géant qui recouvre pratiquement toute la façade « Vente en gros de fax » avec le prix inscrit. Bien évidemment, on voit défiler toute la journée des particuliers qui veulent acheter au détail, et Gaultier les envoie paître. Je lui propose :

– C'est quand même con de refuser ces ventes. Ils sont nombreux à venir, les mecs. Et si on les faisait en traître ?

– C'est toi le taulier.

– Non, c'est pas moi le taulier, c'est mon frère, mais on va lui faire une petite surprise quand il va rentrer.

Au rez-de-chaussée de la boîte, il y a une sorte de showroom. Je demande à Gaultier de m'installer un bureau dans la pièce vide du fond :

– Un bureau qui tape, hein, avec un fauteuil comme seul de Gaulle pouvait en avoir un.

– Pourquoi ?

– Tu vas voir ce que tu vas voir.

Dans le showroom, je lui demande de me mettre à côté des prix de gros les prix pratiqués dans les magasins de détail. Et j'ajoute :

– À priori, tu es supposé avoir le plus grand respect du monde pour moi, mais ça, je m'en bats les couilles. Je suis à partir de maintenant ton employé, tu es mon patron, et tu vas m'apprendre à vendre.

Le fait qu'on ne soit que quatre ou cinq dans l'entreprise me permet de lui faire cette proposition : j'aurais été trop gêné si les effectifs avaient été au complet. Ç'a va être une déferlante.

L'idée prend à une allure invraisemblable. Les gens qui viennent pour acheter au détail et qui étaient systématiquement rembarrés sont redirigés vers nous dans le showroom .Gaultier s'attaque au premier client. Il m'apprend que la meilleure manière de vendre, c'est de commencer par refuser la transaction.

– Oui, vous comprenez, on fait pas ça pour tout le monde, c'est quand même pas très loyal vis-à-vis de nos clients. On peut pas vraiment le faire, on vous informe simplement, on vous donne quelques renseignements, c'est tout.

Le mec bave sur les produits, on négocierait à mort si on était vendeur. Et il n'est pas rare qu'il reparte avec un fax pour lui et un pour son beau-frère. Une manière de pousser à la vente. Au bout de dix jours, j'ai plus besoin de Gaultier. Je lui demande de me débrouiller seul.

Curieusement, je me sens heureux. Ce que j'aurais vomi autrefois, me réjouit aujourd'hui. J'ai l'impression d'exister, et d'une manière nouvelle. L'entreprise ouvre à neuf heures, j'arrive à l'heure dite et pars à dix-huit. Samedi, dimanche, les boîtes de gros sont fermées. J'ai mon week-end. Allez comprendre. Être heureux de ressembler à tout le monde.

De là, les choses vont s'enchaîner toutes seules…

*

Une semaine après ma sortie, un samedi, en passant devant la vitrine d'une agence immobilière, je repère une annonce « Appartement 3 pièces à louer dans un immeuble de standing, rue de la Convention, pont Mirabeau. Loyer : 8 000 francs ». Autrement dit, à cinq minutes de la tour Eiffel, et juste en face du XVIe. Il suffit de traverser la Seine. Pour en revenir au réquisitoire du procureur, le seul poste de dépense sur lequel je ne suis pas prêt à transiger, c'est mon loyer. Je n'accepterai jamais de vivre dans un quartier différent de ceux que j'ai élus par le passé. La location d'appartement, c'était devenu une profession chez moi pendant ma cavale. Je sais comment balayer tous les obstacles.

L'agence me propose un appartement idéal, mais avec un énorme problème. Le propriétaire l'a reçu en héritage, et cela fait vingt ans que l'endroit est inhabité. Les travaux de réfection sont considérables. Je fais une proposition au mec de l'agence : pour un an de loyer offert, je prends les travaux à mon compte. Marché conclu.

La cavale m'a rendu expert en travaux aussi. À l'époque, je ne voulais faire monter personne chez moi, si bien que je faisais tout moi-même, mettant en application ce que j'avais appris en taule : peinture, électricité, etc. Des professionnels en auraient eu pour deux cent mille balles. Je m'arme d'une décolleuse à papier, de trois pots de peinture et d'une ponceuse pour parquet. En quinze jours, et pour moins de vingt mille francs, je transforme la ruine en un appartement de standing. Pour le mobilier, je vais au plus sommaire. Je me sers dans le bureau de mon frère qui m'offre gracieusement un canapé, deux beaux fauteuils, une lampe halogène et une télé. Chez Ikea, j'achète un lit et une armoire. La salle de bains est en état, donc rien à changer, sauf la peinture. La cuisine, c'est la même chose. Et pour les rangements, il y a tout ce qu'il faut : ces vieux appartements sont toujours bien équipés en placards. Le plus difficile va être de meubler la chambre de ma fille.

J'ai laissé une enfant de dix ans, je retrouve une adolescente du VIIe, une petite bourge entêtée, capricieuse. Sa mère a tout fait pour maintenir son train de vie. Elle a les fringues à la mode, tout ce qu'il faut pour être dans le coup. Je ne mesurais pas combien c'est difficile de revivre avec son propre enfant. En cinq ans, je lui ai très peu écrit parce que je ne souhaitais pas qu'on sache à quel point elle était mon point sensible. Ne sachant pas où j'étais, elle pensait que je les avais quittées, elle et sa mère. Elle nourrissait à mon encontre un ressentiment immense.

Depuis mon retour, elle refuse d'intégrer que notre mode de vie a changé, ne mesure pas les sacrifices que l'on fait, ne change strictement rien dans son comportement. Rien n'est trop beau pour elle. Une fille de quinze ans, c'est ingérable. Je suis l'autorité qui revient. Nos relations prennent un tour très conflictuel. Tout de suite. Nos systèmes de fonctionnement sont radicalement opposés. Elle, une bourge de boîte privée qui se prend pour une fille de milliardaire, et moi, sans jamais rien lui interdire, je suis celui qui la ramène à sa réalité. Mais cette réalité, elle n'en voudra jamais. Au fond, ce n'est pas plus mal, c'est ce qui la poussera à se battre pour conquérir son mode de vie.

Ces situations, personne ne vous y prépare. On se débrouille avec au moment où on elles vous tombent dessus. Sur ce coup, je suis très maladroit. Pas assez pédagogue, du moins. Sans la moindre précaution, je lui révèle mon parcours, nos origines. Je brise ses rêves d'un coup. Pour le reste, notre conflit porte surtout sur ses études. Je veux absolument qu'elle réussisse.

Elle, comme toutes les personnes intelligentes, pense que son intelligence seule suffira à lui faire réussir ses examens. Quand j'arrive, elle a déjà un an de retard, et est en passe de redoubler une seconde fois. Je décide de la mettre dans une boîte à bac. Je propose une sorte de marché au directeur :

– Ma fille est en quatrième. Je l'inscris chez vous, parce que je pense qu'elle a le niveau pour passer en troisième. Elle a pas une année à perdre.

Avec les boîtes à bac, l'important c'est que tu payes. Que ton gosse arrive avec le niveau de troisième au bac, ils en ont rien à branler.

Médiocrement, elle réussit à gravir les échelons, pour arriver jusqu'à son bac, qu'elle finit par louper. À cela, je ne peux pas grand-chose. C'est la colère de ma vie. Dans ma fureur, je me lance dans un discours complètement surréaliste :

– Ce bac que t'as loupé, c'est mon bac ! C'est même pas le tien ! J'ai payé pour l'avoir. À partir d'aujourd'hui, il n'y a plus de redoublement qui tienne. Tu vas te trouver une place de vendeuse, parce que moi, les écoles privées, j'en ai ma claque. Je ne paye plus.

Je la laisse comme ça tout l'été. Évidemment, j'allais payer. Mais je tiens le coup pendant les deux mois.

À deux jours de la rentrée scolaire, elle s'est émancipée. De son propre chef, elle est allée voir une école semi-privée, une boîte à mille francs par mois grosso modo, et a fait un deal avec la direction. Si à la fin du premier trimestre elle n'a pas rattrapé son retard, elle est virée.

*

Septembre arrive. Mon frère revient, et se rend compte que son bureau n'a jamais été ouvert. Il découvre ce que j'ai fait de son showroom. Je lui sors d'un sac les recettes qu'on y a réalisées. On y a fait à peu près trois cent mille balles, c'est-à-dire, je ne m'en rends pas compte, la recette d'un très gros magasin. Il essaie de masquer son étonnement. C'est là que je découvre que lorsqu'on est patron, on veut être maître chez soi, et seules les décisions qu'on a prises soi-même sont bonnes. Les autres, on fait semblant de les trouver mauvaises. Résultat des courses, il fait à peine mine d'être surpris. En réalité, en un mois, j'ai appris un métier. Je suis devenu commerçant. Pour moi, c'est tout ce qui compte.

Je commence à faire chier mon frère pour m'émanciper. Je monte ma propre affaire. Lui, au contraire, met les freins. Il sait le monde de requins dans lequel je m'apprête à naviguer, il connaît tout ça, il a peur de mes réactions. Mais je lui tiens le cuir : je veux mon affaire. Je n'ai aucun doute sur mes capacités. Je vais m'apercevoir que je suis très loin de la réalité.

Un coup de bol. Mon frère m'appelle :

– J'ai peut-être quelque chose pour toi. Je sais pas si tu vas aimer.

– Allez, qu'est-ce que tu vas encore m'inventer…

– J'ai un client, que mon comptable m'a présenté – il est en charge de sa comptabilité également. Il m'a demandé de lui rendre service et de lui faire de gros crédits de marchandises. Ils sont très liés. Malheureusement, le mec tient pas la route. Son affaire, plutôt que de se redresser, coule un peu plus tous les jours, et moi, il me doit des tonnes de blé. Il a proposé au comptable de m'associer avec lui dans son affaire en compensation de ce qu'il me doit.

– Elle est où, cette affaire ?

– Rue Mouffetard. Tu connais ? Parce que moi, Paris, c'est pas mon secteur.

– Bien sûr que je connais. Je ne connais que ça. C'est marrant, parce que quand j'étais en cavale, j'allais dans un cabaret qui s'appelait Chez Félix, un truc de ringards à la tienne à la mienne. C'est vraiment un endroit pour quelqu'un en cavale. C'est une rue pleine de restos grecs, vivante, sympathique, très touristique. Tu sais, l'été, c'est un morceau de Méditerranée avec des terrasses partout, la convivialité, des joueurs de guitare, etc.

– Eh bien, voilà. Tu voulais une affaire, en voilà une. Je te file mes parts. Quoi de mieux ? Tu vas pas être seul, le mec va t'accompagner. Une fois que tu connais bien, dans six mois tu lui rachètes ses parts, et tout le monde est content.

Il me file sa bagnole et un employé pour me conduire. Et on débarque dans la demi-heure rue Mouffetard. Je regarde les façades des immeubles, les pavés : c'est Paris comme on l'aime, Paris d'hier et d'aujourd'hui, c'est vraiment pas l'Australie.

Première constatation, le mec ferme sa boutique de une heure à trois heures pour aller déjeuner. Je comprends tout de suite pourquoi son affaire ne peut pas marcher. Il croit que le commerce, c'est comme l'administration, avec des horaires fixes, sauf qu'ici c'est le dépôt de bilan assuré. D'ailleurs, dans le quartier, tout le monde le déteste. Il est aigri et ça le rend méchant. Il a racheté cette boutique de disques alors que, c'est là toute l'ironie de l'histoire, ce mec à l'origine était banquier. À quinze heures, il revient de sa pause, relève la grille, je découvre un petit bonhomme qui donne envie de tout sauf d'entrer dans sa boutique. J'attends un peu qu'il se mette en place, je rentre et à ma grande surprise, je vois qu'il a revêtu une blouse grise. Il y a là un bric-à-brac effroyable : disques, vidéos, fax, téléphones, répondeurs, et un truc pour faire les clés. Il fait de tout mais n'arrive à rien. Je me présente. Le type m'accueille sèchement et c'est tout aussi sèchement que je lui rétorque :

– Vu la situation dans laquelle vous êtes, vu l'état du magasin, vu l'état dans lequel vous accueillez vos clients, vu les relations qui vont être les nôtres, autant clarifier les choses tout de suite.

Je lui propose de reprendre ses dettes immédiatement, et qu'il me cède la boutique. Il me remet les clés, et je deviens propriétaire dans les cinq minutes. À sa manière de lâcher les clés, j'aurais dû me douter que ça allait être plus hard que prévu : ce n'était pas une épine que je lui avais retirée du pied, mais un pieu.

Fort de mon inexpérience et de ma certitude de réussir, j'ai fait la plus mauvaise affaire de ma vie. Les dettes s'élèvent à plus d'un million et demi de francs, soit pratiquement le double de la valeur de son fonds de commerce.

Je m'intègre dans le quartier comme si j'y étais né. En quelques mois, je deviens ami avec tout le monde. La rue Mouffetard est un village ; les commerçants sont très solidaires entre eux. On se file des coups de main, et mon frère m'aide à prendre des arrangements avec les créanciers. Grâce à lui, j'étale la dette et je commence à vivre de cette affaire, dont je ne tarde pas à modifier l'orientation. De toute évidence, l'activité multi-produits est complètement destructrice ; je garde le fax, le téléphone et les répondeurs pour meubler un coin de la vitrine, et je restitue au magasin son activité initiale : le disque.

Remettre sur pied une activité qui a perdu la main n'est pas chose facile. Je me contrains à travailler chaque jour de dix heures du matin à minuit. Laurence décide de me prêter main-forte. Nous voilà maintenant à la tête d'une entreprise familiale, dont nous sommes les deux seuls salariés. De ce point de vue, c'est facile. Pour n'importe qui, le rythme serait intenable. Mais pas pour nous. Pour ma part, j'ai dix-sept ans de travail à rattraper, et de l'énergie à revendre. Et puis, curieusement, cela me ramène à mes premières amours, au groupe de musique que nous voulions monter avec la bande. La passion des disques nous motive plus que l'argent.

Mais ne devient pas disquaire qui veut. Il faut apprendre soixante-dix mille titres, et j'en passe, savoir que les gens ne recherchent pas la *5e symphonie* de Beethoven, mais les interprètes qui l'ont jouée, etc... La musique actuelle, c'est plus simple : une chanson, un auteur. Quant au jazz, c'est un métier en soi, une culture, des milliers de jazzmen. Pour y arriver, il faut travailler avec les meilleurs.

Chez mon grossiste, je m'en remets au directeur des ventes, qui représente à lui tout seul les pages jaunes de la musique. Un type qui sait tout sur tout. Je me mets en tête de le débaucher. Évidemment, il décline mon offre, mais peu de temps après, il s'engueule avec le taulier, quitte sa boîte et atterrit chez moi. Désormais, je ne vends plus seulement de la musique, mais de la qualité et du service.

L'arrivée de ce nouvel élément me libère d'un poids. Je ne suis plus obligé de faire les ouvertures mais simplement les fermetures, et cela me permet de partir à la chasse au trésor. En trois mois, à force de fréquenter les grossistes à grosses Rolex qui roulent en Ferrari et en Porsche, comme les gangsters qu'on voyait au cinéma et qu'on s'imaginait être, je suis saisi par la similitude des deux mondes. Sauf que l'un porte l'étiquette «honnête» et l'autre pas. Pourtant, à bien chercher, les frontières se brouillent. Le monde des affaires se révèle être un monde où l'argent n'est que virtuel. Les cadors du commerce vivent aux crochets de leur société comme les gangsters aux crochets de la société.

Très vite, mon passé finit par se savoir et je me forge une réputation à Aubervilliers, ce qui, contrairement à ce qu'on pourrait croire, représente un handicap majeur. C'est ainsi que je comprends qu'il faut un jour pour se faire un nom et vingt ans pour l'effacer. Les gens ne me font confiance que par la force des choses, j'aurais préféré que ce soit mon savoir-faire qui les convainque. Plus le temps passe, plus je comprends que les portes restent fermées. Les combines, les tuyaux, personne ne te les file, c'est sur la durée que tu les trouves. Tu peux avoir l'intelligence d'Einstein, ne réussit pas qui veut dans les affaires. C'est un monde de relations, et le réseau met des années et des années à se construire. J'ai déjà la chance d'être le frère de mon frère qui, lui, a déjà une réputation bien établie.

Et voilà, ils ont réussi à me donner envie... Je ne voulais pas être le dernier parmi tous ces gens, ça me rendait malade. Je me dis que ce qu'ils ont réussi à faire, je vais le faire. Ça me ramène curieusement à mon enfance quand je voyais ces cadors du banditisme : ai-je envie de devenir comme eux ? On en est presque là. J'ai trouvé le moteur de la réinsertion : l'envie de réussir. Le commerce, c'est comme tout : la chance joue un rôle majeur.

Alors que j'étais un disquaire traditionnel, aux prix alignés sur la concurrence, je me mets en tête que tout peut se jouer sur le prix et des initiatives originales. Là, j'ai un énorme coup de bol, quelqu'un m'informe qu'un mec fait du déstockage de CD, un type essentiellement connu de ceux qui font les marchés, et là, je tombe sur la mine d'or. La mine d'or, c'est le jazz, le blues que personne ne connaît, dont personne ne veut, et que le mec me brade. Des noms qui ne parlent pas au grand public mais aux connaisseurs (Thelonious Monk, Charlie Mingus, Freddie Hubbard, Sonny Rollins...) et que je vais revendre dix fois leur prix d'achat, loin pourtant de leur cote réelle sur le marché. Mon nouvel employé sait vendre, moi je sais acheter. Du bon travail d'équipe.

On commence donc à bien s'en sortir. Dix heures - minuit, dimanche compris.

Un dimanche, c'est la finale de la coupe Davis. Quand on était enfant, on n'avait pas de télé, et les jours de grand match, les marchands de télé mettaient un poste dans la vitrine pour que les gens le suivent. Ça créait un attroupement devant le magasin. Je décide de faire pareil. J'installe un poste dans la vitrine, je place des baffles à l'extérieur du magasin et j'ameute tout le quartier. Très vite, c'est une véritable foule qui se masse, cent cinquante à deux cents personnes, dans une atmosphère complètement euphorique. On passe trois heures hallucinantes. Tous ces badauds sont devenus mes clients à vie. J'ai explosé le chiffre d'affaires.

*

Le réquisitoire du procureur reste gravé dans ma mémoire. Comment vivre modestement quand on a roulé en coupé sport pendant des années ? Je résous le problème en achetant un scooter : pas de vignette, très peu d'essence, petite assurance. Je dis à ceux qui s'étonnent de me voir là-dessus : « Ce n'est pas le véhicule qu'on conduit qui est important, mais l'élégance avec laquelle on le conduit. » Ça fait rire, et on passe directement à autre chose. Les fringues, c'est simple, un jean, deux, trois vestes, un blouson, et le tour est joué. Tout est dans la manière de le porter. Quant à l'argent, un commerçant en a toujours dans sa caisse. Cela donne le sentiment d'en posséder, mais te dissuade de le gaspiller.

Tolérée, mon activité n'en est pas moins clandestine, la liberté provisoire étant assortie, sur mes documents, d'une interdiction de travailler. Ce sera également le cas pour Myszka et Marguery. Qu'espéraient-ils ? Qu'on fasse la manche ou qu'on braque des banques ? Deux fois par semaine, je pointe au commissariat. La première fois, j'ai prévenu tous mes avocats, et j'ai demandé à Laurence de m'attendre en bas. J'ai respiré un grand coup et je suis rentré là-dedans comme si je me jetais du haut d'une falaise. La même anxiété qu'avant de commettre un gros délit. Cette assignation est le seul lien qui me rattache à mon passé, et au bout du compte, elle n'est pas une mauvaise chose. Elle me débarrasse de l'angoisse que j'avais au début, chaque fois que je voyais un flic dans la rue. Je finis par m'habituer. De manière générale, j'entretiens des relations normales avec les flics. Même si de temps en temps, je tombe sur le zélé de service.

Rien n'a été facile, mais la rue Mouffetard m'a simplifié la vie. Lorsqu'on a la chance de travailler dans un endroit pareil, on n'a pas besoin d'ami. Le coup de la coupe Davis avait facilité mon intégration, et personne ne connaissait mon passé. Je ne me suis pas ennuyé. Or, l'ennui est l'ennemi de la réinsertion, et c'est cela qui te fait retourner à la délinquance.

Au cours des trois mois que j'ai passé à travailler chez mon frère, j'ai compris que je ne pourrais jamais travailler comme un de ses employés. Métro-boulot-dodo, c'est pas pour moi. J'ai besoin d'une vie sans horaires, d'être indépendant. Travailler plus, pourquoi pas, mais que je puisse aménager mon temps comme je le souhaite. Que mon travail soit un jeu, pas une obligation. De ce point de vue, le facteur chance joue autant dans la réinsertion que dans la délinquance. Sans elle, rien n'est possible. Sans argent, non plus…

*

Je pensais en avoir fini avec la prison, les juges, et tout le pataquès. Mais au bout de deux ans de liberté, je reçois une convocation du juge. « Ça y est, je dois lui manquer », me dis-je.

Nouveau retournement de situation : ce ne sont plus les avocats qui viennent me voir, mais moi qui me rends dans leur cabinet. Ils m'informent que le juge est en possession d'un enregistrement audio des conversations entre les braqueurs à l'intérieur de la banque de la rue du Docteur-Blanche. Ils me mettent en garde :

– L'enregistrement est en très bon état, et il a l'intention de faire une analyse comparative des voix de divers suspects, dont la vôtre.

– C'est quoi, ce bordel ? Qu'est-ce qu'il cherche encore à prouver ?

– Ça vous inquiète ?

– Si cela permet de clarifier les choses, non. Si c'est une embrouille de plus, oui.

Rien n'est jamais simple. Je ne veux pas leur exprimer le fond de ma pensée. Une fois de plus, le problème ne se pose pas en termes d'innocence versus culpabilité. Cette cassette qui arrive huit ans après les faits, excusez du peu, c'est assez troublant… De toute manière, j'en ai rien à foutre, ils pensent avoir affaire à des débiles mentaux. Quels cons !

S'il n'y a rien dans cette cassette, je suis scientifiquement innocent et plus seulement théoriquement. Si elle confirme les soupçons du juge, c'est qu'elle a nécessairement été truquée. Dans les deux cas, il n'aurait jamais dû faire ça : seul un magistrat à court d'arguments peut en arriver à prendre un risque pareil.

C'est la première fois de ma vie que je rentre au Palais de justice de ma propre initiative et surtout par la porte d'entrée. J'arrive vêtu d'un complet gris anthracite. Je demande à un garde mobile la direction du cabinet du juge. Myszka, qui a obtenu sa mise en liberté provisoire peu de temps avant moi, est déjà là. On se serre la main :

– Ça va ?

– Ça va.

On évite d'être trop loquaces. Nos avocats arrivent en file indienne, et la greffière nous introduit dans le bureau du juge Valat.

– Bonjour, Monsieur le Juge…

La situation est assez étrange. On est mieux vêtus que lui. On ne sait pas bien si, étant libres, on doit lui serrer la main ou non. Valat regarde sa montre et nous dit :

– Marguery doit arriver. On va l'attendre avant de commencer.

Effectivement, il ne tarde pas. Escorté de deux gendarmes, il entre dans le bureau, menotté dans le dos, plus gris que jamais. Est-ce notre liberté qui le fait soudain sembler si vieux à nos yeux ? Être enchaîné empêche-t-il de voir les chaînes des autres ? Les menottes qui lui enserrent les poignets nous ramènent à notre condition passée. Ça me fait froid dans le dos. Le voir dans cet état me secoue violemment. Je profite de cette émotion pour tenter de la transmettre au juge. Je m'adresse à Marguery :

– Robert, t'es gris.

– Comment ça, gris ?

– T'es gris. Vraiment gris. T'as les cheveux gris, mais ton visage est gris aussi. T'es malade ?

– Non, je ne crois pas.

Sur le ton de la plaisanterie :

– En te regardant, le mot qui me vient à l'esprit c'est « gris carcéral », comme on dirait « bleu nuit ». Tu portes la prison en toi.

Le juge nous interrompt :

– Je vous ai convoqués parce que je veux procéder à un enregistrement de vos voix. J'ai en ma possession une cassette audio qui m'a été remise par la sécurité des banques. L'enregistrement a été fait dans les locaux de la banque de la rue du Docteur-Blanche.

Je lui dis :

– Excusez-moi de vous interrompre, mais si l'enregistrement a été fait dans cette banque, je ne comprends pas bien pourquoi Myszka et Marguery sont ici.

– Parce qu'ils sont inculpés du hold-up.

– Oui, mais ils ont reconnu leur participation. Donc, ça ne les implique pas. Cet élément est nécessairement dirigé contre moi.

– Il n'est pas dirigé contre vous. Au regard du dossier, Marguery et Myszka s'occupaient des clients à la réception. Les trois autres braqueurs étaient en bas, dans la salle des coffres. Pour ma part, après toutes ces années pendant lesquelles vous m'avez inondé de paroles, j'ai beaucoup de mal à imaginer que vous puissiez rester une heure et demie sans parler. Si vous n'étiez pas dans cette banque, vous n'avez rien à redouter de cet enregistrement.

– En effet, je ne redoute rien. Je me soumets d'ailleurs volontiers à cette expertise qui sera une démonstration de plus de mon innocence, puisque d'après ce que j'ai pu comprendre, la voix, c'est comme l'ADN : il y a une chance sur un milliard de se tromper, n'est-ce pas ? Permettez-moi néanmoins d'émettre quelques réserves sur cette pièce à conviction. Je trouve qu'elle arrive bien tardivement entre vos mains.

Le juge nous fait lire à chacun un texte, qui reprend apparemment ce que se disent les malfaiteurs dans la banque.

Ceci fait, chacun de nous signe les procès-verbaux qui lui sont tendus, il y a un moment de flottement. Encore une fois, c'est très novateur pour moi, se lever, dire au revoir à un juge pour rentrer chez moi, ça ne m'était jamais arrivé. Au moment où ce dernier s'apprête à ordonner aux gardes d'embarquer Marguery, je devrais fermer ma gueule mais j'ai un dernier sursaut ; je ne peux pas rester silencieux devant la situation dramatique que vit Marguery. J'interpelle le juge avec véhémence en appuyant sur chaque syllabe et chaque mot :

– Monsieur le Juge, je trouve quand même la situation actuelle totalement injuste. Pour tout dire, je ne comprends pas. Nous sommes trois ici, tous inculpés pour les mêmes faits. À ceci près que Marguery n'est pas impliqué dans le délit d'évasion. Je vous le demande : pourquoi Marguery est-il encore en prison ?

– C'est à ses avocats de poser la question, pas à vous.

– Attendez, il faut être clair. À un moment donné, il faut sortir du contexte justice/justiciable et voir l'aspect humain du problème. Le type est en prévention depuis sept ans, et vous avez largement dépassé la durée raisonnable de détention provisoire.

– Je vous répète que ce n'est pas à vous de vous exprimer, mais à lui, ou à ses avocats.

Le juge est manifestement très mal à l'aise. J'insiste :

– Mais vous ne voyez pas que ce type va se suicider ! Vous imaginez l'effet que ça va avoir sur lui de rentrer dans sa cellule en sachant que nous deux, on est partis libres ? C'est monstrueux ! En imaginant qu'il lui arrive quelque chose, vous n'avez pas peur d'en porter la responsabilité ? À votre place, je ne prendrais pas ce risque.

Marguery sent la mort, je vous le dis. Il en a la couleur, il en a l'odeur.

Le juge voit que je suis vraiment sérieux. Il se tourne vers Marguery :

– Pourquoi ne faites-vous pas comme vos coïnculpés ? Pourquoi vous ne vous dirigez pas vers la chambre d'accusation ?

Marguery, qui a toujours eu des idées bien arrêtées, des principes bien établis, lui répond :

– C'est vous qui m'avez mis en prison, c'est vous qui devez me relâcher.

Le juge a refusé cela à tout le monde. Par éthique, lui dit-il, il ne peut pas le lui accorder à lui. D'autant que c'est quand même un braqueur qui a avoué un délit assez important. S'il le libère, il prend le risque de la récidive. La responsabilité est trop grande. Il sait qu'il marche sur des œufs.

Je me tourne vers Marguery :

– Tu vas arrêter avec tes principes à la con ! Qu'est-ce que t'en as à foutre que ce soit lui qui te libère ou la chambre d'accusation ? Tu veux mourir d'un arrêt cardiaque ? Tu vois pas dans quel état tu es, là ?

On se sépare. Je suis soulagé de savoir que Marguery ne rentre pas en prison avec cette insupportable incertitude. Sans sa libération en perspective, qui devrait désormais arriver très vite, j'aurais considéré que la mienne n'était pas intacte.

Les résultats de l'expertise arrivent chez mes avocats, formels : aucune des voix ne correspond à la mienne. Dans mon esprit, les choses sont claires : à présent, tout cela est derrière moi

*

Ma nouvelle existence me rend heureux. Gagner de l'argent honnêtement n'a jamais empêché de se distinguer du commun des mortels. Je suis différent et je le reste. J'achète un nouveau magasin, mes grossistes deviennent mes amis. Avec Laurence, on commence à parler de faire un autre enfant. Et puis patatras ! J'apprends que le juge a renvoyé le dossier Blanche devant la chambre d'accusation. Bonne et mauvaise nouvelle à la fois.

La chambre renvoie son ordonnance. J'ai en quelques sorte gagné la bataille : je suis innocenté de tous les hold-up. Il ne me reste plus que l'évasion en hélicoptère, et l'association de malfaiteurs. La date du jugement est fixée au 19 mars 1996.

Je repense à ce jour où le gardien a refermé la porte derrière moi dans la cellule de l'isolement, à l'état d'effondrement dans lequel j'étais en relisant le dernier paragraphe de *L'Étranger*. Quel chemin parcouru !

Mais la justice ne se déclare jamais vaincue. Comme le disait Francis, elle vous reprend toujours d'une main ce qu'elle vous a donné de l'autre. Un beau matin, deux gendarmes sonnent à ma porte.

– Monsieur Bellaïche ?

– Oui. C'est à quel sujet ?

– On vient vous remettre une convocation du président de la cour d'assises. Vous devez venir le reconnaître.

Je les fais entrer, je les installe dans le salon, on commence à papoter.

Ils ne sont pas peu étonnés de me trouver chez moi :

– On n'a jamais vu quelqu'un avec un passé comme le vôtre attendre patiemment cette convocation, encore moins ouvrir aux gendarmes et leur offrir le café.

– Je suppose qu'il fallait bien que ça arrive un jour. Le monde change ...

En disant ça, je sais pourtant qu'il y a quelque chose de contre nature dans tout cela. C'est quand même la première fois que j'ouvre la porte à des gendarmes.

Ils prennent congé et me laissent la convocation.

Devant les miens, je fais tout pour masquer mon anxiété. Trois mois me séparent du jugement. Dans le cadre d'une affaire criminelle, il faut d'abord se constituer prisonnier pour passer en cour d'assises. C'est la condition pour passer en procès. Fatalement, je vais retourner à Fresnes. Et je sais très bien qu'en prison, quelles que soient les raisons qui nous y amènent, on connaît sa date d'entrée, mais jamais sa date de sortie. En cellule, je n'ai jamais compté les jours qui me séparaient de la liberté, mais maintenant que je suis libre, je compte chacun de ceux qui me séparent du moment où je vais devoir me constituer prisonnier. Je n'ai jamais vu pareil compte à rebours.

Le parquet envoie mon dossier à Henri Leclerc, qui reste mon avocat principal. Je découvre avec effarement que ce dossier fait vingt-trois tomes. Empilés l'un sur l'autre, ils forment une colonne de deux mètres cinquante de haut. Mes avocats le mettent à ma disposition, dans leur salle de réunion. Je parcours les trois premières pages, et je referme le dossier. On verra bien sur le tas, va. Le briefing, ça ne sert jamais à rien. Les choses ne se déroulent jamais comme on les imagine. Et puis, mieux vaut que les réponses soient spontanées.

Je consacre les mois qui me séparent de l'échéance à essayer de consolider mes affaires. Le magasin de la rue de Ménilmontant est beaucoup plus difficile à gérer, parce que le quartier y est très animé, parfois chaudement, si bien que ma présence s'avère souvent utile. Je fais le tour de mes grossistes, je leur explique que je vais être absent un certain temps, je leur garantis que s'ils rencontrent quelques petits problèmes, des factures impayées ou quoi que ce soit, les choses se résoudront avec le temps. Ils comprennent la situation, et me soutiennent.

Je prépare ma défense depuis l'extérieur. Il me faut des témoins de moralité. Mon voisin Hubert, un opticien de la rue Mouffetard, qui m'a vu trimer comme une bête depuis cinq ans, est plus qu'enthousiaste à l'idée de témoigner à la barre. Gaultier accepte également, ainsi que mon beau-père. Avec lui, je coupe l'herbe sous le pied du procureur. Il est difficile de l'imaginer dire du bien de moi, qui ai embarqué sa fille dans ma fuite.

Les uns et les autres ne seront pas briefés et ne mentiront pas.

La dernière semaine, je compte les heures. Je mesure ce que je vais laisser. Ma fille ne réalise pas du tout ce qui se passe, et c'est tant mieux. Je lui explique que ce n'est qu'une formalité. Laurence, elle, est très angoissée. J'essaye de la rassurer tant bien que mal, mais l'atmosphère n'est pas gaie. Ce mois de mars est particulièrement froid, et quand on est affaibli psychologiquement, le physique a tendance à suivre. À quatre jours du procès, je me chope une bronchite. En règle générale, je me guéris tout seul, à coup d'oranges pressées et de vitamine C, mais cette fois-ci, je suis tellement préoccupé par le procès, et j'ai un tel besoin d'être en pleine forme que je fais venir un médecin. Il veut me prescrire un arrêt maladie de dix jours, ce qui est assez cocasse à trois jours de mon retour programmé en prison. De toute façon, je ne peux pas rester à la maison. Je dois régler les derniers détails de mes affaires. J'ai le sentiment d'être ultra-indispensable, ce qui est complètement faux.

Je ne comprends pas ce qui m'arrive. Je ne m'étais pas rendu compte à quel point je m'étais habitué à ma nouvelle vie. Dans mon esprit, tout s'est effacé, la prison, l'instruction, les juges. La seule connerie que j'ai faite ces cinq dernières années, c'est de griller quelques feux rouges avec mon scooter. Du coup, ça rend ce retour en arrière totalement injuste, et surtout injustifié au regard des dégâts qu'il risque de causer, car nul ne peut savoir ce qu'il adviendra de ce que j'ai construit ces dernières années. S'ils brisent mon outil de travail, je suis mort et je n'ai plus qu'une seule solution : devenir le braqueur qu'ils ont toujours espéré.

Je vis ces derniers jours comme un condamné à mort. Entre espoir et désespoir. Pourtant, tout doit, semble-t-il, se passer comme une lettre à la poste. Le seul problème, c'est qu'il faut se constituer prisonnier, et ça, j'arrive pas à le digérer. Si j'étais condamné, que je doive effectuer une peine et qu'on me propose de me constituer prisonnier pour la faire, ce serait beaucoup plus facile que de se constituer prisonnier sans connaître la sentence, parce que le doute s'ajoute à la crainte.

Le dernier jour, je prépare mes affaires comme quelqu'un qui part en déplacement. Je fais ma valise. Je calcule qu'il y a dix-neuf jours de procès, donc il me faut au moins quinze chemises. Évidemment, pour pas donner de signes d'élégance trop appuyée, je les prends toutes dans le même ton. Je ne passe pas du rouge au bleu. Connement, je perds le sens des choses. Je mets dans ma valise un sèche-cheveux. Je n'oublierai jamais ce geste. C'est la preuve que je suis complètement hors sujet. Je ne sais pas pourquoi je pense que je vais être accueilli en prison avec les félicitations du jury et qu'on va me décerner une médaille. Et à d'autres moments, je baigne dans le doute en me disant que je fais peut-être la plus grosse connerie de ma vie.

Je n'annonce pas le jour de mon départ à ma fille, donc je n'ai pas à lui dire au revoir, je préfère pas, Je dois me présenter à Fresnes à quatorze heures, donc vers onze heures, je quitte la maison avec Laurence, je vais au cabinet de maître Leclerc pour lui montrer que je ne vais pas reculer. Je me rends compte qu'il est presque plus anxieux que moi et joue une grosse carte. En me raccompagnant à ma voiture, il me dit :

– André, ce que vous faites est bien. Les gens dans la finance, quand ils sont en liberté provisoire, ils se présentent à leur procès, les politiques se présentent à leur procès, il faut montrer aussi que les gens qui ont appartenu au banditisme peuvent bénéficier de la même confiance.

Embrassades. Il a l'air ému de me voir faire ça. J'aurais préféré qu'il monte, lui, dans la voiture et qu'il aille faire ça à ma place, enfin, ce n'est pas possible.

Je me dirige rue Mouffetard, au magasin. Je ne veux pas que Laurence m'accompagne à la prison, je pense que ce serait trop difficile pour elle. J'ai demandé à mes deux frères de m'accompagner. Au magasin, je donne les dernières directives et salue mes employés qui sont tous au courant de ce qui se passe. Il faut aussi savoir que j'ai cinq employés à cette époque-là. J'ai créé cinq emplois en plus de me réinsérer. Mes frères arrivent dans une somptueuse Mercedes. Pour la circonstance, le plus jeune des deux, qui est furieux de ce qui m'arrive, a loué le dernier modèle de berline. Il veut que j'arrive devant la prison comme ça. Je trouve le geste ridicule, mais assez poignant. Avant de partir, je lance à Laurence :

– Oh, dis, on ne pleure pas, hein. Je vais, je gagne, et je reviens. T'inquiète pas, dans vingt jours, tout ça est derrière nous.

Cela me donne du courage de jouer comme ça les cadors, mais en vérité, j'ai envie de dégueuler. Que cela se passe bien ou pas, je sens que ce que je vis là va laisser des traces qui ne pourront jamais s'effacer de ma tête.

Je ne regarde pas derrière moi, je m'en vais.

Dans la voiture, tout le monde garde le silence. Personne n'a le cœur à plaisanter, ce qui alourdit encore la démarche.

On arrive devant la prison. L'angoisse se rajoute au silence, j'ai pas envie d'y aller, je grignote les dernières secondes.

On fait un tour un quart d'heure. On s'arrête boire un verre dans un bar tabac. C'est là que tous les détenus qui sortent de Fresnes vont boire leur premier café. C'est le barman qui me le dit. Je lui réponds :

– Ça tombe bien, moi je viens boire le dernier.

Il comprend pas la plaisanterie, et j'insiste pas. Je rachète des cigarettes, des journaux, on remonte dans la voiture, et cette fois, on y va pour de bon. Je dis à mon frère qui conduit :

– Tu vois, c'est ça, le banditisme. On se lève le matin plein de certitudes, avec la volonté de bouffer le monde. Tu t'arrêtes devant une affaire, comme on l'a fait tout à l'heure devant Fresnes, et soudain tu trouves toutes les raisons de pas le faire, et tu te casses, et tu reviens le lendemain parce que tu te dis que c'est ton taf, et qu'il faut bien vivre. Là, c'est un peu pareil, j'y vais vraiment parce que je n'ai pas d'autre choix.

On s'arrête devant la prison. Je sors de son étui mon portable. Je le pose dans la boîte à gants. Je demande à mon frère :

– Tu me rendras ça à la sortie.

J'ouvre la portière, mes frères veulent sortir. Je leur demande de ne pas bouger, je prends mon sac sur le siège arrière, je sonne à la porte.

Un mec tire un volet. Je lui donne ma feuille indiquant que je dois me constituer prisonnier. Il me fait rentrer et je fais curieusement le parcours des visiteurs ou des avocats quand ils entrent dans une taule : portique de sécurité, fouille des sacs... Au moment de franchir cette porte, je la franchis comme on se jette d'une falaise. J'aspire un grand coup d'air, et sans un regard vers l'extérieur, je rentre. Au regard du portique, etc., ça fait pas du tout prison. J'ai pas l'effet escompté. Le surveillant me fait traverser cette fameuse cour que je traversais quand j'arrivais en fourgon cellulaire. Là, on me prend mes affaires, et on me met dans une cellule d'attente, cette cellule que j'ai connue de si nombreuses fois, grise et couverte d'inscriptions comme on en voit dans les films : machin est une balance, truc un enculé, l'autre qui marque son nom avec sa date d'entrée... les graffitis habituels, qui permettent à ceux qui sont là de faire passer le temps. Le coup dans l'estomac, c'est à ce moment-là que je le prends. J'ai des doutes, énormes. Pour faire durer le plaisir, ou pour je ne sais quelle raison, ils me laissent mariner une heure et demie à deux heures, avant de me faire passer au greffe. Je suis pour eux un détenu comme les autres. Dans ma tête, pas du tout. À la fouille, les combats habituels reprennent. Mais j'y comprends pas grand-chose. Je songe que ces gens sont à moitié fous. Pourquoi ils fouillent mes affaires comme ça, alors que je me constitue prisonnier et qu'ils le savent ? Je me dis qu'ils sont formatés de telle sorte qu'ils ne savent pas faire leur travail différemment, et que même s'ils sont les meilleurs des hommes, leur travail les rend nécessairement répressifs.

J'avais amené dans mes bagages un lecteur CD et des CD, je ne sais pas pour quelle raison, car tout ça est resté à la fouille. Toute la bouffe finit à la poubelle. Et le sèche-cheveux, ils me le retirent aussi. Ils me demandent si je me crois à l'hôtel. Très insolite comme objet dans une prison.

C'est pénible. Mais ça va encore.

Mais la grande surprise, c'est quand le surveillant vient me chercher pour me conduire à ma cellule. Le croira qui veut, mais je suis emmené en troisième division côté droit : au rez-de-chaussée, DPS. Je retrouve une des cellules que j'avais habitée de par le passé. Je suis estomaqué. Je ne sais pas pourquoi, mais dans ma tête, je pensais que j'allais atterrir dans un endroit neutre, sans avoir d'idée bien précise. Ce n'est pas de bon augure. Je laisse mon paquetage sur le lit. Si j'étais détenu transféré, je taperais au mur pour savoir qui est à côté. J'ai pas du tout le cœur à le faire. Je suis arrivé juste un peu avant la gamelle, c'est-à-dire un horaire qui pour moi n'est même pas encore l'heure de l'apéro. Évidemment, vu qu'ils ont foutu ma bouffe à la poubelle, je n'oublierai pas ce plat : des petits pois avec un bout de barbaque. J'ai oublié le goût de la bouffe prison. À la première cuillerée, je vais cracher dans les chiottes: c'est infect.

Je n'ai pas eu droit à la transition habituelle entre l'arrestation, le dépôt, le juge d'instruction et la prison : je suis passé direct de la liberté à la cellule, c'est très inédit...

Après le dîner, c'est la fermeture des portes. Je me mets, comme par le passé, à marcher de long en large. Et à ce moment-là, je suis submergé par une espèce d'angoisse : j'ai peur d'avoir fait la plus grosse connerie de ma vie.

La cellule est sinistre. Comme une cellule d'arrivant. Je tourne ainsi en rond jusqu'à minuit à peu près, incapable de dormir. C'est épuisé que je me couche. Pour être réveillé le lendemain matin à cinq heures avec ces mêmes loquets qui claquent et qui te font sursauter. Évidemment, le surveillant me dit que je suis extrait et qu'il revient me chercher dans une demi-heure.

Dans la cellule, je n'ai pas les trucs d'usage, café, etc. pour faire un petit déj. Il est trop tôt pour que l'administration te le file. Et j'ai droit au traditionnel transfert DPS, avec la fouille, les engueulades, essayant d'expliquer aux matons comme aux flics que leur attitude est complètement cinglée, que je ne vois pas pourquoi ils me fouillent. J'arrive au dépôt. Je relève la tête et je vois Marguery et Myszka, et là je me dis que, vraiment, ils doivent relever de la psychiatrie profonde. Que moi, je me constitue prisonnier avec cinq ans de prévention d'avance pour une évasion et une association de malfaiteurs, ça peut encore s'expliquer, mais que eux le fassent, c'est de la folie pure. Ils peuvent prendre jusqu'à vingt ans, et je ne peux pas comprendre qu'ils soient là.

Quand les gardiens viennent nous chercher pour passer en cour d'assises, on se salue de loin. Je ne peux pas leur dire ce que je pense de leur attitude, mais quand les gardes mobiles viennent nous chercher, à une dizaine, ils viennent nous chercher tous les trois. J'ai alors l'opportunité de parler à Robert et Jean-Claude, et je leur demande :

– Mais qu'est-ce que vous faites là ?

– Comme toi, on vient se faire juger.

– Vous êtes complètement cinglés. Vous espérez quoi ? Qu'on vous fasse une pipe ? Vous pouvez prendre vingt piges.

À leur place, je ne serais pas venu : nos enjeux sont différents. Moi, j'ai encore toutes mes chances. Mais eux, c'est quoi, cette connerie ? Fatalement, ils vont prendre une grosse peine. Entre dix et quinze ans minimum, si tout se passe bien. Je suis affligé : je mesure à quel point ma tâche va être difficile. C'est ainsi lorsque l'on passe aux assises à plusieurs : l'un de nous peut tirer tout le monde vers le haut, et inversement. Si le mec prend vingt ans, on peut pas m'en coller huit, et réciproquement.

On est amenés dans l'antichambre de la cour d'assises, mais cette fois, c'est pas la petite, c'est la grande.

La différence, c'est simplement le volume. Dans l'antichambre, on est côte à côte, on peut se parler. On évite d'aborder les problèmes ayant trait à l'affaire. Parce qu'on sait que les gendarmes sont là pour écouter et rapporter nos propos au magistrat.

Sur ce, nos avocats respectifs viennent nous voir et nous donnent les encouragements d'usage.

Les miens sont trois : Leclerc, Illouz et Maisonneuve. On a passé un autre accord avec Metzner : il fait des apparitions au procès mais n'intervient pas au-delà. Il montre ainsi qu'il n'y a pas de désaccord entre nous, mais un avocat supplémentaire aurait été de trop. Marguery a fait un truc ultra-astucieux. Il a viré tous ses avocats, a dit « Je m'en remets à la justice, désignez-moi des avocats. » Ils lui ont désigné deux petits jeunes. Du coup, il s'est mis le président dans la poche, en quelque sorte. Myszka a Me Delapiaux, un bon avocat.

Nos défenseurs nous demandent si nous souhaitons la présence des cameras du journal télévisé. Pour ma part, je refuse, je n'ai pas envie de ce genre de pub et j'ai une vie publique, une famille. La France entière n'est pas obligée de connaître mon visage. J-C et Robert sont de mon avis.

D'un coup, tout s'accélère : on nous appelle. Les gardes mobiles nous font entrer l'un derrière l'autre dans la cour d'assises. On se la prend en pleine gueule comme la première fois, la lumière qui t'éblouit à nouveau, sauf que, cette fois-ci, la salle est pleine de monde.

Pas une place de libre dans l'espace réservé aux journalistes, pas plus que dans celui réservé au public.

Les familles sont aux premiers rangs. Quelle sensation étrange ! Je ressens en voyant Laurence et ma famille la même chose que lorsque je suis sorti de prison, mais cette fois à l'envers. Il me semble que ces cinq ans de liberté n'ont jamais existé.

Je les ai quittés hier, et pourtant cela me semble si loin. C'est curieux, ce sentiment de puissance et d'invulnérabilité que les gens libres dégagent aux yeux de celui qui est prisonnier. En si peu de temps, nous sommes devenus si peu semblables. Un monde nous sépare.

Les jurés sont assis juste au-dessus des journalistes. Sur les bancs de la partie civile, il y a plus d'avocats que sur le banc de la défense. Ça laisse imaginer le nombre de plaignants. La salle est quadrillée par les gendarmes, des troupes d'élite. Ce n'est pas moi qui suis jugé. On juge un gang, le gang des Postiches, qui est donné comme redoutable.

– La cour !

Tout le monde se lève. Le président et ses deux assesseurs arrivent. Le président Lau est un homme au gestuel précieux. Il en joue beaucoup. Il est considéré comme le président le moins répressif que l'on ait connu depuis le président Floch. Il aime à cultiver cette image. Il s'adresse à nous et nous plaçant, il nous donne le sentiment d'être le maître d'école. Nous, on est des joueurs, on participe. S'il joue le prof, nous on joue les élèves.

– Monsieur Bellaïche, vous vous mettez là...

Il me désigne, et du même mouvement de la main, m'enjoint à changer de place. Il met Marguery à côté de moi, et Myszka à côté de Marguery.

Nos avocats sont devant nous, on voit que leurs nuques.

En face, les journalistes, très nombreux. Et derrière eux, les visiteurs, procureurs, des gens qui veulent venir assister au procès. L'actrice Ornella Muti, par exemple, qui prépare un film. La justice fait son cinéma.

On procède à la désignation des jurés. Traditionnel, comme pour République, récusations d'usage. On sait pas très bien sur la base de quoi on récuse ou on récuse pas. Les victimes des hold-up étant de tous âges, de toutes confessions et de toutes couleurs, on voit pas vraiment quels sont les critères. Cela dit, une fois le jury désigné, je me dis qu'il m'inspire beaucoup moins confiance que celui de Républ. Les gens sont plus âgés. Et, visiblement, prennent leur rôle très au sérieux. Après la désignation des jurés, la greffière lit l'ordonnance de renvoi, c'est-à-dire qu'elle énumère les faits pour lesquels nous sommes là. Concernant Marguery, il est accusé du hold-up de la rue du Docteur-Blanche où il s'est fait arrêter avec deux balles dans le corps. Et de sept autres hold-up. Myszka, lui, est accusé du même délit, sauf qu'il n'a pas pris de balle et a réussi à prendre la fuite. On lui reproche également de m'avoir évadé. Quant à moi, je suis là pour mon évasion en hélicoptère, association de malfaiteurs, port d'armes.

Le président s'adresse à moi :

– Monsieur Bellaïche, est-ce que vous reconnaissez les faits ?

Je me lève. Toujours vigilant, je fais une réponse qui ne veut strictement rien dire :

– Je reconnais globalement les faits.

Comme il avait énuméré les hold-up pour les autres, je me protège comme ça, au cas où. Je ne sais pas où il veut en venir. Après, il passe à Marguery, lui pose la même question.

– Monsieur Marguery, est-ce que vous reconnaissez les faits ?

Robert, avec un air presque désolé :

– Ben oui, Monsieur le Président.

Il passe à Jean-Claude. Lui, il faut le surveiller comme du lait sur le feu :

– Monsieur Myszka, est-ce que vous reconnaissez les faits ?

Jean Claude aime vraisemblablement le spectacle qui se déroule devant lui, et ne veut pas louper sa scène. Il sort la chose la plus ahurissante qu'on ait jamais sorti en cour d'assises :

– Moi, je prends tout ce qui reste.

Je suis estomaqué par sa réponse. Je sais que si on lui tient pas la bride, il va tous nous foutre dans la merde. Je me lève et je dis au président :

– Monsieur le Président, il serait peut-être nécessaire d'expliquer à Myszka qu'on n'est pas au marché, et que ce n'est pas des fruits et légumes qu'on achète, mais des années de prison qu'on risque.

Je crains qu'il ne tire tout vers la plaisanterie et ne foute le président en rogne. Je veux parer à ça à tout prix.

On commence toujours par le curriculum vitae. J'ai une partition, et je comprends immédiatement le thème du CV qui va fonctionner. Tout ce qui est noir, je le colorie en le rendant plus noir encore, mais je présente tout cela d'un air résigné. Plutôt que de leur dire « Quand j'étais petit, je passais devant les vitrines et je bavais devant les gâteaux que je ne pouvais pas me payer », je leur dis :

– Vous savez, quand nous étions enfants, nous étions heureux. C'était, oui certes, un bonheur de pauvres, mais nous étions heureux. C'est sûr, on mangeait pas tous les jours à notre faim, mais on se tenait chaud. On était une famille. On n'avait pas de chauffage, heureusement qu'on était à dix dans une pièce. Si on avait eu trois pièces, on serait peut-être morts de froid.

Je raconte l'histoire sans ressentiment, mais je leur mets la réalité dans la gueule. C'est sûr que j'ai bavé d'envie devant ces gâteaux, mais ce n'est pas à cause de ça que j'ai fini comme sur ce banc.

Sur mon père :

– C'était le onzième enfant de ma mère. De toute manière, on ne redresse pas un arbre tordu.

Et cætera, ça a fonctionné à mort...

Marguery, lui, est un gosse de riches. Ses parents possédaient une fonderie à Montreuil et s'en sortaient bien. Il voulait être pilote automobile, et sa grande souffrance est de n'avoir pu réaliser ce rêve. Il s'est jeté dans la délinquance comme d'autres se mettent au sport. Il se décrit comme un non-violent, ce qui est vrai. Le président lui fait remarquer que, pour un non-violent, se faire arrêter avec un USI, un 357, un 9 mm automatique et deux grenades dans les poches, on a connu des non-violents beaucoup moins armés que lui.

Marguery, lui, son truc, c'est de détourner le débat ; il a une telle bobine, un tel parler que ça marche. Il répond :

– Ah, c'est pas pareil, Monsieur le Président, là on était en guerre.

Très futé derrière un côté faussement naïf.

Le curriculum vitae du Myszka, enfant unique, est plus proche de Zola que d'autre chose. Mais il a été bien élevé par ses parents. La particularité du procès le concernant est qu'il n'a plus d'autre famille que son père qui est sur un lit d'hôpital, à l'article de la mort. Sa mère est trop vieille pour se déplacer.

Après les curriculum vitae, on a tous marqué des points. Derrière ça, on a droit au psychiatre. Et là, on marque tous encore des points. Myszka plus que nous autres, bien qu'il ait pris de gros risques : en prison, il a commencé à jouer les dingues, et quelque part, il l'est devenu un peu. Leclerc m'avait bien prévenu lors de sa première visite : surtout, ne jouez pas au dingue parce qu'en le jouant on le devient... Quoi qu'il en soit, Myszka a été reconnu par le psychiatre partiellement apte à être jugé.

Au deuxième jour du procès, ce sont les témoins à décharge qui vont passer. J'ai droit à mon voisin Hubert, l'opticien de la rue Mouffetard, qui dit textuellement au président (il s'est mis un nœud papillon, type docteur) :

– Quand j'ai connu M. Bellaïche, qui s'est installé dans la boutique à côté de la mienne, j'ai pensé que c'était un communiste.

– Pourquoi ?

– Il travaille tous les jours !

Il fait l'éloge de mes qualités de voisin – on s'est côtoyés pendant cinq ans –, et de travailleur qui a remonté une affaire totalement disloquée. Son témoignage est basé sur le travail, c'est parfait, j'ai marqué un point.

Arrive Gaultier, l'employé de mon frère qui a été mon professeur de vente, et là, franchement, il fait de la vente. Très décontracté, à son aise, heureux d'être là. Il raconte nos premières rencontres et explique que si j'ai réussi aujourd'hui, c'est quand même à lui que je le dois, parce qu'il m'a tout appris. Et c'est vrai.

Mon plus jeune frère passe ensuite – très classe, attaché-case, on dirait un mec qui sort de Oxford. Plus impartial dans sa démarche que Joël, qui m'a embauché et qui en aurait fait trop, il dira ce que j'ai vraiment vécu. Il leur apprend comment ç'a été difficile pour moi de me construire, qu'il sait que, à présent, je suis sorti d'affaire, il en est le témoin, et qu'il est convaincu que ce passé est derrière moi.

Après c'est au tour du père de Laurence, un très bel homme de un mètre quatre-vingt-dix. Le président lui demande comment il m'a connu et ce qu'il pense de l'homme qui a enlevé sa fille pendant douze ans. Et là, cet homme, que j'avais certainement fait beaucoup souffrir en embarquant sa gamine de dix-neuf ans, regarde le président puis lance :

– Monsieur le Président. Je suis chirurgien-dentiste, pas habitué des cours d'assises ni des tribunaux. Je ne sais pas ce que je dois dire.

Se tournant vers moi et me désignant, il ajoute ces mots bouleversants :

– La seule chose que je sais, c'est que l'homme que vous jugez là, c'est mon fils.

Là, un silence s'abat sur la salle…

C'est la seule personne qui avait une autorité morale.

Mon dernier témoin, c'est Laurence. Elle arrive là avec sa douceur habituelle que la presse relèvera et elle raconte notre vie, le mari, le père que je suis, dit au président qu'on a projeté de faire un enfant à la fin de ce procès. En somme, elle essaye de leur expliquer que ça fait vingt-trois ans maintenant qu'on vit en transit, et qu'on voudrait bien vivre comme tout le monde. Je ne sais pas si elle a bouleversé le président, mais dans la presse le lendemain, j'apprends qu'elle a bouleversé les journalistes.

Moi qui pensais avoir fait la totale, je vais me rendre compte à quel point Marguery est fort, et comment il a peaufiné sa défense. C'est comme s'il avait pris une éponge et effacé tous mes témoins à décharge d'un coup. Arrive sa compagne actuelle. Elle explique le mal qu'elle a eu à le reconstruire parce qu'il est vraiment sorti dans un piteux état. Pour tout dire, il était en vrac. Robert n'est pas un alcoolique, au sens fort du terme. Mais c'est un homme qui aime passer son temps à picoler du bon rouge dans des bars avec des poivrots sympathiques que l'alcool ne semble pas atteindre. Donc, il en a descendu, des bouteilles de vin. Mais on ne sait comment, ce Robert n'est jamais saoul.

Quand elle fait sa déposition, j'ai presque l'impression qu'elle va s'approcher du box, lui prendre la main et l'emmener avec elle. Elle demande au président de le libérer, carrément.

Arrive sa fille, qui doit avoir vingt-six ou vingt-sept ans. Très très belle. Elle raconte que toute sa vie, ça n'a été que parloir et compagnie. Elle a soutenu son père pire qu'une femme peut soutenir son mari. Elle s'est rendue à tous les parloirs. C'est un témoignage très émouvant. Mais c'est rien à côté de ce qui va se passer. Débarque alors un infirmier qui tire une personne sur un brancard debout : c'est la sœur de Robert qui est atteinte d'une très grave maladie, la sclérose en plaques. C'est une morte vivante. Un grand « ouf » dans la salle quand elle paraît. Elle semble même en rajouter un peu. Il y a un jeu dans tout ça, même chez elle, et c'est ce qui me rend la situation comique. On a l'impression qu'elle ne va pas sortir vivante de la salle. Elle dit que son frère, c'est son enfant, qu'elle veut le revoir vivant et libre, un témoignage poignant. On est tous flambés. À l'intérieur de moi, je pense « Il est fort, l'enculé. »

Comparaissent les témoins à décharge de Jean-Claude qui, à leur tour, vont effacer tous les nôtres, la sœur de Marguery mourante y compris. Ses témoins à décharge témoignent surtout de la solitude absolue de sa vie. On a pratiquement envie de crier à l'injustice.

Son ex-petite amie, avec qui il a vécu cinq ans et qui l'a largué quand il était en prison. Elle arrive, tremblotante d'angoisse, ne comprenant même pas ce qu'elle fait là. Elle parle de Jean-Claude comme d'une personne terriblement seule qu'elle regrette d'avoir abandonnée, mais elle ajoute que ce n'est pas vraiment elle qui l'a quitté, c'est la vie qui les a séparés. Sur ce, elle part. Il y a un moment de latence. On attend les autres témoins à décharge. Et c'est le grand vide. Il n'y a plus personne. Ça met tout le monde mal à l'aise. C'est un moment terrible. De voir ce mec seul comme ça, ce que j'ignorais totalement, ça fait vraiment mal.

La journée s'achève sur ça.

Finalement, c'était quand même une journée assez dure, de voir les nôtres plaider ainsi notre cause, qui est en quelque sorte la leur. C'est là qu'on mesure mieux qu'en incarcérant une personne, c'est sa famille qu'on emprisonne. Cela dit, le lendemain, la presse est trop élogieuse pour nous.

On est vendredi soir. Le président nous annonce qu'évidemment on fait un break pour samedi-dimanche et qu'on se revoit lundi. Jusqu'à présent, je ne suis prisonnier que le soir puisque la journée, je la passe au tribunal. C'est donc pendant ce week-end de break que je fais ma première promenade : très franchement, j'y vais par curiosité et lorsque je pénètre dans la cour, je sens à quel point je suis à des années-lumière de cet univers – bien plus encore que de par le passé, lorsque je m'étais fait arrêter après mes douze ans de cavale. Je comprends pas ce que je fous ici, ça n'a pas de sens.

Une des différences avec mes derniers séjours, c'est que les surveillants que j'ai connus autrefois ont les cheveux plus gris : c'est ainsi que se mesure le temps qui passe dans une prison.

– Tiens, vous avez quelques cheveux blancs de plus, vous, et toujours le même salaire, j'imagine.

Je me fous de leur gueule là-dessus. En quelques jours, je réaménage ma cellule : je découpe des photos dans des magazines et les placarde au mur pour ne pas me retrouver face à ces parois vides. Je réussis à avoir la télé immédiatement. Malheureusement, il faut une semaine pour que la première cantine arrive. En cela, le procès est complètement déloyal. Si nous n'étions pas sortis, comme ça s'est passé pour le procès de République, j'aurais eu au moins le confort matériel minimum du détenu. Là, tous les jours, on a droit à ce transfert avec les fouilles et tout le bordel qui va avec. Pour tout repas, un sandwich de merde avec deux œufs durs. Le soir, on peut pas bouffer parce que la gamelle, déjà dégueulasse d'origine, est froide. On passe huit heures par jour assis sur un banc dur, sans compter les transports. Si bien qu'au bout de huit jours on est au bord de la rupture. Et beaucoup de choses vont se jouer là-dessus. On est complètement usés. Moi plus que les autres, parce que eux sont à la Santé, c'est-à-dire à dix minutes du palais, et moi à une heure par la route.

Le président interroge Marguery sur les faits. Il lui parle des divers hold-up commis avant la rue du Docteur-Blanche. Marguery et Myszka ne sont inculpés que pour les huit derniers braquages du gang des Postiches dont celui de la rue du Docteur-Blanche, car, de l'aveu même du juge, s'il fallait instruire toutes les affaires, avec déjà vingt-trois tomes pour ces huit-là, le dossier serait tellement volumineux qu'il serait impossible de le juger.

Marguery reconnaît sa participation aux huit hold-up. Il explique au président qu'il se demande pourquoi il est là : on lui demandait de participer, il y allait presque par courtoisie.

Il répond toujours à côté, prétendant qu'il se demande lui-même pourquoi il a fait ces hold-up. Pour donner un ordre d'idée des réponses de Marguery au président, lorsque celui-ci lui demande quel a été son rôle dans une attaque, il répond, avec le plus grand sérieux :

– Je ne comprends pas pourquoi j'étais là-bas. La banque était tellement petite qu'il n'y avait pas de place pour tout le monde

Le président :

– S'il y avait pas de place, vous étiez où, vous ?

– Moi, j'étais à l'entrée, je faisais entrer les gens.

– Donc, si j'ai bien compris, vous étiez huissier annonceur…

Comme si les braquages étaient pour Marguery des espèces de réceptions. C'est dans cet esprit que se déroulent son interrogatoire. Marguery fait ça bien. C'est clair que c'est pas vrai, mais ça sonne tout comme. C'est un garçon de belle stature, de presque un mètre quatre-vingts, mais qui dégage une grande douceur. Rassurant comme personne.

Pendant des jours et des jours, c'est le défilé des témoins, il y en a à peu près deux cents, dont les soixante flics en question. La vacherie suprême que me fait le président de cour d'assises, c'est de m'avoir placé en tête, juste en face de la barre des témoins, de telle sorte que lorsqu'ils se retournent pour regarder les accusés, le premier sur qui leur regard s'arrête, c'est moi. C'est à ce moment que le président précise : « Mais ne regardez pas M. Bellaïche, il a été reconnu non coupable. » À force, c'est presque comme s'il disait « On n'a pas eu le choix, on sait pas pourquoi, mais il a été reconnu non coupable. » Ça finit par soulever un doute dans l'esprit des jurés qui m'observent avec de moins en moins de sympathie. Ces regards n'ont aucune importance juridique mais ils finissent par devenir extrêmement gênants. J'ai compris leur petit manège et j'ai trouvé une défense : j'arrête de regarder les témoins, pour me tourner vers le président.

Marguery va me sortir un truc assez juste pendant une suspension d'audience. Il me chuchote à l'oreille : « André, fais gaffe, le président se prend pour l'envoyé de Dieu». Il voit ça à ses gestes, son attitude générale.

Arrive le témoin clé de l'affaire, le commissaire Mertz. Qui déclare avoir fait la guerre d'Algérie, et l'Indochine, mais que de sa vie tout entière il ne s'est jamais trouvé face à une équipe aussi redoutable. (Il ne nous flatte pas, il nous accable.) Il reconnaît évidemment Marguery et Myszka, mais ne dit rien de plus que lors des confrontations.

On a droit à trois jours de témoins. Franchement, on se demande à quoi sert tout ce carnaval, tout a été dit pendant l'instruction, ça n'amène rien. Seulement, l'envoyé de Dieu a décidé que le procès doit prendre une tournure historique, même dans sa longueur. Vingt-trois jours de procès pour huit hold–up, qui dit mieux ? Ces témoins sont là pour quoi ? Tout a été établi : eux ont été reconnus, moi innocenté, ils sont là pour quoi ?

Je suis interrogé sur l'évasion en hélicoptère. Je vais utiliser une autre de mes techniques, dédramatiser les choses, essayer de donner une coloration comique aux faits.

Le président commence :

– Bellaïche, est-ce que vous pouvez nous expliquer l'évasion ?

Je marque un temps d'arrêt. Comme toujours, je fais dans l'impro. Je gagne du temps :

– Vous voulez que je vous la raconte du début à la fin ?

– Oui, oui, évidemment.

– Au-dessus de la prison, un hélicoptère des carabiniers faisait des rondes tous les jours à une heure non définie pour nous dissuader de nous évader par les airs. Mais par je ne sais quelle bizarrerie, la présence de cet hélicoptère faisait rêver tous les détenus qui se voyaient bien se faire la belle de cette manière. C'était devenu comme un concours à celui qui allait s'évader le premier en hélicoptère. Vous savez que les évasions en hélico, en Italie, s'appellent des évasions alla francese ?

Là, les oreilles se dressent. Je sais qu'il faut flatter l'orgueil national. Il me dit :

– Ah, pourquoi une évasion à la française ?

– Parce qu'il n'y a que les Français qui réussissent à s'évader comme ça.

Le public m'est acquis. J'ai fait un acte de bravoure pratiquement national. J'ai défendu nos couleurs. Ce qui m'a permis de ne pas entrer dans les détails. Je l'ai faite courte : on m'a demandé de m'habiller en rouge, un oiseau est arrivé, un Italien m'a suivi, je sais même pas pourquoi, on est montés et c'est tout.

– Franchement, je me rendais pas bien compte de la gravité des choses, Monsieur le Président, à tel point que j'ai fait un signe de la main au gardien pour lui dire au revoir. C'était plus comique qu'autre chose.

– Oui, d'accord... Mais les coups de feu échangés entre les miradors et l'hélico, c'était comique, ça aussi ?

– Mais non, Monsieur le Président, c'est pas comme ça : tout le monde tire parce qu'il faut tirer, c'est la tradition, personne essayait de tuer personne.

On réduit tout ça à une bonne blague et ça marche auprès de la presse, du moins.

– Pourquoi vous être posés au milieu d'un stade de foot ?

– Dans le ciel, il n'y a pas de panneau indicateur, on ne savait pas où on était, j'ai demandé au pilote de se poser là, voilà...

– Pourquoi est-ce que Myszka a pris le risque de venir vous chercher en hélicoptère ?

– Monsieur le Président, si vous-même vous aviez demandé à Myszka de venir vous chercher en hélicoptère, il l'aurait fait. Cet homme est tellement seul et a tant besoin qu'on l'aime qu'il aurait fait n'importe quoi pour ça.

Myszka, je ne sais pour quelle raison, alors qu'il avait avoué Blanche, a finalement refusé de reconnaître tous les autres hold-up. Il s'est battu bec et ongles pour qu'on ne les lui colle pas sur le dos. Je n'ai saisi qu'après. Visiblement, les deux gais lurons avaient bien préparé leur défense. Avec un seul hold-up à son actif, il rééquilibrait le fait qu'il avait l'évasion en plus.

Le procès se termine. Je ne comprends pas très bien pourquoi le président nous demande si nous avons quelque chose à ajouter avant le réquisitoire du procureur. Les deux autres disent qu'ils regrettent les faits et que si c'était à refaire, ils ne le referaient pas. Moi, j'hésite à me lancer dans ma propre plaidoirie. Normalement, cette question n'est posée qu'après la plaidoirie des avocats. Est-ce que je dois y aller ? Pas y aller ? J'y vais finalement :

– Monsieur le Président, je suis désolé, mais je ne me reconnais pas dans tout ce qui vient de se dire. Ces hold-up, ces coups de revolver, ce sang versé… Je ne me reconnais pas dans tout cela. La vie qui a été la mienne ces cinq dernières années a effacé ces souvenirs. Et je dois vous dire que j'ai travaillé durement pour pouvoir me sortir de là. Il y a une autre chose qu'on n'explique pas assez : croyez-vous que ce soit facile de redormir près de quelqu'un avec qui on n'a pas dormi pendant cinq ans ? Est-ce que vous croyez que c'est facile tout court de vivre après cinq ans d'incarcération où l'isolement était une condition majeure de la détention ? On sort en vrac, il faut des années pour se reconstruire, reconstituer une famille, et qu'est-ce qu'il va se passer maintenant ? On démolit tout d'un coup, et hop, on reconstruit. C'est pas facile pour vous de juger, mais ce n'est pas facile non plus pour nous, car vous jugez des actes commis par des hommes que nous ne sommes plus aujourd'hui.

Je me rassois heureux de lui avoir signifié tout le ridicule de ce procès qui intervient onze ans après les faits.

À ce moment, Leclerc se tourne vers moi et me chuchote :

– Arrêtez, vous plaidez, c'est pas votre rôle.

Finalement, cela me dessert d'avoir une première expérience de cour d'assises, car chaque procès est différent, et je me suis embarqué dans celui-là comme dans le précédent : je ne suis pas sûr d'avoir eu raison.

La procureur, une Antillaise, qui a la réputation d'être une des plus belles femmes du palais, mais qui est néanmoins redoutable, entame son réquisitoire. Elle semble troublée, je perçois son malaise. Elle a du mal à démarrer. Ce procès est trop médiatique : ce n'est plus une procureur mais une actrice. Finalement, si sa prestation est mauvaise, la presse ne l'épargnera pas. À ce moment-là me vient une idée : je la regarde et je hoche la tête comme pour lui signifier que ça va bien se passer. Je la sentais prête pour un réquisitoire redoutable, mais elle va se contenter du répertoire habituel. Elle nous dépeint comme de grands gangsters qui veulent jouer les enfants de chœur, mais la violence du dernier hold-up démontre, d'après elle, que nous sommes capables de tout.

Elle requiert finalement des peines assez clémentes : quinze ans pour Marguery et Myszka. Et je m'étrangle quand je l'entends demander douze ans pour moi, pour l'évasion et association de malfaiteurs.

Je me rassure en pensant qu'on est venus chercher dix ans, et c'est probablement ce que je vais prendre.

Après le réquisitoire, pause. Les avocats trouvent assez lourde cette demande de douze ans de réclusion.

Quand interviennent les plaidoiries de la défense, il est décidé que mes avocats plaideront les derniers. Les deux avocats de Marguery se révèlent très bons. Très belle plaidoirie. Les chouchous du président, c'est lui qui les a choisis. Ils parlent de sa rédemption, de ses croyances religieuses, des sept ans de prévention très très lourds qu'il a déja effectués. Demandent l'indulgence du tribunal.

L'avocat de Myszka intervient. Insiste très lourdement sur la vie cassée de Jean-Claude Myszka. En se tournant vers moi, il lance :

– Je remercie M. André Bellaïche d'avoir su expliquer la solitude de Jean-Claude Myszka, qui est à l'origine de tout. Il aurait suivi n'importe qui pour ne pas être seul. La prison l'a terriblement abîmé, il est aujourd'hui suivi par des psychiatres, et je rappelle qu'il est considéré comme partiellement irresponsable.

Il réclame aussi l'indulgence.

Arrive mon tour. Maisonneuve prend la parole le premier. Il attaque immédiatement sur la peine réclamée par la procureur. Se tourne vers elle :

– J'ai du mal à comprendre votre réquisitoire. C'est très lourd, les douze ans que vous réclamez contre André Bellaïche !

La procureur se lève, alors qu'elle n'a pas le droit d'interrompre la défense :

– Je n'ai jamais demandé douze ans, j'ai demandé dix ans contre André Bellaïche.

Elle scotche ma défense.

Le président intervient :

– Moi aussi, j'ai entendu dix ans.

Curieux, nous autres, on a tous entendu douze. Dans l'esprit d'un mec qui a préparé une défense, ça casse un peu l'élan. Dieu merci, Maisonneuve ne se laisse pas démonter facilement, et reprenant sa plaidoirie, insiste sur l'exemplarité de ma réinsertion, indique notamment qu'il en est le témoin parce qu'il vient régulièrement me voir au magasin… Qu'il m'a suivi de très près et qu'il sait qu'aujourd'hui je suis totalement sorti de là, etc.

Il est huit heures du soir. On doit arrêter. Leclerc ne plaidera que le lendemain après le déjeuner, ce qui est une vacherie absolue.

Lorsque son tour arrive finalement, il fait une plaidoirie à froid : on n'est plus dans le contexte du procès. Démarrer une audience par une plaidoirie tient de l'aberration pure – il n'y a plus l'émotion du réquisitoire de la procureur, la salle elle-même ne dégage plus aucune émotion, et la plaidoirie s'en ressent. Un avocat, c'est comme un chanteur, s'il n'a pas le public avec lui, il ne peut pas être au top. Et pourtant, il va plaider pendant deux heures. Je sens que ça passe pas. Ça ne relève pas de lui mais de la situation : le faire plaider comme ça, c'est le coup bas par excellence. Je ne ressens pas ce que j'ai senti durant la plaidoirie du procès de République, et si moi, je ne le sens pas, les journaux ne le sentiront pas non plus. Je veux bien qu'on me taxe de parano, mais tout de même : la place qu'on m'a choisie, les douze ans qui se transforment en dix, ce qui signifie qu'on me fait déjà un cadeau de deux ans, la plaidoirie de Leclerc reportée après le déjeuner… si tout cela n'est pas dirigé contre moi ! En tous les cas, je sais que mes coïnculpés n'ont pas eu droit aux mêmes « faveurs ».

La cour se lève pour délibérer. On sait que ça va être très long, parce qu'un juré doit répondre à des questions. Un procès aussi volumineux, ça va être deux ou trois heures de délibéré minimum. Finalement, ça va en prendre cinq. Terrible.

On est redescendus au dépôt. Ils nous mettent dans la même cellule. L'attente est atroce. On essaye de pas penser mais on fait déjà les comptes. Je leur dis :

– L'un dans l'autre, vous allez prendre douze ans. Jean-Claude : cinq ans de prévention, ça sera plus long. Robert en a fait sept, s'il prend douze ans, il est dehors l'année prochaine.

Ils nous rappellent pour le verdict. On rentre dans la salle.

Les peines sont prononcées avec solennité : douze ans pour Marguery, douze ans pour Myszka, huit ans pour moi. On devrait tous être contents, mais en réalité le président ne m'accorde pas la confusion, alors que s'il le faisait, je sortirais le soir même. C'est une confusion de droit, mais ça doit être prononcé. Leclerc est catastrophé.

Le président n'a pas voulu prendre le risque d'accorder la confusion, il laisse ça à une autre juridiction. Sans la confusion, la prévention est bouffée par République. Je me retrouve avec huit ans de prison fermes.

Là, ils m'assassinent. Laurence tombe presque dans les pommes, Leclerc est presque en larmes. Je suis effondré, comme jamais. J'étais rentré pour dix-neuf jours, et je me retrouve avec huit ans de placard. Le piège se referme, c'est atroce. Je sens monter en moi cette haine que je pensais à jamais disparue. « Faut pas craquer mec, faut pas. » J'ai pas envie de parler. Je ne décroche pas un mot. Je ressens presque comme une libération la porte de ma cellule qui se referme sur moi. Je fais le vide dans ma tête. Je ne marche pas de long en large. Il ne faut pas penser. Je m'allonge sur le lit et j'essaie de faire le vide. Je ne peux m'en prendre qu'à moi-même. Je me relève comme un ressort. Je m'admoneste : « Ça va ? t'es content ? comment t'as pu te faire baiser comme ça ? Tu connais la justice depuis toujours, toutes les techniques, et tu tombes dans un piège à cons pareil ! Pour un bon, t'es un bon. »

Comment j'ai pu leur faire confiance ?

Il n'y a que deux options : on sombre, ou on se bat. Faut se relever tout de suite. Si tu laisses passer une journée, t'es mort. Il faut rebondir. J'ai toujours pensé que la justice était là pour nous apprendre à agir autrement, pour effacer nos actions et pour que des personnages neufs se reconstruisent, prêts à affronter la vie civile. Cette sentence, au contraire, m'incite à me revêtir des sentiments du passé. De la haine du passé. De cette envie de bouffer le monde, par la force. Je suis dans une situation de non-choix. Je redeviens un voyou, ou je vais sombrer.

Ça commence toujours par quelque chose. Je prends un stylo, un bout de papier, j'envoie un courrier à Leclerc pour lui dire : « Avec ou sans vous, de toute manière, je me serais constitué prisonnier. » Ce n'est pas vrai, il le sait, je le sais. Il s'est fait bananer, et moi avec, point barre.

J'écris une autre lettre, à ma femme. Je lui dis de pas s'inquiéter, lui promet que de toute manière, tout va bien se passer, que le pire est derrière nous, qu'il faut se battre. C'est un peu la loi de la jungle. Chaque fois qu'on croit avoir gagné, on se prend une grosse baffe. Je suis né là-dedans, je m'adapte, qu'elle s'adapte.

Le lendemain, extraction. C'est à croire que le président n'arrive pas à se séparer de ce procès. Il va nous reconvoquer trois jours d'affilée comme ça.

On se retrouve dans cette cour d'assises, les jurés en moins. Les pièces à conviction sont étalées devant nous – hormis les armes. Restent les objets de valeur. On procède, bien que ce ne soit pas vraiment légal puisque je n'ai pas été arrêté, à la restitution de certains bijoux. Les témoins défilent et essayent de reconnaître leurs biens dans la masse. Parmi les plaignants qui viennent contempler ce trésor, une femme, qui salue mes avocats, échange quelques mots avec eux, passe en revue le magot, reconnaît une ou deux pièces. Quand elle s'en va, je demande à mes défenseurs « Mais qui est cette femme ? » Ils me répondent « C'est une procureur. Vous avez cassé une procureur. » Heureusement, ils sont tous là, et ils tentent de me rassurer.

Je demande la parole au président. Fini les costumes, et tout le reste. Je suis vêtu d'un pull ras du cou, jean très décontracté. Je retrouve mes accents du passé et je lui dis :

– Monsieur le Président, je ne sais pas si vous vous rendez compte de ce que vous venez de faire. J'ai reconstruit une vie entière et vous vous apprêtez à la démolir. Si je fais les huit ans auxquels vous m'avez condamné, ma vie va être un terrain vague, et vous en porterez la responsabilité. Et croyez que je ne sortirai pas pour faire la mendicité. Mais la responsabilité la plus lourde que vous portez dans votre action, c'est que, dehors, ce procès ayant été aussi médiatique, je tiens à vous dire que vous avez des dizaines de personnes qui sont en liberté provisoire et qui ne vont pas se constituer prisonnières. De potentiels criminels. Moi, je fais la route dans l'autre sens, et aux yeux de tous maintenant, ça ne sert à rien. Ces gens-là, ils vont se constituer prisonniers pour quoi faire, puisqu'il n'y a pas d'espoir ? Je vous remercie.

Et je me rassois.

On est dans une totale incompréhension mutuelle. Le président est convaincu d'avoir donné une bonne sentence puisque ces huit ans doivent nécessairement être avalés par les sept ans de réclusion criminelle. C'est la loi. Sauf que l'itinéraire pour aboutir à cette confusion, qui est de droit, doit passer par la procureur général. Or celle-ci ne veut pas prendre de responsabilités et nous renvoie devant la chambre d'accusation.

Dans la journée, une chose étrange se passe : je regarde Marguery, qui est à côté de moi. Et je vois qu'il est bouleversé, qu'il a les yeux humides. Je tente de le réconforter :

– Robert, si c'est pour moi que tu te fais de la bile, t'inquiète pas. L'un dans l'autre, ça pouvait être pire. Je vais bien trouver une solution. Mais ne te mets pas dans des états pareils, ça me fait de la peine.

Il rétorque :

– André, je t'adore, mais quand même, quand je vois tout mon oseille devant moi qu'on est en train de distribuer, ça me fait beaucoup plus de peine que tes huit ans.

Il voit l'oseille, pour lui c'est son oseille. Il en pleure de le voir partir. Il a l'impression qu'on le vole.

Ça me fait marrer. Robert sera toujours Robert.

J'attends trois ou quatre mois avant que la chambre débatte du truc. Avec huit ans devant moi.

Dans la cour, bonjour les DPS, mais ce n'est plus la même ambiance. On voit qu'une époque est révolue. Dix ans me séparent de mon arrestation à Yerres. Or, au bout de dix ans, tous les gens que j'ai connus sont soit en liberté, soit en centrale. Par contre, je tombe sur un type, Momo, qui a fait quelques tentatives d'évasion, un gaillard solide, à la base, qui est en tôle depuis dix ans. Il fait des allers et retours centrale-Fresnes. Le mec est devenu un légume. Bourré de médocs, et usé jusqu'à la corde. Je peux ainsi mesurer que j'ai quand même eu du bol de sortir prendre l'air.

Bien que mes relations soient cordiales avec mes codétenus, je me sens très loin d'eux aujourd'hui. Je suis tout simplement un mec qui bosse, qui se fabrique une situation honnêtement, pratiquement un col blanc qui se retrouve au placard. C'est très difficile de se trouver dans ce contexte sachant que, d'un jour à l'autre, je peux sortir, et qu'eux partent pour des peines allant de dix à vingt ans, quand ce n'est pas perpette. Du coup, on n'a pas grand-chose à se dire.

De toute façon, je refuse en bloc cette incarcération. J'ai les surveillants en antipathie. Là où avant, c'était le jeu du gardien et du gardé, je me considère maintenant comme Monte-Cristo, gardé injustement par des geôliers. Il n'y a pas un jour où je ne me maudis pas. J'aurais jamais dû me présenter devant eux, c'était un acte contre nature, et ils me traitent comme s'ils m'avaient arrêté. Quand un jour, je raconterai que je me suis constitué prisonnier afin d'être jugé pour une évasion, les gens me prendront sans doute pour un fou. Mon système intellectuel est formaté de telle sorte que je suis davantage fait pour m'évader que pour me constituer prisonnier. Quand on ajoute à la dureté de la prison le rejet de soi-même, ça fait beaucoup. Quelquefois, pour adoucir son arrestation, on se cherche des excuses, on se dit « Ah ! ça s'est joué à peu », on refait le parcours en arrière. Là, j'ai rien à faire, je suis venu, je me suis fait baiser. Tout leur cinéma a été prémédité.

Au parloir, j'essaye de paraître détaché. Je procède comme par le passé : je simule une force qu'en réalité je n'ai pas. Laurence vient me voir. Elle est affligée, essaye de ne pas trop le montrer. On a projeté de tout recommencer, de refaire un enfant, d'agrandir la famille. Le sujet de conversation principal, ce sont mes affaires, évidemment, les fournisseurs, les choses à faire ou à ne pas faire. On parle de ces boutiques comme on parlerait d'un enfant. Et justement, à propos d'enfant, elle me lance :

– Tu sais, j'ai lu dans un magazine qu'une femme peut avoir des enfants après quarante ans.

– Si tu es capable d'accoucher d'une bombe atomique, je te le fais tout de suite, cet enfant. C'est ma condition. Ça me permettra de faire sauter la planète entière, tellement j'ai les boules.

Il ne sera plus jamais question d'enfant, de toute manière.

Dans ce ciel assombri, enfin une bonne nouvelle. Ma fille passe le bac, et curieusement, je me rends compte que l'on attend le résultat du bac comme on attend un verdict : avec la même anxiété. Au moins, ça me change un peu les idées. Le jour des résultats, je reçois un télégramme :

« Félicitations, ta fille a eu le bac. Signé : Laurence. »

C'est énorme. Moi qui broyais du noir, je vois enfin une fenêtre s'ouvrir sur autre chose que la noirceur de mon sort. Ce bac est beaucoup plus qu'un simple diplôme, il indique que notre famille prend une nouvelle direction. Ce bac signifie qu'il faut maintenant que le malheur s'arrête, afin que la génération qui va nous succéder n'ait pas une vie identique à la nôtre, et donc cela me force à croire en un avenir meilleur.

Les avocats me l'affirment, et le jour où je passe devant la cour, Illouz me le redit : « Prépare ton paquetage. » Je passe. Mise en délibéré, à quinze jours, les enculés. Quinze jours d'angoisse, de stress, où l'on oscille entre espoir et désespoir. On sort ? On reste ? On sort ? On reste ? Au bout de quinze jours arrive l'arrêt.

Il est quasi incompréhensible. Mes avocats peuvent même pas se faire traduire le truc par la présidente parce que madame est partie en vacances sitôt l'arrêt rendu. Le parquet ne comprend pas non plus le sens de l'arrêt. Pour moi, il est explicite comme c'est pas permis.

Leclerc revient à la charge :

– C'est une confusion de droit, on va faire cassation.

– Si je pense avoir compris l'arrêt de la chambre, ils me filent une confusion partielle de cinq ans sur huit. En l'état, je me contenterai des trois ans. Trois ans, c'est pas huit ans. C'est dur, mais supportable. Arrêtons les frais…

Je me remets au sport. Je me refais une condition physique. Je redeviens très agressif, et il faut surtout pas me casser les couilles. Je suis obligé de réapprendre la brutalité, d'écarter tout ce que ces cinq années de liberté ont fait de moi. Pour ressembler aux gens avec qui je cohabite. Finalement, je me demande si ce n'est pas le but recherché : refaire de moi un gangster.

J'attends mon transfert en centrale. Je suis un mec qui travaille. Dans cette salle d'attente permanente, je souffre d'ennui. Aux côtés de gens avec lesquels je ne partage plus aucun intérêt, je poireaute, comme chez un médecin. J'attends mon tour. Et ça dure, et ça dure, et ça dure des mois. L'aberration, c'est que pour un mec qui s'est constitué prisonnier, on n'a pas trouvé mieux que de me foutre dans la prison la plus dure de France, dans le bâtiment le plus dur de la prison, et dans la situation géographique la plus dure du bâtiment. Parce que t'es isolé, DPS. C'est là que je me rends compte à quel point le téléphone portable est une invention maléfique. C'est le fil qui nous relie au monde. Je ne me rendais pas compte à quel point, sans ce portable, le fil est coupé. Aujourd'hui, vivre sans portable, c'est vivre amputé d'une partie de soi.

À partir du moment où je suis condamné, je suis reçu par une espèce d'assistante sociale qui me dirige vers un centre de détention ou une centrale. On me donne des papiers à remplir pour que j'y note mes souhaits. Comme s'ils allaient les prendre en compte ... Pour des raisons familiales, je demande à être incarcéré en région parisienne. Ce transfert va intervenir quelques mois plus tard. J'ai la désagréable surprise de me rendre compte qu'avec les dix-huit mois qu'il me reste, je suis dirigé vers une centrale. Il n'y en a que cinq et elles sont destinées essentiellement aux grosses peines et aux DPS.

On m'envoie à Poissy, à trente kilomètres de Paris, dans les Yvelines. Le comité d'accueil, directeur, sous-directeur, patin couffin. On est toujours transférés par grappe de sept ou huit. Ça me rappelle la centrale de Loos. Mêmes mots, les mêmes phrases. Chacun de nous va être affecté à un poste de travail. Parce qu'en centrale on est obligé de travailler. La centrale est une expérience unique en soi. D'abord, avant même que tu arrives, la liste des arrivants est connue de tous les détenus. Donc, à ma grande surprise, je suis attendu par certains que j'ai rencontré à Fresnes et qui se trouvent, comme moi, en fin de parcours aujourd'hui. Je suis comme à la maison. Je reçois de part et d'autre des colis de vivres, des cigarettes, les trucs habituels.

En traversant la cour centrale, je découvre deux terrains de tennis. C'est surréaliste. Je me demande si c'est un piège à cons et s'il faut des autorisations pour pouvoir les utiliser, genre être le chouchou du directeur. En réalité, ce n'est pas le cas. En fait, on peut y aller tout le temps, mais presque personne y joue. Par contre, ceux qui jouent sont vraiment bons. En cavale, il m'arrivait de jouer trois heures par jour. Je retrouve mon activité favorite. Et curieusement, bien que ce soit le même sport, bien que ce soient les mêmes gestes, ce n'est pas le même bonheur. C'est ça, la prison.

La centrale, c'est la prison à l'italienne. On vous ouvre la porte le matin, vous réintégrez vos cellules pour le déjeuner. Après le déjeuner, les portes sont ouvertes, on réintègre les cellules pour le dîner. On a le droit de téléphoner une ou deux fois par semaine à qui on veut. Terrain de foot, salle d'informatique, salle de musculation. Dans les cellules, on a un frigo. On peut avoir des ordinateurs. En fait, on a tout le confort que vous pouvez avoir à l'extérieur, sauf la baise. Mais ils sont sympas, ils nous passent un film de cul tous les deux, trois soirs.

Tant et si bien que les gens n'ont plus qu'un seul désir, c'est la liberté. Finalement, c'est bien joué. Enfin, c'est ce que je crois en arrivant : je ne comprends pas encore que je me trouve dans une centrale où l'échelle des peines est complètement différente de celle des maisons d'arrêt – ce qui rend ce bien-être matériel complètement dérisoire. Cela masque la réelle condition de ceux qui subissent ces peines interminables…

Plus de deux cents détenus sur un seul bâtiment. L'administration connaît les dates d'entrée et de sortie. Il faut occuper les gens. Pendant des années. Une centrale, ça s'autogère. Les cuisiniers sont détenus. Les serveurs sont détenus. Hormis la gestion administrative, tout est fait par les détenus. Chacun a son grade. Il y a des places meilleures que d'autres. Il faut bien se débrouiller. Tous les détenus doivent travailler. C'est assujetti aux grâces que tu peux avoir. Vu de l'extérieur, ça peut ressembler à un pensionnat. Il y a le groupe stage cuisine, le groupe stage pâtisserie, on va former des gens dans le bâtiment, des gens dans l'informatique, des gens qui travaillent dans les ateliers, qui font des tee-shirts, du prêt-à-porter. On gagne environ mille balles par mois, de quoi améliorer l'ordinaire.

Chaque semaine, un commerçant de Poissy vient prendre possession d'un local vide et le transforme en magasin de vêtements et d'accessoires sportifs : baskets, polos, survêtements, etc... ainsi que de vêtements de ville qu'on peut acheter sur catalogue. Le seul moment où on a vraiment l'impression d'être autonomes.

L'administration pénitentiaire a trouvé une façon assez exceptionnelle, pour une fois, d'occuper à bon escient ses détenus. Elle a choisi de fabriquer un gymnase, sous la direction d'un compagnon. Avec trente mecs non formés aux métiers du bâtiment, ils ont l'intention de fabriquer un truc magnifique, type cathédrale. Ça m'intéresse, j'intègre l'équipe, conscient que tout ce que j'apprendrai là me servira plus tard, au moins. J'aurai bien une vieille baraque à retaper, un jour. Je comprends là à quel point les métiers du bâtiment sont éprouvants. On rentre le soir en cellule complètement fracassés et on est sacrément contents de voir arriver le samedi et le dimanche.

Trois parloirs par semaine. Ce sont des salles agréablement décorées avec des tables dispersées. Des panneaux de bois nous séparent les uns des autres. Les parloirs durent deux heures, ça peut aller jusqu'à trois, en fonction des relations que t'as avec les surveillants. C'est somme toute l'endroit le plus joyeux de la centrale. Il y a des enfants, des couples qui durent malgré tout. En général, un gangster qui sait qu'il va partir pour un long parcours a la noblesse de rendre sa liberté à sa femme plutôt que de lui faire perdre dix ans à l'attendre. Mais souvent, les femmes refusent de partir.

C'est au parloir que l'on se rend compte des inégalités sociales. À l'intérieur de la prison, on est tous égaux. En voyant la famille d'un détenu, on découvre qui il est vraiment : on sait qui est pauvre, qui l'est moins, on perçoit les familles en difficulté… Ici se révèlent nos forces et nos faiblesses. C'est pitoyable, j'ai connu un couple qui en était à sa dixième année de parloir, le mec a vu tous ses gamins grandir dans ce cadre-là. Ces enfants, on les appelle les enfants de la prison. Enfants d'esclaves, en quelque sorte.

Parce qu'un esclave, c'est quoi ? Un homme enchaîné. Où est la différence ? On nous ouvre la porte, on nous donne à manger, on nous fait travailler pour des salaires ridicules. Ce n'est un secret pour personne. Les détenus ne sont pas exploités, mais pas loin : leur salaire frise le ridicule. Quand on pose la question, on nous dit « Soyez contents, vous avez au moins du travail pour vous occuper. » Après les surprises des premières semaines, une fois qu'on a fait le tour de tout, on se rend vraiment compte de l'endroit où l'on vit. Et je suis affligé de réaliser à quel point des humains sont mis à l'écart de la société dans laquelle ils vivent. On ne leur donne que le droit d'attendre la vieillesse, et d'être libérés en fin de vie. Ce sont les perpettes. Certains mecs sont là depuis plus de vingt ans. Il faut dire qu'en centrale il n'y a pas que le grand banditisme. Il y a en majorité des gens qui ont commis d'autres crimes sur lesquels je ne m'étendrai pas. Mais c'est quand même du lourd. J'ai ici toute la panoplie des crimes et non pas des délits. Les mecs ont pris des peines si fortes que l'on se demande si la peine de mort a vraiment été abolie. Je me souviens d'un type qui, après vingt-cinq ans d'incarcération, avait si peur de la liberté qu'il faisait tout pour ne pas être libéré. Je suis dans l'envers du monde.

Je ne dis que la vérité, je ne fais pas l'apologie des centrales, parce qu'il n'y a rien de pire que la privation de liberté, et même si on nous donne du caviar à manger tous les jours, il nous manquera toujours cette chose essentielle qu'est la liberté.

En centrale, tout peut prendre des proportions exceptionnellement graves. Une altercation se finit généralement à coup de lame. Certains n'ont plus rien à perdre. C'est pour ça qu'il faut être très vigilant dans la gestion du quotidien. Il faut avoir ses amis, et ne pas se mélanger avec les autres. Pour ma part, je marche très souvent seul dans la cour pendant les promenades afin d'éviter toute promiscuité. Parce qu'il faut savoir que la centrale, ce n'est pas comme la maison d'arrêt, les activités ne sont pas uniformes. Donc, à part le samedi et le dimanche, on a tous des activités différentes, si bien qu'on est rarement avec les quelques personnes qu'on peut apprécier.

Quand le chantier se termine, nous sommes malgré tout fiers du résultat. Nous avons construit un terrain de hand sur lequel on peut également jouer au tennis en quick. Il est magnifique, à tel point que le garde des Sceaux de l'époque vient l'inaugurer, accompagné du député du coin et d'autres personnalités. Ce garde des Sceaux n'est autre que Jacques Toubon. Bien sûr, il est flanqué de ses gardes du corps. Quand il me serre la main, je ne peux réprimer un sourire. Il me dit :

– Vous avez fait du beau travail.

Je lui réponds :

– Je ne vous le fais pas dire.

Je manque de lui demander à quoi il fait allusion.

Évidemment, je n'ai droit à aucune permission, de toute façon je n'en aurais pas fait la demande. Je ne me vois pas sortir et revenir sonner à une porte de prison. Laurence et mes frères sont scandalisés, mais rien n'y fait. Je leur explique que, même s'il ne me restait que quinze jours à faire, je ne réintégrerai pas la prison. La conditionnelle, j'ai même pas imaginé la demander. Je veux sortir libre et définitivement de ce truc. Pas pointer chez le juge, les flics, etc.

Le dernier souvenir que j'ai de la prison, c'est ma dernière affectation. Après la construction du gymnase, je suis affecté à l'infirmerie, puis à la place la plus en vue, celle qui me permet d'aller où je veux, quand je veux, une espèce de services généraux : à l'entretien du jardin, du bureau du directeur, du greffe, de l'administratif en général. Je suis totalement autonome. Seul inconvénient : se lever à cinq heures du mat pour nettoyer les bureaux avant l'arrivée du personnel, mais je peux faire ce que je veux de mes journées et, bien entendu, ça me permet de téléphoner en permanence. Le poste est sur écoute mais ils ferment les yeux, sachant que c'est dans un but professionnel. C'est extraordinaire de pouvoir être ainsi en relation avec mes employés et mes grossistes depuis la prison. Cela me permet de ne pas être déconnecté de mes affaires et surtout de ne pas perdre la main. Chaque détenu devrait pouvoir avoir un téléphone dans sa cellule afin de ne pas perdre le sens de la réalité extérieure et de conserver un lien permanent avec sa famille. Ils sortiraient de taule moins à l'ouest. Les communications étant filtrées, je ne vois pas le danger que cela pourrait représenter, d'autant que celui qui veut faire une connerie n'a aucune difficulté à se procurer un téléphone portable, moyennant finances.

Un jour, avec un autre détenu, on nous demande de nettoyer l'appartement que doit occuper la future sous-directrice. L'appartement est au premier étage, juste en face d'un arrêt de bus, on voit les voitures, les gens se balader dans la rue, on aperçoit, à travers une fenêtre sans barreaux, des magasins. Je n'avais jamais vu la liberté de si près depuis l'intérieur d'une prison. On s'est senti happés par cette fenêtre. Et on a eu un mal fou à résister. On a fermé la fenêtre en disant :

– Cassons-nous de là, va, on va pas résister longtemps.

On ne va plus jamais l'approcher.

Le jour de ma libération est arrivé, la porte s'ouvre enfin. Sur trois ans de peine, j'en ai fait un peu moins de deux. Tu attends, tu attends, et d'un coup, sans y prendre garde, tu te retrouves face à cette fin de peine.

Ma famille m'attend devant la porte : Laurence. Je sors beaucoup plus décontracté que la dernière fois, je prends mon temps, je vais doucement vers elle. Je lui dis, d'un ton rageur, en l'étreignant très fort :

– Cette fois, c'est fini, vraiment fini.

Je me tourne une dernière fois vers la porte de la prison. Je la regarde comme on regarde quelque chose qu'on ne reverra plus. J'ai presque envie de lui parler, à cette putain de porte, de lui dire tout ce que je pense de cette existence, notamment la haine que je porte à ce monde infâme. Et de lui dire, surtout, que l'on n'est jamais assez prévenu de ce qui peut nous arriver. Un instant, un instant seulement me revient l'image de ce gosse de Belleville qui voulait bouffer le monde par la force. En regardant cette porte, j'ai surtout envie de lui dire que, bien que je ne regrette pas la vie qui a été la mienne, je ne la souhaite à personne d'autre.

*

*   *

Remerciements :

À Laurence, ma femme, une lumière qui éclaire mon passé, mon présent et je l'espère, mon futur.

À mes avocats, à qui je dois la liberté,

À mes fournisseurs pour la confiance qu'ils m'ont accordée,

À Vincent Barbare grâce à qui ce livre a pu naître. Il m'a demandé de lui raconter mon histoire et non celle qu'avait colporté la presse durant ces vingt dernières années. Pour me convaincre, il m'a dit : «ce ne sont pas les actes commis ou non qui m'intéressent, mais l'aspect humain de l'histoire». Depuis, nous sommes devenus amis,

À Isabelle Régnier, évidemment, qui grâce à son portrait dans Le Monde a été l'un des déclencheurs de cette belle aventure ; elle m'a été précieuse,

À Anne-France Hubau, enfin, dont le talent a facilité l'aboutissement de cette entreprise

Quelques repères chronologiques

24 avril 1950 :
Naissance d'André à Tunis

1955 :
Avec sa famille, il émigre en France et s'installe à Belleville ; André sympathise avec ceux qui formeront l'ossature de la future bande

1963 :
Arrestation du père ; André est envoyé dans un orphelinat à Rueil Malmaison

1967 :
Première incarcération à Fresnes Mineurs

1973 :
Incarcération en Centrale où André parachève sa formation... de voyou

1974 :
Rencontre avec Laurence, qui deviendra sa femme

27 février 1975 :
Hold-up sanglant avenue de la République ; André Bellaïche et Mohamed Badaoui, soupçonnés d'en être les auteurs, quittent la France

1976 :
Naissance de la fille d'André

9 juin 1978 :
André Bellaïche et Mohamed Badaoui sont condamnés à la peine de mort

6 octobre 1980 :
Mohamed Badaoui est abattu par un agent des RG

6 octobre 1981 :
Mort de Saddate et naissance du gang des Postiches avec un premier braquage rue de Crimée (Paris 19ème)

14 janvier 1986 :
Dernier braquage des Postiches rue du Dr Blanche (Paris, 16ème)

5 août 1986 :
Interpellation d'André en Italie : il est écroué pour possession de papiers d'identité appartenant à des membres du gang

23 novembre 1986 :
Évasion en hélicoptère de la prison de Rebbibia

13 décembre 1986 :
Interpellation de JC Myszka, Patrick Geay et André Bellaïche dans une villa à Yerres

5 août 1991 :
Libération d'André qui se lance dans les affaires

19 mars 96 :
Retour à la case prison : André Bellaïche se constitue prisonnier

4 avril 96 :
Il est condamné à 8 ans pour association de malfaiteurs et recel

Décembre 97 :
Libération définitive

CET OUVRAGE
A ÉTÉ ACHEVÉ D'IMPRIMER
SUR ROTO-PAGE
PAR L'IMPRIMERIE FLOCH
À MAYENNE EN OCTOBRE 2007

N° d'impr. 69315.
D. L. : octobre 2007.
(Imprimé en France)